# 올림포스

## 화법과 작문

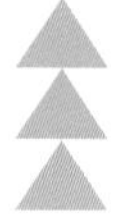

정답과 해설은 EBS*i* 사이트(www.ebs*i*.co.kr)에서 다운로드 받으실 수 있습니다.

EBS*i* 사이트에서 본 교재의 문항별 해설 강의 검색 서비스를 제공하고 있습니다.

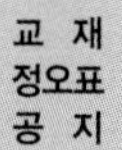

| 교재 내용 문의 | 교재 및 강의 내용 문의는 EBS*i* 사이트 (www.ebs*i*.co.kr)의 학습 Q&A 서비스를 활용하시기 바랍니다. |
|---|---|
| 교재 정오표 공지 | 발행 이후 발견된 정오 사항을 EBS*i* 사이트 정오표 코너에서 알려 드립니다. **EBS*i* 사이트 ▶ 교재 ▶ 교재 정오표** |
| 교재 정정 신청 | 공지된 정오 내용 외에 발견된 정오 사항이 있다면 EBS에 알려 주세요. **EBS*i* 사이트 ▶ 교재 ▶ 교재 정정 신청** |

## 기획 및 개발

김나미
문혜은
이미애
정혜진
김모련
김현수
허 림

## 집필 및 검토

김영민(대전과학고)
김영욱(대전과학고)

## 검토

김잔디(창덕여고)
봉소라(광주 과학고)
윤성원(세종과학고)
이세영(오산 운암고)
이지훈(늘푸른고)
최서희(중동고)

## 편집 검토

김지은
김태현


**본 교재의 강의는 TV와 모바일, EBS*i* 사이트(www.ebs*i*.co.kr)에서 무료로 제공됩니다.**


**발행일** 2020. 3. 15. **3쇄 인쇄일** 2021. 2. 26. **신고번호** 제2017-000193호 **펴낸곳** 한국교육방송공사 경기도 고양시 일산동구 한류월드로 281
**표지디자인** 디자인싹 **편집** ㈜하이테크컴 **인쇄** ㈜프린피아
**인쇄 과정 중 잘못된 교재는 구입하신 곳에서 교환하여 드립니다.**

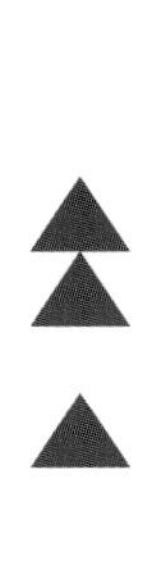

화법과 작문

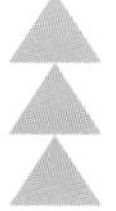

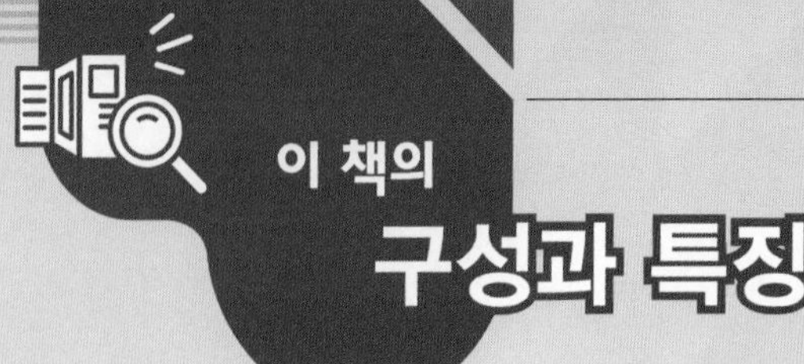

# 이 책의 구성과 특징

**혼자 공부해도 어렵지 않아요~**

2015 개정 교육과정에 따른 화법과 작문 교과서의 기본 개념들을 이해하고 다양한 유형의 문제들을 풀어 봄으로써 내신 평가와 수능을 동시에 대비할 수 있도록 준비하였습니다.

**나도 모르게 실력이 쑤욱~ 쑥~!**

편하게 읽고 쉽게 풀다 보면 자신도 모르는 사이에 자신감을 갖게 되고 실력이 올라갑니다.

## 단원 이해

**개념의 숲과 나무를 보자!**

교육과정과 교과서의 주요 개념을 바탕으로 해당 단원에서 꼭 알아 두어야 할 학습 내용을 체계적으로 정리하여 알기 쉽게 설명하였습니다.

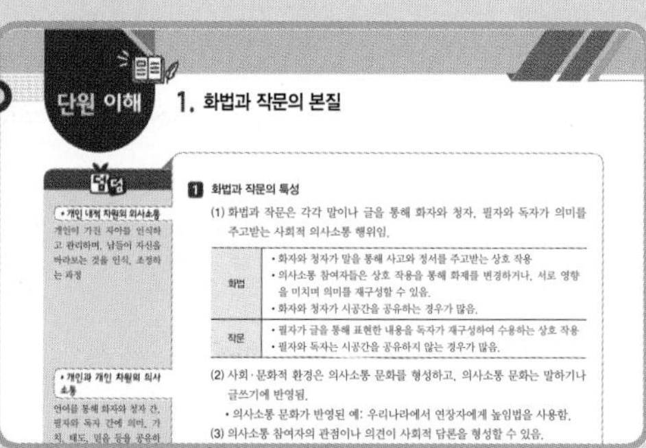

단원 이해 1. 화법과 작문의 본질

1 화법과 작문의 특성

(1) 화법과 작문은 각각 말이나 글을 통해 화자와 청자, 필자와 독자가 의미를 주고받는 사회적 의사소통 행위임.

## 내신 기본 UP

**내신을 잡자!**

내신 대비 기본 문항으로 서술형 문제를 포함하여 실었습니다. 문항을 통해 학습 내용을 이해하고 적용해 볼 수 있도록 다양한 소재의 글과 자료를 선정하고 필수 유형의 문항들을 개발하여 수록하였습니다.

수능형 유형을 지향하되, 기본 문제임을 고려하여 난도를 조정하여 실질적인 내신 대비 학습이 가능하도록 하였습니다.

## 내신 실력 UP

**실전 연습으로 다지고 또 다지자!**

단원 학습 내용을 복습하고 내신 평가에 대비할 수 있도록 다양한 유형의 문항들을 실전 문제 형태로 제시하였습니다.

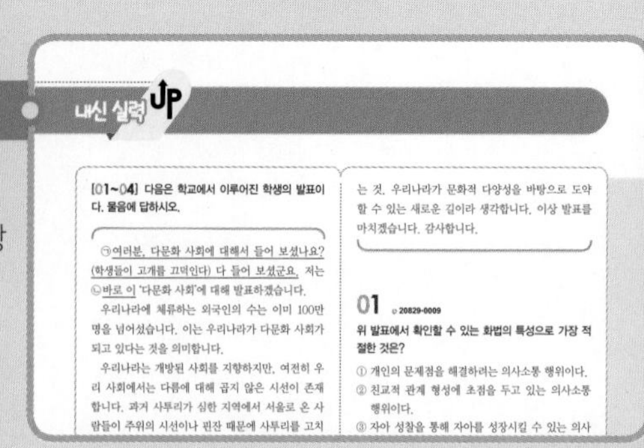

[01~04] 다음은 학교에서 이루어진 학생의 발표이다. 물음에 답하시오.

01

위 발표에서 확인할 수 있는 화법의 특성으로 가장 적절한 것은?

## 실전 대비 평가

**수능 잡고 대학 가자!**

수능형 심화 문제로 수능 문제에 대비하도록 하였습니다.

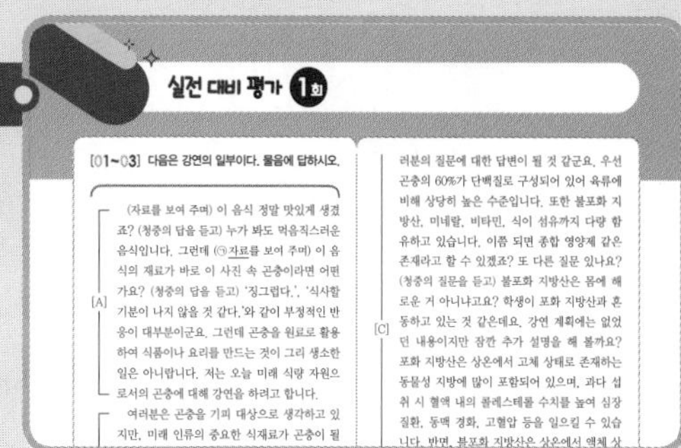


## 수행 평가

**수행 평가 준비도 척척!**

화법 3편, 작문 3편의 수행 평가지를 예시 답안과 함께 제시하여 과정 중심 수행 평가에 대비하도록 하였습니다.

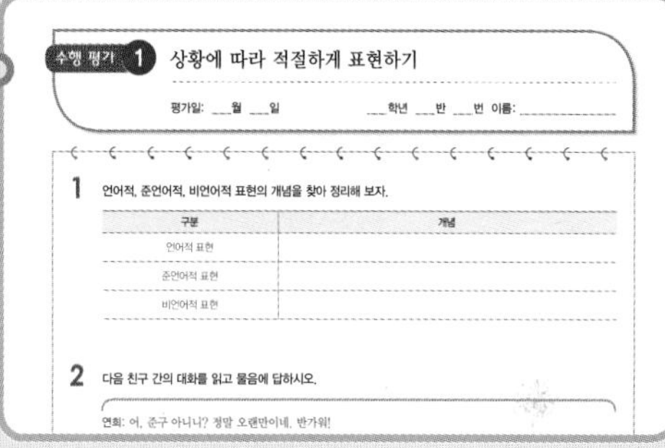


## 정답과 해설

**내 손안에 정답!**

문제의 정답과 함께 스스로 학습할 수 있도록 정답에 대해 설명하였으며, 다른 선지가 오답인 이유를 알 수 있도록 정리하였습니다.

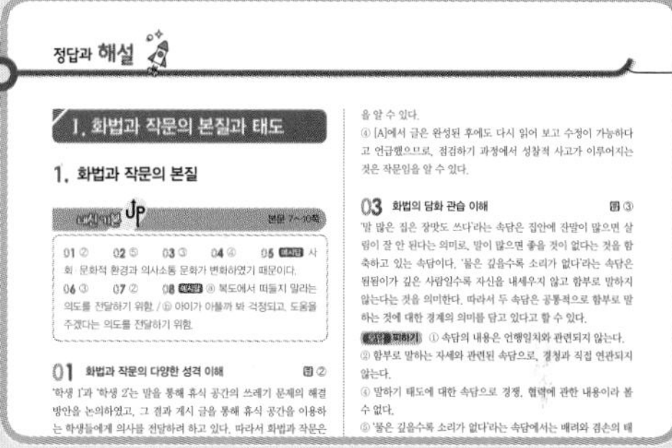


## EBS 스마트북 활용 안내

EBS 스마트북은 스마트폰으로 바로 찍어 해설 영상을 수강할 수 있고, 교재 문제를 파일(한글, 이미지)로 다운로드하여 쉽게 활용할 수 있습니다.

**학생** 모르는 문제, 찍어서 해설 강의 수강

[20829-0001]
1. 윗글에 대해 이해한 내용으로 가장 적절한 것은?

찰칵!

# 스마트폰 문제 촬영
# 인공지능 단추 푸리봇 연결
# 해설 강의 수강

※ **EBSi 고교강의 앱** 설치 후 이용하실 수 있습니다.
※ **EBSi 홈페이지 및 앱** 검색창에서 문항코드 입력으로도 확인이 가능합니다.

**교사** 교재 문항을 한글(HWP)문서로 저장

[20829-0001]
1. 윗글에 대해 이해한 내용으로 가장 적절한 것은?

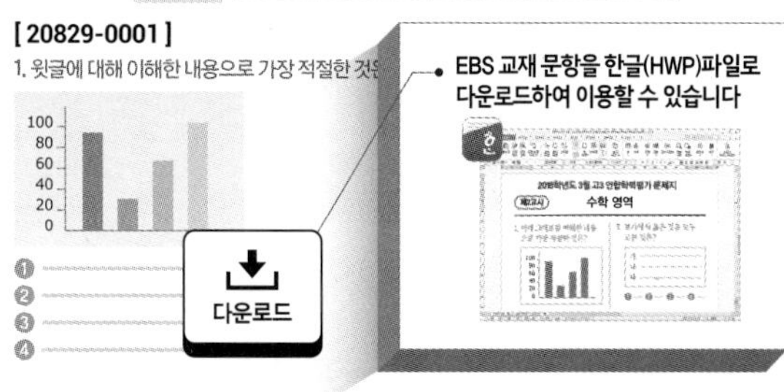


※ **교사지원센터(http://teacher.ebsi.co.kr)** 접속 후 '교사 인증'을 통해 이용 가능

이 책의

# 차례

## I 화법과 작문의 본질과 태도



## II 화법의 원리와 실제



## III 작문의 원리와 실제



## IV 실전 대비 평가



시크릿 참고 자료

## 수행 평가

# 화법과 작문의 본질과 태도

1. 화법과 작문의 본질

2. 화법과 작문의 태도

단원 이해

# 1. 화법과 작문의 본질

덤덤

• 개인 내적 차원의 의사소통

개인이 가진 자아를 인식하고 관리하며, 남들이 자신을 바라보는 것을 인식, 조정하는 과정

• 개인과 개인 차원의 의사소통

언어를 통해 화자와 청자 간, 필자와 독자 간에 의미, 가치, 태도, 믿음 등을 공유하는 과정

## 1 화법과 작문의 특성

(1) 화법과 작문은 각각 말이나 글을 통해 화자와 청자, 필자와 독자가 의미를 주고받는 사회적 의사소통 행위임.

| | |
|---|---|
| 화법 | • 화자와 청자가 말을 통해 사고와 정서를 주고받는 상호 작용<br>• 의사소통 참여자들은 상호 작용을 통해 화제를 변경하거나, 서로 영향을 미치며 의미를 재구성할 수 있음.<br>• 화자와 청자가 시·공간을 공유하는 경우가 많음. |
| 작문 | • 필자가 글을 통해 표현한 내용을 독자가 재구성하여 수용하는 상호 작용<br>• 필자와 독자는 시·공간을 공유하지 않는 경우가 많음. |

(2) 사회·문화적 환경은 의사소통 문화를 형성하고, 의사소통 문화는 말하기나 글쓰기에 반영됨.

• 의사소통 문화가 반영된 예: 우리나라에서 연장자에게 높임법을 사용함.

(3) 의사소통 참여자의 관점이나 의견이 사회적 담론을 형성할 수 있음.

• 사회적 담론을 형성한 예: 토의, 보도, 연설 등을 통해 특정 사안에 대한 대중의 공감을 얻고 대중을 설득함.

## 2 화법과 작문의 기능

(1) 타인과 대화를 나누거나 일상생활에서의 경험을 글로 쓰며 자신을 성찰하고 긍정적 자아를 지닐 수 있어 자아 성장에 기여함.

예 격려, 위안의 말 또는 글

(2) 원활한 의사소통을 통해 원만한 인간관계를 형성, 유지하고 일상생활의 문제를 해결함으로써 공동체 발전에 이바지함.

예 토론이나 토의, 논설문이나 건의문 작성

## 3 화법과 작문의 맥락

(1) 맥락은 의사소통 주체, 주제, 목적, 매체, 담화나 글의 유형 등과 같이 말과 글의 생산과 수용에 작용하는 여러 배경 요소임.

| | |
|---|---|
| 언어적 맥락 | 언어 내적인 맥락으로, 의사소통 과정에서 담화나 글의 앞부분이나 뒷부분의 흐름과 관련한 맥락 |
| 상황 맥락 | 의사소통의 주체, 시간이나 공간 등의 상황과 관련한 맥락 |
| 사회·문화적 맥락 | 공동체의 가치나 역사적, 사회적 상황과 관련한 맥락 |

(2) 말과 글의 표현이나 수용은 다양한 맥락 내에서 이루어지며, 맥락에 많은 영향을 받기 때문에 원활한 의사소통을 위해 맥락을 고려하는 일이 중요함.

# 내신 기본 UP



**내용 연구**

**제재 분석**
휴식 공간에 쓰레기가 너무 많아 해결책을 찾기 위한 대화로, 게시 글을 작성하기 위한 논의도 포함되어 있다.

**어휘 풀이**
● **염려** 앞일에 대하여 여러 가지로 마음을 써서 걱정함. 또는 그런 걱정.

**[01~02] 다음은 학생들의 대화이다. 물음에 답하시오.**

학생 1: 안녕? 무슨 일 있어? 표정이 좋지 않네.

학생 2: (학생 1을 쳐다보며) 안녕, (주변을 돌아보며) 여길 봐. 휴식 공간에 쓰레기가 너무 많이 버려져 있어서 기분이 좋지 않아. 내 담당 구역이라 청소를 열심히 해도 이렇게 항상 쓰레기가 많아.

학생 1: 휴식 공간을 이용하는 친구들에게 쓰레기를 함부로 버리지 말라고 직접 말해 보는 것은 어때?

학생 2: 의견은 좋지만, 나는 말을 할 때 자신이 별로 없어. 글은 완성된 후에도 다시 읽어 보고 수정이 가능하잖아. 독자가 눈에 안 보이니까 내 글에 어떻게 반응할지 걱정도 덜 되고. 그런데 말을 할 때에는 듣는 사람이 앞에 있으니 반응이 염려되고, 관심을 갖지 않을까 봐 걱정도 되고…… 특히 여러 사람 앞에서 말을 할 때에는 불안하기도 해. [A]

학생 1: 음. 그렇다면 휴식 공간 입구에 글을 게시하는 건 어때?

학생 2: 그거 좋은 생각이다. 그렇게 하면 다들 볼 수 있을 것도 같고.

학생 1: 휴식 공간을 이용하는 친구들에게 내용이 잘 전달될 수 있게 하면 좋을 것 같은데.

학생 2: 그렇겠지? 너무 길고 지루하게 쓰면 읽지 않고 지나칠지 모르니, 쉽게 읽을 수 있도록 짧은 문장들과 재미있는 표현을 활용해 볼게.

학생 1: 좋은 생각이야. 친구들에게 내용이 잘 전달된다면, 휴식 공간이 깨끗해질 수 있을 거야.

**01** ◎ 20829-0001

**위 대화를 바탕으로 알 수 있는 화법과 작문의 특성으로 가장 적절한 것은?**

① 사회·문화적 환경은 화자나 필자의 사고를 제약한다.
② 말과 글을 통해 상대와 상호 작용하는 사회적 의사소통 행위이다.
③ 사회적 규범과 관습을 반영한 말이나 글은 대중의 공감을 얻는다.
④ 자신의 삶을 반성하고 성찰하게 하여 자아 성장의 기회를 제공한다.
⑤ 개인 간의 친교적 관계 형성에 초점을 두고 있는 의사소통 행위이다.

**02** ◎ 20829-0002

**[A]를 참고할 때, 작문과 구분되는 화법의 특징으로 가장 적절한 것은?**

① 화법은 사회·문화적 요구를 반영한다.
② 화법은 문제 해결 과정으로서의 특징을 지닌다.
③ 화법은 참여자들 간의 사회적 의사소통 행위이다.
④ 화법은 점검하기 과정에서 성찰적 사고가 이루어진다.
⑤ 화법은 화자와 청자가 시·공간적 상황을 공유하며 상호 작용한다.

**내용 연구**

**제재 분석**
과거의 언어적 전통이 현대 사회에서는 변화되었음을 제시하며, 적극적으로 의견을 나눌 것을 설득하는 목적의 발표이다.

**어휘 풀이**
- **속담** 예로부터 민간에 전하여 오는 쉬운 격언이나 잠언.
- **당면** 바로 눈앞에 당함.

**[03~04] 다음은 학급에서 이루어진 학생의 발표이다. 물음에 답하시오.**

여러분, '말 많은 집은 장맛도 쓰다', '물은 깊을수록 소리가 없다'라는 속담을 들어 보셨나요? 이 속담들은 우리말의 문화적 전통을 보여 줍니다. 이 속담들은 공통적으로 [ ㉠ ]는 과거의 의사소통 문화를 보여 주고 있습니다. 하지만 과거와 달리 저는 현대 사회에서는 적극적 의사 표현이 무척 중요해졌다고 생각합니다.

현대 사회는 다양한 집단의 의견 충돌로 인해 많은 사회적 갈등과 문제 상황이 발생할 수 있습니다. 우리는 적극적인 의사 표현을 통해 사람들과 소통함으로써 문제 해결의 실마리를 찾을 수 있습니다. 당면한 문제에 대해 과거처럼 말을 아끼기보다 적극적 의사 표현을 통해 문제를 해결하려는 자세는 더 나은 세상을 만들어 갈 수 있는 힘이 되는 것입니다.

여러분도 오늘부터 수업, 학급 회의 시간에 침묵을 지키기보다 자신의 생각을 나누고 친구들과 적극적으로 의견을 나누어 보면 어떨까요?

**03** 20829-0003

㉠에 들어갈 말로 가장 적절한 것은?

① 언행의 일치를 중시하였다
② 다른 사람의 말을 경청하였다
③ 함부로 말하는 것을 경계하였다
④ 경쟁보다는 협력과 상생을 강조하였다
⑤ 상대를 배려하여 자신을 낮추는 태도를 중시하였다

**04** 20829-0004 서술형

위 발표 내용처럼 현재의 말하기의 방식이 과거와 달라졌다면, 그 이유는 무엇일지 서술하시오.

**05** ⓒ 20829-0005

**〈보기〉를 통해 알 수 있는 화법과 작문의 기능으로 가장 적절한 것은?**

보기

중학교 시절, 어려운 가정 형편과 진로에 대한 고민으로 방황했던 적이 있었다. 어느 날 담임 선생님께서 "○○야. 많이 힘들지? 선생님은 고민이 생길 때 일기를 쓰며 마음을 정리했단다. 너도 한번 일기를 써 보렴."이라고 말씀하셨다. 그 순간 왈칵 눈물을 흘렸다. 선생님께서는 말없이 손을 잡아 주시며, 빈 일기장 한 권을 건네주셨다. 그날부터 나는 일기를 썼다. 신기하게도 가슴속 맺힌 것들이 일기를 쓰며 하나씩 풀리는 기분이었다. 하루를 돌아보며 마음에 위안을 얻었고, 이는 지금까지 살아온 힘이기도 했다.

① 원활한 의사소통을 통해 개인 간의 관계를 형성하고 유지하도록 함.
② 집단 내에서 발생하는 문제를 해결함으로써 공동체의 발전에 기여함.
③ 개인과 개인 차원의 의사소통으로 타인과의 갈등을 조정할 수 있도록 함.
④ 개인 내적 차원, 개인과 개인 차원의 의사소통으로 긍정적 자아를 형성하게 함.
⑤ 남들이 자신을 바라보는 것을 인식하고 타인과 가치, 태도, 믿음을 공유할 수 있도록 함.

**내용 연구**

**제재 분석**
성적에만 신경 쓰는 부모들의 행동 변화를 통해 사회 문제를 해결하고자 하는 공익 광고의 문구와 그에 대한 댓글이다.

**어휘 풀이**
● **공익 광고** 기업이나 단체가 공공의 이익을 목적으로 하는 광고.

**[06~07] 다음은 인터넷 게시판의 글이다. 물음에 답하시오.**

제목: 인상 깊은 예전 공익 광고• 문구 올립니다.

---

혹시 자녀의 반도 모르면서
반 등수만을 알려고 하지는 않습니까?

"학교 다녀오겠습니다."
성적이 떨어졌다고 혼난 다음날
아이가 두고 간 도시락—
혹시 아이의 반을 찾지 못해
당황한 적이 있지는 않으십니까?

지금 우리 아이에게 중요한 것은
성적이 아니라 학교생활입니다.

---

〈댓글〉
– 공감이: 지금도 공감! 성적이 전부는 아니잖아요~
– ㉠궁금이: 도시락을 두고 간다는 게 무슨 말이지?
  ↳ 설명이: 예전에는 급식이 없어서 도시락을 들고 다녔대요.
    ↳ 궁금이: 아, 그러면 도시락이 없으면 밥을 못 먹었겠군요.
– ㉡깜깜이: 아이의 반을 왜 찾으려 하나요? 무슨 소리인지 도통 모르겠네요.
  ↳ 설명이: 앞 문장을 보세요! 도시락을 두고 갔으니, 그걸 학교에 가져다주려 부모님이 학교에 가시지 않았을까요?
    ↳ 깜깜이: 우왓! 글을 제대로 읽지 않았었네요. 완전 이해!

## 06

20829-0006

**'광고 문구'를 통해 알 수 있는 작문의 기능으로 가장 적절한 것은?**

① 자기 내면과의 대화를 통해 자아가 성장함.
② 특정 독자들을 대상으로 문제 해결을 위한 의견을 수렴함.
③ 사회의 문제를 해소하려 함으로써 공동체의 발전에 기여함.
④ 필자와 독자 간의 가치를 공유함으로써 인간적인 유대를 형성함.
⑤ 글쓰기를 통해 자아를 인식하고 관리함으로써 건강한 삶을 영위함.

## 07

20829-0007

**㉠, ㉡처럼 반응한 이유로 가장 적절한 것은?**

① ㉠: 단어의 의미를 이해하지 못했기 때문이다.
② ㉠: 글의 사회·문화적 맥락을 정확히 파악하지 못했기 때문이다.
③ ㉡: 글의 유형과 목적에 대한 고려가 없었기 때문이다.
④ ㉡: 글의 상황 맥락을 정확히 파악하지 못했기 때문이다.
⑤ ㉡: 언어적 맥락은 정확히 파악했으나, 글의 일부만 읽었기 때문이다.

## 08

20829-0008 서술형

**상황 맥락을 고려하여 ⓐ, ⓑ의 발화 의도를 추측하여 서술하시오.**

| | |
|---|---|
| ⓐ 학교 복도에서 크게 떠드는 학생에게 선생님이<br>→ | "너,<br>왜 그러니?" |
| ⓑ 갑자기 어디가 아픈 듯이 주저앉는 아이에게 행인이<br>→ | |

단원 이해

# 2. 화법과 작문의 태도



덤덤

• 공손성의 원리

대화에서 상대방에게 공손하지 않은 표현은 최소화하고 공손한 표현은 최대화해 표현하는 원리를 공손성의 원리라고 함. 공손성의 원리에는 다음과 같은 것들이 있음.

- 요령의 격률: 상대방에게 부담이 되는 표현은 최소화, 이익이 되는 표현은 극대화
- 관용의 격률: 화자 자신에게 혜택을 주는 표현은 최소화, 부담이 되는 표현은 최대화
- 찬동의 격률: 다른 사람에 대한 비방은 최소화, 칭찬은 극대화
- 겸양의 격률: 자신에 대한 칭찬은 최소화, 비방은 극대화
- 동의의 격률: 다른 사람과의 의견 차이는 최소화, 일치점은 극대화

• 담화 관습, 작문 관습의 중요성

말이나 글의 유형에 따라 고유의 형식이나 표현 방식이 있음. 예를 들어 기사문을 작성할 때에는 '표제-부제-전문-본문-해설'의 구성을 취해야 하며, 간결하고 객관적으로 표현해야 함.

## 1 화법과 작문의 책임과 윤리

(1) 말과 글은 사회적 영향력을 지니기 때문에 사회적 책임을 인식하고 의사소통 윤리를 준수해야 함.

(2) 말을 주고받을 때나 생각을 글로 옮길 때, 상대를 배려해야 함.

(3) 타인의 생각, 말, 글 등은 지적 재산에 포함되기에, 지적 재산의 가치를 인식하고 이를 존중해야 함.

| | |
|---|---|
| 상대를 배려하는 적절한 방법 | • 상대방의 인격을 모욕하거나 상대방에게 상처를 주는 언어 표현을 사용하지 않음.<br>• 자신의 주장만을 일방적으로 내세우지 않고, 자신과 다른 관점이나 의견에 대해서도 존중하려는 태도를 갖춤.<br>• 공손성의 원리를 준수하며 대화에 참여함. |
| 지적 재산을 존중하는 적절한 방법 | • 저작권자의 승인을 통해 자료를 활용함.<br>• 어떤 부분을 인용했는지 명확히 표기함.<br>• 출처를 명시해 타인의 말이나 글임을 밝힘.<br>• 내용을 과장하거나 거짓으로 꾸미지 않고 정확하게 인용함. |

## 2 화법과 작문의 진정성 있는 태도

(1) 말하기나 글쓰기는 인간관계의 수단이기에 원만한 인간관계를 형성, 유지, 발전시키기 위해 진심을 담은 의사소통이 필요함.

(2) 말하기나 글쓰기의 과정에서 거짓이 없는 진실한 말과 글로 자신을 드러내고, 상대방의 말과 글을 진정성 있는 태도로 수용해야 함.

## 3 화법과 작문의 관습과 언어문화

(1) 언어 공동체는 의사소통 방식에 대해서 각각의 사회·문화적 관습을 지니고 있음.

(2) 담화 관습과 작문 관습을 올바르게 수용하는 것뿐만 아니라, 이를 비판적 안목으로 이해하고 바람직한 언어문화를 가꾸어 나가는 것이 중요함.

| 잘못된 담화 관습의 예 | 비판적 수용의 태도 |
|---|---|
| 유행어나 줄임말 등이 남용됨. | 세대나 집단 간의 원활한 의사소통이 힘들어질 수 있으므로, 상황에 맞게 적절히 사용해야 함. |
| 인터넷에서 부적절하게 사용되는 용어들을 일상에서도 남용함. | 부적절한 용어의 무분별한 사용은 일상에서 의사소통을 방해하므로, 순화하여 사용해야 함. |

## 내신 실력 UP

**[01~04] 다음은 학교에서 이루어진 학생의 발표이다. 물음에 답하시오.**

㉠여러분, 다문화 사회에 대해서 들어 보셨나요? (학생들이 고개를 끄덕인다) 다 들어 보셨군요. 저는 ㉡바로 이 '다문화 사회'에 대해 발표하겠습니다.

우리나라에 체류하는 외국인의 수는 이미 100만 명을 넘어섰습니다. 이는 우리나라가 다문화 사회가 되고 있다는 것을 의미합니다.

우리나라는 개방된 사회를 지향하지만, 여전히 우리 사회에서는 다름에 대해 곱지 않은 시선이 존재합니다. 과거 사투리가 심한 지역에서 서울로 온 사람들이 주위의 시선이나 핀잔 때문에 사투리를 고치기 위해 애를 썼다는 일화는 이러한 시선을 보여 줍니다. 실제로 이러한 시선은 단일 민족이라는 자부심과 더불어 다른 문화와 민족에 대해 배타적인 경향으로 나타나기도 합니다. ㉢그러니까, 우리와 다른 습관이나 외양을 지닌 사람들을 다소 멀리하거나 배척하는 경향이 나타나는 것입니다.

실제로 다문화 가정은 경제적 문제, 언어와 문화 차이보다 사회적 편견으로 힘들어 하는 일이 많습니다. ㉣사실 경제적 문제도 중요하긴 하지만, 사회적 편견에 대해 짚어 보겠습니다. 아직 우리 사회의 다문화 정책은 편견을 해소하려는 정책보다는 그들을 동정하는 '온정주의'적 성격이 짙습니다.

이렇게 우리 사회는 아직 다른 문화, 민족에 대한 배타적 성향과 사회적 편견을 극복하지 못하고 있습니다. 이러한 상황에서는 표면적인 다양성만 강조될 뿐, 인종, 민족, ㉤어… 또 종교 등의 차별로 인한 새로운 소외 계층이 형성될 수밖에 없습니다. 이제는 이주민을 우리와 동등한 삶의 주체로서 인정하려는 노력과 정책이 필요합니다.

우리와 다른 사람들도 '그들'이 아닌, '우리'로 여기는 것. 우리나라가 문화적 다양성을 바탕으로 도약할 수 있는 새로운 길이라 생각합니다. 이상 발표를 마치겠습니다. 감사합니다.

**01** ◎ 20829-0009

**위 발표에서 확인할 수 있는 화법의 특성으로 가장 적절한 것은?**

① 개인의 문제점을 해결하려는 의사소통 행위이다.
② 친교적 관계 형성에 초점을 두고 있는 의사소통 행위이다.
③ 자아 성찰을 통해 자아를 성장시킬 수 있는 의사소통 행위이다.
④ 개인의 의견을 사회적으로 확장할 수 있는 의사소통 행위이다.
⑤ 이해 집단 간의 타협으로 갈등을 해소할 수 있는 의사소통 행위이다.

## 02 ⓒ 20829-0010

〈보기〉를 참고할 때, ㉠~㉤에 대한 평가로 적절하지 않은 것은?

보기

말은 글에 비해 개방적이다. 말과 글을 통한 의사소통 방식은 동일하지 않다. 말은 글보다 간결성, 응집성이 부족한 경우가 많다. 하지만 말은 글보다 의사소통 참여자들 간의 상호 작용이 즉각적이고, 서로 공유하는 상황으로부터 영향을 받기 때문에, 담화의 완성도를 동일한 기준으로 판단할 수는 없다.

① ㉠: 화자와 청자가 시·공간을 공유하며 적절한 상호 작용을 하고 있다.
② ㉡: '바로 이'는 불필요한 표현이지만 발표 주제를 청중에게 강조하는 역할을 하고 있다.
③ ㉢: 말하기에서 반복은 담화의 간결성을 떨어뜨리기도 하지만, 내용 전달력을 높일 수도 있다.
④ ㉣: 담화의 응집성을 약화시키는 표현이 들어가 있어서 내용이 덜 정제된 듯한 느낌을 주고 있다.
⑤ ㉤: '어… 또'는 말하기 담화의 즉흥적인 측면으로서 청중에게 생각할 시간을 주기 위한 기능을 수행하고 있다.

## 03 ⓒ 20829-0011

〈보기〉는 발표자가 고려해 발표에 반영한 맥락이다. 발표 내용을 참고하여 ⓐ~ⓔ에 대해 이해한 것으로 적절하지 않은 것은?

보기

ⓐ 앞부분의 내용을 요약하여 주제를 강조하며 마무리해야겠어.
ⓑ 앞 문장과 반복되는 용어는 지시 표현을 활용해서 간략히 말해야겠어.
ⓒ 공동체와 관련한 사회적 통념을 언급하며 변화의 필요성을 역설해야겠어.
ⓓ 용어에 대해 접해 본 적이 없는 친구들을 위해 간단한 설명을 추가해야겠어.
ⓔ 발표를 들어 준 청자가 다수이며, 공적인 자리였다는 점을 고려해야겠어.

① ⓐ: 앞서 언급한 상황을 발표 끝부분에 언급하여 상황 맥락을 고려하였다.
② ⓑ: '이는' 등의 지시 표현을 활용하여 문장의 흐름과 관련한 언어적 맥락을 고려하였다.
③ ⓒ: '단일 민족'이라는 자부심을 언급하며 공동체와 관련한 사회·문화적 맥락을 고려하였다.
④ ⓓ: '배타적', '온정주의' 등의 의미를 언급하여 청자의 배경지식 수준과 관련한 상황 맥락을 고려하였다.
⑤ ⓔ: 격식체로 고마움을 표현하여 발표가 공적인 자리에서 다수의 청자를 대상으로 이루어졌다는 상황 맥락을 고려하였다.

## 04 ⓒ 20829-0012 서술형

화법의 특성을 고려할 때, 위 발표에서 발표자가 '다문화 사회'를 발표 주제로 선정한 이유를 추측해 서술하시오.

[05~07] 다음을 읽고, 물음에 답하시오.

가 「별 헤는 밤」에서 그는

딴은 밤을 새워 우는 벌레는
부끄러운 이름을 슬퍼하는 까닭입니다.

로 첫 원고를 끝내고 나에게 보여 주었다. 나는 그에게 넌지시 "어쩐지 끝이 좀 허한 느낌이 드네요." 하고 느낀 바를 말했었다. 그 후, 현재의 시집 제1부에 해당하는 부분의 원고를 정리하여 「서시」까지 붙여 나에게 한 부를 주면서 "지난번 정 형이 「별 헤는 밤」의 끝부분이 허하다고 하셨지요. 이렇게 끝에다가 덧붙여 보았습니다." 하면서 마지막 넉 줄을 적어 넣어 주는 것이었다. 이처럼,

그러나 겨울이 지나고 나의 별에도 봄이 오면
무덤 우에 파란 잔디가 피어나듯이
내 이름자 묻힌 언덕 우에도
자랑처럼 풀이 무성할 게외다.

나의 하찮은 충고(忠告)에도 귀를 기울여 수용할 줄 아는 태도(態度)란, 시인으로서는 매우 어려운 일임을 생각하면, ㉠동주의 그 너그러운 마음에 다시금 머리가 숙여지고 존경하는 마음이 새삼스레 우러나게 된다.

– 정병욱, 「잊지 못할 윤동주」

나 ○월 ○일

오늘 수업 시간에 선생님께서 윤동주 시인의 일화를 말씀해 주셨다. 시를 무척 잘 썼던 시인이었음에도 주변의 하찮은 충고에 귀를 기울여 수용하는 겸손한 모습이 인상 깊었다. 이렇게 일기를 쓰며 내 모습을 되돌아보니, 부모님의 조언을 듣지 않고 무시했던 모습, 친구의 충고에도 아랑곳 않고 내 행동이 옳다고만 여겼던 모습이 떠올라 문득 부끄럽다. 이제부터라도 주변의 의견에 열린 마음을 가진 사람이 되어야겠다.

## 05 20829-0013

(가)와 (나)의 의사소통 방식에 대한 설명으로 가장 적절한 것은?

① (가)는 (나)와 달리, 일상의 중요한 소식을 독자에게 신속하고 정확하게 전달하는 개인 내적 차원의 의사소통이다.
② (가)는 (나)와 달리, 개인과 개인 차원의 의사소통을 바탕으로 한 필자의 깨달음을 독자에게 알려 주는 의사소통이다.
③ (가)는 (나)와 달리, 필자와 독자가 공유하고 있는 개인 내적 차원의 경험을 활용하여 독자의 정서를 순화하는 의사소통이다.
④ (나)는 (가)와 달리, 필자의 깨달음을 통해 독자의 자기 성찰을 돕는 개인과 개인 차원의 의사소통이다.
⑤ (나)는 (가)와 달리, 개인 내적 차원의 의사소통을 바탕으로 대상에 대한 필자의 비판적 견해를 독자에게 제시하는 의사소통이다.

## 06 20829-0014

(가)에서 필자가 ㉠과 같이 생각하게 된 이유로 가장 적절한 것은?

① 타인의 말을 과장하거나 거짓으로 꾸미지 않았기 때문에
② 상대의 의견을 존중하고 진정성 있는 태도로 수용하였기 때문에
③ 다른 사람에 대한 칭찬을 최대화하고 비방을 최소화하였기 때문에
④ 원만한 인간관계를 위해 자신에게 부담이 되는 표현을 최대화하였기 때문에
⑤ 말이나 글의 사회적 영향력을 인식하고 자신의 주장을 명확하게 표현하였기 때문에

## 07 ⊙ 20829-0015

**(나)에서 알 수 있는 작문의 기능으로 가장 적절한 것은?**

① 의사소통을 통해 이해 집단 간의 갈등을 조정하고 해소할 수 있다.
② 현실에 대한 새로운 관점을 제공하여 타인의 자아를 성장시킬 수 있다.
③ 일상생활에서의 문제를 해결함으로써 공동체의 발전에 이바지할 수 있다.
④ 필자와 독자 간의 의미, 가치를 공유함으로써 개인의 성장을 도모할 수 있다.
⑤ 일상생활에서의 경험을 돌아보며 자신을 성찰하고 긍정적 자아를 지닐 수 있다.

**[08~09] 다음은 '바람직한 언어생활'이라는 제목으로 교지에 수록할 논설문을 쓰기 위한 학생의 계획이다. 물음에 답하시오.**

[A] 어제 신문 기사를 읽다가 우리나라 청소년들의 언어 사용에 문제가 있다는 것을 알게 되었다. 국립 국어원에 따르면 지난 2012년 발표한 '청소년 언어 실태 전국 조사'에서 초등학생 97%, 중·고등학생 99%가 비속어를 사용했으며 남학생이 여학생보다 거친 비속어를 더 많이 사용한 것으로 조사됐다고 한다. 또 욕설과 협박 등 공격적 언어 표현은 초등학생 60%, 중·고등학생 80%가 사용한 경험이 있는 것으로 드러났다고 한다.

나는 이 신문 기사를 읽고, '바람직한 언어생활'이라는 제목으로 교지에 글을 실어 우리 학교의 비속어 사용 실태에 대한 논의를 유발하고, 바람직한 언어 사용 습관을 형성해 학교 문화의 발전에 이바지하겠다고 생각했다.

이를 위해 우선 화제에 대한 독자의 공감대를 이끌어 내기 위해 바람직한 언어생활의 중요성을 언급한 다음, 비속어 사용의 현황과 문제점을 드러내는 다양한 자료를 제시하고자 한다. 어제 읽은 신문 기사에 수록된 통계 자료를 찾아 청소년들의 비속어 사용 실태도 자세히 언급해야겠다. 우리 학교 학생들을 대상으로 한 설문, 인터뷰를 통해 우리 학교 학생들의 비속어 사용 실태와 문제점도 언급할 필요가 있을 것이다. 그러고 보니, 비속어로 인한 내 경험도 언급하면 문제점을 더욱 잘 공감할 수 있을 것 같다. 내가 정말 속상한 일이 있을 때, 친구가 아무렇지 않게 비속어를 사용해 친구와 크게 싸우고, 사이가 소원해졌던 경험이 떠오른다. 친구의 사과로 인해 다시 사이가 가까워지긴 했었지만. 그러고 보니 친구와 화해하고 난 후, 비속어를 사용하지 않고 서로 배려하며 말하게 된 변화와 그로 인해 우정이 두터워지게 된 사례를 언급하며, 배려하는 말하기의 중요성을 강조하면 좋을 것 같다.

## 08 ⊙ 20829-0016

[A]의 실태를 해결하기 위해 필요한 의사소통 방법으로 적절한 것은?

① 자신의 감정을 솔직하게 표현하려는 태도를 기른다.
② 함축된 의미나 의도를 정확하게 판단하며 듣는 능력을 기른다.
③ 또래 집단의 담화 관습을 이해하고 수용하려는 자세를 갖춘다.
④ 상대방을 존중하고 배려하는 표현을 사용하려는 태도를 갖춘다.
⑤ 상대방의 입장이나 견해에 대해 비판적으로 판단하는 능력을 기른다.

## 09 ⊙ 20829-0017

위 계획에 따라 글을 작성하기 위해 필자에게 할 수 있는 조언만을 〈보기〉에서 모두 골라 묶은 것은?

보기

ㄱ. 주장과 그에 따른 근거를 구별하여 전개하는 것이 좋을 거야.
ㄴ. 자료의 출처를 분명하게 밝히고 자료를 정확하게 인용하는 것이 좋을 거야.
ㄷ. 많은 학생들을 설득하기 위해 통계 자료나 전문가의 말보다 흥미를 끌 수 있는 경험만을 근거로 제시하는 것이 좋을 거야.
ㄹ. 상황 맥락을 고려한다면 학생들의 배경지식 수준에 맞는 어휘를 활용해 글을 작성하는 것이 좋을 거야.

① ㄱ, ㄴ ② ㄱ, ㄹ ③ ㄷ, ㄹ
④ ㄱ, ㄴ, ㄹ ⑤ ㄴ, ㄷ, ㄹ

**[10~13] 다음은 인터넷 신문 기사와 기사에 달린 댓글이다. 물음에 답하시오.**

(가) 유명 업체 A가 최근 자사 제품의 광고에 인터넷 상에서 인기를 끌고 있는 그림과 문구를 사용하다 물의를 빚었다. 해당 그림과 문구의 원작자 B 씨는 "이는 명백히 무단 사용이며, 지적 재산권 침해"라며 문제를 제기했다.

이에 A 업체는 "워낙 유명한 그림과 문구이고, 인용했다는 사실을 언급했기 때문에 인용 광고에 잠시 노출되는 것이 문제가 될 줄 몰랐다. ⓐ신중히 고려하지 못한 점을 인정하고 문제가 된 그림과 문구는 즉시 광고에서 삭제하겠다."며 해당 그림과 문구를 광고에서 삭제했다.

원작자 B 씨는 앞으로도 해당 그림과 문구의 저작권 위반 사례를 수집해 법적으로 대응하겠다는 방침이다. 한 법률 사무소 관계자는 "아무리 공표된 저작물이라도 분명한 저작권을 가지고 있다."며 저작권자의 승인 없이 저작물을 활용하는 행위는 저작물 복제에 해당하기 때문에 엄연한 저작권 침해라고 밝혔다.

– ○○○ 기자

(나) ↳ 대한국인: ㉠우리나라에 지적 재산권으로 인한 피해가 1조 원이 넘는다는 통계가 있는데 심각한 문제네요.

↳ 미소천사: 정말인가요? 출처가 어디인지 궁금하네요. 그런데 지적 재산권이 구체적으로 뭐죠?

↳ 모나리자: ㉡지적 재산권은 공업 소유권과 문화 창달을 목적으로 하는 저작권으로 보호되는 권리를 의미합니다. 저작권법 제8조 제1항에 지적 재산권의 인정 범위가 나타나 있습니다.

↳ 미소천사: ㉢깜놀. 더 모르겠네요…

↳ 모나리자: 무슨 말씀이신지?

↳ 대한국인: 깜놀은 깜짝 놀라셨다는 말씀. 미소천사님. 지적 재산은 지적 활동으로 인하여 발생하는 모든 재산입니다. 지적 활동에는 타인의 생각, 말, 글 등이 포함됩니다. 우리나라에서는 저작권법을 통해 이러한 지적 재산을 보호하려 하는 거구요.

↳ 너만알아: 대한국인 님. 안물안궁.

↳ 대한국인: 안물안궁요?

↳ 모나리자: 안 물어봤고, 안 궁금하다는 나쁜 말씀이세요. 그나저나 A 업체는 저작권을 존중하는 태도가 부족한 듯해요.

↳ 너만알아: ㉣A 업체는 평소에도 허위 광고로 논란 많았음. 불매 운동!

↳ 미소천사: 허위 광고도 문제이지만, 지금은 저작권 침해 문제에 대해 이야기를 나누는 것이 좋을 것 같아요.

↳ 너만알아: 미소천사. 재수 없음.

↳ 미소천사: 기분 나빴다면 미안요. 대화의 흐름을 이어 가려고 그런 거예요.

↳ 대한국인: 이런 상황을 보면, ㉤○○○ 교수가 신문에 기고한 글의 내용처럼 지적 재산권 교육을 강화할 필요가 있다고 생각해요.

↳ 모나리자: 타인의 말, 글, 생각도 재산의 하나라는 생각으로 이를 보호하려 노력해야겠어요.

## 10 ◎ 20829-0018

(가)의 내용을 바탕으로 ⓐ의 내용을 추측한 것으로 가장 적절한 것은?

① 인용할 때, 해당 부분을 명확히 표기하고, 활용 목적을 명시해야 한다는 것
② 의사소통 과정에서 공동체의 사회·문화적 관습을 적절히 고려해야 한다는 것
③ 저작물의 내용을 과장하거나 거짓으로 꾸미지 않고, 정확하게 활용해야 한다는 것
④ 타인의 지적 재산을 활용할 때에는 저작권자의 승인을 받고, 출처를 밝혀야 한다는 것
⑤ 의사소통의 관습을 비판적 안목으로 이해하고 바람직한 언어문화를 가꾸어야 한다는 것

## 11 ◎ 20829-0019

(나)와 같은 글에 주로 나타나는 담화 관습에 대한 설명으로 가장 적절한 것은?

① 감정 표현이 직설적이고 줄임말을 사용하는 경향이 있다.
② 명확한 용어를 활용하여 전문적인 내용을 중심으로 표현한다.
③ 주관적인 생각이나 느낌이 드러나지 않게 객관적으로 서술한다.
④ 긴 문장을 활용해 서술함으로써 자신의 생각을 신중하게 드러낸다.
⑤ 중심 문장과 뒷받침 문장의 논리적 연결 관계가 잘 드러나도록 쓴다.

## 12 ◎ 20829-0020

㉠~㉤의 댓글을 남긴 사람에게 필요한 의사소통 방법에 대한 설명으로 적절하지 않은 것은?

① ㉠: 자료를 인용할 때에는 자료의 출처를 밝혀야 한다.
② ㉡: 상황 맥락을 고려하여 상대가 이해할 수 있는 수준의 용어를 활용해야 한다.
③ ㉢: 원활한 의사소통을 위해서는 언어 공동체의 담화 관습을 지켜야 한다.
④ ㉣: 대화를 주고받을 때에는 언어적 맥락을 고려해 화제나 논점을 일탈하지 않아야 한다.
⑤ ㉤: 타인의 생각, 말, 글 등은 지적 재산에 포함되기에, 지적 재산의 가치를 존중해야 한다.

## 13 ◎ 20829-0021 서술형

(나)에서 인터넷 사용 윤리를 준수하지 않은 사람을 찾고, 그 이유를 서술하시오.

# Ⅱ 화법의 원리와 실제

1. 상황과 표현 전략
2. 대화와 면접
3. 연설과 발표
4. 협상과 토론

단원 이해

# 1. 상황과 표현 전략

덤덤

• 말하기 상황의 구성 요소

말하기 상황은 화자와 청자 간의 의사소통이 이루어지고 있는 배경을 의미하며, 말하기의 주제와 목적, 청자, 매체, 담화 유형 등과 같은 요소들로 구성됨.

• 성량

목소리의 크기로, 말하는 내용을 강조하거나 화자의 감정을 표현하는 기능을 함.

• 어조

말의 분위기로, 말하는 내용이나 의사소통 상황, 화자의 감정 등에 따라 달라짐.

• 몸동작

청자에게 의미를 전달하기 위해 의식적 혹은 무의식적으로 몸의 일부나 몸 전체를 움직이는 동작으로, 손짓이나 자세 등을 포함함. 몸동작은 문화적 차이가 있으므로 주의해서 사용해야 함.

## 1 효과적인 표현 전략

### (1) 말하기 상황의 분석

① 말하기 상황의 개념: 화자와 청자 간의 의사소통이 이루어지고 있는 배경을 의미함.

② 말하기 상황을 분석할 때에는 구성 요소들을 정확하게 파악하고, 말하기가 이루어지는 시·공간적 배경과 물리적 환경 등을 고려해야 함.

③ 공적인 상황에서 말하기가 이루어질 때에는 사용하는 어휘나 표현에 제약이 따를 수 있으므로 유의해야 함.

### (2) 상황에 맞는 언어적·준언어적·비언어적 표현 전략

① 말하기는 언어적·준언어적·비언어적 표현의 결합을 통해 의미를 전달함.

| | |
|---|---|
| 언어적 표현 | 음성 언어로서, 단어나 문장 등을 사용하여 의미를 나타내는 것을 말함. 일반적으로 언어적 표현은 말하기의 목적과 담화 유형에 따라 달라짐. |
| 준언어적 표현 | 말을 할 때 언어적 표현에 덧붙어 의미 전달에 영향을 미치는 성량, 속도, 어조 등을 말함. |
| 비언어적 표현 | 말을 할 때 언어적 표현과는 독립적으로 의미 전달에 영향을 미치는 시선, 표정, 몸동작 등을 말함. |

② 말하기에서 준언어적 표현, 비언어적 표현을 적절하게 사용하면 화자의 감정이나 정서, 의도 등을 보다 효과적으로 청자에게 전달할 수 있고, 언어적 표현으로 전달하는 내용을 보완할 수 있음.

## 2 상황에 맞는 말하기

### (1) 부탁이나 요청의 말하기

① 부탁이나 요청은 다른 사람에게 어떤 일을 해 달라고 청하거나 맡기는 것을 의미함.

② 부탁이나 요청의 말을 할 때에는 말하기 상황이 공적인지 또는 사적인지에 따라 내용과 표현의 적절성 여부가 달라질 수 있으므로, 상황에 맞게 말하는 것이 중요함.

③ 부탁이나 요청의 말을 할 때에는 상대방의 입장을 충분히 고려하여 부탁이나 요청의 내용이 상대방에게 무리한 요구가 되지 않도록 해야 함.

(2) 거절의 말하기

① 거절은 다른 사람의 부탁이나 요청을 받아들이지 않고 물리치는 것을 의미함.

② 거절의 말하기는 말하기 상황과 상대방의 입장과 감정 등을 고려하는 것이 중요함.

③ 거절의 의미를 상대방에게 명확하게 전달하는 것도 중요하지만, 상대방의 입장이나 감정 등을 고려하지 않은 말하기 태도는 인간관계를 유지하는 데 부정적인 영향을 끼칠 수 있음.

④ 거절의 말을 할 때에는 상대방의 입장이나 처지에 대해 공감을 표현한 후, 자기가 상대방의 부탁이나 요청을 받아들일 수 없는 구체적인 이유를 제시하며 정중하게 말할 필요가 있음.

(3) 사과의 말하기

① 사과는 다른 사람에게 자기의 잘못을 인정하고 용서를 구하는 것을 의미함.

② 사과하는 말을 할 때에는 말하기 상황뿐만 아니라 상대방의 감정을 잘 살펴야 함. 이를 고려하지 않고 일방적으로 상대방에게 사과의 말을 전달할 경우, 불필요한 갈등을 유발하거나 상황을 악화시킬 수 있음.

③ 사과의 말을 할 때에는 사과의 뜻이 상대방에게 잘 전달될 수 있도록 진솔하면서도 진정성 있는 태도로 말해야 함.

(4) 감사의 말하기

① 감사는 상대방에게 고마움을 표현하는 것을 의미함.

② 감사하는 말을 할 때에는 진솔하고 공손한 태도를 취하는 것이 중요함. 지나치게 과장되거나 형식적인 말은 상대방의 공감을 이끌어 내기 어려우며, 기본적인 예절에 어긋난 표현은 상대방에게 불쾌감을 줄 수 있음.

③ 자기를 낮추고 상대방을 높이거나 칭찬하는 표현을 적절하게 사용하면 상대방과 심리적 친밀감을 형성하여 말하기의 목적을 효과적으로 달성할 수 있음.

# 내신 기본 UP

내용 연구

**제재 분석**

또래 상담 동아리 개설을 부탁하기 위해 찾아온 학생과 상담 교사의 대화이다. 학생은 상담 교사에게 상황에 맞는 상담 기법에 대해 문의하고 있다.

**어휘 풀이**

- **또래** 나이나 수준이 서로 비슷한 무리.
- **섣불리** 솜씨가 설고 어설프게.

**[01~02]** 다음은 상담 교사와 학생 간의 대화이다. 물음에 답하시오.

수현: (상담실에 들어서며) 선생님 안녕하세요? ㉠지금 바쁘신 것 같은데, 다음에 올까요?

상담 교사: (웃으며) 수현아, 오랜만이네. 혹시 심리 검사 결과 확인하러 온 거야?

수현: ㉡아니요. 동아리 문제로 상담 드릴 게 있어서요.

상담 교사: 그래. 여기 앉으렴.

수현: 감사합니다. (자리에 앉으며) 제가 몇몇 친구들이랑 또래 상담 동아리를 만들어 볼까 해서요.

상담 교사: 좋은 생각이네. 선생님도 학생들 눈높이에서 관찰할 수 있는 또래 상담 동아리가 있었으면 하고 생각했단다. 물론 상담 선생님하고 상담하는 것도 좋지만 또래 친구들과 편하게 얘기하면서 같이 해결 방안을 찾아갈 수 있으니까.

수현: 네. 그런데 막상 또래 친구들을 어떻게 상담해야 할지 방법을 모르겠어요……. ㉢걱정이 있어 보이는 친구에게 어떻게 말을 걸면 좋을까요?

상담 교사: 그래. 처음 말 거는 게 쉽지 않지.

수현: 이렇게 표현하면 어떨까요? "고민 있어 보이는데 말해 봐."

상담 교사: 너무 직접적인 표현은 상대에게 부담을 줄 수 있어. [ ㉮ ]

수현: "표정이 안 좋아 보이는데, 혹시 무슨 일 있어?" 정도로 표현하면 괜찮을까요?

상담 교사: 그래. 아까보다 훨씬 낫구나. 그리고 [ ㉯ ]

수현: "네 말이 맞아.", "많이 힘들었겠구나."와 같은 표현 말인가요?

상담 교사: 그래. 그런 표현들이 상대를 배려해 주는 표현들이란다.

수현: ㉣아, 정말 그렇겠네요. 또 다른 방법은 없나요?

상담 교사: 가장 중요한 건 섣불리 조언하는 것보다 친구의 말을 잘 들어주는 거지. 혹시 친구가 말하는 내용이 네 생각과 맞지 않아도 섣불리 비판하지 말고.

수현: 고맙습니다. ㉤(머뭇거리며) 선생님, 많이 바쁘신 줄은 알지만, 선생님께서 저희 동아리 지도 교사가 되어 주실 수 있으신가요?

상담 교사: 그럼. 당연히 해 줘야지. 필요한 거 있으면 언제든 얘기하고.

수현: 감사합니다. 앞으로 많은 학생들이 또래 상담 동아리를 통한 상담을 받을 수 있도록 열심히 노력할게요.

## 01

20829-0022

**대화의 ㉠~㉤에 대한 설명으로 적절하지 않은 것은?**

① ㉠: 상대가 자신과 대화를 나눌 수 있는 상황인지 묻고 있다.
② ㉡: 상대의 발화 내용을 부정하면서 대화 주제에 대해 언급하고 있다.
③ ㉢: 구체적인 문제 상황을 언급하면서 해결 방안을 묻고 있다.
④ ㉣: 상대의 발언에 동의하면서 구체적으로 설명해 줄 것을 요청하고 있다.
⑤ ㉤: 상대의 입장을 고려하면서 자신의 요구를 수용해 줄 수 있는지 묻고 있다.

## 02

20829-0023 서술형

**대화 맥락을 바탕으로 ㉮, ㉯에 들어갈 상담 교사의 조언을 서술하시오.**



**내용 연구**

**제재 분석**

모둠 발표를 준비하기 위한 모둠원들의 대화이다.
(가)는 인공 지능에 대한 발표를 준비하는 대화이다.
(나)는 인생의 방향에 대한 발표를 준비하는 대화이다.

**[03~06] (가), (나)는 발표를 준비하기 위한 학생들의 대화이다. 물음에 답하시오.**

(가) 지원: 얘들아, 발표 주제를 정해야 하는데, 좋은 생각 없니?
호철: 최근 인공 지능과 바둑 대결이 여러 방송 매체에서 보도되었잖아. 바둑에 대해 발표하는 게 어떨까?
지원: ㉮ 개인적으로는 바둑을 좋아해서 괜찮다고 생각하지만, 보다 많은 학생들이 관심 있어 할 인공 지능에 대해 발표하는 건 어떨까?
세연: 그래, 친구들은 바둑보다는 인공 지능에 대해 관심이 더 클 거야.
지원: 그런데 인공 지능에 대한 내용은 너무 포괄적이어서 다룰 내용을 좀 좁히면 좋겠는데, 어떤 내용이 좋을까?
호철: 미래 사회에 우리 삶에서 인공 지능이 활용될 분야에 대해 발표하면 될 것 같아.
지원: 괜찮은 것 같은데, 발표 제한 시간이 3분인데 시간이 좀 남을 것 같아. 더 추가할 내용은 없을까?
세연: 미래뿐 아니라 현재 인공 지능이 활용되고 있는 사례를 추가하면 좋을 것 같아.
지원: 좋은 생각이야. 둘의 생각을 종합하면 현재와 미래의 삶의 모습이 어떻게 변화될지도 발표할 수 있을 것 같아. 그럼 발표는 내가 할 테니까, 둘이 발표 내용을 나누어 발표문 초고를 작성해 주면 안 될까?
호철: 좋아. 내가 인공 지능이 앞으로 어떻게 활용될 수 있을지를 조사해 볼게.
세연: 그럼 나는 현재 인공 지능이 실제로 어떻게 활용되고 있는지 조사해 볼게.
지원: 발표할 때, 발표 내용을 효과적으로 전달할 방법은 없을까?
호철: 발표문을 바탕으로 시각 자료를 제시하면 좋을 것 같아. 발표 중간 질문을 통해 청중의 반응을 확인하고, 발표를 끝내기 전에 발표 내용을 다시 한번 요약해 주는 거 잊지 말고.
지원: 어느 정도 정리가 된 것 같아. 얘기한 걸 바탕으로 초고 써 줘.

**나** 민수: 얘들아, 지난번에 '인생은 속도보다 방향이 중요하다.'라는 주제로 발표 내용을 구성했는데, 내용을 좀 더 보완해야 할 것 같아.

성민: 맞아. ㉠전체적으로 추상적인 내용이 많다는 생각이 들었어.

수현: 그렇다면 구체적인 사례를 들어서 보완하는 건 어때?

민수: 좋은 생각이야. 어떤 예를 들까?

성민: 우리 할머니께서 오랫동안 독학으로 공부하셔서 얼마 전 검정고시에 합격하셨거든. 할머니를 보면서 인생의 속도보다 방향이 중요하다는 생각을 했었어.

수현: 우와, 대단하시다. 우리 주제를 뒷받침할 긍정적 사례로 적절할 것 같아. ㉡그런데 반대의 사례를 추가해서 균형을 맞출 필요가 있지 않을까?

민수: 성적만 좇다가 적성에 맞지 않는 대학에 진학해서 결국 진로를 바꾼 동아리 선배 얘기가 좋을 것 같아.

성민: 그러면 균형이 잡힐 것 같아. 선배 이름은 밝히는 게 신뢰성을 높이겠지?

민수: ㉯발표 내용의 신뢰성은 높일 수 있을 것 같아. 그런데 개인의 신상인데 이름은 밝히지 않는 게 좋지 않을까?

수현: 그래. 이름은 밝히지 않는 게 좋을 거 같아. ㉢그런데 발표 내용에 전문적인 내용이 적다 보니 신뢰성이 좀 부족한 것 같아.

민수: 공신력이 있는 전문가의 말을 인용하면 신뢰성을 높일 수 있을 거야.

성민: 좋은 생각이야.

수현: 그런데, ㉣발표를 할 때 친구들의 흥미를 끌지 않으면 끝까지 듣지 않는 친구들도 생길 거야.

민수: 발표 시작할 때 친구들의 흥미를 끌기 위해 선택에 의해 인생이 엇갈리는 영화를 소개해 주는 건 어떨까? 간단한 동영상 자료를 보여 주면 주의를 집중시킬 수 있을 거야.

성민: 좋은 생각이야. ㉤발표 중간에 행복과 관련된 통계 자료는 숫자가 많아 말로 설명하면 이해하기 어려울 것 같은데?

수현: 통계 자료를 도표로 정리하면 될 것 같아.

성민: 그런데 도표로 정리할 양이 많은데, 누가 하지?

민수: [ ⓐ ]

수현, 성민: 민수야, 고마워.

⊕ 어휘 풀이

- **포괄적** 일정한 대상이나 현상 따위를 어떤 범위나 한계 안에 모두 끌어넣는. 또는 그런 것.
- **신뢰성** 굳게 믿고 의지할 수 있는 성질.
- **공신력** 공적인 신뢰를 받을 만한 능력.

20829-0024

다음은 (가)의 '지원'이 친구들과 대화할 내용을 미리 준비한 것이다. 대화에 반영되지 않은 것은?

① 발표 주제를 정하는 것에 대해 도움을 요청해야겠군.
② 발표 내용을 어떻게 나누어 준비할 것인지 역할을 정해야겠군.
③ 발표 주제에 관심 없는 친구들의 흥미를 끌기 위한 방안을 마련해야겠군.
④ 발표 내용을 효과적으로 전달할 수 있는 표현 전략에 대해 물어봐야겠군.
⑤ 발표 시간을 고려할 때 충분한 분량의 내용이 마련되었는지 점검해야겠군.

20829-0025

(나)의 ㉠~㉤에 대해 학생들이 수립한 방안에 대한 설명으로 적절하지 않은 것은?

① ㉠: 추상적인 내용을 보완하기 위해 구체적 사례를 들어 줄 것을 제안하고 있다.
② ㉡: 발표 내용의 균형을 맞추기 위해 앞서 제시한 사례와 다른 관점의 사례를 제안하고 있다.
③ ㉢: 발표 내용의 신뢰성을 높이기 위해 언론 보도를 인용할 것을 제안하고 있다.
④ ㉣: 도입부에서 청중의 흥미를 끌기 위해 동영상 자료를 활용할 것을 제안하고 있다.
⑤ ㉤: 통계 자료의 이해를 돕기 위해 통계 자료를 도표로 정리할 것을 제안하고 있다.

20829-0026

㉮, ㉯의 공통점으로 가장 적절한 것은?

① 마음에 내키지는 않지만 상대의 제안을 수용하고 있다.
② 상대의 제안을 거절하며 상대에게 양해를 구하고 있다.
③ 자신의 뜻에 동조해 주는 상대방에 친밀감을 드러내고 있다.
④ 상대의 제안을 수용하며 자신의 제안을 수용할 것을 요청하고 있다.
⑤ 상대의 의견에 대한 존중을 드러낸 후, 상대와 다른 의견을 제시하고 있다.

20829-0027 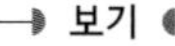


민수가 〈보기〉의 내용을 고려하여 ⓐ를 발화했을 때, 적절한 발화를 서술하시오.

보기

관용의 격률은 화자 자신에게 혜택을 주는 표현을 최소화하고 화자 자신에게 부담을 주는 표현은 최대화하는 것이다. 이 격률에 의하면 의사소통의 과정에서 남이 하기 싫은 일을 자신이 떠맡음으로써 남을 높이고 존중하는 태도를 지니라는 것이다.

내용 연구

**제재 분석**

영화를 보고 나눈 친구 간의 대화이다. 영화를 매개로 자연스럽게 친구의 고민에 대해 대화를 나누고 있다.

**어휘 풀이**

• **인상적** 인상이 강하게 남는. 또는 그런 것.

**[07~08] 다음은 친구 간의 대화이다. 물음에 답하시오.**

미연: 완식아, 영화 어땠어?

완식: 주인공이 우리처럼 고등학교 1학년 학생이었잖아. 그래서인지 공감되는 내용이 많더라. 자기 진로를 위해 노력하는 모습도 멋졌고.

미연: 그래, ㉠자기 진로를 위해 노력하는 모습 정말 멋지더라.

완식: 게다가 친구 사이에 생긴 갈등을 극복하고 우정을 확인한다는 내용이 마음에 와닿았어.

미연: ㉡나도 그렇게 느꼈는데, 어떤 장면이 인상적이었어?

완식: 주인공이 친구하고 가치관 차이로 갈등이 생겼지만, 결국엔 서로 이해하고 화해하는 과정이 참 인상적이었어. 근데……. (말을 멈추고 한숨을 쉰다.)

미연: ㉢말하기 어려운 일인가 보네. 얘기하지 않아도 괜찮아.

완식: 실은, 영화를 보면서 현수가 자꾸 떠오르더라고.

미연: 그래? ㉣혹시 너 현수하고 갈등이 있었던 거야?

완식: 사실, 얼마 전에 우리 집에 현수가 놀러 왔는데 돌아가신 할아버지께서 물려주신 카메라를 보고, 자기 사진 대회 나갈 때 하루만 빌려 달라고 하더라고.

미연: ㉤너 정말 맘이 불편하겠구나. 나라도 맘이 불편할 것 같아.

완식: 응. 가족처럼 아끼는 카메라여서 더 불편해. 사실 현수 부탁을 거절하기로 마음을 먹었는데, 어떻게 전달할지 걱정이야. 현수가 서운해할 것 같아서.

미연: 그러게. 부탁을 거절하는 건 쉽지 않지. 혹시 생각해 둔 건 있어?

완식: 생각해 둔 게 있긴 한데, 잠깐만 (㉮미리 작성한 거절의 문구를 보여 주며) 어때?

미연: 이 정도면 괜찮은 것 같아. 현수도 이해해 줄 거야.

## 07

20829-0028

**㉠~㉤에 대한 설명으로 적절하지 않은 것은?**

① ㉠: 상대의 발언 내용을 일부 인용하면서 동의를 드러내고 있다.
② ㉡: 상대의 말에 동조하면서 궁금한 점에 대해 질문하고 있다.
③ ㉢: 상대가 말을 중단한 점에 주목하여 상대가 대화를 이어 나가도록 유도하고 있다.
④ ㉣: 대화 맥락을 바탕으로 추론한 내용이 맞는지 질문하고 있다.
⑤ ㉤: 상대의 감정을 파악하고 이를 바탕으로 공감을 드러내고 있다.

## 08

20829-0029 서술형

**〈보기〉는 완식이가 ㉮를 작성하기 위해 참고한 자료이다. 〈보기〉를 참고하여 ㉮의 내용을 서술하시오.**

보기

거절의 말을 할 때에는 상대방의 입장이나 처지에 대해 공감을 표현한 후, 자기가 상대방의 부탁이나 요청을 받아들일 수 없는 구체적인 이유를 제시하며 정중하게 말할 필요가 있다.

**내용 연구**

**제재 분석**
독서 토론 대회 우승 후 상대팀에 대한 사과의 표현 마련과 토론 대회 우승 소감 마련을 위해 대화를 나누고 있다.

**어휘 풀이**
- **진정성** 참되고 올바른 성질이나 특성.

**[09~10] 다음은 독서 토론 대회에서 우승한 팀원들의 대화이다. 물음에 답하시오.**

팀원 1: 얘들아, 시상식에서 토론 우승 팀 수상 소감을 발표해야 한대. 그 전에 결승전에서 상대편을 자극한 것에 대해 ㉮사과의 메시지를 써 왔는데, 좀 봐 줄래?

팀원 2: (메시지를 읽은 후) 준우승 때문에 기분이 좋지 않을 상대의 처지와 감정을 살펴야 할 것 같아. '우승'과 관련된 구절은 놀리는 것처럼 오해할 수 있어 삭제하는 게 좋겠어. ㉯

팀원 3: 사과는 진정성 있게 할 필요가 있어. 상대를 원망하거나 상대의 잘못을 지적하는 듯한 표현은 불필요한 갈등을 유발할 것 같아.

팀원 1: 그래 알겠어. 그럼 위에서 말한 내용을 정리해서 간단하게 쪽지에 적어서 전달할게.

팀원 3: 상대편도 그 정도면 우리의 우승을 축하해 줄 것 같아.

팀원 1: 수상 소감에 대해서도 생각해 봤는데, 듣고 의견 말해 줘. 먼저 우리 팀의 구성과 역할 분담에 대해 소개한 뒤, 상대팀과 심사위원분들께 감사 인사를 하고, '봉사 활동이 인성 교육에 효과가 있다.'라는 토론 주제와 관련된 내 개인적인 경험을 제시하며 발표를 마무리하면 어떨까?

팀원 2: 그런데 너의 개인적인 경험보다는 우리가 토론 전에 논의했던 주제와 연관된 이야기를 정리해 주는 게 좋을 것 같아.

팀원 3: 상대편과 심사위원에 대한 감사 인사를 제일 먼저 하는 것이 좋을 것 같아.

팀원 1: 그래, 개인적 경험보다는 토론 전에 나눈 이야기를 종합해서 전달하는 편이 좋겠다. 감사 인사를 제일 먼저 하자는 것도 좋은 생각이야.

팀원 3: 나도 동감이야. 그리고 전문가의 말을 인용해서 토론 활동의 효과에 대해 언급하면서 발표를 마무리하는 건 어떨까?

팀원 1: 좋은 생각이야. 논의한 것을 바탕으로 초고를 작성해 볼게. 검토해 줄 거지?

팀원 2, 3: 당연하지.

**09** 20829-0030

위 대화를 나눈 후 초고를 구상하며 대화 내용을 떠올린 것이다. 적절하지 않은 것은?

㉠ 토론 주제와 관련된 개인적인 경험을 언급하는 것은 지양해야겠군.
㉡ 우리 팀의 구성과 팀원들이 토론을 준비하며 맡은 역할을 소개해야겠군.
㉢ 토론 전에 논의했던 토론 주제와 관련된 이야기를 간략하게 제시해야겠군.
㉣ 제일 먼저 토론을 펼친 상대편과 심사위원에 대한 감사의 말을 전해야겠군.
㉤ 전문가의 말을 인용하여 봉사 활동의 효과에 대해 언급하면서 마무리해야겠군.

① ㉠ ② ㉡ ③ ㉢ ④ ㉣ ⑤ ㉤

## 10

20829-0031 서술형

〈보기〉는 ㉮의 내용이다. ㉯를 고려하여 ㉮를 수정하시오.

보기

• 메시지 내용: 비록 우승은 저희가 했지만 좋은 토론 펼쳐 주셔서 감사합니다. 그쪽 편에서 먼저 저희를 자극하긴 했지만, 토론 중간에 불필요하게 자극적인 표현을 사용한 점 죄송합니다.

내용 연구

**제재 분석**

진로에 대한 고민을 주제로 한 삼촌과 조카의 대화이다. 대화 참여자들은 상대의 처지를 배려하며 말하고 있다.

**어휘 풀이**

• **실용 음악** 생각이나 감정의 표현을 떠나 일반 대중을 즐겁게 하기 위하여 만들어진 음악.

• **기교** 기술이나 솜씨가 아주 교묘함. 또는 그런 기술이나 솜씨.

**[11~12] 다음은 학생과 삼촌의 대화이다. 물음에 답하시오.**

삼촌: 한울아, 오늘 나눈 대화가 도움이 되었는지 모르겠구나.

한울: ㉠(고개를 끄덕이며) 네. 삼촌 말씀 덕분에 많은 도움이 되었어요. 작곡가이신 삼촌과 대화를 나누니 어느 정도 진로에 대한 확신도 갖게 되었고요.

삼촌: 그래, 도움이 되었다니 다행이구나.

한울: 하지만 실용 음악 작곡가로 진로를 정했다고 해서 모든 고민이 사라진 건 아니에요. 내가 만든 곡을 사람들이 좋아해 줄지 걱정이 돼요.

삼촌: ㉡그러니까 진로는 어느 정도 정했지만, 네 곡이 인정받을 수 있을지 걱정된다는 말이구나. 내 말이 맞니?

한울: 네. 맞아요.

삼촌: (웃으며) 많은 사람에게 사랑받는 곡을 만드는 건 실력 있는 작곡가에게도 어려운 일이야. 우선 네가 좋아하는 곡을 만들어 보렴.

한울: ㉢전 아직 너무 부족한 것 같아요. 저도 삼촌처럼 좋은 음악을 작곡할 수 있을까요?

삼촌: ㉣당연하지. 좋은 음악을 작곡하려면 기교보다는 음악을 통해 사람들과 소통하고자 하는 마음이 제일 중요해. 너도 음악을 통해 사람들과 소통하려고 노력한다면 좋은 음악을 작곡할 수 있을 거야.

한울: 감사합니다. 삼촌도 고등학교 시절 저처럼 진로 문제로 걱정이 많으셨나요?

삼촌: 응, 그랬었지. 너희 할아버지께서 반대도 많이 하셨고.

한울: ㉤삼촌도 저처럼 많이 힘드셨겠네요.

삼촌: 저처럼? 부모님 때문에 많이 힘드니?

한울: 아니요. (망설이며) 사실은 …….

삼촌: ㉮말하기 불편한가 보구나. 너 편한 대로 하렴.

한울: 사실 전 아버지를 많이 존경하는데 진로에 대한 의견이 다르셔서 요즘 아버지를 대하기가 좀 어려워졌어요.

삼촌: 그래, 많이 힘들었겠구나. 내가 잘 말씀드려 볼게.

한울: 삼촌, 감사합니다.

11 ◎ 20829-0032

㉠~㉤에 대한 설명으로 적절하지 않은 것은?

① ㉠: 언어적 표현과 비언어적 표현을 통해 상대의 말에 호응을 보이고 있다.
② ㉡: 상대로부터 들은 말을 정리하여 자신이 제대로 이해했는지 확인하고 있다.
③ ㉢: 겸양의 표현을 통해 상대를 추켜세우며 부탁을 수용해 줄 것을 요청하고 있다.
④ ㉣: 상대의 입장을 옹호해 주며 상대를 격려하고 있다.
⑤ ㉤: 공감적 발화를 통해 상대의 처지에 동조하고 있다.

12 ◎ 20829-0033 서술형

대화 맥락을 고려할 때, ㉮의 기능에 대해 서술하시오.



**내용 연구**

**제재 분석**

(가) 준언어적 표현과 비언어적 표현에 대한 교사와 학생의 대화이다.
(나) 학생회장 선거 연설과 관련된 학생 간의 대화이다. 비언어적 표현과 준언어적 표현을 바탕으로 친구의 연설 준비를 도와주고 있다.

**[13~16]** (가)와 (나)는 시간적으로 선후 관계에 있는 대화이다. 물음에 답하시오.

**가** 성민: 선생님, 안녕하세요?
교사: 그래. 성민아, 무슨 일 있니?
성민: 지난 시간에 알려 주신 언어적 표현과 준언어적 표현, 비언어적 표현이 잘 이해가 되지 않아서요.
교사: 수업 시간에 집중하지 않았구나?
성민: (당황한 표정으로 손을 저으며) 아니에요. 잘 들었는데 좀 헷갈려서요.
교사: (웃으며) 농담이야. 당황하긴. 다시 설명해 줄게. ㉠우리가 음성 언어로 의미를 담아 전달하는 것을 언어적 표현이라고 하는 것은 알고 있지?
성민: 네. 언어적 표현은 알겠는데, 준언어적 표현과 비언어적 표현이 헷갈려요.
교사: 비언어적 표현은 언어적 표현이 아닌 외적인 요소로 생각이나 느낌을 나타내는 것이고, 준언어적 표현은 언어적 표현에 포함되어 있어 말의 느낌을 효과적으로 만들어 주는 것을 말하지.
성민: 이제 알겠어요. 감사합니다.

**나** 주영: 성민아, 어제 나한테 학생회장 선거 연설 좀 도와 달라고 했잖아?

성민: 맞아. 내가 보낸 연설문 초고 읽어 봤어?

주영: 응. 잘 썼더라. 그런데 마지막 문장에서 ㉮"학우 여러분, 누가 학생회장이 되더라도 여러분을 위해 헌신할 것입니다."라는 표현보다는 네가 다른 후보와 차별화된 점을 통해 학생회장의 적임자라는 것을 강조하는 게 더 좋을 것 같아. 그러면 청중에게 더 자신감이 있어 보일 거야.

성민: 그래, 배려와 나눔의 실천이라는 공약을 제시한 건 나뿐이니까 이 내용을 활용해서 네 말처럼 내가 적임자임을 강조해야겠어. 그런데 내가 평소 로봇 같다는 말을 많이 듣잖아. 국어 선생님께 배운 비언어적 표현과 준언어적 표현 등을 자연스럽게 연습해야 할 것 같아서 너에게 도움을 요청한 거야.

주영: (웃으며) 그래. 내가 도와줄게.

성민: 제일 먼저 단상에 올라갔을 때 ⓐ시선은 어떻게 하는 게 좋을까?

주영: 우선 청중을 전체적으로 훑어보고 너무 한곳에 시선이 머무르지 않도록 자연스럽게 시선을 옮기면서 말하면 좋을 것 같아.

성민: 그게 좋겠다. ⓑ억양은 어때? 지금 내 억양으로 괜찮을까?

주영: 음. 지금 억양도 좋긴 한데, 내용을 효과적으로 전달하려면 억양을 좀 더 올릴 필요가 있을 것 같아. 그리고 똑같은 억양으로 말하는 것보다는 중요한 내용을 말할 때 더 강하게 말하는 것이 더 효과적이야.

성민: 그렇겠네. 발표 내용의 흐름에 따라 리듬을 타듯이 말해야겠군.

주영: 맞아. 노래 부를 때 리듬을 타는 것처럼, 말할 때도 강약을 조절해야겠지.

성민: 평소 내 ⓒ발음 많이 들어 봤잖아. 내 발음은 어때?

주영: 음. 평소 대화할 때는 상관없지만, '의' 발음 같은 경우 좀 불분명할 때가 있더라. '의' 발음을 할 때 의식해서 정확히 하려고 노력하면 좋을 것 같아.

성민: ⓓ옷차림은 어때? 어차피 교복을 입을 텐데, 다른 방법은 없을까?

주영: 공약 중에 스포츠 클럽 활성화가 있던데 체육복을 입고 연설하는 것도 하나의 방법일 것 같아. 교복을 입고 연설하는 다른 후보들에 비해 인상적일 것 같아.

성민: 주영아, 정말 고맙다. 벌써 네 도움에 학생회장이 된 것만 같아.

주영: 김칫국 먼저 마시지 말고, 마지막까지 준비 잘해. 그리고 나는 너의 늘 웃는 모습이 참 좋거든. 그런데 처음 보는 학생들한테는 가벼워 보일 수도 있을 것 같아. 좀 더 진지한 ⓔ표정으로 연설하면 좋을 것 같아.

성민: 내가 그랬구나. 전혀 몰랐네. 평소 나를 잘 아는 친구라서 여러 도움이 되는구나. 고맙다.

주영: (웃으며) 친구끼리 당연히 도와야지.

**어휘 풀이**

- **음성 언어** 음성으로 나타내는 말.
- **헌신** 몸과 마음을 바쳐 있는 힘을 다함.

**13**

© 20829-0034

**㉠에 대한 설명으로 가장 적절한 것은?**

① 자신의 요구를 수용하도록 친밀한 태도로 묻고 있다.
② 설득의 효과를 높이기 위해 상대의 가치관을 묻고 있다.
③ 자신의 질문에 대해 상대가 제대로 이해하고 있는지 확인하고 있다.
④ 상대의 배경지식을 점검하며 화제에 대한 이해 정도를 점검하고 있다.
⑤ 질문을 통해 상대가 궁금해하는 내용에 대해 스스로 깨우치도록 유도하고 있다.

**14**

© 20829-0035

**(가)의 교사의 설명을 참고할 때, (나)의 ⓐ～ⓔ를 바르게 분류한 것은?**

| | 준언어적 표현 | 비언어적 표현 |
|---|---|---|
| ① | ⓐ, ⓑ | ⓒ, ⓓ, ⓔ |
| ② | ⓑ, ⓒ | ⓐ, ⓓ, ⓔ |
| ③ | ⓑ, ⓓ | ⓐ, ⓒ, ⓔ |
| ④ | ⓒ, ⓓ | ⓐ, ⓑ, ⓔ |
| ⑤ | ⓒ, ⓔ | ⓐ, ⓑ, ⓓ |

**15**

© 20829-0036

**(나)의 대화를 바탕으로 '성민'이 단상 위에서 고려해야 할 비언어적, 준언어적 표현으로 적절하지 않은 것은?**

① 시선을 한곳에 두는 것보다 청중을 두루 바라보는 것이 좋겠군.
② 발음은 평소 불분명하게 발음한 것들을 고려해서 정확히 발음하려고 노력해야겠군.
③ 옷차림은 공약 내용을 고려하여 체육복을 입는 것이 다른 후보에 비해 인상적이겠군.
④ 표정은 진지한 모습으로 임하는 것보다는 긴장을 풀고 평소처럼 웃는 표정으로 임해야겠군.
⑤ 억양은 똑같은 억양으로 말하는 것보다 연설 내용의 중요도에 따라 강약을 조절하는 게 좋겠군.

**16**

© 20829-0037 서술형

**(나)의 대화 맥락을 고려하여 ㉮를 고쳐 쓰시오.**

단원 이해

# 2. 대화와 면접

덤덤

## 1 대화

### (1) 자아 개념과 의사소통

① 다른 사람들이 자기를 어떻게 생각하고 있는지에 대한 스스로의 생각을 '자아 개념'이라고 함.

② 일반적으로 다른 사람들에게 긍정적인 말을 많이 들은 사람은 긍정적 자아 개념을 갖게 되고, 다른 사람들에게 부정적인 말을 많이 들은 사람은 부정적 자아 개념을 갖게 됨.

③ 긍정적 자아 개념을 가진 사람은 적극적으로 자기를 드러내며, 자기에 대한 타인의 평가에 대해 개방적이고 수용적인 자세를 갖는 경우가 많은 반면에 부정적 자아 개념을 가진 사람은 자기를 드러내는 것을 꺼리고, 자기에 대한 타인의 평가에 대해 방어적이고 거부감을 느끼는 경우가 많음.

### (2) 자기표현과 대인 관계

① 자기표현은 타인에게 자기에 대한 정보를 알리는 것을 말함. 다른 사람들과 서로의 생각과 느낌을 주고받는 과정에서 자기와 타인을 더 깊이 있게 이해하게 되며, 서로에 대한 정보를 알아 가면서 친밀감을 형성하기도 함.

② 다른 사람들과 원만한 관계를 형성하고 발전시키기 위해서는 자기표현의 정도나 방식을 적절하게 조절하는 능력이 필요함.

③ 일반적으로 관계 형성의 초기에는 출신 지역이나 학교 등 사회적 차원의 자아를 드러내고, 관계가 친밀해질수록 성격이나 취향 등 개인적 차원의 자아를 드러냄.

### (3) 갈등 상황에서 자신을 진솔하게 표현하는 방법

① 일상생활에서 우리는 다른 사람과 갈등을 겪기도 함. 이런 상황에서 갈등을 해소하고 원만한 관계를 유지하려면 자기의 생각이나 감정을 진솔하게 표현할 줄 알아야 함.

② '나-전달법': 섣불리 다른 사람을 평가하거나 해석하지 않고 자기가 느끼는 감정과 경험을 표현하는 방법으로, '사건-감정-기대'의 내용으로 메시지를 구성하여 전달하는 방법임.

**• '나-전달법'의 '사건-감정-기대'**

자기가 문제로 인식한 상대방의 행동이나 상황[사건]만을 대상으로 삼아, 이에 대한 자기의 감정[감정]을 솔직하게 표현하고, 그러한 감정을 반복적으로 경험하지 않기 위해 자기가 바라는 상대방의 행동이나 상황[기대]을 구체적으로 이야기하는 것임.

## 2 면접

### (1) 면접에서 질문의 의도 파악

① 일반적으로 면접은 면접 대상자의 지식이나 성품, 잠재력 등을 평가하기 위해 이루어짐.

② 면접에서는 질문에 담긴 면접관의 의도를 정확하게 파악하는 것이 중요함. 특히 면접관은 면접 대상자를 정확히 평가하기 위해 자기의 의도를 숨기고 질문하거나, 면접 대상자가 예상하지 못한 엉뚱한 질문을 하는 경우도 있음.

### (2) 면접에서의 효과적인 답변 전략

① 효과적인 면접을 위해서는 면접 상황과 목적에 대한 이해를 바탕으로 질문의 내용과 의도를 올바르게 파악하고, 그에 맞게 답변해야 함. 만약 질문을 올바로 이해하지 못했다면 정중히 다시 질문을 요청하여 질문의 의미와 의도를 명확히 확인한 후에 답변하도록 함.

② 답변의 내용을 구성할 때에는 면접관이 원하는 정보를 충분히 제공할 수 있도록 막연한 진술을 피하고 구체적인 사례나 경험을 제시하는 것이 좋음.

③ 질문 내용에 따라 적절한 방식으로 답변하는 것이 중요함. 사실을 묻는 경우에는 구체적이고 객관적인 정보를 바탕으로 정확하게 답변해야 하며, 의견을 묻는 경우에는 자기의 견해를 논리적으로 전개하여 소신 있게 답변해야 함.

④ 면접은 제한된 시간 안에 자기의 생각을 분명하게 전달하는 것이 중요함.

⑤ 면접에서 답변할 때에는 면접관에게 신뢰감을 줄 수 있도록 정중하면서도 어법에 맞게 표현해야 함.

**덤덤**

• 면접 질문의 유형

• 폐쇄형 질문: 면접 대상자가 '예, 아니요'와 같이 주어진 항목 중에서 답변할 수 있도록 묻는 질문임.

• 개방형 질문: 면접 대상자가 원하는 방식으로 자유롭게 답변할 수 있도록 묻는 질문임.

• 면접에서의 적절한 준언어적, 비언어적 표현: 답변을 할 때 자신감 있는 어조로 자연스럽게 말하거나, 면접관과 눈을 맞추며 밝은 표정으로 말하면 면접관에게 신뢰감을 줄 수 있으며, 자기의 생각을 명확히 전달할 수 있도록 말의 속도를 조절할 필요가 있음.

# 내신 기본 UP

내용 연구

**제재 분석**

모둠 과제 발표문을 수정하기 위한 대화이다. 플로깅 행사를 소개하는 발표문 초고에 대해 협동하여 점검하고 있다.

**어휘 풀이**

• **가구** 현실적으로 주거 및 생계를 같이하는 사람의 집단.

**[01~02] 다음은 모둠 과제 발표문을 수정하기 위한 대화이다. 물음에 답하시오.**

은지: ㉠ 애들아, 플로깅 행사를 소개하는 발표문 초고를 영준이가 작성했는데 함께 검토해 보자.

민수: 우선 제목에 대해 논의하자. 제목에 중심 소재가 빠져 있어서 마을의 쓰레기를 주우며 달리기를 하는 플로깅의 의미가 잘 드러나지 않고 있어.

영준: 그러게, 제목에 플로깅이라는 단어가 빠져 있네.

민수: 제목에 비유적 표현을 활용해서 행사의 의미를 전달하는 건 어떨까?

은지: ㉡ 비유적 의미를 사용하면 오히려 이해하기 어렵지 않을까? 제목은 쉽게 이해할 수 있게 작성하는 게 좋을 것 같아.

영준: 제목에 중심 소재를 담고 마을 주민과 함께한다는 정보를 제공하는 게 좋을 것 같아. 민수야, 은지 얘기대로 비유적 의미는 사용하지 않는 게 어떨까?

민수: 응, 그게 좋을 것 같아.

은지: 다음은 본문에 대해 논의하자.

영준: 마을 사람들과 함께 참여하는 의의를 드러내려고 했는데, 어때?

민수: 응, 그 부분은 잘 드러나게 쓴 것 같아. 그런데 우리 마을의 가구 수와 인구도 소개하는 게 좋지 않을까?

영준: 넣을까 생각했는데 발표 주제에서 벗어나는 것 같아서 넣지 않았어.

은지: ㉢ 영준이 말처럼 이번 행사 내용과 직접적 관련이 없으면 넣지 않는 게 나을 것 같은데. 민수야, 다시 생각해 보는 게 어때?

민수: 그래. 다시 생각해 보니까 우리 마을의 가구 수와 인구는 발표 주제와 직접적 연관이 없는 것 같아.

은지: ㉣ 그런데 이번 행사의 의미를 강조하기 위해 본문의 마지막 부분에 환경 보전의 의미를 드러내는 내용을 담기로 하지 않았어?

영준: 아, 맞다. 지난 회의에서 그러자고 했는데 잊고 있었네.

은지: ㉤ 좋아. 어느 정도 마무리된 것 같아. 지금까지 나온 의견 모두 반영해서 다시 써 보자. 모두들 좋은 의견 내 주어서 고마워.

## 01

20829-0038

**초고를 수정할 때, 대화 내용을 고려한 사항으로 적절하지 않은 것은?**

① 발표문 제목에 중심 소재를 직접 제시하여 수정해야겠어.
② 행사를 통해 환경 보전의 의미를 되새기자는 내용으로 마무리해야겠어.
③ 우리 마을의 가구 수와 인구는 주제에서 벗어나는 내용이므로 넣지 않아야겠어.
④ 마을 사람들과 함께 참여하는 의의는 잘 드러났으므로 수정하지 않아도 좋을 것 같아.
⑤ 제목은 비유적 표현을 활용하여 행사의 의미를 알기 쉽게 전달하는 것이 좋을 것 같아.

**02** ▷ 20829-0039

**㉠~㉤에 나타난 '은지'의 말하기 방식에 대한 설명으로 적절하지 않은 것은?**

① ㉠: 대화 주제를 제시하며 친구들을 대화 상황으로 이끌고 있다.
② ㉡: 상대의 의견과 다른 의견을 제시한 후 절충안을 제안하고 있다.
③ ㉢: 자신의 생각을 드러내면서 대화 참여자의 의견을 조율하고 있다.
④ ㉣: 예전 대화 내용을 떠올리며 상대에게 누락된 내용을 상기시키고 있다.
⑤ ㉤: 대화를 마무리하며 대화 참여자에게 고마움을 표시하고 있다.



**내용 연구**

**제재 분석**
특강을 들은 후 나눈 친구 사이의 대화이다. 분노를 조절하는 방법에 대한 특강 내용을 토대로 친구의 고민에 대해 상담해 주고 있다.

**어휘 풀이**
● **학술제** 학문의 결과를 교류하기 위해 펼치는 행사.
● **솔선수범** 남보다 앞장서서 행동해서 몸소 다른 사람의 본보기가 됨.

**[03~04] 다음은 친구 간 대화의 일부이다. 물음에 답하시오.**

승우: ㉮지호야 아침에 표정이 안 좋아 보였는데. 괜찮아?
지호: 사실, 부모님께 아침에 잔소리 듣고 기분이 안 좋았는데 오후에 특강을 듣고 났더니 좀 나아졌어. 고마워.
승우: 너도 '분노를 조절하는 방법'에 대한 특강 들었구나. 재미있었지?
지호: 맞아. 유익한 강의였어. 요즘 부모님께 툭하면 화냈던 게 생각나더라. 많이 반성했어. ㉠넌 갑자기 누군가에게 화가 치밀었던 경험 없어?
승우: 얼마 전 무더위 때 집에 있는 에어컨이 고장 났는데, 서비스 센터 상담원이 에어컨을 수리하는 데 일주일 정도 기다려야 한다고 했을 때 괜히 상담원에게 화가 나더라고.
지호: ㉡특강에서 문제의 원인을 다른 사람 탓으로 돌리면 더 화가 난다고 했어. 그럴 땐 문제의 원인이 무엇인지 잘 생각해 보면 화를 줄일 수 있다고도 했고.
승우: 맞아. 사실 상담원이 무슨 잘못이 있겠어. 사실 그것보다 요즘 더 화나는 일이 있었거든.
지호: ㉯무슨 일인데, 어서 말해 봐.
승우: (머뭇거리며) 아, 아냐.
지호: ㉢학술제 준비 때문에 힘들어하는 것 같다고 누가 얘기하던데, 다른 부원들이 많이 도와주지 않아서 화가 났구나?
승우: 그래. 얘기 들었구나. 처음 해 보는 일이라 그런지 할 일도 많고 어렵네.
지호: ㉣부원들과 서로 협력하지 않으면 많이 힘들 텐데. 나도 작년에 학술제 준비해 봐서 알거든.
승우: 공감해 줘서 고마워. 내가 먼저 앞장서면 부원들이 도와주겠지.
지호: 아! 그러고 보니 이것도 오늘 들은 특강 내용과 관련되는구나.
승우: ㉤다른 사람의 탓을 하기보다는 내가 먼저 솔선수범할 필요가 있다는 내용이었지?
지호: 그래. 맞아.

## 03

20829-0040

**㉠~㉤에 대한 설명으로 적절하지 않은 것은?**

① ㉠: 질문을 통해 특강에서 들은 내용과 연관된 경험을 묻고 있다.
② ㉡: 특강에서 들은 내용을 인용하여 대화 상대의 문제 상황에 대한 해결의 단서를 제공하고 있다.
③ ㉢: 대화 참여자가 아닌 제삼자에게서 얻은 정보를 바탕으로 대화 상대의 상황을 추측하고 있다.
④ ㉣: 자신의 경험에 비추어 대화 상대가 처한 상황에 공감하고 있다.
⑤ ㉤: 대화 상대의 말을 재진술하며 자신이 제대로 이해했는지 확인하고 있다.

## 04

20829-0041 서술형

**〈보기〉를 바탕으로 ㉮, ㉯의 발언이 적절한지에 대해 서술하시오.**

보기

고민이 있는 상대에게 말을 걸 때에는 딱딱한 명령형의 말투보다는 청유형이나 의문형의 부드러운 느낌을 주는 말투를 통해 상대를 배려할 필요가 있다.

**내용 연구**

**제재 분석**

(가) 축제 공연 준비를 하는 두 친구의 대화이다. 연습 시간과 연습 장소를 조율하는 문제에 대해 협의하고 있다.
(나) 축제 공연 연습 장소 마련을 주제로 한 학생과 학생 회장의 대화이다. 낯선 대상과 말을 나누는 상황을 보여 주고 있다.

**[05~08] (가)와 (나)는 시간적으로 선후 관계에 있는 대화이다. 물음에 답하시오.**

(가) 학생 1: 같이 노래 부르기로 한 축제 공연이 벌써 다음 주 금요일이네. 일주일밖에 안 남았는데, 연습을 더 해야 할 것 같아.
학생 2: ㉠아무래도 그렇겠지? 이번 주말에는 가족 여행이 계획되어 있는데, 월요일부터 목요일까지 저녁 시간에 연습할까?
학생 1: ㉡(고개를 저으며) 안 될 것 같아. 나는 다음 주 월요일부터 축제 홍보하기로 축제 기획단 약속이 잡혀 있어. 노래 연습은 주말에 할까 했는데, 서로 시간이 안 맞네.
학생 2: 아, 연습을 더 하긴 해야 하는데…….
학생 1: 연습 시간을 마련할 방법이 없을까?
학생 2: 일요일과 월요일 저녁에 연습하는 건 어때? 가족 여행에서 일요일 오후에는 돌아올 수 있도록 시간을 내 볼게. 그런데 그것만으로는 연습 시간이 부족할 것 같아. 너도 월요일 저녁 시간 좀 조정하면 안 될까? 아무래도 이틀 정도는 더 연습해야 할 것 같아.
학생 1: 그래. 주말에 미리 내가 맡은 홍보지를 만들어 놓으면 월요일 오후에는 같이 연습할 수 있을 거야.
학생 2: 미리 준비할 수 있겠어?

[A] (학생 2: 아, 연습을 더 하긴 해야 하는데……. ~ 학생 1: …같이 연습할 수 있을 거야.)

학생 1: 그런데 처음 해 보는 일이라 빨리 끝낼 수 있을지 모르겠어. 경험자가 도와주면 할 수 있을 것 같은데. ㉢너는 경험이 많고 잘 하잖아. 혹시…….

학생 2: 응? 왜 그래?

학생 1: ㉣혹시 가능하면 홍보지 아이디어 좀 같이 고민해 줄 수 있을까?

학생 2: 일요일에 미리 준비하면 월요일 저녁 시간을 낼 수 있다는 말이지? 알았어. 그럼 내가 도와줄게.

학생 1: 그럼 일요일과 월요일 저녁 시간에 연습하도록 하자.

학생 2: 그래, 좋아.

[B]

학생 1: 그럼 장소는 지금처럼 연습실에서 하는 게 어때? 아직 화음도 더 맞춰 봐야 하고.

학생 2: ㉤네 말도 일리가 있지만, 나는 잠깐이라도 미리 무대에서 연습해 보지 않으면 당일에 너무 떨릴 것 같아서 불안해.

학생 1: 그렇구나. 그런데 다른 팀이 월요일에 무대에서 연습하면 어쩌지?

학생 2: 월요일에 무대에서 연습하는 게 가능한지 학생회장한테 물어볼게. 일요일은 연습실에서 만나고 월요일에는 무대 위에서 잠깐이라도 연습해 보자.

학생 1: 그래, 좋아.

**나** 학생 2: 선배, 안녕하세요?

학생회장: 안녕? 그런데 누구지?

학생 2: 이번 축제에 참가하는 ○○○입니다. 축제 연습 문제로 상의할 게 있어서요. ㉮그런데 선배, 이 신발 어디서 샀어요? 멋진데요?

학생회장: ㉯(당황하며) 그, 그래. 나중에 알려 줄게. 그런데 무슨 문제야?

학생 2: 저랑 친구가 월요일 저녁 시간에 무대에서 30분 정도 연습을 해 보고 싶은데 가능할까 해서요.

학생회장: 월요일, 저녁? 강당 사용 시간표를 보고 얘기해 줄게. (잠시 후) 강당 사용 시간표를 보니 월요일 저녁에 댄스 팀 연습이 예정되어 있네. 댄스 팀장과 만나서 시간을 조율해 볼래?

학생 2: 아, 감사합니다.

**어휘 풀이**

- **홍보지** 관청이나 회사 등에서 자신의 사업 계획이나 활동 상황 따위를 대중들에게 널리 알리기 위해 제작한 종이.
- **조율** 문제를 어떤 대상에 알맞거나 마땅하도록 조절함을 비유적으로 이르는 말.

## 05

20829-0042

㉠~㉤의 말하기 방식에 대한 이해로 적절하지 않은 것은?

① ㉠: 질문하는 방식을 통해 상대방의 뜻에 동조하고 있다.
② ㉡: 비언어적 표현과 언어적 표현을 통해 부정의 의미를 드러내고 있다.
③ ㉢: 자신을 낮춘 표현을 통해 상대의 부담을 줄여 주고 있다.
④ ㉣: 가정과 의문의 표현을 통해 상대에게 부탁하고 있다.
⑤ ㉤: 자신의 처지를 언급하는 표현을 통해 상대에게 양해를 구하고 있다.

## 06

ⓒ 20829-0043

[A], [B]에 대한 분석으로 가장 적절한 것은?

① [A]에서는 '학생 2'가 '학생 1'의 제안를 수용함으로써 의견의 일치점을 찾았다.
② [B]에서 '학생 1'은 '학생 2'와의 의견 차이를 좁히기 위해 새로운 대안을 제시하였다.
③ [A]에서는 '연습 시간 축소'의 문제를, [B]에서는 '연습 장소 이동'의 문제를 해결하였다.
④ [A]에서는 '학생 2'와 관련된 문제를, [B]에서는 '학생 1'과 관련된 문제를 중심 화제로 대화하였다.
⑤ [A]와 [B]에서 의견이 대립될 때 '학생 2'가 절충안을 마련하여 제시하였다.

## 07

ⓒ 20829-0044

(가), (나)에 대해 설명한 것으로 적절한 것은?

① (가)와 (나) 모두 친교를 주된 목적으로 삼고 있다.
② (나)와 달리 (가)의 대화는 공적 상황에서 이루어지고 있다.
③ (가)의 대화에서 발생한 문제의 원인을 (나)의 대화를 통해 찾고 있다.
④ (가)와 달리 (나)의 대화 참여자는 서로의 요구를 확인하고 합의점을 찾고 있다.
⑤ (가)와 (나)에 모두 참여한 대화 참여자는 상대에 따라 높임 표현을 달리 사용하고 있다.

## 08

ⓒ 20829-0045 서술형

〈보기〉를 참고하여 ㉮에 대해 학생회장이 ㉯처럼 반응한 이유를 서술하시오.

**보기**

자기표현은 타인에게 자기에 대한 정보를 알리는 것을 말하는데, 일반적으로 관계 형성의 초기에는 출신 지역이나 학교 등 사회적 차원의 자아를 드러내고, 관계가 친밀해질수록 성격이나 취향 등 개인적 차원의 자아를 드러냄. 다른 사람들과 원만한 관계를 형성하고 발전시키기 위해서는 자기표현의 정도나 방식을 적절하게 조절하는 능력이 필요함.

**내용 연구**

**제재 분석**
건축학과를 졸업하고 건축 회사에 지원한 면접 대상자의 기업 입사 면접이다. 면접 상황을 고려한 화법을 보여 주고 있다.

**어휘 풀이**
- **즐비하다** 빗살처럼 줄지어 빽빽하게 늘어서 있다.
- **쇠락하다** 쇠약하여 말라서 떨어지다.



**[09~12] 다음은 기업 입사 면접이다. 물음에 답하시오.**

면접 대상자: 안녕하십니까? 지원 번호 1번입니다.

면접관: ㉮아침 식사는 하고 오셨나요?

면접 대상자: 네. 평소처럼 어머니께서 해 주시는 따뜻한 밥을 먹고 왔습니다.

면접관: 그렇군요. 어머니의 정성이 좋은 결과로 이어지기를 기대하겠습니다. 이제 긴장이 좀 풀렸나요?

면접 대상자: 네. 덕분에 긴장이 좀 풀렸습니다. 감사합니다.

면접관: 다행이네요. 먼저 자기소개를 해 주시겠습니까?

면접 대상자: 저는 올해 대학교 졸업을 앞두고 있으며 건축학을 전공하고 있습니다. 대학 재학 중 학업뿐 아니라 건축과 관련된 지식을 쌓기 위해 동아리 활동에도 최선을 다했으며 전공과 관련된 자격증도 취득하였습니다. 집이 없는 소외 계층을 위해 매년 직접 집을 지어 주는 봉사 활동에도 참여해 왔습니다.

면접관: 잘 들었습니다. 우리 회사에 지원한 이유를 말씀해 주시겠습니까?

면접 대상자: 네. 대형 건축을 위주로 하는 다른 회사와 달리 △△건축은 소외된 계층을 위한 공익 활동을 하고 있다는 점이 인상적이었습니다. 따뜻한 사회를 만들고자 하는 저의 가치관에 부합한다고 생각했기 때문에 평소 관심을 갖고 동경해 왔습니다. 제가 건축학을 공부하는 이유도 이러한 맥락과 연관이 있고요.

면접관: ㉯따뜻한 사회를 만드는 일에 대한 관심이 건축학을 공부하는 이유와 맥락이 닿아 있다고 했는데 좀 더 설명해 주시겠습니까?

면접 대상자: 우리나라의 도시 건축을 대표하는 것은 화려하고 거대한 고층 건물들입니다. 그러나 도시의 골목은 어떻습니까? ㉠(주먹을 쥐며) 도시의 골목은 고층 건물이 즐비한 대로변과 반대로 쇠락해 가고 있습니다. 도시민의 주거 환경이 아파트로 획일화되어 가는 점도 문제라고 생각합니다. ㉡'페이'라는 건축가는 '삶은 건축이고, 건축은 삶의 거울이다'라고 하였습니다. 저는 삶과 건축이 밀접한 관련이 있다고 생각합니다. 하지만 현재 도시의 건축은 소외된 사람들의 삶을 반영하고 있지 않습니다. 소외된 사람들과 함께 어울려 살아가는 도시의 모습을 완성하는 데 건축의 역할이 크다고 생각합니다.

면접관: 그렇군요. 그런데 우리 회사는 지원자가 언급한 공익사업도 겸하고 있어 영리만을 목적으로 하는 다른 기업에 비해 보수가 적은 편입니다. 그래서 이직하는 경우도 있습니다. 보수에 대해서는 어떻게 생각하나요?

면접 대상자: ㉢저는 많은 보수를 받는 것보다 저의 가치관과 부합하는 일을 하는 것이 더 의미 있다고 생각하기 때문에 보수는 중요하지 않습니다.

면접관: 다음 질문입니다. 지원자는 우리 회사에 입사하게 되면 어떤 분야에서 일하고 싶은지 자신의 경험과 연관 지어 밝혀 주십시오.

면접 대상자: 저는 저예산 주택 분야에 지원하여 어려운 사람들을 위한 건축을 하고

> 싶습니다. ㉣인터넷 기사에서 적은 비용으로 만든 피난처를 본 적이 있는데 재난을 입은 사람들이 안락하게 생활할 수 있는 공간을 적은 비용으로 마련해 줄 수 있다는 것이 감명 깊었습니다.
>
> 면접관: (웃으며) 그렇군요. 마지막으로 본인의 포부를 말씀해 보세요.
>
> 면접 대상자: ㉤저는 사회 초년생으로서 제 인생의 첫 단추를 잘 끼우고 싶습니다. 그러므로 △△건축 같은 따뜻한 사회를 만드는 좋은 기업에서 제 꿈을 구체화할 수 있도록 기회를 주신다면 최선을 다해 배우는 자세로 일할 것을 약속드립니다.
>
> 면접관: 수고하셨습니다.

**09** ◎ 20829-0046

**다음은 면접을 준비하는 과정에서 면접 대상자가 생각한 내용이다. 면접 과정에서 반영되지 않은 것은?**

> 어떤 질문이 나올지는 모르겠지만, 자기소개와 지원 사유는 매년 요청했으니까 미리 준비해 둬야 할 것 같아. 우선 자기소개를 요청하면 ⓐ전공을 밝히고 전공 관련 자격증을 취득한 것을 강조해야겠어. 그리고 ⓑ소외 계층을 위해 봉사 활동한 것도 제시해야지. 지원 사유는 ⓒ△△건축에 평소 관심이 있었음을 드러내고, ⓓ△△건축이 소외된 계층을 지원하는 기업이라는 점이 나의 가치관에 부합하기 때문에 지원하게 되었음을 밝혀야지. ⓔ△△건축에 입사한 선배의 조언도 긍정적으로 작용하였음을 밝혀야겠어.

① ⓐ ② ⓑ ③ ⓒ ④ ⓓ ⑤ ⓔ

**10** ◎ 20829-0047

**면접관의 사전 질문 계획 중 ㉯에 반영된 것으로 적절한 것은?**

① 면접 대상자의 대답에 대해 추가로 질문하여 보충 설명을 하도록 요청해야겠다.
② 사회에서 일어난 특정 사건에 대한 면접 대상자의 견해를 물어 그의 가치관을 알아보아야겠다.
③ 면접 대상자의 답변에서 미흡한 지점을 지적하여 위기 상황에 대한 대처 능력을 평가해야겠다.
④ 면접 대상자에게 전문 지식을 바탕으로 질문하여 전공에 대한 심층적인 이해도를 점검해야겠다.
⑤ 면접 대상자가 구체적 경험을 들어 답변하도록 함으로써 전공과 무관한 분야에도 관심이 있는지 확인해야겠다.

**11** 20829-0048

**㉠~㉤에 나타난 면접 대상자의 말하기 방식에 대한 설명으로 적절하지 않은 것은?**

① ㉠: 비언어적 표현을 사용하여 사회 현상에 대한 자신의 의견을 강조하고 있다.
② ㉡: 전문가의 말을 인용하여 건축에 대한 자신의 가치관을 뒷받침하고 있다.
③ ㉢: 자신이 가치를 두고 있는 것을 부각하며 면접관의 염려에 대응하고 있다.
④ ㉣: 매체를 통해 알게 된 정보를 언급하며 자신의 의견을 뒷받침하고 있다.
⑤ ㉤: 관용적 표현을 사용하여 대학 생활을 멋지게 마무리하고자 하는 포부를 드러내고 있다.



**12** 20829-0049 서술형

**〈보기〉를 바탕으로 면접관이 ㉮를 물어본 의도에 대해 서술하시오.**

보기

면접관은 면접 대상자를 평가하는 역할이 기본적이지만, 면접 대상자가 긴장하여 자신의 역량을 제대로 펼치지 못할 수도 있으므로 너무 긴장하지 않도록 유도할 필요가 있다. 면접과 직접적으로 관계없는 식사나 날씨, 인상에 대한 긍정적 언급 등을 통해 대상자의 긴장을 풀어 줄 수도 있다.

**내용 연구**

**제재 분석**

(가) 모의 면접을 준비하는 면접관들의 대화이다.
(나) 국어국문학과에 지원하려는 학생에 대한 모의 면접 상황이다. 면접 상황을 고려한 화법을 보여 주고 있다.

**[13~16] (가)는 모의 면접 전에 면접관들이 나눈 대화이고, (나)는 모의 면접의 일부이다. 물음에 답하시오.**

(가) 면접관 1: 모의 면접인데도 긴장한 학생들이 있네요. ㉠처음에는 긴장을 풀어 주는 말로 시작하겠습니다.
면접관 2: 좋은 생각이네요. ㉡저는 지원 동기가 평소 좋아하는 과목과 연관이 있는지 물어볼게요.
면접관 1: 요즘 점수만 맞춰서 지원하는 학생들도 많으니 ㉢전공에 대한 세부적인 관심 정도를 확인할게요.
면접관 2: ㉣졸업 이후 진로 계획에 대해서도 물어봐야 할 것 같아요.
면접관 1: 공통 질문은 이 정도로 하고 제가 별도로 ㉤학생들의 답변을 듣고 보충 질문을 하겠습니다.

나 면접관 1: 국어 국문학과에 지원한 것을 환영합니다. 많이 긴장될 텐데 긴장 푸시고 차분하게 답변해 주세요. (웃으며) 오늘 날씨가 쌀쌀한데 따뜻하게 입고 오셨나요?

지원자: 네. 추위에 대비해서 따뜻하게 입고 왔습니다.

면접관 2: 자, 그럼 면접을 시작하겠습니다. 국어 국문학과에 지원하게 된 동기는 무엇인가요?

지원자: 고등학교 1학년 때 음운 변동에 대해 배우면서 평소 사용하는 말에 규칙이 있다는 사실을 알게 되었고 문법 분야에 흥미를 갖게 되었습니다. 또 「말모이」라는 영화를 보면서 일제 강점기 우리말과 우리글을 지키기 위해 선조들의 희생과 노력이 있었다는 점을 알게 되었습니다. 우리 민족의 얼이 담긴 말과 글을 연구하고 보존하고자 국어 국문학과를 진로로 정하게 되었습니다.

면접관 2: 그렇다면 가장 좋아하는 과목과 그 과목을 좋아하게 된 계기를 말씀해 주세요.

지원자: ㉮ 저는 국어를 제일 좋아합니다. (기침을 하며) 죄송합니다. 사실 성적은 항상 역사 과목이 좋았기 때문에 진로에 대해 고민했던 것도 사실입니다.

면접관 1: 국어 국문학의 세부 분야 중에서 관심 있는 분야와 그 이유를 말씀해 주세요.

지원자: ㉯ (말을 더듬으며) 저, 저는 복잡한 언어 현상을 체계적으로 정리하는 것에 매력을 느낍니다. 그래서 국어 국문학의 분야 중에서 국어학을 좋아합니다.

면접관 1: 그렇다면 지원자는 국어 국문학의 한 분야인 문학 분야에는 관심이 없나요?

지원자: 사실 1학년 겨울 방학 전까지는 문학에 대한 관심이 크지 않았습니다. 1학년 겨울 방학 때 국어 선생님의 추천으로 백석 시인의 『사슴』이라는 시집을 읽으며 우리말의 아름다움과 정감을 느끼게 되었습니다. 문인들에 의해서도 우리말을 보전하려는 노력이 있었다는 생각을 하게 되었고, 당시 문인들에 대해 존경하는 마음을 갖게 되었습니다. 이때부터 일제 강점기에 나온 시와 소설을 찾아 읽게 되었고 문학에 대한 흥미를 갖게 되었습니다.

면접관 2: 여러 면에서 유익한 방학을 보내게 되었군요. 국어 국문학을 전공하여 졸업한 이후에는 어떤 진로로 나갈 계획인가요?

지원자: 네. 저는 제가 갖고 있는 컴퓨터 지식을 활용하여 사라져 가는 우리말의 데이터베이스를 만들고 이를 활용하여 새로운 종류의 사전을 만들어 볼까 합니다. 만약 제가 이러한 계획을 실천한다면 사람들이 우리말을 활용하는 데 조금은 도움이 되지 않을까 생각합니다. [A]

면접관 1: 많이 긴장되었을 텐데 침착하게 답변해 주어서 고맙습니다.

지원자: 감사합니다.

어휘 풀이

- **말모이** '사전[辭典]'을 우리말로 다듬은 새로운 토박이말. 주시경 등 여러 한글 학자들이 편찬한 사전의 이름에서 따온 말.
- **데이터베이스** 여러 가지 업무에 공동으로 필요한 데이터를 유기적으로 결합하여 저장한 집합체.

**13** ◎ 20829-0050

**(가)의 ㉠~㉤ 중, (나)에 반영되지 않은 것은?**

① ㉠ ② ㉡ ③ ㉢ ④ ㉣ ⑤ ㉤

**14** ◎ 20829-0051

**모의 면접 이후 ㉮, ㉯에 대한 평가로 가장 적절한 것은?**

① ㉮는 ㉯와 달리 말을 더듬고 있어 자신감이 없어 보여.
② ㉮는 ㉯와 달리 면접관의 질문과 연관 없는 내용을 답변하고 있어.
③ ㉯는 ㉮와 달리 자신의 실수에 대해 면접관에게 양해를 구하고 있어.
④ ㉯는 ㉮와 달리 주관적인 의견보다는 객관적인 정보만을 제시하고 있어.
⑤ ㉮, ㉯ 모두 면접관의 질문에 대해 이유를 먼저 제시하고 있어.

**15** ◎ 20829-0052

**〈보기〉를 바탕으로 면접 전에 세운 답변 전략 중에서 (나)에서 실현된 것을 고르면?**

보기

국어 국문학과에 지원했지만, 자기소개서에 국어학에 대한 관심이 크다는 내용만 적혀 있어서, 국문학에 대한 관심을 묻는 질문이 나올 것 같아. 어떻게 답변해야 할까?

① 감명 깊게 읽은 문학 작품의 구절을 인용하며 설명해야겠어.
② 문학에 대한 흥미가 커지게 된 구체적 시기를 드러내야겠어.
③ 문법과 문학의 특성에 대한 비교를 통해 선호를 드러내야겠어.
④ 문학 작가 중에서 존경하는 작가의 말을 인용하여 설명해야겠어.
⑤ 국어 선생님을 좋아하게 되면서 문학에도 관심을 갖게 되었음을 제시해야겠어.

**16** ◎ 20829-0053 서술형

**〈보기〉는 [A]를 평가한 내용이다. ⓐ에 해당되는 내용을 찾아 ⓑ로 수정하시오.**

보기

"면접에서는 ⓐ추정하는 듯한 표현보다는 ⓑ단정적인 표현을 사용하여 자신감을 드러내는 것이 좋습니다."

단원 이해

# 3. 연설과 발표

## 1 연설

(1) 연설의 개념: 연설은 청중의 태도나 행동을 변화시키고자 격식을 갖춰 말하는 공적인 말하기임. 연설에서 말하는 '설득'이란 특정 주제에 대한 화자의 주장이나 의견을 호소력 있게 표현함으로써 다른 사람들의 생각이나 행동, 태도 등에 영향을 미치는 것을 의미함.

(2) 연설의 특성

① 한 사람의 화자가 다수의 청중을 대상으로 하여 말하는 의사소통 행위임.

② 화자의 주장이나 의견을 공개적으로 알려 특정 주제를 공론화할 수 있음.

③ 청중에게 화자의 진솔한 생각을 전달해 의견을 공유하고, 문제 해결책을 찾아감으로써 사회의 발전에 기여할 수 있는 상호 교섭적 행위임.

(3) 화자의 공신력

① 청중의 공감을 얻고, 신뢰감을 높이기 위해 필요한 요소임.

② 공신력은 청중에게 공적인 신뢰감을 받을 수 있는 화자의 능력임.

③ 화자의 공신력을 높이는 요소: 전문성, 성품과 평판, 진솔한 태도

| 전문성 | 연설 내용에 대한 화자의 전문성 |
|---|---|
| 성품과 평판 | 평소 신뢰를 줄 만한 화자의 언행과 주위의 평판 |
| 진솔한 태도 | 청중의 입장에 공감하고 화자의 생각을 드러내는 진솔한 태도 |

(4) 연설의 설득 전략: 화자는 다수의 청중을 설득하기 위해 다양한 설득 전략을 활용할 필요가 있음.

| 이성적 설득 전략 | 인과, 연역, 귀납 등의 방법이나 신뢰성 있는 자료를 활용하여 청중을 논리적으로 설득하는 전략 |
|---|---|
| 감성적 설득 전략 | 기쁨, 슬픔, 분노, 연민 등 인간의 감정에 호소하여 청중의 마음을 움직이고 설득하는 전략 |
| 인성적 설득 전략 | 화자의 공신력이나 연설 내용의 신뢰성을 바탕으로 공감을 얻어 청중을 설득하고 변화를 유도하는 전략 |

(5) 연설의 준비 절차

상황과 청중 분석 → 연설의 유형, 목적, 주제 결정 → 자료의 수집과 선정 → 자료의 조직과 개요 작성 → 연설문 작성 → 연설 연습

덤덤

• 연설의 유형

• 정보 전달 연설
- 청중에게 새로운 정보 제공을 목적으로 하는 연설
- 청중의 수준을 고려한 용어를 사용하고, 이해를 돕기 위한 예시를 활용함.

• 설득 연설
- 화자의 의견에 따라 청중의 신념, 태도, 행동 등을 변화시키는 것을 목적으로 하는 연설
- 청중과 관련한 다양한 정보에 따라 연설 내용을 조정하며, 청중을 설득할 수 있는 적절한 논거를 제시해 논리성을 갖춤.

• 환담 연설
- 피로연, 만찬회 등의 행사에서 친목을 목적으로 하는 연설
- 분위기를 전환할 수 있는 알맞은 재담을 활용하며, 적절한 유머를 섞음.

• 상호 교섭성

상호 교섭성이란 참여자들이 어떤 주제를 중심으로 서로 교섭해 의미를 구성해 가는 과정임을 뜻함. 화법은 화자와 청자가 서로 영향을 미치며 의미를 구성하는 역동적인 과정임.

## 2 발표

(1) **발표의 개념**: 발표는 여러 사람 앞에서 자기의 의견이나 어떤 사실에 대하여 진술하는 말하기 방식임.

(2) **청자 분석**: 발표 주제, 목적뿐만 아니라, 청자 분석을 통해 예상 청중을 고려해 이루어져야 함.

① 발표는 청중이 해당 정보를 이해하고 재구성하는 상호 교섭적 말하기이므로 청자 분석이 필수적임.

② 화자는 사전에 청중을 분석함으로써 청중에게 유용한 내용을 적절한 방식으로 효과적으로 제시할 수 있음.

③ 청자 분석 시, 청중의 상황, 관심, 요구, 배경지식, 태도 등을 고려해야 함.

(3) **발표 내용의 구성**

① 발표 내용은 발표 주제, 목적을 고려하고 청자 분석을 바탕으로 다양한 매체를 활용해 자료를 수집하여 구성함.

② 내용은 일반적으로 '도입부(처음)－전개부(중간)－정리부(끝)'로 구성하되, 발표 시간을 고려해 적절한 분량으로 제시해야 함.

| 도입부<br>(처음) | 발표의 주제나 목적, 배경을 간략히 제시하고, 전달할 내용을 전체적으로 개관함. |
|---|---|
| 전개부<br>(중간) | 인용, 예시 등의 방법을 통해 구체적으로 내용을 제시하며, 중심 내용과 세부 내용으로 나누어짐. |
| 정리부<br>(끝) | 앞서 설명한 내용을 요약, 정리하거나 핵심 주제를 강조하고, 덧붙일 말을 간략히 제시함. |

### ※ 연설과 발표의 표현 전략

| 언어적 표현 전략 | 내용 연결 표현을 적절히 활용하고, 어법에 맞는 표현, 표준어 및 표준 발음을 사용함. |
|---|---|
| 준언어적 표현 전략 | 언어적 표현에 덧붙여 말의 분위기, 속도, 크기 등을 청중을 고려하여 조절함. |
| 비언어적 표현 전략 | 언어적 표현과는 독립적으로, 상황에 맞게 시선, 표정, 몸동작 등을 활용함. |

덤덤

**• 발표의 목적**

발표의 목적은 정보 제공, 지식 설명, 설득 등 다양함. 청중과 공감대를 형성해 필요한 정보를 제공하고 청중을 설득하는 것처럼 실제로는 다양한 목적이 혼재되어 있지만, 발표의 목적은 크게 설명과 설득으로 구분할 수 있음.

**• 매체 자료의 활용**

제시하는 내용의 특성에 맞는 매체 자료를 활용하면 연설이나 발표의 과정에서 효과적으로 내용을 전달할 수 있음. 수량을 비교하거나 수량의 변화를 전달하려면 그래프를, 대상의 구조를 제시하려면 그림이나 사진, 모형을 사용하는 것이 적절함.

# 내신 기본 UP

내용 연구

**제재 분석**

초고령 사회 문제의 심각성을 제시하고, 이를 해결하기 위한 학생들의 자세가 효도임을 밝혀 청중을 설득하려는 연설이다.

**어휘 풀이**

• **고령화** 한 사회에서 노인의 인구 비율이 높은 상태로 나타나는 일.

**[01~02] 다음은 학생의 연설이다. 물음에 답하시오.**

여러분, 현재 우리나라에서 어떤 문제가 가장 심각하다고 생각하십니까? (청중의 대답을 들으며) 사교육 문제? 빈부 격차 문제? (고개를 저으며) 아닙니다. (차분한 목소리로) 이런 문제들도 중요하지만, 저는 우리 사회의 고령화• 문제가 가장 심각하다고 생각합니다. 통계청 자료를 보면, 2026년이면 우리나라는 5명 중 1명이 65세 이상인 초고령 사회에 도달할 것으로 예상됩니다.

고령화 사회는 현실이지만 우리의 대비는 충분하지 않습니다. 지금이라도 우리 모두 이 문제를 해결하기 위해 노력해야 합니다. 정부 예산으로 노인 복지 시설을 확충한다고 문제가 해결되지는 않습니다. 실제 일본의 사례를 보면, 해마다 3만 명 이상의 노인이 고독사를 한다고 합니다. 우리나라에서도 독거노인의 수는 이미 125만 명을 넘어섰고, 지금 추세라면 그 수는 갈수록 급증할 것입니다. 일본의 예를 통해 우리가 얻어야 할 것이 있다면 그것은 바로 고령층에 대한 따뜻한 관심일 것입니다.

물론 복지 제도를 강화하고 돌봄 시스템을 제대로 갖추는 일은 고령화 사회를 눈앞에 둔 우리 사회의 당면 과제입니다. 하지만 제도를 만드는 것보다 학생인 우리에게 훨씬 더 중요한 것은 사람들 사이에 관계를 만들고 온기를 불어넣는 일입니다. (주먹에 힘을 주고 큰 목소리로) 여러분! 저는 사라져 가는 효도라는 덕목이 고령화 사회를 대비하는 우리의 자세가 되어야 한다고 확신합니다. 버려진 고령층의 대상이 우리의 부모, 그리고 우리 자신이 될 수도 있다면 얼마나 안타깝습니까?

**01** 20829-0054

**위 사례를 통해 알 수 있는 연설의 특성으로 적절하지 않은 것은?**

① 특정 주제에 대한 자신의 의견을 사회적으로 공론화함.
② 청중의 태도나 행동을 변화시키고자 격식을 갖추어 말함.
③ 화자가 사회적 지위나 평판을 바탕으로 청중의 신뢰를 얻음.
④ 한 사람의 화자가 다수의 청중을 대상으로 자신의 의견을 밝힘.
⑤ 문제에 대한 의견을 청중과 공유함으로써 사회의 발전에 기여함.

20829-0055

**위 연설을 준비하는 과정에서 연설자가 고려했을 내용으로 적절하지 않은 것은?**

① 청중이 학생임을 고려하여 학생으로서 실천할 수 있는 내용을 제시해야겠어.
② 고령화 사회에서 효도의 가치를 인식하도록 청중을 설득하는 것을 목적으로 해야겠어.
③ 신뢰성을 높이기 위해 통계청 자료, 유사한 문제를 지닌 다른 나라의 사례를 제시해야겠어.
④ 연설 과정에서 비언어적, 준언어적 표현을 활용함으로써 말하고자 하는 바를 강조해야겠어.
⑤ 문제 상황을 다른 나라와 비교하여 제도적으로 본받을 점을 참고하도록 자료를 조직해야겠어.

내용 연구

**제재 분석**

고등학교에 입학하는 학생들에게 자신만을 내세우지 않고, 주변과 협력하여 조화롭게 생활하는 자세의 중요성을 알려 주고, 생각과 행동의 변화를 이끌어 내려는 연설이다.

**어휘 풀이**

- **성부** 다성 음악을 구성하는 각 부분. 소프라노 · 알토 · 테너 · 베이스 또는 고음부와 저음부, 주성부(主聲部)와 부차 성부 따위로 나누어진다. 파트라고도 함.
- **화성** 일정한 법칙에 따른 화음의 연결. 하모니라고도 함.

## [03~05] 다음은 동문회장의 연설이다. 물음에 답하시오.

안녕하십니까. 여러분의 입학을 진심으로 축하합니다. 저는 우리 학교의 동문회장입니다. (박수 소리를 듣고) 호응해 주셔서 감사합니다. (가볍게 미소를 지으며) 이렇게 큰 박수를 받으니 마치 시상식에서 상장을 받은 기분입니다. 여러분, 우리 학교가 개교한 이후 지금까지 가장 중요한 행사가 무엇인지 알고 있나요? (대답을 들으며) 학술제? 탐구 대회? 중요한 행사이긴 합니다. 하지만 우리 학교에서 가장 중요한 행사는 바로 '합창 대회'입니다.

(진지한 표정으로) 입학식 자리에서 웬 합창 대회 이야기인지 의아하게 생각하는 분도 계실 것 같습니다. 그걸 알면서도 합창 대회 이야기를 한 이유는, 여러분의 학교생활이 아름다운 합창이 되길 바라는 마음 때문입니다. 다들 아시다시피, 합창은 '여러 사람이 여러 성부로 나뉘어 서로 화성을 이루면서 다른 선율로 부르는 노래'입니다. 즉, 여러 사람이 각기 고음부, 저음부 등 다양한 높낮이로 노래를 부르며 화음을 만드는 노래라는 말이죠. 합창에서 가장 중요한 것은 '조화'입니다. 따라서 합창에서는 여러 성부로 나뉜 사람들이 각기 자신의 역할에 충실하되, 주변과 함께 조화를 이루어야 아름다운 화음이 만들어집니다. 아무리 노래를 잘 부른다 하더라도 자기 목소리만 내세우거나, 자신이 담당한 음을 무시하고 마음대로 바꾸어 노래를 부른다면 아름다운 화성을 만들 수 없습니다.

저는 여러분의 학교생활도 이와 같다고 생각합니다. 자신의 생각만을 내세운다거나, 자신의 능력을 과신해 주변을 무시한다면 즐거운 학교생활을 할 수 없습니다. 마침 저는 교육 심리학자이기도 하여, 작년 □□ 대학 연구팀과 관련 연구를 실시하기도 했습니다. 그 결과 혼자 학습할 때보다 협력하여 학습할 때 학습 능률이나 학습 만족도가 대폭 향상된다는 것을 알 수 있었습니다. 결국 협력과 조화는 생활만이 아니라 학업적 측면에도 많은 도움이 되는 것입니다. 우리 학교가 합창 대회를 중요하게 생각하는 것도 여러분이 협력과 조화의 중요성을 깨닫고, 이를 바탕으로 발전했으면 하는 바람 때문입니다.

저는 주변과의 협력과 조화는 존중하는 마음이 있어야 가능하다고 생각합니다. (경쾌한 어조로) 처음 박수를 받으며 시상식에서 상장을 받는 기분이라고 말씀드렸습니다. 저는 여러분 하나하나가 모두 상장을 받을 만한 가치가 있는 존재라고 생각합니다. 주변을 둘러보시기 바랍니다. 자신의 자리에서 최선을 다하는 소중한 친구들이 보입니다. 모두 가치 있는 존재, 나와 함께 학창 시절을 만들어 갈 소중한 존재입니다. 우리 서로를 위한 박수를 쳐 줍시다. (청중이 서로에게 박수를 치는 것을 보고) 지금까지 열심히 살아온 우리 모두, 이 우렁찬 박수 소리와 함께 더 멋진 학교생활을 시작하시기 바랍니다.

이상 여러분을 사랑하는 ○○○였습니다.

ⓒ 20829-0056

03 연설자가 위 연설을 준비하면서 작성한 계획에 대해 연설 후 스스로 점검한 결과이다. 위 연설에 비추어 적절하지 않은 것은?

| 계획 | 점검 결과 | | |
|---|---|---|---|
| | 반영 | 미반영 | |
| 시작하면서 스스로를 소개한 후 청중의 반응을 확인하자. | ✓ | | … ① |
| 내용과 관련해 청중의 관심을 환기하는 내용을 질문으로 제시하자. | ✓ | | … ② |
| 적절한 준언어적 표현과 비언어적 표현을 활용하자. | ✓ | | … ③ |
| 내용의 구조가 쉽게 파악되도록 순서를 나타내는 담화 표지를 활용하자. | ✓ | | … ④ |
| 연설을 끝까지 들어 준 것에 대한 감사 인사로 마무리하자. | | ✓ | … ⑤ |

ⓒ 20829-0057

04 〈보기〉를 참고할 때, 위 연설에 활용된 설득 전략에 대한 설명으로 가장 적절한 것은?

보기

연설에서 청중의 생각이나 행동을 효과적으로 변화시키려면 여러 설득 전략을 사용하여 청중이 화자의 주장을 받아들이도록 해야 한다. 연설에서 화자는 통계 자료나 전문가의 의견, 역사적 사실 등을 근거로 제시하는 이성적 설득 전략을 활용해 청중을 설득하기도 하고, 청중의 마음을 움직일 수 있는 사례나 상황 등을 통해 청중의 감정에 호소하는 감성적 설득 전략을 활용하기도 한다. 이 밖에도 화자는 자신의 공신력, 이미지를 바탕으로 청중을 설득하는 인성적 설득 전략을 활용하기도 한다.

① '학교에서 가장 중요한 행사'에 대해 질문한 것은 질문의 형식을 활용해 청중의 감정에 호소하려는 전략인 것 같아.
② '합창 대회'에 대해 언급한 것은 인성적 설득 전략을 활용함으로써 청중의 생각을 변화시키고자 하는 전략인 것 같아.
③ 통계 자료를 근거로 학교생활의 문제점을 지적한 것은 이성적으로 청중을 설득하려는 전략인 것 같아.
④ '모두 상장을 받을 만한 가치'가 있다고 언급한 것은 청중을 존중하는 태도를 드러내어 청중의 마음을 움직이려는 전략인 것 같아.
⑤ '서로를 위한 박수'를 치는 활동을 제안한 것은 자신의 이미지를 바탕으로 청중을 설득하려는 전략인 것 같아.

ⓒ 20829-0058 서술형

05 위 연설에서 연설자의 공신력을 높이는 요소에 대해 서술하시오.

내용 연구

**제재 분석**

'일회용품 사용을 자제하자.'를 주제로 한 환경 운동가의 방송 연설을 바탕으로 주고받은 의견이다. 연설에서 활용한 다양한 방법에 대해 확인할 수 있다.

**어휘 풀이**

- **일회용품** 한 번만 쓰고 버리도록 되어 있는 물건.
- **어조** 음절 억양, 단어 억양, 문장 억양 따위.

**[06~07]** 다음은 '일회용품 사용을 자제하자.'를 주제로 한 방송 연설을 듣고 난 학생들이 인터넷 토론방에서 주고받은 의견이다. 물음에 답하시오.

최고최고: 오늘 연설을 듣고 저는 일회용품을 최대한 쓰지 않겠다고 다짐했어요. 다른 내용은 무덤덤했는데, 일회용품을 먹이로 착각해 섭취하고 죽은 동물 영상과 사진을 보니, 평소 아무 생각 없이 썼던 일회용품이 많은 동물에 큰 아픔을 준 것 같아서 너무 슬펐거든요. ㉠저 완전 설득됨.

초코우유: 저는 통계 자료를 통해 일회용품 배출량이 생각보다 훨씬 많다는 것을 보고 놀랐어요.

하염없이: 본인도 직접 말씀하셨지만, 평소 환경 운동가로 여러 환경 보호 활동에 열심히 참여했다고 알려진 분의 경험을 담고 있어 그런지 신뢰감이 들었어요. 앞으로 일회용품을 보면 연설 내용이 떠오를 듯.

날다람쥐: 저는 발표가 조금 지루했던 것 같아요. 목소리 크기나 어조가 처음부터 끝까지 너무 일정하고, 말하시는 속도도 계속 너무 빨랐고.

보리김밥: 그런 점은 있었죠. 말씀은 잘하시는데 말하시는 속도가 너무 빠르고 목소리 크기나 어조도 변하지 않아서 다소 로봇 같은 느낌이 있었어요.

초코우유: 그래도 그 점만 제외하면 정말 좋은 연설이었어요. 말하는 속도는 빠르셨지만, 손짓이나 몸짓 하나하나가 진심을 담고 있는 것 같아서요.

하염없이: 말씀 중간중간에 앞의 내용을 요약해 주시니 연설 내용이 명확히 이해되어 좋았던 것 같아요. 환경 보호는 멀리 있지 않고, 우리 손안에 있다는 말씀도 정말 인상 깊었어요.

20829-0059

**06** 위 인터넷 토론방의 의견을 참고할 때, 연설자가 활용한 표현 전략, 설득 전략에 대한 설명으로 적절하지 않은 것은?

① 인성적 설득 전략을 활용해 청중을 설득하고 변화를 유도함.
② 청중의 반응을 고려해 상황에 맞는 적절한 준언어적 표현을 활용함.
③ 언어적 표현 전략을 활용해 청중이 내용을 쉽게 파악할 수 있도록 함.
④ 비언어적 표현을 적절히 활용해 화자의 의도를 청중에게 효과적으로 전달함.
⑤ 매체 자료를 활용해 생생하게 문제점을 보여 줌으로써 청중의 마음을 움직임.

20829-0060 서술형

**07** 설득 전략의 효과를 고려할 때, ㉠의 이유에 대해 서술하시오.

내용 연구

⊕ 제재 분석

'과도한 스마트폰 사용으로 인한 문제'를 주제로 한 학생의 발표이다. 다양한 방법을 활용해 청중에게 의견을 제시하고 있다.

⊕ 어휘 풀이

- **SNS** 사회 관계망을 형성하여 다른 사람들과 교류할 수 있도록 응용 프로그램이나 누리집 따위를 관리하는 서비스.
- **과도** 정도에 지나침.

**[08~10] 다음은 학생의 발표이다. 물음에 답하시오.**

안녕하세요. 먼저 사진부터 보여 드리겠습니다. (잠시 후) 어떠십니까? 우리들, 정말 스마트폰을 많이 사용하고 있죠? 교실, 버스 정류장, 식당. 우리 손에는 늘 스마트폰이 들려 있습니다. 실제로 통계청이 2018년 9월 홈페이지에 공표한 자료에 의하면 우리나라 청소년의 경우 스마트폰 과의존 위험군이 29.3%에 달한다고 합니다. 그래서 최근 과도한 스마트폰 사용이 사회적 문제로 대두되고 있을 정도입니다. 저는 오늘 우리 학교 학생들의 과도한 스마트폰 사용으로 인한 문제에 대해 발표하겠습니다.

먼저, 우리 학교 학생들의 상황은 어떨까요? (잠시 생각할 시간을 주고) 전 학년 학생들을 대상으로 한 설문 조사 결과, 스마트폰이 없으면 불안하다고 답한 비율이 무려 65%였습니다. 그렇다면 우리 학교 학생들은 주로 어떤 용도로 스마트폰을 사용할까요? (청중이 대답한다) 예, 무척 잘 알고 계시는데요? 학교 소식지에 실린 다음 통계 자료를 보시죠.

〈스마트폰의 용도〉

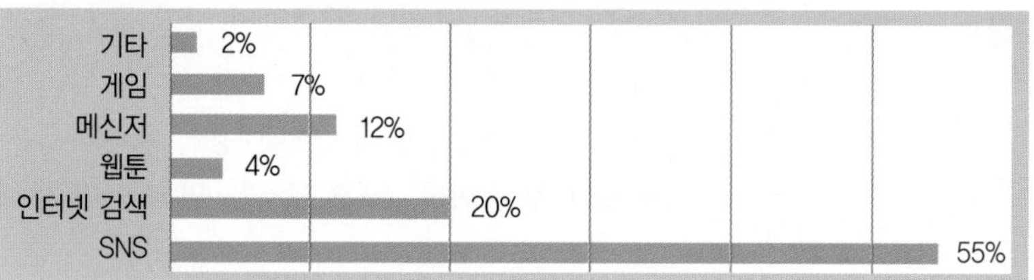


(통계 자료를 손으로 가리키며) 여기 보시다시피, 우리 반 학생들도 예외는 아닐 것입니다. 절반 이상의 학생들이 SNS를 이용하고 있다는 것을 알 수 있습니다. 이렇게 SNS를 과도하게 이용하는 현상에는 문제가 없을까요? 미국 P 대학이 SNS 이용과 우울증 관계에 대한 설문 조사를 실시한 결과, SNS를 많이 이용하는 사람이 그렇지 않은 사람보다 우울증 발병 위험이 1.7~2.7배까지 높았다고 합니다. 이는 스마트폰의 과도한 사용으로 일상생활에 대한 충실성이 떨어지고, SNS를 통해 미화된 타인의 모습에 박탈감과 상실감을 느낄 수도 있기 때문이라 합니다.

(두 팔을 벌리며 큰 목소리로) 스마트폰이나 SNS를 아예 이용하지 않을 수는 없습니다. 하지만 오늘부터 잠시라도 스마트폰을 내려놓고 여유롭게 주변을 돌아보는 것은 어떨까요? 답은 결국 우리 자신에게 있는 것이 아닐까 합니다.

20829-0061

**08 발표자가 사용한 발표 전략으로 적절하지 않은 것은?**

① 비언어적 표현을 통해 청중의 주의를 환기하고 있다.
② 발표의 목적을 달성하기 위해 실천 방안을 제시하고 있다.
③ 준언어적 표현을 활용하여 자신의 생각을 강조하여 제시하고 있다.
④ 통계 자료의 항목을 하나씩 짚어 가며 주제와의 상관성을 설명하고 있다.
⑤ 높임법을 활용해 청중에 대한 예의를 갖추고, 어법에 맞는 표현을 활용하고 있다.

20829-0062

**09 〈보기〉는 위 발표에 앞서 발표자가 청중을 분석한 내용이다. 이를 바탕으로 발표 계획에 반영했을 내용으로 적절하지 않은 것은?**

보기

- 청중: 우리 반 학생들 (고등학교 2학년, 남녀 합반)
- 상황: 점심 식사 이후 수업 시간이라, 일방적으로 발표만 하거나 시각적 정보를 활용하지 않으면 잠이 올 가능성이 높다.
- 배경지식: 스마트폰을 많이 사용하지만 심각성에 대해 구체적으로 인식하지 못할 것이다.
- 관심사 및 요구: 스마트폰에 관심이 많기 때문에 스마트폰 사용과 SNS 사용이 왜 문제인지 흥미를 가질 것이다.
- 주제에 대한 태도: 스마트폰이 공부에 방해가 된다는 말에 거부감을 가지고 있으며, 스마트폰을 통한 친분 형성에 의미를 둔다.

① 청중은 발표자와 같은 학급 학생이며 남녀 성별이 섞여 있으므로, 한쪽 성에만 치우치거나 개인적 친분을 드러내는 표현을 자제해야겠군.
② 잠이 올 가능성이 높은 시간이므로, 흥미를 끌 수 있는 사진, 도표 등 시각적 자료를 제시하고, 질문도 활용해야겠어.
③ 스마트폰 사용의 심각성을 인식하지 못하는 학생도 있으므로, 지나친 스마트폰 사용 현황과 심각성을 드러내는 자료를 제시해야겠어.
④ 스마트폰에 관심을 가진 학생들이 많기 때문에, 도입부부터 스마트폰 문제에 대한 해결 방안을 강조해야겠어.
⑤ 스마트폰이 공부에 방해가 된다는 말에 거부감을 가진 청중이 많으므로, 심각성을 다른 사례를 통해 제시해야겠어.

**10** ◎ 20829-0063

**위 발표를 들은 청자가 발표자에게 해 줄 조언으로 적절한 것만을 〈보기〉에서 있는 대로 고른 것은?**

보기

ㄱ. 자료의 출처를 제시했더라면 발표 내용에 더욱 신뢰가 갔을 것 같아.
ㄴ. 발표 목적이나 차례를 미리 제시해 주었다면 발표에 좀 더 집중할 수 있었을 것 같아.
ㄷ. SNS 이외의 스마트폰의 다른 용도들에 관련된 내용도 언급했다면 더 설득력이 있었을 거야.
ㄹ. '스마트폰 과의존 위험군' 선정의 기준과 의미하는 바를 제시해 주었더라면 발표 내용을 더 잘 이해할 수 있었을 것 같아.

① ㄱ ② ㄴ, ㄷ ③ ㄷ, ㄹ
④ ㄱ, ㄴ, ㄷ ⑤ ㄴ, ㄷ, ㄹ

**11** ◎ 20829-0064

**〈보기〉의 대화를 참고할 때, '학생 2'가 발표의 과정에서 활용한 전략으로 적절하지 않은 것은?**

보기

학생 1: 인상 깊었던 문학 작품을 소개하는 발표 때문에 걱정하더니 정말 잘하던데? ㉠또박또박 큰 소리로 말해서 뒤쪽까지 잘 들렸어. ㉡손동작이랑 표정 덕에 인물의 심리가 잘 표현되어 작품 내용이 잘 전달됐어.
학생 2: 그렇게 잘한 건 아닌데, 고마워.
학생 1: 그래도 여러 사람 앞에서 발표하려면 많은 준비가 필요했을 텐데.
학생 2: 마침 문학 토론회에서 인상 깊게 읽고 토론한 작품이 한 편 있었거든. 그 작품을 선정하고, 마침 주변에 도서관도 있어서 자료도 많이 검색할 수 있었어.
학생 1: 그랬구나. 동영상이나 사진은 작가와 작품을 이해하는 데 정말 큰 도움이 되었어.
학생 2: ㉢문학에 어려움을 느끼는 친구들이 많아서, 이해하기 쉽도록 제시한 건데, 성공적이었던 것 같아.
학생 1: 참, 아까 왜 중간에 자료 화면을 교체한 거야?
학생 2: 응, ㉣발표하다가 청중의 반응을 보니, 작가에 대해 처음 들어 보는 경우가 많은 것 같더라고, 그래서 작가 소개부터 하고 시작하려고 자료를 바꾼 거야. 미리 준비해 두었거든.
학생 1: 아, 어제는 네 친구가 동아리 소개하는 발표도 했다며, 잘했는지 모르겠다.
학생 2: 아휴~ 동아리를 소개하는 발표였는데, 동아리 가입을 꼭 해야 한다고 너무 강조해서 가입 안 하고는 못 버티겠더라. ㉤나와는 달리 계속 청중의 의견을 묻고 자신의 의도대로 대답을 하도록 만들었어.

① ㉠: 발표 과정에서 언어적 표현뿐만 아니라 준언어적 표현도 전달력을 높일 수 있다.
② ㉡: 비언어적 표현을 활용하는 것이 발표 내용 전달에 도움이 될 수 있다.
③ ㉢: 발표 전, 청중의 특성을 고려해 자료를 준비해야 효과적인 발표가 될 수 있다.
④ ㉣: 발표 상황에서 발표자와 청중 간의 상호 작용이 필요할 수 있다.
⑤ ㉤: 발표 목적이 같더라도 화자의 말하기 방식은 달라질 수 있다.

**내용 연구**

**제재 분석**
입체파 미술이 시각의 한계를 극복하는 방식과 복합 시점의 기능을 소개하는 발표이다. 정보 전달을 위한 발표의 특성을 확인할 수 있다.

**어휘 풀이**
- **입체파** 20세기 초에 프랑스에서 활동한 유파. 대상을 원뿔, 원통, 구 따위의 기하학적 형태로 분해하고 주관에 따라 재구성하여 입체적으로 여러 방향에서 본 상태를 평면적으로 한 화면에 구성하여 표현하였다. 추상 미술의 모태가 되어 후대의 미술에 커다란 영향을 끼쳤으며, 피카소·브라크 등이 대표적 작가이다.

**[12~14] 다음은 학생의 발표이다. 물음에 답하시오.**

저는 서양 미술사에서 입체파의 공간 표현 방식에 대해 발표하겠습니다. 입체파를 아시나요? (청중의 대답을 듣고) 큐비즘이라는 용어를 아시는군요. 우리 고등학교 미술반은 역시 다르네요. 입체파는 큐비즘이라고도 합니다. 우리는 어떤 대상을 파악할 때 눈이나 몸을 움직여 다양한 시점에서 대상을 파악합니다. 대상을 바라볼 때, 특정한 순간과 고정된 시점만으로는 대상의 모든 면을 살펴볼 수는 없습니다. 고정된 시각에서는 찰나의 순간 대상의 한 측면만을 볼 수 있을 뿐이기 때문입니다.

그렇다면 화가들은 어떻게 이런 고민을 해결했을까요? (대답을 듣고) 여러분들처럼 화가들은 이와 같은 어려움을 해결하기 위해 여러 가지 방법을 생각했습니다. 특히 입체파 화가들은 대상의 각 부분을 여러 각도에서 파악한 뒤, 이렇게 파악한 여러 가지 개별적인 모습들을 하나의 화면에 결합시키는 복합 시점을 활용하는 방법으로 대상을 표현하고자 했습니다. 이와 같이 입체적인 대상을 새로운 방법으로 묘사하려 한 입체파의 시도는 감상자에게 역동적인 시각 경험을 제공해 주었고, 새로운 공간 표현 방법을 창안함으로써 미술에서 하나의 혁명적인 역할을 수행하였습니다.

제 발표는 여기까지입니다. ㉠<u>혹시 궁금하신 점이 있다면 질문해 주십시오.</u>

**12** ◎ 20829-0065
**위 발표를 들은 청중의 반응으로 적절하지 <u>않은</u> 것은?**

① 정보 전달을 목적으로 이루어진 발표였어.
② 시각 자료를 활용해 설명하면 이해가 쉬워질 것 같아.
③ 청중과의 상호 작용이 이루어지지 않아 조금 아쉬웠어.
④ 특정 화가나 작품을 예시로 활용하면 이해가 좀 더 쉬워지겠어.
⑤ 질문을 통해 내용을 전개해 역동적으로 참여할 수 있었던 것 같아.

**13** ◎ 20829-0066
**㉠을 통해 알 수 있는 발표의 특성으로 가장 적절한 것은?**

① 발표자와 청중이 상호 작용하며 의미를 구성하는 상호 교섭적 행위이다.
② 발표 자료는 발표의 주제, 목적을 고려하되 다양한 매체를 활용한다.
③ 발표 내용은 일반적으로 도입부, 전개부, 정리부의 순으로 구성한다.
④ 정리부에서는 앞서 설명한 내용을 요약하고 핵심 주제를 강조한다.
⑤ 발표의 목적은 크게 설명과 설득으로 구분될 수 있다.

**14** ◎ 20829-0067 서술형
**위 발표의 예상 청중을 '초등학생들'로 설정할 경우, 어떤 내용을 수정할 필요가 있을지 서술하시오.**

단원 이해

# 4. 협상과 토론

덤덤

**• 협상의 유형**

협상 주체(당사자)를 기준으로 협상 주체가 2인인 양자 협상과 3인 이상으로 구성되는 다자 협상이 있으며, 협상 의제의 수에 따라 단일 의제 협상과 다수 의제 협상이 있음.

**• 협상의 준비**

- **갈등 상황 및 이해관계 분석:** 이해 문제와 관련된 갈등 상황을 인지하고 갈등이 생겨난 배경이나 원인을 분석함.
- **의제 설정과 목표 수립:** 구체적으로 어떤 문제를 해결할 것인지 의제를 정하고, 협상장에 들어가기 전에 각각의 의제에 대해 입장을 정리해 둠.
- **협상 상대방에 대한 분석:** 상대방이 원하는 것이 무엇이며, 어떤 대안을 가지고 있는지, 그가 어떠한 상황에 처해 있으며, 어떤 성격의 소유자인지 등을 파악해 둠.

## 1 협상

**(1) 협상의 개념:** 협상은 이해관계가 상호 충돌하는 상황에 놓인 주체들이 이를 해결하고자 대안을 조정해 합의에 이르고자 하는 상호 교섭적 말하기 방식임.

**(2) 협상의 특성**

① 협상의 목표는 자신의 이익만을 추구하는 것이 아니라, 설득과 양보를 통한 상호 이익을 증진하는 것에 있기에 협상은 상호 의존성을 지님.

② 협상이 이루어지려면 주체들의 동의와 참여가 있어야 하며, 협상 주체들은 갈등 상황에 대한 해결 의지를 지녀야 함.

**(3) 협상의 조건**

| | |
|---|---|
| 참여자 조건 | 협상 참여자가 경쟁적인 협력자 관계여야 함. |
| 상황 조건 | 협상을 필요로 하는 구체적 갈등 상황이 존재해야 함. |
| 행위 조건 | 참여자들이 공동의 목표를 추구하며 합의 결과에 대해 이행 의무를 지님. |

**(4) 협상의 절차:** 협상의 절차가 정해져 있지는 않으나, 일반적으로 '시작 단계, 조정 단계, 해결 단계'로 이루어짐.

| | |
|---|---|
| 시작 단계 | 협상 참여자들이 갈등 상황에 대한 서로의 입장을 확인하고 갈등 해결 가능성을 판단함. |
| 조정 단계 | 서로의 입장을 고려해 구체적 대안을 상호 검토하며 입장 차이를 좁힘. |
| 해결 단계 | 제시된 대안을 수용 또는 재구성하여 합의에 이름. |

**(5) 협상의 전략:** 협상 과정에서 상황에 따라 다양한 협상 전략을 활용하면 이해관계의 충돌을 효과적으로 해결할 수 있음.

| 협상의 전략 (예시) |
|---|
| • 자신의 요구를 명확히 전달하고 상대의 요구 정확히 파악하기<br>• 양보를 통해 합의 유도하기<br>• 여러 제안 묶어 제시하여 상호 교환하기<br>• 공동의 이익 탐색하여 대안 제시하기<br>• 이해관계를 분석하여 합의 여부 결정하기 |

**(6) 협상 참여자의 태도:** 협상 참여자들은 협상 과정에서 상대를 존중하고 협력적 관계를 유지해야 하며, 협상 결과에 대해 책임지는 태도를 지녀야 함.

## 2 토론

(1) **토론의 개념**: 논제에 대해 찬성 측과 반대 측이 논리적 근거를 들어 자신의 주장이 정당함을 내세우고 상대의 주장이 부당함을 밝히는 말하기 방식임.

(2) **토론의 의의**: 토론은 승패를 가리는 것 이외에도 논제에 대한 공감대를 넓힐 수 있다는 점에서 의미가 있음.

(3) **토론의 참여자**: 토론의 참여자는 일반적으로 '사회자, 찬성 측 토론자, 반대 측 토론자, 청중'으로 구성됨.

| | |
|---|---|
| 사회자 | 정해진 절차에 따라 토론이 원활히 이루어지도록 객관적 입장에서 토론을 진행함. |
| 토론자 | • 토론 절차와 규칙을 준수하며, 상대측을 존중함.<br>• 쟁점을 파악하고, 논리적 오류를 범하지 않으려 노력함.<br>• 토론 과정에서 자신의 발언에 대한 책임을 짐. |
| 청중 | • 토론을 경청하며, 객관적 입장에서 토론자들의 발언 내용을 평가함.<br>• 논지의 일관성, 토론 규칙의 준수 여부 등을 살펴 토론자들을 평가함. |

(4) **토론의 절차와 반대 신문**: 토론은 정해진 절차에 따라 이루어지며, 발언은 '입론, 반론, 반대 신문'으로 구성될 수 있음.

① 입론은 논리적 근거를 들어 자신의 주장을 내세우는 과정이며, 반론은 상대측이 제시한 주장에 대해 반박하며, 자신의 주장을 강화하는 과정임.

② 반대 신문은 입론 및 반론에서 상대측이 발언한 내용에 대해 논리적 허점이 드러나도록 묻고, 상대측의 답변을 듣는 과정임.

| | | |
|---|---|---|
| 반대 신문의 내용 | 상대측 발언을 확인하는 수준에서 나아가, 상대측 발언의 신뢰성, 타당성, 공정성을 비판적으로 검토해야 토론의 흐름을 주도할 수 있음. | |
| | 신뢰성 검토 | 자료의 출처나 내용이 명확하고, 믿을 만한가? |
| | 타당성 검토 | 주장을 이끌어 내는 방식이 이치에 부합하는가? |
| | 공정성 검토 | 특정 대상에 치우치지 않고 공평한가? |
| 반대 신문의 형식 | • 질문의 방식은 간결하되, 이해하기 쉽게 구성해야 함.<br>• 개방형 질문보다는 폐쇄형 질문을 활용하는 것이 적절함. | |
| | 개방형 질문의 예 | "~에 대하여 어떻게 생각하십니까?" |
| | 폐쇄형 질문의 예 | "~라고 말씀하신 것이 맞습니까?" |

덤덤

**• 토론의 쟁점**

논제와 관련하여 찬성 측과 반대 측이 대립하게 되는 지점

**• 쟁점의 분석 방법**

• 논제와 관련된 주요 용어나 개념을 어떻게 정의하고 해석했는지 점검함.
• 논제와 관련된 문제 상황이 얼마나 중요하고 심각한지, 얼마나 시급한지, 언제까지 지속되는지 등을 점검함.
• 여러 가지 여건과 제도 등을 고려할 때 해결 방안이 실제 문제를 해결할 수 있는 실현 가능한 방안인지를 점검함.
• 논제와 관련된 해결 방안이 가져올 이익이나 부작용을 점검함.

**내용 연구**

**제재 분석**
동아리 시간 컴퓨터실 사용 문제를 두고 이루어진 프로그래밍 동아리 학생과 천문 동아리 학생의 협상이다. 협상의 전략과 협상의 가치를 확인할 수 있다.

**어휘 풀이**
- **프로그래밍** 컴퓨터 프로그램을 작성하는 일. 일반적으로는 프로그램 작성 방법의 결정, 코딩(coding), 에러 수정 따위의 작업을 이르지만 특수하게 코딩만을 이를 때도 있다.

**[01~03] 다음은 학생들의 협상이다. 물음에 답하시오.**

남학생: 이번 주 동아리 시간에 컴퓨터실을 우리가 사용할 수 있을까?

여학생: 컴퓨터실은 우리 프로그래밍 동아리가 예전부터 사용해 왔어. 우리는 프로그래밍 실습 때문에 컴퓨터실을 꼭 써야만 해. 어쩌지? 너희는 왜 필요한데?

남학생: 정말 어쩌지? 우리 천문 동아리는 이번 주에 별자리 검색 프로그램을 사용해야 해서 컴퓨터실을 꼭 활용해야 하는데.

여학생: 그건 너희들 사정이고. 우리는 프로그래밍 실습을 하려면 컴퓨터가 꼭 필요해서 컴퓨터실이 아니면 힘들어. 두 자리 정도는 가능한데, 그건 어떨까?

남학생: 물론 너희가 프로그래밍 동아리인 것은 잘 알지만, 그렇다고 너희들만 컴퓨터실을 활용해야 하는 건 아니야. 컴퓨터실이 너희들만을 위한 공간도 아니고. 우리는 컴퓨터실 전체를 활용해야 해.

여학생: 음…, 정 그렇다면 컴퓨터실을 사용하지 않고 교실에서 프로그램 기획 회의를 할게. 대신 우리를 좀 도와줬으면 해. 프로그램을 하나 만들고 있는데, 이번 과제에 천문학 지식이 필요하거든.

남학생: 그렇게 양보해 준다면 당연히 도와줘야지. 정말 고마워. 우리가 컴퓨터실을 사용하는 대신, 프로그래밍 활동을 도와주면 되는 거지? 두 동아리 모두 소득이 있어서 다행이다.

여학생: 그래. 그러면 오늘 점심시간까지 우리 동아리와 함께 활동할 수 있는 시간을 정해서 알려 줘.

남학생: 좋아. 동아리원들과 시간을 정해서 알려 줄게.

20829-0068

**위 협상에서 확인할 수 있는 협상의 특성으로 적절하지 <u>않은</u> 것은?**

① 자신의 입장에 대한 양보를 통해 상호 이익을 증진한다.
② 합의에 이르고자 상대와 대안을 조정하는 과정을 거친다.
③ 사전에 상호 준비한 협상 전략을 상황에 맞게 적절히 활용한다.
④ 협상 참여 주체들은 문제 상황을 해결하기 위한 의지를 지닌다.
⑤ 이해관계가 상호 충돌하는 상황에 놓인 주체들 간에 이루어진다.

## 02

20829-0069

**위 협상의 각 단계에 대한 평가로 적절하지 않은 것은?**

| 협상 단계 | 각 단계의 진행 양상 | 평가 예 | 평가 아니오 | |
|---|---|---|---|---|
| 시작 단계 | 양측은 문제 상황을 공유하고 있는가? | ✓ | | … ① |
| | 양측은 협상이 이루어지기 위한 조건을 분명하게 밝히고 있는가? | | ✓ | … ② |
| 조정 단계 | 양측은 자신의 입장을 분명히 밝히며 논의를 진행하고 있는가? | | ✓ | … ③ |
| | 양측은 모두 상대에게 자신이 마련한 창의적 대안을 제시하고 있는가? | | ✓ | … ④ |
| 해결 단계 | 양측은 합의점을 도출하고 있는가? | ✓ | | … ⑤ |

## 03

20829-0070

**위 협상에서 '남학생'과 '여학생'이 활용한 협상 전략에 대한 설명으로 적절하지 않은 것은?**

① '여학생'은 상대의 의도를 확인하기 위해 질문을 하고 있다.
② '남학생'은 상대의 입장을 확인하면서 이에 대해 반박하고 있다.
③ '여학생'은 자신의 입장을 양보하면서 다른 요구 사항을 상대에게 제시하고 있다.
④ '남학생'은 협상의 내용을 요약하며 협상을 통해 얻은 공동의 이익을 확인하고 있다.
⑤ '여학생'은 여러 제안을 묶어 함께 제시함으로써 일부 제안에 대한 상대의 수용을 이끌어 내고 있다.

**04** 20829-0071

**〈보기 1〉의 내용을 참고하여 〈보기 2〉의 상황에 대해 설명한 내용으로 적절하지 않은 것은?**

보기 1

협상은 상반된 이해관계를 지닌 주체들이 설득과 양보를 통해 상호 이익을 증진하려는 의사소통 행위이다. 협상은 해결 의지를 지닌 주체들의 상호 협력적 태도가 필요하다. 협상이 잘 이루어지기 위해서는 참여자 조건, 상황 조건, 행위 조건이 갖추어져야 한다. 참여자 조건은 협상 참여자들이 경쟁적 협력자 관계여야 함을, 상황 조건은 협상을 필요로 하는 구체적인 상황이 갖추어져야 함을, 행위 조건은 합의 결과에 대한 이행 의무가 존재함을 뜻한다.

보기 2

적대 관계에 있는 A 국과 B 국은 현재 심각한 무역 분쟁을 겪고 있다. 하지만 A 국과 B 국은 서로 협상에 나설 필요가 없다며, 무역 분쟁으로 고통을 겪는 것은 상대국일 뿐이라고 주장하고 있다. 이에 한 국제 관계 전문가는 '서로 합의를 한다 하더라도, 합의 내용을 이행하지 않을 가능성이 높아 실제 협상이 이루어질 가능성은 희박하다.'라고 분석하였다.

① A 국과 B 국은 적대 관계에 놓여 있기 때문에 상호 이익을 증진하고자 하는 의지를 갖고 있지 않겠군.
② A 국과 B 국이 상대국을 배려하고 협력함으로써 더 이상 경쟁하지 않으려 한다면 협상이 잘 이루어질 수 있겠군.
③ A 국과 B 국이 서로 간의 합의를 이행하지 않을 가능성이 높다면 행위 조건이 충족되지 않아 협상이 이루어지기 힘들겠군.
④ A 국과 B 국은 서로 협력을 하려는 의도가 없다고 볼 수 있으므로, 협상이 이루어지기 위한 참여자 조건이 충족되지 않았겠군.
⑤ A 국과 B 국이 무역 분쟁으로 고통을 겪는 것이 상대국이라고 주장한다는 점에서 양국은 자국이 양보해야 할 상황이 존재하지 않는다고 생각하겠군.

내용 연구

**제재 분석**

밀가루 가격의 상승에 따라 빵 납품 단가의 조정을 두고 이루어진 A 업체와 B 업체의 협상이다. 합의 내용을 통해 상호 이익을 증진하는 협상의 특성을 확인할 수 있다.

**어휘 풀이**

- **원재료** 기본이 되는 원료와 재료.
- **사활** 죽기와 살기라는 뜻으로, 어떤 중대한 문제를 비유적으로 이르는 말.

**[05~07] 다음은 두 업체 간의 협상이다. 물음에 답하시오.**

A 업체 대표: 최근 밀가루 가격의 상승으로 인해 많은 기업들이 어려움을 겪고 있습니다. 원재료 가격의 상승에 따라 불가피하게 귀사에 제공했던 빵의 공급가를 8% 인상해야 할 것 같습니다.

B 업체 대표: 밀가루 가격의 상승 폭에 비해 빵 가격의 상승 폭이 훨씬 높기 때문에 저희는 납득이 안 됩니다.

A 업체 대표: 이번에 제시한 공급가 상승 비율은 밀가루 가격 상승뿐 아니라 인건비와 유통 비용의 상승을 고려한 것입니다.

B 업체 대표: 빵의 공급가를 단번에 8%나 인상하면 저희도 곤란합니다. 밀가루 가격 상승을 고려하여 3%만 인상하면 어떻겠습니까? 저희 회사 식품은 맛과 품질의 우수성을 인정받아 지금 한창 매출 증가 추세를 보이고 있는 상황입니다. 이런 상황을 감안할 때 저희와 거래하는 귀사도 장기적으로는 큰 이익을 거두리라 생각됩니다.

A 업체 대표: 하지만 저희처럼 작은 업체에서는 자금 회전에 기업의 사활이 달려 있습니다. 이런 상황에서 장기적 이익을 생각한다는 이유로 현재의 손실을 감수할 수 없다는 것을 이해해 주십시오.

B 업체 대표: 그렇다면 이렇게 하면 어떨까요? 귀사와 저희 회사 모두 조금씩 양보해서 빵의 공급가를 5.5% 인상하면 어떻겠습니까? 그렇게 해 주신다면 저희도 기존의 대금 결제일을 앞당겨서 귀사가 겪는 자금 압박을 해소하는 데 도움을 드리겠습니다.

A 업체 대표: 그렇게 해 주신다면 저희 측에서도 자금 압박과 각종 비용 상승 문제를 어느 정도 해결할 수 있겠군요. 그럼 좋습니다. 제시하신 안대로 하겠습니다.

B 업체 대표: 감사합니다. 앞으로도 서로 양보해서 좋은 관계를 유지할 수 있도록 잘 부탁드립니다.

A 업체 대표: 저희도 잘 부탁드리겠습니다.

**05** 20829-0072

**협상 참여자들의 말하기에 대한 이해로 가장 적절한 것은?**

① A 업체 대표는 설문 조사 결과를 근거로 들어 협상안을 제시하고 있다.
② A 업체 대표는 자신의 사정을 들어 상대측이 양보해 줄 것을 요구하고 있다.
③ B 업체 대표는 여러 제안을 묶어 제시해 상대측과 제안을 상호 교환하고 있다.
④ B 업체 대표는 타 기업의 사례를 들어 상대측 요구가 부당함을 강조하고 있다.
⑤ A 업체 대표는 상대측의 입장을 헤아려 공동 이익을 탐색하고 절충안을 제안하고 있다.

06

ⓒ 20829-0073

**다음 자료를 위 협상에서 활용한다고 할 때, 그 방안으로 적절하지 않은 것은?**

[자료 1]

밀가루 가격 상승은 가뭄으로 국제 밀 가격이 폭등했기 때문이다. 미국산과 호주산 밀가루는 국내 수입되는 식용 밀의 약 93%를 차지할 정도로 비중이 크다. 실제로 한국 소비자원에 따르면 지난 3월 밀가루 가격은 2.9%p 상승했다. 이번 밀가루 가격의 상승은 인건비와 유통비의 동반 상승 작용을 유발해, ○○ 제과에서는 자사에서 제조하는 과자와 빵의 중량당 가격을 평균 17%p 인상했다.

– □□ 신문 기사

[자료 2]

밀가루 가격이 오른 데 이어 과자와 빵의 가격이 오르면서 지나친 물가 상승에 대한 우려가 커지고 있다. 지난달 밀가루 가격의 인상으로 인해 과자와 빵의 중량당 가격이 올랐다. 하지만 원재료의 상승 폭보다 가공품의 상승 폭이 지나치게 높아 논란이다. 소비자 연합의 △△△ 대표는 "인건비와 유통비의 인상으로 어쩔 수 없는 면이 있더라도, 지나치게 특정 기업의 이익만 내세우면 소비자와 협력 기업으로부터의 신뢰를 잃을 수 있다."라며 이에 대해 지적했다.

– ◇◇ 신문 기사

① [자료 1]에서 국내 수입되는 밀가루의 가격이 상승했다는 내용은 'A 업체 대표'의 협상 근거로 활용할 수 있겠군.

② [자료 1]에서 밀가루 가격이 2.9%p 상승했다는 내용은 'B 업체 대표'가 빵 가격의 상승 폭을 낮춰야 한다는 협상 근거에 활용할 수 있겠군.

③ [자료 1]에서 타 업체에서 빵 가격을 평균 17%p 인상했다는 내용은 'A 업체 대표'가 협상에서 제안한 가격 인상 폭이 크지 않다는 점을 강조하는 데 활용할 수 있겠군.

④ [자료 2]에서 물가 상승에 대한 우려가 커지고 있다는 내용은 'B 업체 대표'가 자신의 입장을 강조하는 데 활용할 수 있겠군.

⑤ [자료 2]에서 지나친 가격 인상이 소비자와 협력 기업으로부터의 신뢰를 잃을 수 있다는 내용은 'A 업체 대표'가 자금 압박으로 인한 자신의 상황을 강조하는 데 활용할 수 있겠군.

ⓒ 20829-0074

**위 협상을 참고할 때, 협상에서 유의할 점으로 적절하지 않은 것은?**

① 협상에 임하기 전에 상대방의 기본 입장과 이해관계를 분석한다.

② 협상에 임하기 전에 어느 정도 수용 가능한 협상 목표를 설정해 둔다.

③ 협상 과정 중 상대방과의 논쟁을 피하기 위해 적당한 수준에서 타협하려는 자세를 지닌다.

④ 협상 과정 중 합의 가능 영역을 다소 벗어난 경우에도 상대방을 배려하는 협력적 자세를 갖는다.

⑤ 협상 과정 중 협상 없이 얻을 수 있는 결과보다 나은 결과를 얻었다고 판단되면 해결안을 수락한다.

**내용 연구**

**제재 분석**

'도서실을 자습 공간으로 활용하지 말아야 한다.'를 논제로 학생들 간 이루어진 반대 신문식 토론이다. 찬성 측은 도서실 본연의 취지에 어긋난다는 점, 도서실을 이용하고자 하는 학생들의 불만이 많다는 점을 근거로 제시하고 있다.

**어휘 풀이**

- **과반수** 절반이 넘는 수.
- **집단** 여럿이 모여 이룬 모임.

**[08~09] 다음은 학생 토론의 일부이다. 물음에 답하시오.**

사회자: 우리 학교는 매일 방과 후에 3층 도서실을 자습 공간으로 활용하고 있습니다. 방과 후에 조용한 학습 공간을 찾는 학생들에게 호응이 매우 좋습니다. 그런데 방과 후에 책을 빌리거나 읽기 위해 도서실을 이용하려는 학생들은 불편함이 많아 문제가 제기되고 있습니다. 이에 '도서실을 자습 공간으로 활용하지 말아야 한다.'라는 논제로 토론을 하겠습니다. 토론자들은 논제와 토론 규칙을 숙지하시고 상대에게 예의를 갖추어 주십시오. 그럼 이제 찬성 측 입론해 주십시오.

찬성 1: 학교 도서실은 도서를 모아 두고, 학생들이 볼 수 있도록 만든 공간을 의미합니다. 말 그대로 도서를 찾아 읽고, 의견도 나눌 수 있는 공간입니다. 우리 학교에서는 매일 방과 후 도서실을 자습 공간으로 활용하고 있어, 도서실을 활용하고 싶은 학생들에게 불편이 큽니다. 자습을 원하는 학생만큼이나 이 학생들에게도 권리가 있지 않나요? 도서실을 자습 공간으로 활용하는 것에 문제가 있다고 생각하는 학생이 과반수를 넘어선다는 설문 조사 결과도 있듯이 도서실을 원래 목적대로 활용할 수 있도록 해야 합니다.

사회자: 이번에는 반대 측에서 반대 신문을 해 주십시오.

반대 2: 도서실을 자습 공간으로 활용하는 것에 문제가 있다고 생각하는 학생이 과반수를 넘어선다고 하셨죠?

찬성 1: 예. 그렇습니다.

반대 2: 말씀하신 통계 자료의 출처는 어디입니까?

찬성 1: 학교 소식지를 보시면, 53%의 학생이 도서실을 자습 공간으로 활용하는 것에 문제가 있다고 생각한다는 것을 알 수 있습니다.

반대 1: 저희 생각은 다릅니다. 학교 소식지에 나타난 설문 조사는 특정 집단을 대상으로 하고 있어서….

사회자: 지금은 반대 신문과 그에 대한 답변 시간입니다. 토론 절차를 지켜 주시기 바랍니다.

**08** 20829-0075

**위 토론에서 확인할 수 있는 '사회자'의 역할로 적절하지 않은 것은?**

① 토론이 열리게 된 배경을 설명한다.
② 토론자들의 발언 순서와 발언의 성격을 제시한다.
③ 토론자들의 발언을 요약하여 논의 진행을 원활하게 한다.
④ 토론 논제를 진술하고 토론자들이 지켜야 할 규칙을 안내한다.
⑤ 토론 규칙을 지키지 않는 토론자들의 발언을 제지하고, 토론 규칙을 상기시킨다.

**09** ◎ 20829-0076

**'반대 2'의 반대 신문에 대한 설명으로 가장 적절한 것은?**

① 상대측의 발언 내용이 이치에 부합하지 않음을 지적하고 있다.
② 개방형 진술을 활용해 상대측의 자세한 답변을 이끌어 내고 있다.
③ 상대측이 입론에서 언급한 내용에 한하여 반대 신문 내용을 구성하였다.
④ 상대측이 근거로 제시한 자료의 공정성을 검증하려는 의도로 질문하였다.
⑤ 상대측의 앞선 진술을 확인하고, 이 내용이 사실과 일치하지 않음을 지적하였다.

**내용 연구**

**제재 분석**

'청소년 아르바이트는 바람직하다.'를 논제로 학생들 간 이루어진 반대 신문식 토론이다. 찬성 측은 아르바이트의 교육적 효과를, 반대 측은 학업에 매진할 시간 부족, 잘못된 소비 습관 형성을 근거로 들고 있다.

**어휘 풀이**

- **경제 활동** 재화나 용역의 생산과 소비, 소득이나 부(富)의 분배 따위의 경제 분야에 관련된 모든 개별적인 행동.
- **당위성** 마땅히 그렇게 하거나 되어야 할 성질.

**[10~12] 다음은 학생 토론의 일부이다. 물음에 답하시오.**

사회자: 지금부터 '청소년 아르바이트는 바람직하다.'를 주제로 학생 토론을 시작하겠습니다. 먼저 찬성 측 입론해 주십시오.

찬성 1: 아르바이트는 본래의 직업이 아닌, 임시로 하는 일을 의미합니다. 아르바이트는 청소년들이 경제 활동을 할 수 있는 가장 현실적인 수단입니다. 청소년들은 아르바이트를 통해 여러 사람과 대면하고 사회를 사전 경험하며 적극성과 사회 적응력을 기를 수도 있습니다. 따라서 저희는 청소년 아르바이트가 바람직하다고 생각합니다.

사회자: 반대 측은 반대 신문을 해 주십시오.

반대 2: 청소년 시기에 경제 활동을 꼭 해야만 한다고 생각하십니까?

찬성 1: (고개를 저으며) 그렇지는 않습니다. 하지만 경제 활동이 필요한 학생들도 많고, 경제 활동을 하지 말아야 할 당위성도 없다고 생각합니다.

사회자: 다음으로 반대 측의 입론이 있겠습니다.

반대 1: 저희는 청소년 아르바이트가 바람직하지 않다고 생각합니다. 청소년 시기에는 자신의 성장을 위한 학업에 충실해야 한다고 생각합니다. 아르바이트는 청소년들이 학업에 매진할 시간을 빼앗고 잘못된 소비 습관을 형성하게 합니다. 실제 통계 조사 결과 아르바이트 경험이 있는 학생 중 60% 이상이 옷과 신발 등 쇼핑비 또는 유흥비로 번 돈을 사용했다고 합니다.

사회자: 다음으로 찬성 측의 반대 신문이 있겠습니다.

찬성 1: 노력의 대가로 받는 돈을 함부로 낭비하지 않는다는 생각을 해 보신 적은 없습니까?

반대 1: (단호한 어조로) 청소년들의 소비 항목은 제한적이라 생각합니다. 부모님의 지원이 쉽지 않은 항목을 소비할 것이기에, 돈을 낭비할 여지가 많다고 생각합니다.

찬성 1: 그렇다면 입론에서 언급하신 통계 자료의 출처는 어디이며, 어떤 집단을 대상으로 조사한 자료입니까?

10 ▷ 20829-0077
**위 토론 참여자들의 발화에 대한 설명으로 적절하지 않은 것은?**

① '사회자'는 토론 순서에 따라 발언의 순서를 안내하고 있다.
② '찬성 1'은 입론에서 용어의 개념을 언급하며 주장을 제시하고 있다.
③ '반대 2'는 반대 신문에서 상대측이 제시한 근거가 믿을 만한지 확인하려 질문하고 있다.
④ '반대 1'은 입론에서 통계 자료를 주장에 대한 근거로 제시하고 있다.
⑤ '찬성 1'은 폐쇄형 질문을 활용해 상대측이 자신에게 유리한 발언을 길게 하지 않도록 제한하고 있다.



11 ▷ 20829-0078
**다음은 위 토론을 들은 학생들의 생각이다. 이에 대한 설명으로 적절하지 않은 것은?**

보기

학생 1: 토론자들이 준비를 많이 한 것 같아. 주장에 대한 근거를 다수 제시하고 있어.
학생 2: 찬성 측의 반대 신문의 과정에서 상대측 주장의 근거가 이치에 부합하는지와 출처를 확인하고자 하는 질문을 던진 것이 인상 깊었어.
학생 3: 몸짓을 사용하고, 어조도 변화를 주어 내용이 좀 더 잘 전달되었던 것 같아.
학생 4: 아르바이트에 대해 별 생각을 하지 않았었는데, 토론 과정을 접하고 나서 논제에 대해 많은 생각을 하게 되었어.
학생 5: 반대 신문은 그냥 이해하지 못한 것을 질문하는 과정인 줄 알았는데, 상대의 의견을 반박하는 데 도움이 된다는 것을 깨달았어.

① 학생 1: 토론자의 주장이 타당한지 생각하며 들었다.
② 학생 2: 토론자가 상대측 발언의 타당성과 신뢰성을 검증하려 한 것을 확인하며 들었다.
③ 학생 3: 토론자가 토론 과정에서 활용한 비언어적, 준언어적 표현의 효과를 생각하며 들었다.
④ 학생 4: 토론자들이 토론의 규칙과 순서를 준수하는지 여부를 파악하며 들었다.
⑤ 학생 5: 반대 신문이 발언자의 주장을 강화하는 과정임을 파악하며 들었다.

12 ▷ 20829-0079 서술형
**〈보기〉는 위 토론 과정에서 제시된 '찬성 측 반론'의 일부이다. '공정성' 검증의 측면을 중심으로 〈보기〉에 대한 '반대 측 반대 신문'을 한 가지 구성해 서술하시오.**

보기

찬성 1: 아르바이트는 사회성, 소비 습관 등을 길러 줄 수 있는 다양한 장점이 있습니다. 실제 미국에서는 학생 고용 프로그램을 운영하며 학생들의 사회 적응력을 키우고자 노력하고 있습니다. 하지만 우리나라의 현실상, 아르바이트를 학교생활과 병행하기 쉽지 않습니다. 하지만 방학을 활용하는 아르바이트라면 이러한 단점을 극복할 수 있습니다. 이를 위해 방학 중 아르바이트생 모집 등의 과정에서 교육적 목적으로 청소년들에게 적합한 직종을 선정해 아르바이트의 우선권을 부여하는 방안도 생각해 볼 수 있습니다.

## 내신 실력 UP

**[01~02] 다음은 인터뷰와 학생들의 대화이다. 물음에 답하시오.**

아나운서: 오늘 '학교에 간다!' 코너는 △△ 고등학교에서 함께합니다. 그럼, 학생의 학교 자랑으로 프로그램을 열겠습니다. (학생을 보며) 안녕하세요.

학생 A: (긴장된 표정으로) 안녕하십니까!

아나운서: 점심시간인데, 식사는 했나요?

학생 A: 인터뷰할 생각에 배가 전혀 고프지 않습니다. (웃으며) 아침도 많이 먹었습니다.

아나운서: 대단한 열정이군요! 그럼, 학교 자랑 부탁드려요.

학생 A: (카메라를 보며) 안녕하십니까! (큰 소리로, 말하는 속도를 늦추어 또박또박) '향기'로 가득한 '△△ 고등학교'를 소개할 2학년 1반 '○○○'입니다. (냄새를 맡는 듯이 손을 코에 대며) 저희 학교에 오시면 이렇게 아주 많은 향기가 느껴집니다. 학교를 상징하는 것이 국화꽃이라서 교내에 국화꽃이 많기 때문이기도 하지만, 진짜 이유는 다양한 교내 활동과 동아리들로 자신의 적성을 찾아 가꾸는 학생들의 향기 때문입니다. 저마다의 개성을 가꾸며 꿈을 찾는 곳! 꿈과 개성의 향기로 가득한 △△ 고등학교입니다. [가]

아나운서: 와~ 정말 멋진 소개였어요! 그럼 이제 본격적으로 프로그램을 시작해 볼까요? 스튜디오 나와 주세요!

– 촬영진이 떠난 후 –

학생 A: 휴… 점심시간이 얼마 안 남았네.

학생 B: 학교 소개 정말 잘하던데?

학생 A: 그렇게 봐 주어 고마워. 그럼 이제 밥 먹으러 갈까?

학생 B: 지금 먹고 오는 길인데?

학생 A: 어? 나랑 같이 먹기로 하지 않았니?

학생 B: 아까 인터뷰 할 때, 아침 많이 먹어서 배 안 고프다고 하지 않았어?

학생 A: (당황한 표정으로 더듬거리며) 아…, 그건… 그랬지.

학생 B: 밥 먹으려고?

학생 A: (서운한 표정으로 나지막이) 아냐…, 배불러서 안 먹으려 했는데, 네가 못 먹었을까 봐 말한 거야….

학생 B: 아. 역시! 내 생각해 주는 건 너밖에 없구나~ 나는 먹었으니, 괜찮아!

학생 A: (간절한 표정으로) 어? 저기 주먹밥집 새로 생겼네? (큰 소리로) 맛있겠다.

학생 B: 어제 말했잖아~ 내일 같이 가 보자.

학생 A: 점심시간도 남았고…, 잠시 가 볼래?

학생 B: 배부르다며~ 내가 먹고 싶어 해서 그런 거라면 괜찮아. 나 밥 많이 먹었어!

학생 A: 넌 정말 좋은 친구야. (망설이다가 작은 소리로 빠르게) 그런데 오늘은 ㉠ <u>눈치가 없는 거야?</u> 모르는 거야? 사실 배고프다고….

학생 B: 응? 방금 안 먹으려 했다고 해 놓고….

## 01 
20829-0080

**[가]의 표현 전략에 대한 평가로 적절하지 <u>않은</u> 것은?**

① 비언어적 표현을 활용해 표현하는 내용을 강조하고 있군.

② 상황에 맞는 적절한 언어적 표현을 활용해 표현하고 있군.

③ 청자의 반응을 확인하며 상황에 맞게 표현을 조절하고 있군.

④ 성량, 속도 등 준언어적 표현을 적절히 조절하여 의미를 전달하고 있군.

⑤ 비유적 표현을 활용하여 관심을 유발해 내용을 효과적으로 강조하고 있군.

## 02 20829-0081

'학생 A'가 ㉠과 같이 말한 이유로 적절하지 않은 것은?

① 자신이 우회적으로 말하는 의도를 학생 B가 제대로 짐작하지 못했기 때문에
② '학생 B'가 자신의 의도를 파악하지 못하는 이유가 무엇인지 진심으로 궁금했기 때문에
③ 인터뷰를 위해 공적인 상황에서 한 말과 진심을 '학생 B'가 구별하지 못했기 때문에
④ 대화 상황을 바탕으로 '학생 B'에게 직접 자신의 의도를 말해야 한다는 것을 알았기 때문에
⑤ 밥을 먹고 싶다는 것을 알리려는 자신의 준언어적 표현을 '학생 B'가 이해하지 못했기 때문에

### [03~05] 다음 글을 읽고, 물음에 답하시오.

[앞부분의 줄거리] 나는 힘들게 집을 마련하고 문간방에 세를 들인다. 세입자인 권 씨는 시위 주동자였다는 이유로 공사판에 나가 막일을 하면서도 구두만은 반짝거리게 닦는 사람이다. 얼마 후, 권 씨의 아내는 아이를 낳다 수술을 해야 하는 상황에 처한다.

㉠"빌려만 주신다면 무슨 짓을, 정말 무슨 짓을 해서라도 반드시 갚겠습니다."

반드시 갚는 조건임을 강조하면서 그는 마치 성경책 위에다 오른손을 얹고 말하듯이 엄숙한 표정을 했다. 하마터면 나는 잊을 뻔했다. 그가 적시에 일깨워 주었기 망정이지 안 그랬더라면 빌려주는 어려움에만 골똘한 나머지 빌려줬다 나중에 돌려받는 어려움이 더 클 거라는 사실은 생각도 못할 뻔했다. 그렇다. 끼니조차 감당 못하는 주제에 막벌이 아니면 어쩌다 간간이 얻어걸리는 출판사 싸구려 번역 일 가지고 어느 하가에 빚을 갚을 것인가. 책임이 따르는 동정은 피하는 게 상책이었다. 그리고 기왕 피할 바엔 저쪽에서 감히 두말을 못하도록 야멸차게 굴 필요가 있었다.

"병원 이름이 뭐죠?"

"원산부인괍니다."

"㉮지금 내 형편에 현금은 어렵군요. 원장한테 바로 전화 걸어서 ㉡내가 보증을 서마고 약속할 테니까 권 선생도 다시 한번 매달려 보세요. 의사도 사람인데 설마 사람을 생으로 죽게야 하겠습니까. 달리 변통할 구멍이 없으시다면 그렇게 해 보세요."

㉢내 대답이 지나치게 더디 나올 때 이미 눈치를 챈 모양이었다. ㉣도전적이던 기색이 슬그머니 죽으면서 그의 착하디착한 눈에 다시 수줍음이 돌아왔다. 그는 고개를 좌우로 흔들어 보였다.

"원장이 어리석은 사람이길 바라고 거기다 희망을 걸기엔 너무 늦었습니다. 그 사람은 나한테서 수술 비용을 받아 내기가 수월치 않다는 걸 입원시키는 그 순간에 벌써 알아차렸어요."

얼굴에 흐르는 진땀을 훔치는 대신 그는 오른발을 들어 왼쪽 바짓가랑이 뒤에다 두어 번 문질렀다. 발을 바꾸어 같은 동작을 반복했다.

㉤"바쁘실텐데 실례 많았습니다."

– 윤흥길, 「아홉 켤레의 구두로 남은 사내」

## 03 20829-0082

말하기 방식과 관련하여 ㉠~㉤에 대해 이해한 것으로 적절하지 않은 것은?

① ㉠: 무리한 요구임에도 언어적, 비언어적 표현을 통해 절박한 상황임을 드러내며 상대에게 부탁을 하고 있다.
② ㉡: 상대와의 관계를 고려해 대안을 제시하며 거절 의사를 밝히고 있다.
③ ㉢: 상대방의 부탁에 대한 반응을 지연하는 것도 일종의 거절 표현이 될 수 있다.
④ ㉣: 시선이나 표정을 통해 절박한 상황에서 끝까지 부탁하기를 포기하지 않을 것임을 알 수 있다.
⑤ ㉤: 상대와의 인간관계를 고려해 상대방에게 부담이 되는 부탁을 한 것에 대한 사과의 표현을 하고 있다.

## 04 ◎ 20829-0083

〈보기〉의 ⓐ~ⓔ 중, '권 씨'의 부탁에 '나'가 ㉮와 같이 말한 의도로 가장 적절한 것은?

▶ 보기 ◀

거절의 말하기는 상대방의 입장과 감정을 배려하는 것이 중요하다. ⓐ자신의 상황을 이해시키지 않고, 거절 의사만을 짧게 밝히는 행위는 관계 형성에 악영향을 끼칠 수 있다. 거절 의사를 밝힐 때에는 ⓑ상대의 입장이나 처지에 공감을 표현하며 인간관계를 유지하면서 ⓒ거절의 의미를 상대방에게 명확하게 전달해야 한다. 이때 ⓓ관계를 고려해 지나치게 우회적인 표현을 활용한다면, 상대방은 부탁이나 요청에 대한 수락의 의미로 받아들일 수 있으며, ⓔ진심이 느껴지지 않는 상투적 표현을 활용할 때, 인간관계가 멀어질 수도 있어 이를 주의할 필요도 있다.

① ⓐ  ② ⓑ  ③ ⓒ  ④ ⓓ  ⑤ ⓔ

## 05 ◎ 20829-0084 서술형

〈보기 1〉은 윗글의 뒷부분이다. 〈보기 2〉의 말하기 방법 중 하나 이상을 활용해 '권 씨'의 입장에서 '나'에게 진심을 담은 감사의 말을 서술하시오.

▶ 보기 1 ◀

'나'는 권 씨의 안타까운 사정에, 결국 직장에서 우격다짐으로 가불을 하고, 돈도 빌려 수술비를 지원해 주고, 수술은 무사히 끝난다.

▶ 보기 2 ◀

〈감사의 말하기〉
- 과장 없이 진솔하게 말한다.
- 언어 예절을 준수한다.
- 겸손하게 말하고, 상대를 높인다.
- 보답 의지를 밝힌다.

**[06~08] 다음은 학생들의 대화이다. 물음에 답하시오.**

주홍: ㉠나 이번 시험 정말 망쳤어. 근데 괜찮아. 앞으로 잘 볼 수 있을 거야.
윤희: ㉡(손을 잡으며) 꼭 그럴 수 있을 거야.
주홍: 어렸을 때부터 엄마가 늘 잘할 거라고 힘이 되는 말씀을 해 주셔서 그런가. 어느새 가 아무리 힘들어도 잘 해낼 수 있을 것이란 자신감이 생겼어. [A]
윤희: ㉢그랬구나.
주홍: 그래서 항상 고마워.
윤희: 나는 그런 이야기를 해 주시는 분이 없었는데…. [B]
주홍: 멋진 너를 응원하는 내가 있잖아!
윤희: (웃음)
주홍: 아. 너는 시험 잘 봤어?
윤희: (받으며) 글쎄…, 그럭저럭.
주홍: 너 시험 보면 항상 못 본 척 하더라.
윤희: (웃음)
주홍: ㉣(속삭이며) 생각 안 나? 우리 입학시험 볼 때.
윤희: 기억나. (웃으며) 남들 들을까 봐 조용히 얘기 안 해도 돼.
주홍: 내가 네 옆자리였잖아. 끝나고 시험 어땠냐고 물어봤잖아.
윤희: 처음 만난 애가 갑자기 자기 좋아하는 음식이랑 영화 얘기 막 하고.
주홍: 그때도 말 안 했잖아. 그러면서 엄청 잘 봐서 나보다 점수 높게 받고. (웃음)
윤희: (고민이 있는 듯한 표정) ….
주홍: ㉤요새 무슨 고민 있니?
윤희: 아냐….
주홍: 있잖아. 나는 속마음을 잘 못 숨겨. 좋으면 좋다. 싫으면 싫다. 지나치게 마음을 못 숨기는데, 그런데 너는. 너무 숨겨.

## 06 20829-0085

**㉠~㉤의 말하기 방식에 대한 이해로 적절하지 않은 것은?**

① ㉠: 상대와의 친분을 바탕으로 우회적으로 자신의 상황을 드러내고 있다.
② ㉡: 비언어적 표현을 활용해 자신의 의도를 효과적으로 드러내고 있다.
③ ㉢: 상대방의 말에 동조함으로써 원활한 대화를 이어 가고 있다.
④ ㉣: 준언어적 표현을 활용하여 언어적 표현에 특정한 의미를 추가하고 있다.
⑤ ㉤: 질문의 형식으로 상대의 말을 들어 주려는 의도를 드러내고 있다.

## 07 20829-0086

**〈보기〉를 참고할 때, [A], [B]에 대한 설명으로 적절하지 않은 것은?**

보기

자아 개념이란 타인이 자신을 어떻게 보는지에 대한 스스로의 생각이다. 자아 개념은 타인과의 의사소통을 통해 형성된다. 감사, 칭찬, 위로 등의 말을 들으면 긍정적 자아 개념이, 비난, 공격, 무시 등의 말을 들으면 부정적 자아 개념이 형성된다. 긍정적 자아 개념을 지닌 사람은 그렇지 않은 사람에 비해 자신을 적극적으로 드러낸다.

① [A]: '주홍'의 자아 개념 형성 과정에 '엄마'가 영향을 주었겠군.
② [A]: '주홍'은 '엄마'에게 자신을 드러내는 일에는 비교적 소극적이겠군.
③ [A]: '주홍'은 타인이 자신을 긍정적으로 보고 있다고 스스로 생각하겠군.
④ [B]: '윤희'는 자아 개념 형성 과정에서 긍정적 말을 많이 듣지는 못했겠군.
⑤ [B]: '주홍'은 '윤희'의 자아 개념에 긍정적인 영향을 미치겠군.

## 08

ⓒ 20829-0087 서술형

〈보기〉를 참고할 때, '주홍'과 '윤희'의 자기표현 방식이 지닌 문제점에 대해 각각 서술하시오.

보기

자기표현은 타인에게 자신에 대한 정보를 알리는 것이다. 자기표현에는 적절한 속도와 수준이 있다. 보통 관계 형성 초기에는 사회적 차원의 자아를 조금 드러내고, 관계가 친밀해질수록 개인적 차원의 자아를 점차 많이 드러내야 자연스럽게 상대와 원만한 관계를 맺을 수 있다. 반면 지나치게 자기표현을 하지 않는다면, 상대의 오해를 불러일으키거나 관계 형성이 제대로 되지 않을 수 있다.

## 09

ⓒ 20829-0088 서술형

〈보기 1〉은 아버지와 딸의 대화이다. 〈보기 2〉를 참고할 때, ㉠과 같은 말하기 방식의 문제점이 무엇인지 서술하고, '나-전달법'의 표현 방식에 맞게 ㉠을 바꿔 보자.

보기 1

아버지: (성적표를 내밀며) 너 이게 뭐니?
딸: (TV를 보다가) 왜요?
아버지: ㉠넌 하라는 공부는 안 하고 매일 TV만 보니까 성적이 이렇지.

보기 2

'너-전달법'은 상대의 행동에 초점을 맞추어 상대를 비난하거나 평가하여 부담을 전가하는 표현법이다. 반면, '나-전달법'은 다른 사람을 평가하고 해석하는 대신 자신이 느끼는 감정과 경험을 표현하는 방법이다. '나-전달법'은 자신이 문제로 인식한 상대의 행동이나 상황만을 대상으로, 이에 대한 자신의 감정을 솔직하게 이야기하고, 그러한 감정을 반복적으로 경험하지 않기 위해 자신이 바라는 상대의 행동이나 상황을 상대가 들어줄 수 있는 수준에서 구체적으로 이야기하는 것이다.

**[10~11] 다음은 해외 봉사 프로그램에 참여자를 선정하기 위한 면접의 일부이다. 물음에 답하시오.**

면접자: 많이 긴장한 것 같은데, 긴장을 푸세요. 점심 식사는 했나요?

면접 대상자: 예, 맛있게 먹었습니다.

면접자: 그럼, 몇 가지 물어볼게요. '해외 봉사 프로그램'에 지원한 이유가 무엇인가요?

면접 대상자: 평소 지역 봉사는 많이 참여했으나, 해외 봉사는 경험해 보지 못했습니다. 그러던 차에 형이 이번 해외 봉사 프로그램이 세상을 보는 안목을 넓혀 주는 활동이니 꼭 해 보라고 권유를 했습니다.

면접자: 본인이 자발적으로 선택한 것이 아니라, 형의 권유 때문에 봉사 활동에 지원했다고요?

면접 대상자: (당황하며) 아, 아니, 그, 그건 아닙니다. (침착하게) 형의 권유도 있었지만, 해외에서 어려움에 처한 사람들을 돕고, 그 나라의 실정을 몸소 체험하는 것은 매우 뜻깊은 일이라 생각했기 때문에 지원한 것입니다.

면접자: '해외 봉사 프로그램'이 어떻게 진행되는지 알고 있나요?

면접 대상자: 예, 우선 봉사 대상국이 선정되면 국내에서 한 달에 걸쳐 해당국의 상황과 문화, 언어를 익힙니다. 그 이후 해당국으로 가서 필요한 물품이나 도움을 맞춤형으로 지원해 주는 활동입니다.

면접자: 정확하게 알고 있네요. 그럼, 다른 질문입니다. 혹시 자신을 색깔로 표현해 본다면?

면접 대상자: (당황한 기색으로) 잠시 생각할 시간을 주십시오. (잠시 생각한다) 저는 녹색으로 스스로를 표현하고 싶습니다. 녹색은 자연의 색이자 눈이 편안한 색입니다. 전 세계 어디서든 나무처럼 사람들을 편안하게 해 주고 싶습니다.

면접자: 좋은 말이군요. 마지막으로 하고 싶은 말이 있나요?

면접 대상자: 작가 입센은 '남을 위해 봉사하는 것으

로써 자기 역량을 알 수 있다.'라고 했습니다. 저는 이번 봉사 프로그램을 통해 남을 돕고 역량도 넓히고 싶습니다.

## 10 ◎ 20829-0089

**면접자의 질문 방식에 대한 설명으로 적절하지 않은 것은?**

① 긴장을 풀어 주는 일상적 질문으로 면접을 시작한다.
② 면접 대상자가 미리 준비해 온 내용을 들어 보기 위한 질문을 한다.
③ 보충 질문을 통해 면접 대상자의 답변에 대한 추가 답변을 유도하고 있다.
④ 면접 대상자의 답변 내용에 자신의 경험을 덧붙여서 면접 분위기를 부드럽게 만들고 있다.
⑤ 면접 대상자가 예상하지 못했을 만한 질문을 던져 면접 대상자의 대처 능력을 알아보고 있다.

## 11 ◎ 20829-0090

**면접 대상자가 다음을 고려해 면접을 준비했다고 할 때, 위 면접에서 면접 대상자가 활용한 것만을 있는 대로 고른 것은?**

보기

ㄱ. 질문을 이해하지 못할 경우, 정중히 다시 질문한다.
ㄴ. 경험을 솔직히 드러내되, 언어 예절을 지켜 답변한다.
ㄷ. 자유 발언을 할 기회가 있다면 인용을 통해 포부를 드러낸다.
ㄹ. 당황스러운 질문이 나오더라도 말을 더듬거나 시선이 흐트러지지 않게 한다.
ㅁ. 경험을 근거로 자신의 능력을 입증하여 해외 봉사 프로그램에 자신이 적합함을 강조한다.

① ㄱ ② ㄴ, ㄷ ③ ㄷ, ㄹ
④ ㄴ, ㄹ, ㅁ ⑤ ㄷ, ㄹ, ㅁ

**[12~13] 다음은 학생회장 선거 연설을 준비하는 과정에서 학생들이 나눈 대화이다. 물음에 답하시오.**

후보: 지금 학생회장 선거 연설 준비하는 중인데, 좀 도와줄 수 있어?
학생 1: 같은 팀인데 당연히 도와야지!
학생 2: ㉠1, 2학년 학생들에게만 선거권이 있으니까, 해당 학생들의 관심사를 내용에 반영해야 할 것 같은데?
후보: 응. 그래서 얼마 전에 1, 2학년 학생들을 대상으로 학생회에 바라는 것을 조사했어. 가장 많이 나온 의견이 건의함 설치, 그다음이 학교 축제 개선 요청이었어. 그래서 후보 공약으로 이 둘을 포함시켰지.
학생 2: 그렇다면 얼마 전 조사한 자료를 바탕으로 ㉡구체적인 통계 수치를 언급하면서 공약을 제시하면 설득력이 높아지지 않을까?
학생 1: 너는 ㉢평소에도 친구들의 이야기를 귀 기울여 듣고, 친구들이 필요한 것을 헤아려 도움을 준 일이 많으니, 그 점도 드러내면 학생들의 신뢰를 받을 수 있을 거야.
후보: 그렇게 생각한다니 고마워. 그런데 공약을 기억하기 쉽게 제시하려면 어떻게 하는 게 나을까?
학생 1: ㉣첫째, 둘째와 같은 담화 표지를 활용하면 어때? 담화 표지를 말할 때 동시에 손가락으로 숫자를 표시한다든지, 목소리를 크게 하면 연설 내용이 훨씬 잘 전달될 것 같아.
후보: ㉤중간중간 질문을 섞어, 듣는 학생들의 반응도 확인해야겠어. 반응에 따라 연설 내용도 바꾸려면 많은 준비가 필요하겠어.
학생 3: 그런데 그렇게만 연설하면 조금 딱딱하게 느껴지지 않겠어? 미국에서 남군과 북군의 전투 후, 링컨이 한 연설처럼 마음을 조금 더 흔들 수 있으면 좋을 것 같아.
후보: 어느 구절이 그리 인상 깊었는데?
학생 3: 읽어 볼게. "세계는 오늘 우리가 이 자리에서 무슨 말을 했는지 신경을 쓰지도, 오래 기억하지도 않을 것입니다. 하지만 우

리는 용사들이 이곳에서 싸운 것을 결코 잊어서는 안 됩니다. 그들이 싸워 고결하게 이루고자 했던 미완의 과제를 수행하기 위해 헌신해야 할 이는 바로 우리 살아 있는 자들입니다." [A]

후보: 음. 그렇다면 끝부분의 '바로 우리들의 손끝에서 학교를 바꿀 수 있다.'는 구절을 조금 더 감동적으로 바꿔 볼게.

## 12 ⊙ 20829-0091

**㉠~㉤을 통해 알 수 있는 내용으로 적절하지 않은 것은?**

① ㉠: 예상 청자를 고려하여 연설 내용을 구성하려 하고 있다.
② ㉡: 청중을 감성적으로 설득하기 위해 자료를 제시해 공약 내용을 제시하려 하고 있다.
③ ㉢: 화자의 공신력을 높여 청중의 신뢰를 얻기 위해 화자의 성품을 언급하려 하고 있다.
④ ㉣: 연설 내용을 효과적으로 전달하기 위해 언어적, 준언어적, 비언어적 표현 전략을 활용하려 하고 있다.
⑤ ㉤: 발표 효과를 높이기 위해 질문을 통해 청중과 상호 작용하려 하고 있다.

## 13 ⊙ 20829-0092 서술형

**〈보기〉를 참고하여 '학생 3'이 [A]를 통해 강조하고 싶은 설득 전략을 적고, 그 효과에 대해 서술하시오.**

보기

연설에서 화자는 다수의 청자를 설득하기 위해 이성적 설득 전략, 감성적 설득 전략, 인성적 설득 전략 등 다양한 설득 전략을 활용할 필요가 있다.

**[14~15] 다음은 학생의 발표이다. 물음에 답하시오.**

안녕하세요. 요새 스마트폰을 통해 길 찾기를 많이 하시는데요, 그 과정에서 꼭 접하는 것이 있습니다. 바로 '지도'인데요, 저는 오늘 '지도의 왜곡'을 주제로 발표하겠습니다.

지도를 어떻게 만드는지 생각해 보신 적이 있나요? (청중의 반응을 듣고) 생각해 보신 적이 없으시군요. 그렇다면 좀 더 자세히 말씀드리겠습니다. 지도를 만들기 위해서는 둥근 지구의 표면을 평면인 종이에 옮기는 과정이 필요합니다. 이것을 '도법' 또는 '투영법'이라고 합니다. (청중의 반응을 보며) 이해가 어려우시죠? 조금 더 쉽게 설명해 드리겠습니다. (손짓을 하며) 지구본의 안쪽에서 바깥으로 이렇게 불을 비추면 평면에 옮겨 그릴 수 있습니다. 이것이 바로 '도법' 또는 '투영법'입니다. 도법을 활용해 지도를 제작할 때는 필연적으로 실제 지표면의 모습이 왜곡될 수밖에 없습니다. 지구본과 달리 평평한 지도는 어떤 부분이 확대되거나 축소되기 때문입니다.

지도 제작자들은 목적에 맞게 독특한 왜곡 특성을 지닌 다양한 도법을 선택할 수 있습니다.

(큰 소리로) 대표적인 사례로 정적 도법과 정각 도법의 예를 들어 보겠습니다. (화면의 지도를 가리키며) 이 지도는 정적 도법의 지도입니다. 정적 도법은 말 그대로 '면적'이 정확하게 나타나는 도법입니다. 가로선인 위선과 세로선인 경선으로 둘러싸인 일정한 부분은 지구상의 어디서나 면적의 비율이 동일합니다. 하지만 보시다시피 이 도법에서 바다는 심하게 왜곡되어 있습니다. 만일 바다를 정확한 면적으로 표현하려면 육지가 왜곡될 것입니다.

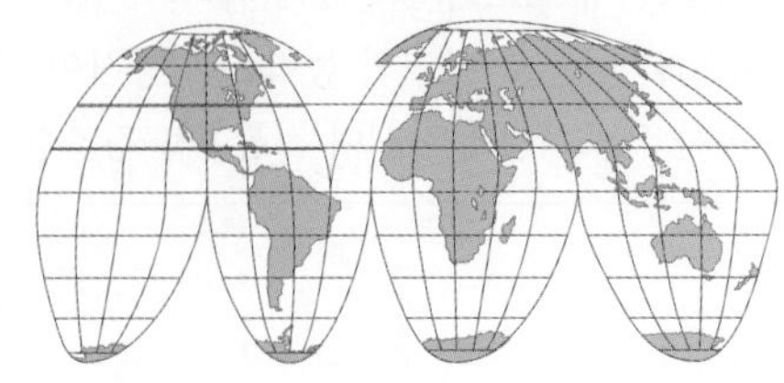

(다음 사진을 가리키며) 이 지도는 정각 도법의 지도입니다. 정각 도법에서는 지구본에서처럼 경선과 위선의 각도 관계가 정확하게 나타납니다. 지도의 모든 부분에서 모든 경선과 위선이 직각이죠.

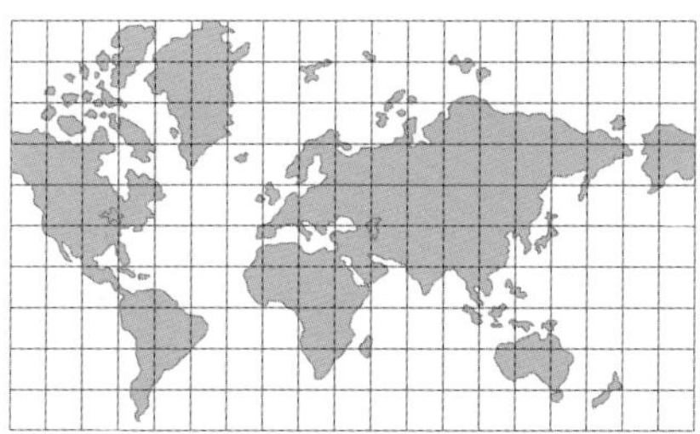

하지만 이 지도는 북극이나 남극에 가까운 지역이 심하게 확대되는 형태의 왜곡이 따릅니다. 이 지도는 면적은 왜곡되지만, 항해를 하는 배들이 방향을 찾아가는 데 유용하게 활용됩니다.

우리가 보는 지도는 이렇게 실제의 모습을 그대로 담고 있는 것이 아닙니다. 오늘부터 우리가 보는 지도가 어떤 특성을 지니는지, 어떤 장점과 단점을 가지는지에 대해 한번 생각해 본다면 세상을 보는 방법이 또 하나 늘어날 수 있다고 생각합니다. 그럼 이상으로 발표를 마치겠습니다. 지금까지 제 발표를 들어 주셔서 감사합니다.

## 14 ◎ 20829-0093

**위 발표에 대한 설명으로 가장 적절한 것은?**

① 지도를 만드는 순서에 따라 발표의 핵심 내용을 제시하고 있다.
② 다양한 도법들의 공통점과 차이점을 중심으로 내용을 구성하고 있다.
③ 일상에서 친숙한 사례를 제시한 후, 주제와 연관 지으며 발표를 시작하고 있다.
④ 발표의 전 과정에서 왜곡이 없는 지도를 만들기 위한 방법을 반복해 제시하고 있다.
⑤ 도법에 따라 지도의 형태가 어떻게 왜곡되는지를 요약, 강조하며 발표를 마무리하고 있다.

## 15 ◎ 20829-0094

**〈보기〉는 청자의 특성을 고려하기 위해 발표 내용을 점검하며 떠올린 생각들이다. 발표에 반영된 것만 있는 대로 고른 것은?**

**보기**

ㄱ. 발표 과정에서 친구들의 반응을 보며 발표 내용을 조절해야겠어.
ㄴ. 다들 매체 자료에 익숙하니까 시청각 자료를 활용하여 내용을 설명해야겠어.
ㄷ. '도법'이나 '투영법', '경선', '위선' 등의 용어에 익숙하지 않은 친구들이 많으니, 용어의 의미를 간략히 언급해야겠어.
ㄹ. 친구들에게 발표 내용을 더 효과적으로 전달하도록 준언어적, 비언어적 표현을 적절히 활용해 주의를 끌어야겠어.

① ㄱ, ㄴ ② ㄴ, ㄷ ③ ㄱ, ㄹ
④ ㄱ, ㄷ, ㄹ ⑤ ㄴ, ㄷ, ㄹ

## 16 ⓒ 20829-0095

〈보기〉는 화자가 떠올린 생각이다. 〈보기〉를 참고할 때, 화자가 선택할 말하기 유형과 주제로 가장 적절한 것은?

보기

선생님께서 이번 국어 수업 시간에 노트북을 활용해 모둠 수업을 하신다고 하셨어. 현재 모둠은 모두 4개인데, 모둠당 모둠원은 3~6명으로 구성되어 있어. 수업 시간 활용할 수 있는 노트북은 10개가 있는데, 모둠장들은 각 모둠별로 노트북이 최소 2대 이상 필요하다고 주장하니, 이걸 어떻게 해결하지? 모둠장들과 같이 모여서 이 문제를 해결해야겠어.

| | 유형 | 주제 |
|---|---|---|
| ① | 토의 | 모둠 활동을 효과적으로 진행할 수 있는 방안은 무엇인가? |
| ② | 토론 | 학교 노트북은 수업에 활용하기에 충분한 수량인가? |
| ③ | 토론 | 모둠당 모둠원의 수는 수업을 진행하기에 적정한가? |
| ④ | 협상 | 모둠 학습용 노트북, 모둠별로 어떻게 분배해야 하는가? |
| ⑤ | 협상 | 모둠 활동을 위한 효율적 방안은 무엇인가? |

## [17~18] 다음은 교복 구입을 위한 협상이다. 물음에 답하시오.

〈협상의 상황〉

○○고등학교에서는 여름철 무더위에도 편히 입을 수 있는 생활복을 구매하기로 결정했다. 이에 교복 제작업체 대표와 학교 대표가 가격과 제작 조건을 협상하는 자리를 마련했다.

학교 측: 저희 학교에서는 생활복을 구매하려 합니다. 더운 여름철이기에 땀 흡수가 잘되는 기능성 원단으로 하되, 자수로 된 학교 로고를 부착해야 합니다. 학생들은 한 벌당 35,000원의 가격을 요구하고 있습니다. 현재 700벌이 신청되었고, 추가로 신청하는 학생들이 많아 구매량은 늘어날 예정입니다.

업체 측: 기능성 원단과 자수 로고를 부착한다면 한 벌당 40,000원은 받아야 합니다.

학교 측: 조금 비싼 듯합니다. 저희가 인터넷으로 알아본 결과 비슷한 조건의 간편복을 구매할 경우 가격이 대략 40,000원 선이었습니다. 대량 구매를 고려하면 가격적 혜택을 받아야 한다고 생각합니다.

업체 측: 그럼 자수 로고를 잉크 인쇄로 바꾸는 조건으로 한 벌당 37,000원으로 해 드리는 것은 어떨까요?

학교 측: 음… 좋습니다. 하지만, 자수를 인쇄로 바꾸는 대신 두 가지 조건이 있습니다. 잉크 인쇄가 너무 얇으면 세탁 시 파손될 확률이 높아 두껍게 인쇄해 주시면 좋겠고, 생활복에 탈착 가능한 학생들의 이름표를 추가로 제공해 주십시오.

업체 측: 잉크 인쇄는 두꺼운 재질로 여러 번 열처리해 드리도록 하겠습니다. 하지만 탈착 가능한 이름표를 추가로 만들어 제공하는 것은 힘듭니다.

학교 측: 교칙상 생활복에 이름을 명시해야 하기 때

문에, 탈착은 안 되더라도 이름표가 부착되어야 합니다.

업체 측: 음… 알겠습니다. 그렇다면 이름표를 만들어 별도로 배부해 드리면 어떻습니까? 부착이나 탈착용으로 제작하는 것은 인건비와 재료비가 추가되어 단가가 높아집니다.

학교 측: 음… 그렇다면 학교 로고를 두꺼운 잉크로 인쇄하되 이름표를 별도로 배부 받도록 하겠습니다. 대신 저희는 날씨와 학교 상황을 감안할 때, 3주 내에 생활복을 수령해야 합니다.

업체 측: (잠시 생각하다) 빠듯한 기간이지만 기계를 모두 돌린다면 3주 내에 납품이 가능합니다.

학교 측: 알겠습니다. 생활복 납품 기한은 꼭 지켜 주시리라 믿습니다.

## 17

20829-0096

**협상의 절차에 따라 양측이 사용한 협상 전략에 대한 설명으로 적절하지 않은 것은?**

| 단계 | 발언자 | 협상 방식 | |
|---|---|---|---|
| 시작 | 학교 측 | 상황을 언급하며 자신의 요구 사항을 밝힌다. | …① |
| 조정 | 학교 측 | 합리적 근거를 들어 자신의 입장을 강조한다. | …② |
| | 업체 측 | 자신의 입장을 양보하며 상대에게 제안한다. | …③ |
| | 학교 측 | 질문의 형식을 활용하여 상대에게 제안한다. | …④ |
| 해결 | 학교 측 | 합의 이행 가능성을 감안하여 상대방의 제안을 수용한다. | …⑤ |

## 18

20829-0097 서술형

**위 협상에서 '학교 측'과 '업체 측'이 협상을 통해 얻은 이익이 무엇인지 각각 서술하시오.**

**[19~21] 다음은 토론의 일부이다. 물음에 답하시오.**

사회자: 인터넷 쇼핑몰에서 물건을 살 때에는 반드시 공인 인증서를 사용해야 합니다. 공인 인증서를 없애야 한다는 주장에도 아직 우리나라에서는 공인 인증서가 널리 사용되고 있습니다. 오늘은 이 문제와 관련하여 '공인 인증서를 폐지해야 한다.'라는 논제로 토론을 하고자 합니다. 찬성 측에서 먼저 입론해 주시기 바랍니다.

찬성 1: 공인 인증서는 전자 상거래, 전자 민원 서비스 따위를 이용할 때 본인임을 증명하기 위해 사용하는 일종의 디지털 신분증입니다. 우리나라에서는 인터넷 상거래를 할 때 반드시 공인 인증서를 사용해야 합니다. 그런데 많은 외국인이 국내 인터넷 쇼핑몰을 찾고 있는 시점에서 공인 인증서가 없어 구매를 못 하는 사태가 벌어진지 오래입니다. 공인 인증서는 거래의 불편을 가중시켜 경제 활성화의 발목을 잡고 있습니다. 따라서 공인 인증서를 폐지해서 문제점을 개선해야 한다고 생각합니다.

사회자: 공인 인증서를 폐지하여 불편함을 개선해야 한다는 찬성 측의 입장이었습니다. 이제 반대 측에서 반대 신문해 주십시오.

반대 2: 공인 인증서를 없앤다면 문서의 위조, 변조 등의 문제가 발생할 수 있다는 점은 생각해 보셨습니까? [A]

찬성 1: 물론 공인 인증서를 없앤다면 문서의 위조, 변조, 거래 사실 부인 등의 문제가 발생할 수 있지만, 공인 인증서를 대체할 수 있는 인증 방법을 사용할 수 있습니다.

사회자: 이번에는 반대 측에서 입론해 주십시오.

반대 1: 공인 인증서를 폐지하는 것은 보안의 안정성을 무너뜨릴 수 있습니다. 현재 공인 인증서를 대체할 방법들이 있으나, 이는 별도의 비용이 발생할 수 있습니다. 게다가 자료에 따르면 공인 인증서의 대체 수단들은 해킹으로 인한 피해가 다수 존재했지만 공인 인증서의 자체 암호 체계가 해커에게 뚫려 사고가 발생했다는 사례는 보고된 바 없다고 합니다. 이는 보안 전문가 ○○○ 교수의 말처럼 공인 인증서가 안전성과 신뢰성 있는 수단이라는 점을 보여 주는 것입니다. 공인 인증서를 없애면 더 큰 문제가 발생할 수 있기에 저희는 공인 인증서를 폐지하지 말아야 한다고 생각합니다.

사회자: 공인 인증서 폐지가 보안의 안정성을 무너뜨릴 수 있다는 반대 측의 입론이었습니다. 이제 찬성 측에서 반대 신문해 주십시오.

찬성 1: 저희는 공인 인증서 해킹 사례가 존재한다고 알고 있습니다만, 해킹 사례와 관련해서 어떤 자료를 활용하셨는지 말씀해 주시겠습니까? [B]

반대 1: 공인 인증서는 고도화된 암호 체계를 지니고 있어서 해커에게 뚫리는 일이 매우 힘든 것으로 알고 있습니다.

찬성 1: 대체 무슨 말씀을 하시는 겁니까? 토론 수준이 낮아집니다. 대답을 회피하지 말아 주십시오.

## 19 ▷ 20829-0098

**위 토론에서 사회자와 토론자들의 말하기 방식을 이해한 내용으로 적절하지 않은 것은?**

① '사회자'는 토론 시작 전, 토론의 배경을 제시하면서 논제를 소개하고 있다.

② '사회자'는 토론 중간에 토론 참여자의 의견을 요약해 가며 토론을 진행하고 있다.

③ '찬성 1'은 입론의 과정에서 논제와 관련한 용어를 설명하며 자신의 입장을 밝히고 있다.

④ '찬성 1'은 반대 신문에 대한 답변 과정에서 자신의 입장을 약화시킬 수 있는 내용을 언급하고 있다.

⑤ '반대 1'은 입론의 과정에서 전문가의 말을 인용함으로써 주장에 대한 신뢰성을 확보하려 하고 있다.

## 20 ▷ 20829-0099

**[A], [B]의 반대 신문에 대한 설명으로 적절한 것은?**

① [A]에서는 상대측이 제시한 근거가 특정 입장에 치우쳐져 있음을 지적하고 있다.

② [A]에서는 상대측이 제시한 사례가 상대측의 주장에 부합하지 않음을 지적하고 있다.

③ [B]에서는 상대측이 제시한 근거의 출처가 불명확함을 지적하고 있다.

④ [B]에서는 상대측이 자신의 입장에 유리하도록 용어의 의미를 바꾸어 사용했음을 지적하고 있다.

⑤ [A]와 [B] 모두 상대측의 주장이 전문적인 자료로 뒷받침되지 않았음을 지적하고 있다.

## 21 ▷ 20829-0100 서술형

**〈보기〉의 내용을 고려하여, '찬성 1'의 마지막 발언을 바꾸어 서술하시오.**

보기

토론은 의견이 대립하는 사안에 대한 상호 이해의 폭을 넓히고, 공감대의 기반을 확보하는 데 목적이 있다. 이를 위해 토론 참여자들은 토론의 절차와 규칙, 언어 예절을 준수하며, 상대를 존중하고 이해하려는 태도를 지녀야 한다.

# 작문의 원리와 실제

1. 정보 전달을 위한 작문
2. 설득을 위한 작문
3. 자기표현과 사회적 상호 작용을 위한 작문

단원 이해

# 1. 정보 전달을 위한 작문 – [1] 정보를 전달하는 글

덤덤

• 매체에 따른 자료 수집의 특성

• 책: 풍부한 정보를 얻을 수 있지만, 자료 수집 시간이 오래 걸릴 수 있음.
• 인터넷: 다양한 수준의 정보를 쉽게 얻을 수 있으나, 정보의 신뢰성에 문제가 있을 수 있음.
• 시청각 매체: 텔레비전, 방송, 영화, 음악, 만화 등을 통해 관심사나 사회 문제에 대한 정보를 다양하게 얻을 수 있음.
• 전문가 면담: 구체적이고 상세한 정보를 얻을 수 있으나, 준비 과정이 복잡하고 면담 대상자의 상황을 고려해야 함.

• 정보의 신뢰성과 정확성 확보를 위한 점검 사항

• 자료의 생산자가 해당 분야의 전문가인가?
• 공신력 있는 기관에서 생산한 자료인가?
• 정보가 과장되거나 왜곡되지는 않았는가?

## 1 정보를 전달하는 글의 개념과 종류

(1) 개념: 필자가 어떤 대상, 사실, 현상 등에 대해 가치가 있거나 새로운 정보를 전달하려는 목적으로 쓰는 글

(2) 종류: 설명문, 안내문, 기사문, 보고문 등

## 2 정보를 전달하는 글의 작성 방법

(1) 정보의 수집 방법

① 책, 인터넷, 시청각 매체 등의 매체를 활용함.
② 관련 있는 사람을 대면하거나 현장을 조사함.

(2) 가치 있는 정보의 선별

① 작성하려는 글의 주제, 목적에 부합하는 정보를 수집·선별
② 예상 독자의 요구나 기대, 관심, 배경지식에 부합하는 정보를 수집·선별
③ 정보의 효용을 고려하여 최신의 정보를 수집·선별
④ 정보를 수록한 자료의 신뢰성 여부를 판단하여 수집·선별

(3) 정보의 속성에 따른 내용 조직

수집하고 선별한 정보의 속성에 따라 시간 순서나 공간 이동, 논리적 순서에 따라 조직하거나 나열, 비교·대조하는 조직 방법 등을 활용할 수 있음.

| 내용 조직 방법 | 특성 |
|---|---|
| 시간 순서 | • 정보가 시간의 흐름에 따라 변화하거나 일련의 과정으로 구성될 때 사용함.<br>• 시간 순서를 차례로 따르는 순행적 조직과 시간의 순서를 거슬러 올라가는 역행적 조직이 있음. |
| 공간 이동 | • 정보가 공간의 이동에 따라 변화하거나 구별될 때 사용함.<br>• 공간 이동에 따라 내용을 조직할 때에는 가까운 곳에서 먼 곳으로, 위에서 아래로 등 일정한 순서를 따르는 것이 일반적임. |
| 논리적 순서 | • 사물이나 현상의 본질과 특성을 설명할 때 활용함.<br>• 문제 현상의 원인과 그 결과의 관계에 따라 조직하는 방식이 일반적임. |
| 정보의 비교·대조 | • 수집한 정보 간의 유사성이나 차이점이 드러날 때 활용함.<br>• 동일한 성질을 가진 부류로 묶거나 정보가 지닌 속성 간의 분명한 차이점이 드러나도록 조직함. |

#### (4) 정보를 전달하는 글의 표현 전략

① 글의 주제와 목적, 예상 독자 등의 작문 상황을 고려함.

② 글의 전체 구조가 명확하게 드러나게 '처음-중간-끝'의 짜임새를 갖춤.

③ 통일성과 응집성을 확보함.

④ 정보를 전달하기 위해서 객관적이고 정확한 언어를 사용해야 함.

⑤ 필자의 주관적 견해는 가급적 배제하고, 모호하거나 함축적인 표현, 장황한 표현을 사용하지 않음.

⑥ 글의 전체 구조나 내용 간의 연결 관계를 고려하여 독자가 쉽게 이해하고 기억할 수 있도록 표현함.

⑦ 지시 표현, 반복 어구, 접속 표현, 연결 표현 등을 적절히 사용하여 내용을 긴밀하게 표현함.

#### (5) 정보를 전달하는 글의 점검과 고쳐쓰기

① 글의 내용을 점검하여 고쳐쓰기: 정보의 효용성, 정확성, 신뢰성을 고려하여 고쳐 써야 함.

| 정보의 효용성 | 독자의 요구나 수준 등을 고려할 때 가치 있는 정보임을 점검하기 |
|---|---|
| 정보의 정확성 | 글에 쓰인 정보가 올바르고 확실한지 점검하기 |
| 정보의 신뢰성 | 글에서 다루고 있는 정보를 얼마나 믿을 수 있는지 점검하기 |

② 글의 조직과 표현을 점검하여 고쳐쓰기

- 글의 주제, 정보의 속성에 맞게 조직되었는지 점검하기
- 글의 배열이 체계적인지, 내용 사이의 연결 관계가 긴밀한지 점검하기
- 독자를 고려한 표현인지 점검하기
- 모호하고 함축적인 문장이나 단어 대신 정확한 문장이나 단어를 사용했는지 점검하기

③ 저작권 보호와 쓰기 윤리

- 정보의 생산, 수집, 유통과 관련하여 지켜야 할 윤리 덕목의 준수
- 자료의 출처를 밝히는 등 다른 사람의 저작권을 존중해야 함.

덤덤

**• 정보를 전달하는 글의 기본 구조**

- **처음**: 정보를 전달하는 이유와 목적을 밝히고, 전달할 내용을 개관함.
- **중간**: 중심 내용과 세부 내용을 제시함.
- **끝**: 앞에서 설명한 내용을 요약하거나 정리함.

**• 통일성과 응집성**

- **통일성**: 담화나 글의 내용이 하나의 주제로 묶이는 것
- **응집성**: 문장과 문장 또는 문단과 문단이 서로 긴밀하게 연결되는 것

**• 애매성과 모호성**

- **애매성**: 뜻이 여러 가지로 통하여 분명하지 않은 성질. 예를 들어 하나의 언어 표현이 문맥에 따라 달리 이해되는 경우 애매성이 존재함.
- **모호성**: 어떤 단어의 의미의 범위가 명확하지 않은 성질. 예를 들어 '아름답다'와 '추하다'의 의미 한계에는 모호성이 존재함.

내용 연구

**제재 분석**

윤기 있는 머릿결을 유지하는 방법에 대해 설명한 글이다. 머리를 잘 감는 방법, 습관의 변화 등을 통해 머릿결 유지의 방법을 상세히 소개하고 있다.

**어휘 풀이**

• **계면 활성** 녹아 있는 매체의 표면 장력 또는 다른 매체와의 계면 장력을 현저하게 감소시키는 물질의 성질. 액체, 기체, 또는 다른 계면에 양으로 흡착되는 물질이 이런 성질을 보이는데, 물에 대하여 알코올, 비누 따위가 이에 속한다.

[01~03] 다음은 한 학생이 작성한 설명문의 일부이다. 물음에 답하시오.

TV에 등장하는 샴푸 광고에는 윤기 있는 머릿결을 자랑하는 모델이 항상 등장한다. 나를 비롯한 대부분의 친구들은 모델의 머릿결은 부러워하지만 그와 같은 머릿결을 유지하기 위한 방법은 구체적으로 알지 못한다. 그래서 이 글을 통해 아름다운 머릿결을 유지하는 방법에 대해 설명하고자 한다.

[A] 아름다운 머릿결을 유지하기 위해 중요한 것은 머리를 잘 감는 것이다. ㉠머리를 감을 때 사용하는 샴푸는 두피에 쌓인 노폐물과 먼지를 제거하는 역할을 한다. 따라서 ㉡머리를 감을 때 머리에 물을 적당히 적신 후 충분히 거품을 낸 샴푸로 두피와 모발을 약 3분간 마사지하듯 문지르는 것이 좋다. 이때 샴푸를 많이 사용하면 좋다고 생각하는 경우가 많은데, 실제 모발을 세척하는 것은 거품이 아니라 샴푸 속의 계면 활성 성분이므로 샴푸는 머리 길이에 알맞은 양만 사용하는 것이 좋다. 한편 머리를 감을 때 흔히 손톱을 세워 두피를 긁는 경우가 많은데 이렇게 하면 두피에 염증이 생겨 탈모를 유발할 수 있다. 따라서 머리를 감을 때에는 손가락 지문이 있는 부분을 이용해 두피를 구석구석 비벼 충분히 마사지하면서 감아 주는 것이 좋다. ㉢머리를 감은 후 헹굴 때에는 미지근한 물로 충분히 헹궈 두피에 샴푸가 남지 않도록 해야 한다. 특히 마지막으로 헹굴 때 찬물을 이용해 마무리하면 두피를 수축시켜 모발이 빠지는 것을 방지할 수 있다. ㉣머리를 말릴 때에는 바로 수건으로 머리를 두드리거나 털어 내곤 한다. 하지만 이는 두피를 자극해 모발을 손상시킬 수 있기 때문에 주의가 필요하다. 따라서 머리를 말릴 때에는 천천히 시간을 두고 자연스럽게 건조하는 것이 가장 좋다. 급하게 머리를 말려야 할 때 헤어드라이어를 사용하는 경우가 있는데, 이때에도 ㉤헤어드라이어를 두피에서 20cm 이상 떨어뜨린 상태에서 사용해야 두피의 손상이 적다.

머리 감기 외에도 습관의 변화를 통해 아름다운 머릿결을 유지할 수 있다. 매일 머리를 여러 번 빗질해 주면 두피가 자극되어 혈액 순환이 잘 되고, 머리카락의 성장과 건강을 돕는다. 부드러운 머릿결을 원한다면 빗과 친구가 되어야 한다. 하루에 2~3번 머리를 빗질해 주는 것은 모발 관리를 위해 중요한 습관이다. 우리가 먹는 음식도 머릿결 건강에 큰 영향을 미친다. 음식에 들어 있는 영양분이 머리카락의 생성과 성장에 필수적이기 때문이다. 제일 기본적인 수칙은 과일, 채소, 견과류, 유제품, 생선의 섭취량을 늘리는 것이다. 또한 물을 많이 마시는 것을 잊으면 안 된다.

[B] 우리는 아름다움을 위해 항상 머릿결을 잘 가꾸고 싶어 한다. 하지만 머리카락은 몸 밖에 있는 기관으로서 몸을 안정시키는 생물학적 역할을 수행한다. 아름다운 머릿결을 위해서는 끊임없는 관리가 필요하다. 안타깝게도 머리카락은 여러 가지 손상과 약화 요인들에 항상 노출되어 있기 때문이다. 앞서 소개한 여러 방법들을 꾸준히 실천해서 샴푸 광고에 나오는 모델들의 머릿결과 같은 모발 상태를 함께 만들어 가자.

20829-0101

**윗글에 반영된 글쓰기 계획으로 적절한 것은?**

① 전문가의 인터뷰 내용을 활용하여 구체적 사례를 드러내야겠군.
② 과학적 사실의 정확한 출처를 언급하여 내용의 신뢰성을 확보해야겠군.
③ 소재의 특성을 반영하여 공간의 이동에 따라 내용을 조직하여 드러내야겠군.
④ 중심 소재와 관련된 잘못된 상식을 바로잡으며 주제를 분명히 드러내야겠군.
⑤ 순서를 나타내는 담화 표지를 활용하여 중심 소재의 발전 과정을 드러내야겠군.

20829-0102

**다음은 [A]를 보완하기 위해 추가로 수집한 자료이다. 자료 활용 방안으로 가장 적절한 것은?**

과도한 열에 머리카락을 노출하는 것은 좋지 않은 습관입니다. 두피에 열이 몰리면 모발의 교체가 빨라져 두피 상태가 악화됩니다. 또한 고열에 지속적으로 노출될 경우 두피가 건조해지고 그 결과 머리카락도 생기와 윤기를 잃을 수 있습니다. 열을 발생하는 머리카락용 제품들을 반드시 사용해야 한다면 두피와 머리카락에 충분히 수분을 공급하는 것이 좋습니다.

– 미용학과 교수 인터뷰

① 두피를 건조하게 하는 원인을 반영하여 ㉠에 발열 효과가 있는 샴푸를 활용해야 함을 추가한다.
② 두피에 충분한 수분 공급이 필요함을 반영하여 ㉡에 머리카락을 물에 장시간 적셔야 함을 추가한다.
③ 열에 약한 두피의 특성을 반영하여 ㉢을 머리카락을 헹굴 때 찬물만을 사용해야 한다는 내용으로 교체한다.
④ 두피의 상태를 악화시키는 원인을 반영하여 ㉣을 수건보다 헤어드라이어만을 사용해야 한다는 내용으로 교체한다.
⑤ 외부 환경으로 인한 두피의 변화와 관련된 내용을 반영하여 ㉤에 헤어드라이어 사용 시 찬 바람 활용을 권장하는 내용을 추가한다.

20829-0103

**문단의 통일성을 고려하여 [B]를 고쳐 쓸 때, 삭제해야 할 문장을 찾아 쓰시오.**

내용 연구

제재 분석

(가)는 '미세 먼지'와 관련된 글쓰기 계획이고, (나)는 그 글을 쓰기 위해 수집한 자료, (다)는 계획에 따른 결론이다.

[04~06] (가)는 글쓰기 계획이고, (나)는 글을 쓰기 위해 수집한 자료의 일부이며, (다)는 (가)를 바탕으로 작성한 글의 마지막 문단이다. 물음에 답하시오.

(가) **작문의 목적**: 미세 먼지 문제의 심각성을 제기하고 대처 방법을 소개한다.

**개요**

○ 처음: 우리나라 미세 먼지 농도의 심각성

○ 중간 ········ ㉠

1. 미세 먼지의 실태 ········ ㉡
   가. 미세 먼지의 과학적 정의
   나. 미세 먼지와 초미세 먼지의 차이점
2. 미세 먼지의 발생 원인
   가. 국내에서 발생
   나. 국외로부터의 유입
   다. 미세 먼지 예측 기술의 한계 ········ ㉢
3. 미세 먼지의 부정적 영향
   가. 미세 먼지가 건강에 미치는 영향
   나. 미세 먼지로 인한 경제적 이익 ········ ㉣
4. 미세 먼지로 인한 피해 사례 ········ ㉤

○ 끝: 미세 먼지의 위험과 대비의 필요성

(나)

〈최근 1년간 미세 먼지 평균 농도(2016년 10월~2017년 9월)〉

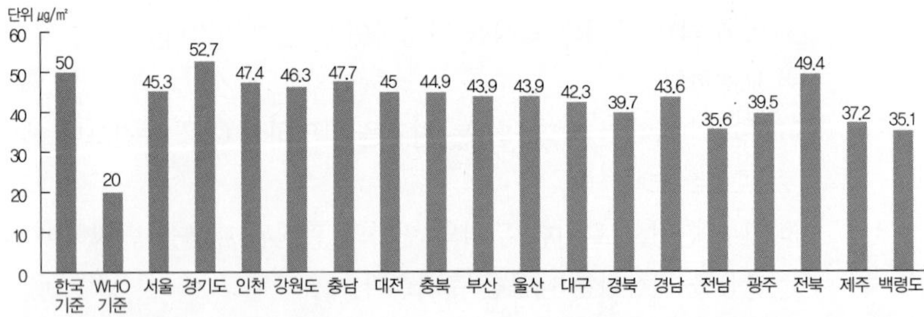


〈최근 1년간 초미세 먼지 평균 농도(2016년 10월~2017년 9월)〉

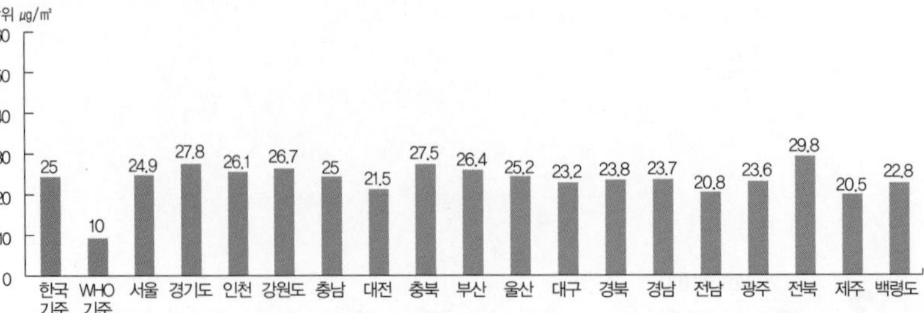

**다** 미세 먼지는 건강에도, 교통 상황에도 위협이 된다. 많은 사람이 알고 있듯이 미세 먼지는 호흡 기관을 통해 침투하여 여러 질환을 일으키고 장기간 노출될 경우 사망률을 높인다. ⓐ<u>하지만</u> 미세 먼지로 인한 기상 이변과 안개가 겹칠 경우 도심 아파트에 헬기가 충돌하는 사건과 같은 위험도 증가한다. ⓑ<u>미세 먼지가 화석 연료의 사용으로 인한 인위적 오염 물질이라면 황사는 흙먼지가 바람을 타고 이동해 오는 것이다.</u> 이제 미세 먼지는 단순한 대기 오염을 넘어 '재난'으로 간주하고 대비해야 한다. 국민들은 미세 먼지 농도에 따른 행동 수칙을 엄격히 지키고, 정부는 미세 먼지 감소를 위해 주요 원인을 찾아 줄여 나가는 정책을 펼쳐 나가야 할 때이다.

20829-0104

## 04 (가)의 수정 및 보완 방안으로 적절하지 <u>않은</u> 것은?

① ㉠에는 '작문의 목적'을 고려하여 '미세 먼지에 대한 대처 방법'을 추가한다.
② ㉡은 하위 항목과의 연관성을 고려하여 '미세 먼지의 개념'으로 수정한다.
③ ㉢은 상위 항목과의 연관성을 고려하여 '중간 3'으로 위치를 옮긴다.
④ ㉣은 상위 항목과의 연관성을 고려하여 '미세 먼지로 인한 경제적 손실'로 수정한다.
⑤ ㉤은 '작문의 목적'과 상위 항목과의 유기성을 고려하여 '처음'으로 위치를 옮긴다.

20829-0105

## 05 (나)를 해석하여 글에 포함할 내용으로 적절한 것은?

① 전국 모든 지역의 미세 먼지는 시간이 지날수록 증가하고 있다.
② 전국 모든 지역의 초미세 먼지 평균 농도는 WHO 기준보다 모두 2배 이상 높다.
③ 전국 모든 지역의 연평균 미세 먼지는 우리나라가 정한 연간 기준치를 초과했다.
④ 우리나라는 WHO보다 미세 먼지와 초미세 먼지의 기준치를 낮게 설정하고 있다.
⑤ 서울로부터 거리가 먼 지역일수록 미세 먼지와 초미세 먼지의 평균 농도가 낮다.

20829-0106 서술형

## 06 다음은 (다)의 ⓐ, ⓑ를 수정한 내용과 그 이유이다. 빈칸에 적절한 말을 서술하시오.

| | 수정 내용 | 이유 |
|---|---|---|
| ⓐ | | 문장 간의 응집성을 고려할 때 적절하지 않으므로 적절한 단어로 수정해야 한다. |
| ⓑ | 전체 삭제 | |

**내용 연구**

**제재 분석**

야구 경기에서 활용되는 세이버메트릭스의 개념, 구성 요소 등을 설명한 글이다.

**어휘 풀이**

- **영입** 환영하여 받아들임.
- **진가(眞價)** 참된 값어치.
- **데이터 마이닝** 대규모의 데이터베이스 안에서 일정한 규칙을 찾아내어 데이터를 분석하는 일.

**[07~09] 다음은 한 학생이 쓴 설명문의 일부이다. 물음에 답하시오.**

**가** 다른 스포츠 경기와 비교할 때, 야구는 경기 기록만 갖고 경기를 그대로 재현해 낼 수 있다. 투수의 투구, 타자가 친 공, 주자의 주루, 수비수의 수비까지 모두 기록지에 남는다. 그만큼 경기 중 모이는 기록의 양이 많고 활용 가치 또한 높다. 이 기록들을 수학적, 통계학적으로 분석하여 가치 있는 결론을 얻은 것을 '세이버메트릭스'라고 한다.

**나** 세이버메트릭스의 창시자이자, 오클랜드 애슬레틱스의 단장이었던 빌리 빈은 세밀한 기록들까지 파고들었고 기록들을 가공한 '데이터'를 만들었다. 그리고 데이터로 얻은 결과를 바탕으로 저평가되었던 선수들을 영입했다. 그 결과, 부임 3년 차인 2002년, 당시 역사상 최장 기록인 20연승을 이루어 내는 등 리그의 돌풍을 일으켰다. 그의 신화는 '머니볼'이라는 책과 영화로 전 세계에 알려졌다. 더불어, 인터넷의 발전은 야구 기록을 공유하고 저장할 수 있는 기능을 향상시키며 더 많은 사람을 세이버메트릭스의 세계로 이끌었다.

**다** 세이버메트릭스를 이루는 데이터는 크게 통계적 데이터와 수학적 데이터로 나눌 수 있다. 통계적 데이터는 과거의 기록을 종합하여 특정 상황에서 어떤 사건이 일어날 확률을 나타낸 것이다. 통계적 데이터는 경기 중 상황에 따른 상대의 행동을 과거 비슷한 경우의 기록들을 통해 예측할 수 있게 해 준다. 하지만 통계적 데이터의 정확성을 위해서는 많은 누적된 기록들이 필요하다. 동전을 5번 던져 모두 앞면이 나왔다고 그 동전이 앞면만 나온다고 할 수 없기 때문이다.

**라** 구체적 상황에 통계적 데이터가 필요하다면 수학적 데이터는 선수와 팀에 대한 전체적인 능력치를 수치화하는 데이터이다. 피타고라스 정리에서 이름을 딴 '피타고리안 승률'은 대표적 수학적 데이터로, 시즌 중반에 팀의 최종 승률을 예측할 때 사용된다.

$$(\text{피타고리안 승률}) = \frac{(\text{누적 득점})^2}{(\text{누적 득점})^2 + (\text{누적 실점})^2}$$

피타고리안 승률은 수학적 데이터의 철학인 '세부적인 기록이 팀과 선수의 진가를 보여 준다'를 정확히 반영하고 있다. 한 '경기'에서 이기고 지는 것으로 결정되는 팀의 승률을 경기 안의 '실점과 득점'이라는 세부적 기록으로 예측하기 때문이다.

**마** 세이버메트릭스는 많은 것을 알려 줄 수 있지만 아직은 숫자로 표현할 수 없는 것들이 너무나도 많다. 이로 인해 현장에서 아직까지는 데이터에 대한 인식이 호의적이지는 않다. 그래서 세이버메트릭스도 데이터 마이닝 기술을 적극적으로 활용하는 등 끝없이 진화하고 있다. 발전하고 있는 세이버메트릭스를 이해하고 이를 바탕으로 야구를 함께 즐긴다면 야구가 '기록의 스포츠'로서 가지는 매력을 듬뿍 느낄 수 있을 것이다.

07 ⓒ 20829-0107

**〈보기〉는 윗글을 쓰기 위해 예상 독자를 분석한 내용이다. ㉠과 ㉡을 바탕으로 세운 글쓰기 계획 중 윗글에 활용된 것은?**

> 보기
>
> 세이버메트릭스를 처음 접하며 활용 양상을 잘 모름. ………… ㉠
> 세이버메트릭스의 가치에 대한 인식이 부족함. ………… ㉡

① ㉠을 고려하여, 통계적 데이터보다 수학적 데이터가 중요한 자료라는 내용을 제시한다.
② ㉠을 고려하여, 세이버메트릭스의 개념을 소개하고 이를 사용하여 성공했던 사례를 제시한다.
③ ㉠을 고려하여, 세이버메트릭스가 국내 야구에 도입된 현황을 보여 주는 조사 결과를 제시한다.
④ ㉡을 고려하여, 세이버메트릭스는 스포츠뿐만 아니라 책이나 영화에서도 적용될 수 있음을 제시한다.
⑤ ㉡을 고려하여, 데이터 마이닝 기술에 세이버메트릭스가 주요 기술로 활용될 수 있음을 제시한다.

08 ⓒ 20829-0108

**〈보기〉는 윗글을 작성한 이후 찾은 자료의 일부이다. 〈보기〉를 활용하여 윗글을 보완할 방법으로 가장 적절한 것은?**

> 보기

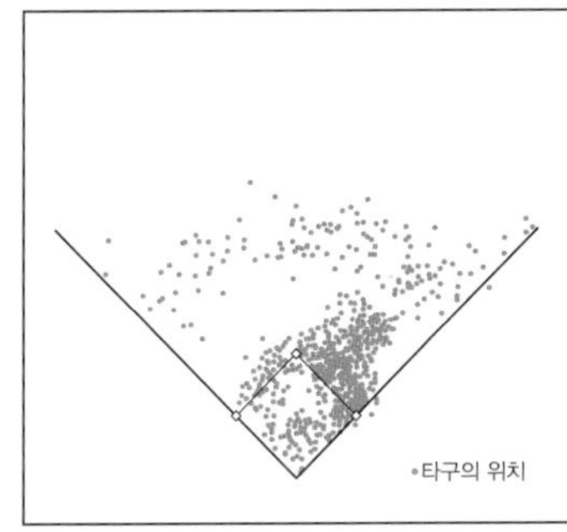


왼쪽 그래프는 한 프로 야구 선수가 7시즌간 친 타구의 위치를 점으로 나타낸 것이다. 그래프를 통해 타구의 방향이 전체적으로 우측에 쏠려 있는 것을 확인할 수 있다. 이 사실을 안다면 수비수들은 전체적으로 오른쪽으로 움직여 안타를 막을 수 있다. 이렇게 타구 방향을 예측하여 수비수의 위치를 이동시키는 전술이 '수비 시프트'이다.

① (가)에서 많은 데이터를 바탕으로 경기를 그대로 재현할 수 있음을 강조한다.
② (나)에서 저평가되었던 선수들을 영입했을 때 얻을 수 있는 효과를 드러낸다.
③ (다)에서 특정 선수의 누적된 기록을 통해 행동을 예측할 수 있음을 뒷받침한다.
④ (라)에서 선수의 전체적인 능력치가 팀의 최종 승률에 기여할 수 있음을 드러낸다.
⑤ (마)에서 데이터에 대한 분석이 아니라 운이 경기 결과에 작용할 수 있음을 부각한다.

09 ⓒ 20829-0109 서술형

**다음은 학생이 (마)를 고쳐 쓰는 과정의 일부이다. [점검 내용]에 적절한 내용을 서술하시오.**

[점검 내용] (                                                  )

[고친 내용] (마)의 첫 문장 다음에 '숫자화될 수 없는 그날의 상황이 경기 결과에 영향을 미칠 수 있기 때문이다.'를 추가한다.

내용 연구

**제재 분석**

공공 부조, 사회 보험, 사회 수당, 사회 서비스 등 다양한 사회 복지 제도의 특성을 소개하는 설명문이다.

**어휘 풀이**

- **재원** 재화나 자금이 나올 원천.
- **수혜** 혜택을 받음.

[10~11] 다음은 설명하는 글의 일부이다. 물음에 답하시오.

가 사회 복지 제도는 질병, 장애, 노령, 실업, 사망 등 각종 사회적 위험으로부터 모든 국민을 보호하고 빈곤을 해소하며 국민 생활의 질을 향상시키기 위하여 제공되는 복지 제도를 말한다. 사회 복지 제도는 그 기능과 역할을 달리하며 다양한 방식으로 운영되고 있는데, 일반적으로 급여 전달 형식에 따라 공공 부조, 사회 보험, 사회 수당, 사회 서비스로 구분된다.

나 공공 부조와 사회 보험은 이미 널리 알려진 제도이다. 공공 부조는 국민 혹은 시민의 기초 생활을 보장하기 위하여 국가가 최저 생계가 불가능한 사람들을 대상으로 생계비, 생필품 혹은 기본 서비스를 제공하는 것을 가리킨다. 이때 공공 부조의 재원은 일반 조세를 통해 마련되며, 수급자는 수혜받은 것에 상응하는 의무를 지지 않는다. 그런데 공공 부조의 경우 국가가 수급 대상자를 선별하기 위해 대상자의 소득이나 자산을 조사하는 과정에서 수급자의 자존감을 떨어뜨려 이들에게 사회적 소외감을 안겨 줄 가능성이 있으며 경직된 수급 기준 탓에 수급자 선별이 제대로 이루어지지 못하는 문제가 발생할 수 있다.

다 이와 달리 사회 보험은 기본적으로 수급자의 기여를 토대로 이루어지는 복지 제도라고 할 수 있다. 현재 대부분의 복지 국가는 미래의 불확실성과 불안정성에 대비해서 일정한 소득과 재산이 있는 시민들과 관련 기업에 보험금을 납부하도록 강제하는 법의 제정을 통해 사회 보험 제도를 시행하고 있다.

라 사회 수당은 재산이나 소득, 그리고 보험료 지불 여부와 관계없이 일정한 사회적 범주에 해당하는 사람에게 무료로 급여를 제공하는 제도로, 사회의 총체적 위협 요인을 사전에 예방하거나 시민 전체의 삶의 질을 높이기 위한 목적으로 운영된다. 선진 복지 국가의 노인 수당(old-age benefits)과 같이 국가나 자치 단체가 법률이 정한 대로 일정한 나이를 넘어선 사람들에게 그가 가지고 있는 재산이나 지위와 상관없이 소정의 급여를 지급하는 것이 대표적인 경우라고 할 수 있다. 이럴 경우 수당을 받는 사람들은 자기 자신을 수혜의 대상으로 간주하기보다는 권리의 주체로 인식할 가능성이 높다.

마 한편 사회 서비스는 급여의 지급이 현금이 아니라 '돌봄'의 가치를 가진 특정한 서비스를 통해 이루어지는 제도이다. 사회 서비스에는 국가가 서비스 기관을 운영하면서 직접 서비스를 제공하는 방식도 있지만, 서비스를 받을 수 있는 증서를 제공함으로써 수혜자가 공적 기관뿐만 아니라 민간 단체가 운영하는 사적 기관의 서비스를 자신의 선호도에 따라 선택할 수 있게 하는 방식도 있다. 최근 들어서 많은 나라들은 서비스 증서를 제공하는, 일명 바우처(voucher) 제도를 도입하여 후자 방식을 선호하는 경향을 보이고 있다. 이와 같이 사회 서비스는 소득의 재분배보다는 시민들의 삶의 질을 향상시키는 것에 더욱 초점을 두는 제도라고 할 수 있다.

## 10

20829-0110

**윗글을 쓰는 과정에서 사용한 주요 전략으로 가장 적절한 것은?**

① 통계 수치를 종합하여 내용의 신뢰성을 높인다.
② 대상을 다양한 유형으로 분류하여 정보를 구조화한다.
③ 설명 대상의 장단점을 분석함으로써 절충적 방안을 도출한다.
④ 설명 대상과 관련된 개인적 경험을 소개하여 주제를 강조한다.
⑤ 시간의 흐름에 따라 정보를 조직하여 대상의 변모 과정을 드러낸다.

## 11

20829-0111

**〈보기〉는 윗글을 보완하기 위해 수집한 자료이다. ㉮와 ㉯의 활용 방안으로 적절한 것은?**

보기

㉮ 신문 기사

우리나라의 기초 생활 보장 수급자는 2010년 155만 명에서 2013년 135만 명으로 크게 줄었다. 경제 사회의 양극화와 인구의 고령화가 해가 갈수록 심화되어 복지 수요가 엄청나게 늘어났음에도 불구하고 국민 기초 생활 보장 수급자 수는 오히려 크게 줄었던 것이다. 이는 다수의 극빈층이 빈곤 탈출에 성공했기 때문이 아니라 '사회 복지 통합 관리망' 도입으로 인해 소득과 부양 의무자 파악이 쉬워지면서 기초 생활 보장의 탈락자가 양산된 탓이다. 경직된 수급으로 인해 생활 보장이 필요한 사람들이 수급자에 속하지 못하는 상황은 극복해야 할 과제임이 분명하다. – ○○일보

㉯ 통계 자료

〈사회 보험료 부담에 대한 인식(19세 이상 가구주)〉

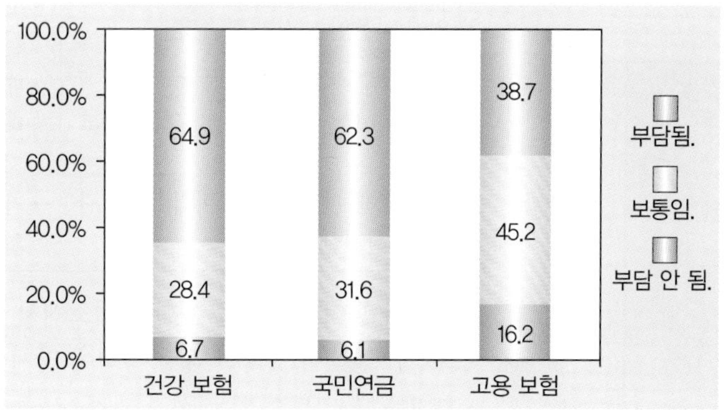


– 통계청

① ㉮는 (가)에서 각종 사회적 위험의 구체적 사례를 제시하는 데 활용한다.
② ㉮는 (나)에서 공공 부조 제도 운영상의 문제점을 지적하는 데 활용한다.
③ ㉮는 (마)에서 선별적인 사회 서비스 제도의 필요성을 알리는 데 활용한다.
④ ㉯는 (다)에서 증대되는 국내의 사회 보험 수요를 알리는 데 사용한다.
⑤ ㉯는 (라)에서 늘어나는 사회 수당 재원 마련의 어려움을 지적하는 데 사용한다.

# 단원 이해 1. 정보 전달을 위한 작문 – [2] 자기를 소개하는 글

덤덤

• 자기소개서와 이력서

• 자기소개서: 자신의 능력, 인성, 장래성 등과 관련된 구체적인 정보 제공
• 이력서: 학력이나 경력과 관련된 사실 관계만을 단편적으로 제공

• 자기소개서의 참신함과 솔직함

• 독자가 필자를 잘 이해하고 호감을 가질 수 있도록 자신만의 개성을 담는 것이 좋음.
• 내용이 솔직하지 않거나 화려한 표현에만 치중한 자기소개서는 독자에게 거부감을 줄 수 있음.

## 1 자기를 소개하는 글의 개념과 특성

(1) 개념: 자신을 잘 알지 못하는 사람들에게 자신을 알리기 위해 작성한 글

(2) 특징

① 자기 탐색이 바탕이 되므로 성찰적임.

② 독자의 반응을 적극적으로 예측하고 작성함.

③ 기관이나 단체가 예상 독자일 경우가 많음.

④ 자신에 관한 정보를 제공하므로 주로 정보 전달의 목적이 강함.

## 2 자기를 소개하는 글의 작성 방법

(1) 작문 맥락 분석하기

① 글의 목적, 주제, 예상 독자 등 작문 맥락을 분석하되, 특히 독자의 요구를 분명히 파악해야 함.

② 다양한 매체의 특성을 알고 자기를 소개하는 데 효과적으로 활용해야 함.

(2) 자기소개의 상황에 따른 내용 생성 전략의 사례

① 대학 진학을 위한 자기소개서 내용 생성 전략

| 공통 양식의 주요 항목 | 포함할 내용 |
|---|---|
| 학업에 기울인 노력과 학습 경험 | • 고등학교 때의 학업 경험이나 의미 있는 교내 활동을 통해 배우고 느낀 점<br>• 배려, 나눔, 협력 등의 실천을 통해 배우고 느낀 점<br>• 지원 동기나 학업 계획<br>• 자기의 특성과 핵심적인 내용을 전달할 수 있는 활동 내용 |
| 본인이 의미를 두고 노력했던 교내 활동 | |
| 학교생활 중 배려, 나눔, 협력, 갈등 관리 등을 실천한 사례 | |

② 단체나 동아리 가입을 위한 자기소개서 내용 생성 전략

• 특정한 양식이 있다면 해당 양식에 맞게 내용 생성

• 자기를 드러낼 수 있는 성장 과정, 성격 및 가치관, 학교생활이나 경력 사항, 지원 동기, 재능과 특기, 계획이나 포부 등을 내용으로 구성

### (3) 작문 맥락에 맞게 표현하기

① 예상 독자

- 다른 사람에게 자기를 알리기 위한 목적이 강하므로 독자를 고려하여 쓰는 것이 중요함.
- 독자가 경험하지 못한 내용이 포함되는 경우가 많으므로 글의 내용을 이해하기 쉽도록 구체적이고 명확하게 표현하는 것이 효과적임.

② 글쓰기 목적

- 대학 진학, 취업, 동아리 가입 등 자기를 소개하는 글의 목적을 분명히 파악하고 이를 반영하여 써야 함.
- 목적을 고려하여 포함해야 할 내용과 포함하지 않아도 될 내용, 충실하게 작성해야 할 내용과 간략하게 작성해야 할 내용을 구별하여 표현하는 것이 효과적임.

③ 글의 주제

- 막연한 내용이나 주제에 부합하지 않는 내용은 독자의 이해를 방해함.
- 글 전체의 통일성과 더불어 요구하는 문항별로, 작성하는 문단별로도 주제가 분명히 드러나도록 작성해야 함.
- 지원 동기를 밝히는 부분이라면 기관이나 단체에 지원하게 된 구체적 동기가 된 경험이나 사례 등을 구체적으로 밝히는 것이 좋음.

④ 표현 매체

- 자기를 소개하는 글이 소통되는 매체의 특성을 반영하여 표현해야 함.
- 인터넷에 자기소개서를 작성할 경우 영상이나 음악, 사진 등의 다양한 표현 방식을 적절히 활용하는 것이 효과적임.

### (4) 자기를 소개하는 글의 점검 기준

① 주어진 양식에 맞게 작성했는가?
② 작성된 경험이 구체적이고 사실에 기반했는가?
③ 쉽고 정확하며 어법에 맞는 단어와 문장을 사용했는가?
④ 내용을 과장하거나 왜곡하지 않고 진솔하게 작성했는가?
⑤ 틀에 박힌 상투적인 표현을 사용하지 않았는가?
⑥ 창의적이면서도 품격 있는 표현을 사용했는가?

덤덤

• 자기소개서의 예상 독자

자기소개서를 작성할 때에는 반드시 예상 독자를 분석하고 이를 반영하여 작성해야 함. 일반적으로 자기소개서는 필자에 대해 잘 알지 못하는 예상 독자를 대상으로 작성하므로 개인적 경험은 구체적으로 작성하는 것이 좋음. 한편 단체나 기관이 예상 독자인 경우가 많으므로 해당 단체나 기관의 설립 목적, 지향 등을 분석하여 반영하는 것이 좋음.

내용 연구

**제재 분석**

(가)는 오케스트라 동아리에 콘트라베이스 연주자로 지원하기 위해 작성한 자기소개서의 일부이다.
(나)는 대학교 입학을 위해 작성한 자기소개서의 일부이다.

**어휘 풀이**

• **나노** 국제단위계에서 10억분의 1을 나타내는 분수.

**[01~03]** (가)와 (나)는 각각 다른 학생이 작성한 자기를 소개하는 글의 일부이다. 글을 읽고 물음에 답하시오.

**가** 어린 시절부터 다양한 음악을 접하는 경우가 많았습니다. 아침 방송을 듣고 있던 어느날 클래식 음악 속에서 들려오는 중저음에 집중하게 되었습니다. 나중에 찾아보니 그 악기의 이름이 콘트라베이스였습니다.

독일의 작가 파트리크 쥐스킨트는 「콘트라베이스」를 창작했습니다. 한 악기 주자의 입을 빌려 소시민적 인생에 대한 통찰을 풀어 놓은 작품이지만 악기 자체에 대해서도 많은 정보가 담겨 있습니다. 콘트라베이스는 바이올린류의 현악기 중 가장 큰 악기이며 더블 베이스라고도 부릅니다. 다루는 음역 또한 현악기 중 최저 음역을 담당하고 있는 악기이며, 울림이 풍부하고 묵직한 소리를 갖고 있습니다.

콘트라베이스에 흥미를 갖고 기초 연주법을 배우면서 콘트라베이스가 악곡의 중심을 잡고 기준점 역할을 한다는 점을 깨달았습니다. 그래서 더 연습에 열중했습니다. 또한 제 성격과 매우 닮아서 더 악기를 가까이했습니다. 콘트라베이스는 요즘 유행하는 말로 '개인기'가 화려하지는 않지만 '오케스트라에 지휘자는 없어도 콘트라베이스는 꼭 있어야 한다'라는 속담이 있을 정도로 오케스트라에서 빼놓을 수 없는 중요한 악기라고 생각합니다. 저는 활달하고 명랑하게 튀는 성격은 아니지만 중심을 잡고 해야 할 일을 묵묵히 잘하는 성격을 갖고 있습니다. 그래서 고등학교 진학 후 오케스트라 동아리에서 현악기 연주자를 모집한다는 소식을 듣고 기뻐서 이렇게 지원하게 되었습니다.

[A] 아직까지 악기 연주 실력은 부족합니다. 하지만 뽑아만 주신다면 무조건 열심히 할 생각입니다. 묵묵히 최선을 다할 예정입니다. 저를 꼭 뽑아 주세요.

**나** 중학교 때부터 화학은 항상 저에게 흥미와 호기심의 대상이었습니다. 화학과 관련된 책들을 스스로 찾아 읽으면서 새로운 지식을 알아 갈 때마다, 화학을 연구하는 공학자가 되고 싶다는 꿈이 커져 갔습니다.

제 진로에 확신이 생겼던 것은 고등학교 화학 수업 때 나노• 기술에 대해 처음 알게 되면서였습니다. 저는 나노 기술의 뛰어난 응용성에 감탄하면서, 앞으로 이 기술이 인간의 삶에 긍정적인 변화를 가져다줄 수 있을 것이라는 생각이 들었습니다. 특히 나노 입자의 다양한 기능들 중에 제가 주목했던 것은 약물 전달체로서의 기능이었습니다. 그때부터 저는 나노 입자의 약물 전달 시스템을 본격적으로 연구하여 새로운 의학 기술을 개발하는 공학자가 되어야겠다고 다짐했습니다. 그리고 꿈에 대한 믿음을 갖고 고등학교 3년을 열심히 공부하고 준비한 결과, 이렇게 대한 대학교 화학 공학과에 지원하게 되었습니다.

화학 공학과에 입학한다면 화학 공학의 기초부터 탄탄히 다진 후, 나노 재료

[B] 에 관한 전문적인 학습을 수행해 갈 것입니다. 학부 공부를 성실히 수행한 뒤에 대학원에 입학하고 싶습니다. 대학원에서는 생명 의학 분야에서 나노 입자를 어떻게 응용할 수 있을 것인가에 대해 체계적으로 연구할 것입니다. 궁극적으로 제 연구의 목적은 단순히 기술을 개발하는 것에 그치지 않고, 인간의 행복한 삶을 만드는 데 있습니다. 특히 저는 난치병을 치료할 수 있는 획기적인 기술을 개발하여 인류 전체에 공헌할 수 있는 과학자가 되고 싶습니다. 이 소중한 비전을 대한 대학교에서 마음껏 펼쳐 보고 싶습니다.

**01** 20829-0112

**(가), (나)와 같은 글을 쓰기 위한 방법으로 적절하지 않은 것은?**

① 지원한 분야를 위한 노력과 준비 과정을 진솔하게 드러낸다.
② 과장이나 강조를 통해 예상 독자에게 강렬한 인상을 남긴다.
③ 자신의 잠재적 능력과 올바른 가치관을 예상 독자에게 드러낸다.
④ 지원한 분야에 대한 지속적인 관심을 지니고 있었음을 드러낸다.
⑤ 지원 동기와 관련 있는 자신에게 의미 있었던 경험을 구체적으로 제시한다.

**02** 20829-0113

**[A], [B]에 사용된 글쓰기 전략에 대한 설명으로 적절한 것은?**

① [A]와 달리 [B]에는 역경을 극복했던 사례가 제시되어 있군.
② [A]에 비해 [B]에는 합격 이후의 계획이 보다 구체적으로 드러나는군.
③ [A]와 달리 [B]에는 학창 시절 자기 주도적으로 학습했던 경험이 제시되어 있군.
④ [B]와 달리 [A]에는 자신의 성격 중 장점과 단점이 균형있게 제시되어 있군.
⑤ [B]에 비해 [A]에는 영향을 끼친 인물과 관련된 자신의 경험이 진솔하게 드러나는군.

**03** 20829-0114

**〈보기〉는 (가)를 읽은 학생이 제시한 수정 의견이다. ㉠의 첫 문장을 찾아 쓰시오.**

보기

자기소개서는 자신을 잘 알지 못하는 사람들에게 자신을 알리기 위해 작성하는 글입니다. 따라서 글의 목적과 예상 독자에 맞게 글을 작성하는 것이 필수적입니다. 하지만 이 글의 일부 문단은 글의 목적을 고려할 때, 어울리지 않는 내용을 제시하고 있습니다. ㉠이 문단은 삭제하는 것이 좋을 듯 합니다.

내용 연구

**제재 분석**
생활 체육 센터의 재능 나눔 봉사자 모집 공고문과 그에 따라 작성한 자기소개서의 일부이다.

**어휘 풀이**
• **호평** 좋게 평가함. 또는 그런 평판이나 평가.

**[04~06]** (가)는 '○○구 생활 체육 센터'의 공고문이고, (나)는 (가)를 참고하여 작성한 학생의 자기소개서이다. 물음에 답하시오.

**가**

**'청소년 재능 나눔 활동' 나눔 참가자 모집**

- **모집 대상과 모집 인원:** ○○구에 거주하며 재능을 갖고 있는 고등학생 5명
- **활동 기간:** 20○○년 3월 2일~20○○년 7월 20일(월, 수, 금 19시~20시)
- **참가 자격:** 맡은 일에 최선을 다하는 청소년, 명확한 목표 의식을 갖고 자신의 꿈을 향해 매일 도전하는 청소년, 나눔의 정신이 투철하고 열린 마음으로 협력할 수 있는 청소년
- **신청 방법:** 자기소개서 및 자기소개 동영상을 2월 25일까지 누리집에 접수

– ○○구 생활 체육 센터

**나** 안녕하세요? 청소년 재능 나눔 활동에 지원한 김보미입니다. 저는 ○○구 생활 체육 센터의 나눔 활동에 참여하여 어르신들의 생활 체육 활동을 이끌고 싶습니다.

어린 시절, 친구들은 저를 거목, 즉 큰 나무라 놀렸습니다. 덩치도 크고 신체 활동을 꺼려하며 한 가지 일에 몰두하는 경우가 많았기 때문이지요. 하지만 저는 긍정적으로 받아들이고 좌절하거나 실망하지 않았습니다. 날씬한 사람만 치어리딩을 한다는 편견에 굴하지 않고 열심히 치어리딩 활동에 참여했습니다. 그러던 중 치어리딩 대회에 나갈 기회가 생겼습니다. 친구들의 입장을 존중하고 이해하며 팀을 이끌며 협력했고, 그 결과 대회에서 호평을 받으며 상까지 탔습니다. 이 경험은 고등학교에 올라가서도 매사에 긍정적이고 적극적으로 참여하며 노력하는 저의 성격에 밑거름이 되었습니다.

치어리딩은 충분한 스트레칭이 이뤄지지 않으면 다치기 쉽습니다. 그래서 스트레칭 방법을 공부하고 치어리딩 시작 전 30분씩 스트레칭을 실습했습니다. 저는 누구보다 몸을 풀고 유연하게 만드는 방법을 알고 있다고 생각합니다. 이 경험은 우리 동네 어르신들의 생활 체육에 도움이 될 것입니다.

저는 엘리베이터에서 언제나 웃는 얼굴로 이웃들과 인사를 나눕니다. 그래서 동네 어르신들도 저를 보고 보기 드문 기특한 아이라고 칭찬하시곤 합니다. 어르신들과 스트레칭 활동을 수행할 때도 중요한 것은 인사일 것입니다. 건강을 여쭙는 말 한마디에 어르신들도 마음을 열고 활동에 적극적으로 참여할 것이기 때문입니다. 재능 나눔 활동의 참여자로 선정된다면 매 활동 시작 시간보다 30분 먼저 나와서 활동 준비를 할 생각입니다.

제 꿈은 생활 체육 지도자입니다. 이를 위해 이번 학기에 방과 후 스포츠 클럽 댄스부에 참여할 예정입니다. 평일 19시부터 21시까지 방송 댄스를 배우며 즐거운 체

육 활동을 하나씩 더 익힐 생각입니다. 댄스부에서 배우고 익힌 내용을 어르신들과 함께 나눠 보고 싶습니다.

스트레칭으로 몸을 풀고 즐거운 음악에 맞춰 댄스를 즐긴다면 어르신들의 삶도 보다 풍요로워질 수 있을 것이라 생각합니다. 꼭 활동에 참여하고 싶습니다.

20829-0115

**04** **(가), (나)에 대한 설명으로 적절하지 <u>않은</u> 것은?**

① (가)의 신청 방법을 고려하여 (나)는 기일 내에 작성하여 제출해야 한다.
② (가)의 모집 대상을 고려하여 (나)에 자신의 재능을 부각하여 드러내야 한다.
③ (가)를 작성한 독자의 수준을 고려하여 (나)에서는 전문 용어를 주로 활용해야 한다.
④ (가)의 작성 주체를 고려하여 (나)에 생활 체육과 관련된 자신의 경험을 드러내야 한다.
⑤ (가)는 선발의 목적이 있으므로 (나)에는 현재 능력과 잠재적 능력을 모두 드러내야 한다.

20829-0116

**05** **〈보기〉는 필자가 (나)를 쓰기 위해 생성한 내용들이다. 윗글에 반영된 것으로 볼 수 <u>없는</u> 것은?**

보기

ㄱ. 재능 나눔 활동을 통해 하고 싶은 일
ㄴ. 학교 활동 중 친구들과 협력했던 경험
ㄷ. 나의 꿈과 꿈을 이루기 위해 도전하고 있는 일
ㄹ. 모집 기관에서 지역 주민을 위해 추진하는 활동의 목록
ㅁ. 편견과 놀림에도 굴하지 않고 노력을 통해 성과를 얻었던 경험

① ㄱ ② ㄴ ③ ㄷ ④ ㄹ ⑤ ㅁ

20829-0117

**06** **다음은 필자가 (나)를 읽고 스스로 점검한 내용이다. 적절하지 <u>않은</u> 것은?**

모집 요강에서 제시한 요건을 제대로 서술했는지 점검해야겠다. ⓐ<u>'모집 대상과 모집 인원' 요건이 글에 드러나지 않았으므로 나의 거주 지역을 명시하는 것이 좋겠어.</u> ⓑ<u>'활동 기간' 요건에 내 계획이 부합하지 않으므로 계획한 일정을 조정하고 조정된 일정을 글에 반영해야겠네.</u> ⓒ<u>'참가 자격' 요건 중 '맡은 일에 최선을 다'하는 모습이 부각되도록 학급 자치회장 역할에 최선을 다하고 있음을 추가해야겠다.</u> ⓓ<u>'참가 자격' 요건 중 '명확한 목표 의식'이 강조되도록 네 번째 문단 마지막 부분에 '시간은 누구에게나 공평합니다.'라는 문장을 추가해야지.</u> ⓔ<u>'신청 방법'에서 동영상도 포함되어 있으므로 과거 치어리딩 대회 영상을 짧게 편집해서 함께 접수해야겠어.</u>

① ⓐ ② ⓑ ③ ⓒ ④ ⓓ ⑤ ⓔ

내용 연구

**제재 분석**

(가)는 친구들에게 자기를 소개하는 글, (나)와 (다)는 배려, 나눔 등의 사례를 밝히며 자기를 소개한 글, (라)는 인상 깊게 읽은 책을 바탕으로 자기를 소개한 글이다.

**어휘 풀이**

- **파급** 어떤 일의 여파나 영향이 차차 다른 데로 미침.

**[07~09]** (가)~(라)는 각각 다른 학생이 작성한 자기를 소개하는 글의 일부이다. 물음에 답하시오.

**가** 이번에 서울에서 이곳 천안으로 전학 온 김려라고 합니다. 제 이름은 '려'입니다. 이름만큼 누군가를 배려하고 깊게 생각하며 살아가려 노력하고 있습니다. 제가 가장 좋아하며 열심히 노력한 것은 축구입니다. 축구와 관련된 여러 기술을 익히고 큰 경기를 준비하기도 했습니다. 그래서 제가 가장 잘하고 좋아하는 축구를 통해 친구들과 함께 체력도 기르고 협력하는 자세도 익히고 싶습니다. 점심시간에 갈 곳을 찾지 못해 방황하고 있다면 제게 한번 말을 걸어 주세요. 함께 축구하자고.

**나** 같은 반 친구 중 특정한 친구와 다툼이 잦았습니다. 사소한 일에도 짜증을 내고 제가 웃으며 말해도 퉁명스럽게 반응했기에 저 역시 무시하고 생활했지만 기분은 썩 좋지 않았습니다. 그러던 중 가을 체험 학습을 함께 나갔을 때 그 친구와 옆자리에 앉게 되었습니다. 친구가 먼저 미안하다며 우연하게도 여자 친구와 다툼이 있을 때마다 나와 이야기를 하게 되었다고 사과하였습니다.

**다** 고등학교 1학년 때부터 방학마다 꾸준히 지역 아동 복지 센터에서 과학 실험 및 아동 교육 봉사를 하였습니다. 저는 과학 실험을 가장 좋아합니다. 또한  과학 교과는 다른 과목보다 더 많은 시간을 투자해 가며 이론 공부를 성실히 해 왔습니다. 그래서 아이들과 함께 과학 실험을 하고 관련된 이론을 풀어 설명해 주는 이 교육 봉사 활동이 더욱 뜻깊었습니다. 매 준비 과정에서 어떤 실험이 아이들의 흥미를 이끌어 낼 수 있을지 고민했습니다. 이 과정에서 ㉠'간단히 설명할 수 없다면 제대로 알고 있는 것이 아니다.'라는 말의 의미를 아이들에게 지식을 전달하며 깨달았습니다. 그래서 어떻게 설명해야 아이들의 눈높이에 맞출 수 있을지 고민했습니다. 이러한 활동들을 통해 제 말이 전해지는 상황에 따라 설명의 방식을 바꿔야 한다는 점과 자신의 반응에 귀를 기울여 주고 칭찬해 주면 누구나 적극적으로 바뀔 수 있다는 점을 깨달았습니다.

**라** 인류의 과학 기술은 아직 완벽하지 않고, 그 파급력을 정확히 파악하기도 어렵다고 생각합니다. 특히 기술을 환경에 적용할 때에는 각별한 주의가 필요하다고 생각합니다. 이런 생각을 하던 중 「침묵의 봄」을 읽고 인간의 지나친 과학 기술 의존성을 경계하는 계기를 만들 수 있었습니다. 그리고 ㉡과학자로서 갖춰야 할 윤리 의식이 어떤 것인지도 깨달았습니다. 기술은 독단적으로 발전하지 않고 사회와 환경에 영향을 줄 수 있음을 고려하여 개발되어야 합니다. 제가 환경 공학자를 꿈꾸게 된 것도 바로 이러한 깨달음 때문이며 이 대학에 원서를 낸 이유도 이런 깨달음에 바탕을 두고 있습니다.

정답과 해설 22쪽

**07** ◎ 20829-0118

**(가)~(라)에 대한 설명으로 적절한 것은?**

① (가)와 달리 (라)는 특정 기관에 선발되기 위한 목적을 드러내고 있다.
② (가)와 달리 (나)는 필자와 독자 간의 상호 작용을 촉진하려는 목적이 강하다.
③ (나)와 달리 (다)는 자신에게 의미 있던 경험을 중심으로 내용을 구성하고 있다.
④ (다)와 달리 (라)는 책의 내용을 바탕으로 자신의 행동에 대한 반성을 담고 있다.
⑤ (라)와 달리 (나)는 의문이 드는 문제를 해결한 절차와 과정을 구체적으로 드러내고 있다.

**08** ◎ 20829-0119

**(가)와 (다)에 공통적으로 반영된 내용으로 적절한 것은?**

① 흥미 있는 분야에 대한 자신의 노력
② 특별한 가정 환경에서 성장했던 경험
③ 자신의 가치관과 가치관 성립의 계기
④ 장래 희망을 이루기 위한 구체적 계획
⑤ 학교생활 중 일어난 갈등과 그 해결 과정

**09** ◎ 20829-0120 

**㉠, ㉡을 참고할 때, (나)에 추가해야 할 내용을 서술하시오.**

단원 이해

# 1. 정보 전달을 위한 작문 – [3] 보고하는 글

덤덤

## 1 보고하는 글의 개념과 특성

(1) 개념: 어떤 주제에 대하여 조사하거나 관찰 및 실험을 하고, 그 절차와 결과를 다른 사람들에게 알리기 위해 체계적으로 정리하여 쓴 글

(2) 종류 및 특성

① 조사·관찰·탐구 보고서

- 어떤 의문에 대해 관련 자료나 사실들을 분석하여 결과를 제시하는 글
- 주로 학습을 목적으로 하는 경우가 많음.
- 사실을 토대로 결과가 도출되는 과정을 상세히 드러내야 함.

② 실험 보고서

- 문제의식의 해결을 위해 실험 절차를 거쳐 도출한 결과를 제시하는 글
- 결과가 도출되는 과정을 상세히 다루는 경우가 많음.
- 사실을 토대로 결과가 도출되는 과정을 상세히 드러내야 하며 절차와 결과의 긴밀함이 중요시됨.

## 2 보고하는 글의 작성 방법

(1) 주제 선정 및 계획하기

① 주제에 따라 보고하는 내용과 연구 방법이 달라짐.
② 무엇을 연구할 것인지, 왜 연구하는지, 연구의 주제와 목적을 분명히 설정함.
③ 계획을 수립한 후 세부적인 연구 시기, 방법, 대상 등을 결정함.

(2) 자료 조사

① 수립한 절차에 따라 자료를 조사함.
② 믿을 만하고 객관적인 자료를 수집하고 조사해야 함.

(3) 자료 분석 및 결과 정리

① 일정한 원칙에 따라 일목요연하게 정리해야 함.
② 의미가 잘 드러날 수 있도록 결과를 정리해야 함.
③ 조사 및 연구 결과의 한계점과 의의를 확인하여 정리해야 함.

• 자료 수집 방법

- 직접 조사 방법: 현장 답사, 실험·관찰, 면담, 설문 조사 등
- 간접 조사 방법: 책, 방송, 인터넷 등의 매체를 활용하는 방법

## (4) 글의 목적과 주제를 고려하여 글을 작성

① 보고하는 글에 포함할 내용

| | |
|---|---|
| 목적 | 조사·탐구·실험을 시작하게 된 동기와 조사를 통해 알고 싶은 내용을 명확하게 제시 |
| 계획 | • 시기와 대상, 조사·탐구·실험의 내용 및 방법, 역할 분담 등 활동을 수행하기 위해 필요한 내용을 구체적으로 제시<br>• 조사 보고서: 책, 신문, 인터넷 등을 활용한 자료 조사 및 설문 조사나 면담 조사 등의 조사 방법을 구체적으로 제시<br>• 실험 보고서: 실험 준비물과 실험 절차, 실험 환경 등을 구체적으로 제시 |
| 결과 | • 객관성과 정확성을 바탕으로 내용을 왜곡하지 않아야 함.<br>• 목적을 충분히 달성할 수 있도록 내용을 정리하여 제시<br>• 경우에 따라 앞으로의 전망이나 활동을 통해 느낀 소감을 덧붙여 쓰기도 함. |
| 참고 문헌 | 활동 과정에서 참고한 자료를 정리하여 제시 |

② 절차와 결과를 잘 드러내는 표현 방법

• 조사·탐구·실험이 이루어진 시간과 순서에 따라 활동 내용과 방법을 객관적으로 서술해야 함.
• 촬영, 녹음, 메모 등의 방법으로 기록한 내용을 바탕으로 왜곡이나 누락이 발생하지 않도록 주의해야 함.
• 그림이나 사진, 도표, 그래프 등을 활용하여 글의 내용을 시각화하여 표현하는 것이 좋음.
• 모호한 표현이나 장황한 표현, 함축적인 표현을 사용하지 않고 의미가 분명하게 드러나는 명료하고 사실적인 표현을 사용해야 함.

③ 윤리적인 표현에 유의

• 다른 사람의 자료나 정보를 인용할 때 그 자료나 정보의 출처를 정확하게 밝혀야 함.
• 인용한 자료나 정보의 내용을 과장하거나 축소, 왜곡하지 않도록 주의해야 함.

덤덤

**• 참고 문헌 제시 방법**

• 문헌 자료의 경우 '저자명(출판 연도), 도서명, 발행처'의 순서로 밝혀 적는 것이 일반적임.
• 인터넷 자료는 누리집 이름과 주소, 검색한 날짜를 함께 제시함.
• 직접 조사한 자료는 조사한 시간, 장소, 조사 대상자의 이름, 조사 연월일을 제시함.

내용 연구

**제재 분석**

'학교 도서관 이용 실태'를 주제로 작성한 조사 보고서의 일부이다. 연구 주제에 맞게 작성한 연구 계획과 연구 과정에서 다룬 설문지의 일부, 인터뷰 내용 등이 제시되어 있다.

**어휘 풀이**

• **함양** 능력이나 품성 따위를 길러 쌓거나 갖춤.

**[01~03]** 다음은 '학교 도서관 이용 실태'와 관련된 조사 보고서의 일부이다. 물음에 답하시오.

**[연구 목적]**

학교 도서관은 학생들의 학업 탐구의 공간이기도 하지만 독서를 통한 바른 인성 함양에도 큰 영향을 미치는 중요한 공간이다. 그런데 최근 학교 도서관을 이용하는 학생 수가 계속 줄어들고 있다는 문제가 발견되었다. 따라서 실태 조사를 통해 우리 학교 도서관의 문제점과 개선 방안을 찾아, 앞으로의 도서관 운영에 반영하고자 한다.

**[연구 계획]**

- **연구 시기:** 20○○. 4. 1. ~ 20○○. 5. 30.
- **연구 내용:** 학교 도서관 이용 실태 조사
- **연구 방법:** 설문 조사, 인터뷰
- **역할 분담:** 김소라(문헌 자료 수집), 심은주, 이미애(설문지 제작), 곽철수(설문지 배부 및 수합, 설문 결과 정리)

**[설문지]**

| 설문지 내용 | |
|---|---|
| 저희는 학교 도서관 이용 실태를 조사할 2학년 김소라, 심은주, 이미애, 곽철수입니다. 본 조사 결과는 연구 보고서 작성을 위해서만 사용됩니다. | ㉠ |
| 설문 조사 전 다음 항목에 먼저 답변해 주세요.<br>이름 휴대폰 번호 학년 반 성별 | ㉡ |
| 1. 최근 1개월간 학교 도서관을 이용한 적이 있나요?<br>① 있다. ② 없다. | ㉢ |
| 2. (1번 문항에서 ①에 답변한 경우)<br>학교 도서관을 이용하는 목적은 무엇인가요?<br>① 자료 탐색 ② 독서 활동 ③ 학습 ④ 휴식 ⑤ 기타( ) | ㉣ |
| 3. (1번 문항에서 ②에 답변한 경우)<br>학교 도서관을 이용하지 않는 이유는 무엇인가요?<br>① 장서 부족 ② 대출 기간 불만 ③ 시설 및 환경의 불만 ④ 기타( ) | ㉤ |

**[인터뷰 내용]**

질문: 학교 도서관이 어떤 공간이어야 한다고 생각하나요?

학생 1: 우리 학교 도서관에 장서가 많기는 해요. 하지만 자세히 보면 같은 책이 여러 권 있는 경우가 많고 읽기 힘든 오래된 책이 많아요. 도서 구입 전에 학생들이 어떤 책을 읽고 싶어 하는지 물어보고 구입했으면 좋겠어요.

학생 2: 도서관에서 책을 대출할 수 있는 시간이 점심시간으로 한정되어 있어서 불만이에요. 쉬는 시간에도 도서관에서 책을 대출할 수 있다면 좋을 것 같아요.

학생 3: 요즘에는 책에서만 정보를 얻을 수 있는 게 아니잖아요. 도서관이 정보를 찾기 위한 공간이 되려면 전자 정보를 탐색할 수 있는 시설을 갖출 필요가 있어요.

학생 4: 저는 주로 마음이 심란할 때 도서관을 찾거든요. 조용한 환경에서 마음을 다스리고 싶은데 뛰어다니고 소란스럽게 하는 학생들이 많아요. 조용한 환경을 유지할 필요가 있어요.

**[연구 결과 및 제언]** (　　　　　　　　　　　　　　　　　　　　　　　　　　　　)

**01**

20829-0121

**〈보기〉를 참고할 때 '연구 계획'에 포함시켜야 할 항목으로 가장 적절한 것은?**

보기

연구 계획을 세울 때는 연구 시기와 대상, 조사하거나 탐구 또는 실험의 내용과 그 방법, 연구에 참여하는 사람들의 역할 분담 등 수행을 위해 필요한 내용을 구체적으로 제시해야 한다.

① 참고할 문헌의 주요 내용
② 연구를 진행할 구체적 장소
③ 실태 조사를 실시할 설문 대상
④ 보고서 작성을 위해 참고한 양식
⑤ 연구에 도움을 줄 수 있는 선생님

**02**

20829-0122

**〈보기〉는 설문지 제작을 위해 학생들이 나눈 토의의 일부이다. 〈보기〉의 의견을 모두 수용하여 설문지를 수정할 때, ㉠~㉤ 중 수정이 필요한 부분은?**

보기

소라: 우리 신분을 우선 밝혀야 해. 그리고 설문에 참여한 학생들의 학년과 성별 분포를 안다면 학년별 이용 현황을 파악하기 쉬울 것 같아.

은주: 그게 좋긴 하겠지만 과도한 개인 정보 수집은 곤란할 것 같아. 객관식 문항을 통해 도서관을 이용해 봤는지 파악하는 게 좋겠어.

철수: 그 문항과 더불어, 도서관을 이용하지 않는 이유도 함께 물어야 우리 연구의 목적을 달성할 수 있겠다.

미애: 도서관을 어떤 용도로 이용하고 있는지도 파악해야 해. 객관식 문항을 토대로 작성하되, 제시된 선지에 포함되지 않은 내용도 기록할 수 있는 부분을 만드는 편이 좋겠어.

① ㉠　② ㉡　③ ㉢　④ ㉣　⑤ ㉤

**03**

20829-0123

**'인터뷰 내용'을 반영하여 '연구 결과 및 제언'을 작성할 때, 활용할 내용으로 적절하지 <u>않은</u> 것은?**

① 도서관에 자료 검색을 위한 컴퓨터를 비치해야 한다.
② 정숙한 도서관 환경이 유지될 수 있도록 운영해야 한다.
③ 학생들의 도서 구입 의견을 반영하여 도서를 구입해야 한다.
④ 사서 교사 인원을 확충하여 도서관 활용 수업을 장려해야 한다.
⑤ 도서관 대출 시간을 변경하여 학생들의 대출 편의를 도모해야 한다.

내용 연구

**제재 분석**
글쓴이가 다니는 학교 학생들의 커피 음용 실태에 대한 조사 보고서의 일부이다. 문헌 조사 결과와 설문 조사 결과의 일부가 제시되어 있다.

**어휘 풀이**
• **음용** 마시는 데 씀. 또는 그런 것.

**[04~06] 다음은 '우리 학교 학생들의 커피 음용 실태 보고서'라는 제목의 보고서의 일부이다. 물음에 답하시오.**

**[조사 목적]**

[A] 한국인에게는 밥을 먹는 것만큼 커피를 마시는 것도 흔한 일이 되었다. 실제로 보건복지부 질병 관리 본부에서 발표한 결과에 따르면 한국인들의 하루 평균 커피 섭취량을 조사한 결과, 한국인들은 하루 평균 1.7잔의 커피를 섭취한다고 한다. 이러한 현상은 우리 학교에서도 자주 접할 수 있다. 시험 기간이 아니더라도 항상 커피를 입에 달고 사는 친구들을 자주 목격할 수 있기 때문이다. 따라서 본 조사를 통해 우리 학교 학생들은 얼마나 자주 또 얼마나 많이 커피를 음용하고 있는지 그 실태를 파악해 분석해 보고, 과도한 커피 음용 현상이 우리 학교 학생들에게 습관화되어 있는지 살펴보고자 한다.

**[문헌 조사 결과]**

○ 청소년 카페인 일일 섭취 권고량: 125밀리그램

○ 카페인과 아데노신의 관계

아데노신은 다시 우리 몸의 여러 세포에 작용해 인체의 많은 생리적 기능을 조절한다. 그중 대표적 기능이 뇌에서 졸음을 유도하는 기능이다. 우리 뇌에 있는 신경 세포에는 '아데노신 수용체'라고 불리는 아데노신을 인식하는 열쇠 구멍 같은 부위가 존재한다. 아데노신이 뇌에서 분비된 이후 열쇠 역할을 하면서 수용체에 결합하면 신경 세포는 신호를 받아 뇌의 활동을 억제하고 졸음을 유도하는 것이다. 그런데 카페인은 아데노신과 유사한 화학 구조를 가지고 있어서 아데노신 수용체와 결합할 수 있다.

**[설문 조사 결과]**

○ ㉠<u>우리 학교 학생들의 커피 음용 실태 분석</u>

20○○년 4월 2일부터 일주일간 우리 학교 학생 100명을 대상으로 설문 조사를 실시하여, 조사일로부터 일주일 동안 자신의 커피 음용 습관을 점검해 보고, 음용 실태와 그 이유를 조사해 보았다. 조사 결과는 다음과 같았다.

| 지난 일주일간 하루에 한 잔 이상 커피를 마셨나요? | | 커피를 마신 이유는 무엇인가요? | | 커피를 마시지 않은 이유는 무엇인가요? | |
|---|---|---|---|---|---|
| 마셨다. | 47 | 졸음을 쫓기 위해 | 35 | 건강에 좋지 않을 것 같아서 | 30 |
| 마시지 않았다 | 53 | 맛있기 때문에 | 7 | 맛이 없어서 | 13 |
| | | 무응답 | 5 | 부모님이 마시지 못하게 해서 | 10 |

(단위: 명)

20829-0124

[A]의 서술 방식에 대한 설명으로 적절한 것은?

① 시각 자료를 활용하여 독자의 이해를 돕고 있다.
② 참고한 자료의 출처를 밝혀 내용의 신뢰성을 확보하고 있다.
③ 조사의 시기와 대상을 제시하여 조사의 객관성을 드러내고 있다.
④ 조사를 위한 역할 분담을 제시하여 조사 참여자를 드러내고 있다.
⑤ 조사의 방법을 구체적으로 제시하여 조사의 정확성을 강조하고 있다.

20829-0125

㉠을 해석하여 보고서에 반영할 내용으로 적절한 것은?

① 조사 대상의 절반 가량이 조사 기간 동안 커피를 마셨군.
② 커피를 마시는 학생 중 35%는 졸음을 쫓기 위해 커피를 마시고 있군.
③ 커피의 맛은 학생들의 커피 음용 습관에 주된 원인으로 작용하고 있군.
④ 커피를 마시지 않는 학생들의 음용 습관은 부모님 강요 때문에 형성되었군.
⑤ 우리 학교 학생들은 청소년 카페인 일일 섭취 권고량을 초과하여 커피를 마시고 있군.

20829-0126

'문헌 조사 결과'를 바탕으로 '조사 결과'의 내용을 생성할 때, 가장 적절한 것은?

① 카페인의 영향에 대한 보다 면밀한 과학적 연구가 필요함을 제시한다.
② 적당한 카페인 섭취는 수면을 유도하는 데 도움이 된다는 점을 드러낸다.
③ 카페인과 아데노신의 화학적 결합으로 인해 각성 효과를 일으킬 수 있음을 드러낸다.
④ 카페인이 아데노신과 아데노신 수용체의 결합에 도움을 주는 역할을 한다는 점을 제시한다.
⑤ 카페인의 과도한 섭취는 뇌의 활동을 억제하고 정상적인 생활을 방해할 수 있음을 제시한다.

내용 연구

제재 분석
지리산 둘레길을 다녀온 후 해당 여행지에 대해 답사한 내용을 보고서로 작성한 답사 보고서의 일부이다.

[07~09] 다음은 학생들이 작성한 답사 보고서의 일부이다. 물음에 답하시오.

주제: 지리산 둘레길을 다녀와서

**1. 보고서의 목적과 의의**

걷기는 최고의 운동이며 휴식이다. 자연과 함께 숨 쉬며 자신을 돌아보고 새로운 힘을 얻을 수 있기 때문이다. 제주 올레길과 더불어 국립 공원인 지리산에도 둘레길이 정비되어 있다. 우리 학교는 지리산 근처에 자리 잡고 있어서, 학교 누리집에 '지리산 둘레길'에 대한 문의도 많다. 그래서 우리 모둠에서는 방학 기간을 이용하여 '지리산 둘레길'을 직접 답사하고 둘레길에 대한 다양한 정보를 제공하는 보고서를 작성하기로 하였다. 여러 학생들이 이 보고서를 발판으로 둘레길을 찾아 걸으며 학업에 지친 몸과 마음을 달래는 계기가 되었으면 한다.

[A]

**2. 답사 준비 과정**

(1) 사전 조사 기간: 20○○. 5. 1. ~ 5. 30.

(2) 답사 자료 수집 및 담당자

| 조사 대상 자료 | 담당자 |
|---|---|
| 지리산 국립 공원 누리집 | 김우리, 조두리 |
| 신문과 잡지 등 각종 보도 자료 | 김소라, 유재훈 |
| 인터넷 자료 | 최영호, 정경훈 |
| 비용 및 준비물, 접근 방법 조사 | 한민주, 이광규 |

**3. 답사 방법**

(1) 답사 일시: 20○○. 7. 30. ~ 8. 15.

(2) 답사 구간: 지리산 둘레길 구간 중 '금계~주천' 구간

**4. 답사 결과**

지리산은 대한민국 국립 공원 제1호이다. 경상남도 함양군, 산청군, 하동군과 전라남도 구례군, 전라북도 남원시에 걸쳐 있으며, 최고봉인 천왕봉을 중심으로 500여 개의 자연 마을이 형성되어 있다. 지리산의 둘레는 800리, 그 둘레를 걷는 길로 이은 길이 지리산 둘레길이다. 약 300km에 걸쳐 이뤄져 있으며 많은 여행자들의 발걸음이 이어지는 대한민국의 대표적인 도보 여행 길이 되었다.

**07** ⓒ 20829-0127

**[A]에 대한 설명으로 가장 적절한 것은?**

① 자료의 성격에 따라 항목화하여 상위 개념과 하위 개념의 인과 관계를 강조하고 있다.
② 하나의 대상을 구성 요소로 나누며 내용을 전개하여 조사 대상의 속성을 부각하고 있다.
③ 공간의 이동에 따라 내용을 전개하여 답사 장소에 따라 느낀 점을 상세히 묘사하고 있다.
④ 조사에 참고할 자료와 자료 수집 담당자를 명시하여 조사 방법을 명확하게 드러내고 있다.
⑤ 조사 대상과 차이를 보이는 다른 답사지의 정보를 대조하여 조사 대상의 가치를 드러내고 있다.

**08** ⓒ 20829-0128

**〈보기〉는 답사 이후 학생들이 나눈 대화의 일부이다. 〈보기〉를 반영하여 '답사 결과'에 추가할 내용을 선정할 때, 포함할 내용으로 볼 수 없는 것은?**

보기

재훈: 우리 보고서를 읽고 걷기를 할 사람들이 우리 학교 학생들이니 현실적으로 당일 걷기 코스만을 안내하는 게 좋을 것 같아. 따라서 접근이 편하도록 버스 노선을 자세히 밝히는 것이 좋겠어.
우리: 답사를 직접 다녀와 보니 구간별로 높고 낮은 길이 있어서 학생들 중 체력이 약한 친구들은 걷기에 어려움을 겪을 것 같아. 걷기 쉬운지 어려운지 한눈에 알아볼 수 있게 별표와 같은 시각 자료로 드러내고, 둘레길 구간의 길이와 걷는 데 걸리는 시간을 밝히는 게 좋겠어.
소라: 걷기도 좋지만 걸으면서 즐길 수 있는 요소들도 많았잖아. 각종 문화재, 오랜 시간 머물며 느낄 수 있는 장소 등을 시각 자료와 함께 소개하는 것도 좋겠어.

① 답사지 방문을 위해 활용할 교통편 정보를 드러낸다.
② 답사지 주변에 숙박 업체의 위치와 연락처를 제시한다.
③ 답사했던 둘레길 구간의 길이와 예상 소요 시간을 제시한다.
④ 답사지의 지형 분포에 따라 둘레길 걷기의 난도를 시각화한다.
⑤ 답사지 주변의 볼거리와 느낄 거리를 사진 자료와 함께 제시한다.

**09** ⓒ 20829-0129

**다음은 윗글의 '결론'에 들어갈 내용의 일부이다. 〈조건〉을 반영하여 마지막 문장을 서술할 때, 가장 적절한 것은?**

지리산 둘레길을 하루에 다 걷는 것은 불가능하다. 굳이 그렇게 걸을 필요도 없다. 구간별로 일주일이나 한 달 간격으로 쉬엄쉬엄 걷는 재미도 쏠쏠하다. 어디서 시작하든 누가 뭐라 할 사람은 없다.

조건

- 비유적 표현을 활용할 것.
- 의문문의 형식으로 권유하며 글을 마무리할 것.

① 인생처럼 긴 여행길, 친구와 함께 떠나 보자.
② 공부해야 할 시간만큼 성찰의 시간도 필요하지 않을까?
③ 다른 사람의 시선을 의식하지 말고 자신을 위해 떠나는 건 어떨까?
④ 시작이 반이라는 말처럼 이번 주말에 둘레길로 떠나 보는 건 어떨까?
⑤ 한번 쉬면 다시 전진하기 어려운 것처럼 둘레길도 쉬면서 정복하긴 어렵다.

## 01 ▷ 20829-0130

〈보기〉는 설명문을 쓰기 위한 학생의 계획이다. 〈보기〉에 대한 설명으로 적절하지 않은 것은?

보기

나는 '우리가 알지 못했던 인간 노화'에 대한 정보를 전달하는 글을 써야겠어. 그러려면 노화에 관한 다양한 정보를 수집해야겠지? 우선 사전에서 노화의 과학적 정의를 찾고 과학 잡지와 인터넷을 통해 노화에 관한 새로운 이론이나 전문 정보를 찾아봐야겠어. 그리고 신문 기사나 인터넷에서 노화를 예방하는 여러 가지 방법들을 알아봐야지. 인간과 다른 동물들의 수명을 비교하는 정보도 포함시키면 좋겠어. 찾아보니 노화의 과학적 정의와 이론은 묶일 수 있는 내용이군. 그럼 정보를 어떻게 구성할까? 처음 부분에는 독자의 흥미를 유발하기 위해 인간과 동물의 수명에 관한 정보를 제시하고, 중간 부분에서 노화의 과학적 정의와 이론을 묶어 제시한 다음, 끝 부분에 노화를 예방하는 방법 순서로 제시하는 게 좋겠다.

① 정보를 수집할 때 다양한 매체를 활용했군.
② 글의 구조를 고려하여 수집한 정보를 배열했군.
③ 예상 독자를 고려하여 수집한 정보를 선별했군.
④ 쓰려는 글의 주제와 목적을 구체적으로 설정했군.
⑤ 수집한 정보 사이의 연관성을 고려하여 정보를 분류했군.

## 02 ▷ 20829-0131

〈보기 1〉의 계획에 따라 〈보기 2〉의 자료를 수집하였다. 자료의 선별 과정에서 삭제해야 하는 것끼리 묶은 것은?

보기 1

- 주제: 물 부족과 물 관리
- 예상 독자: 자원 절약에 관심이 없는 청소년
- 글의 요지: 우리나라의 물 소비 실태를 구체적으로 밝히고, 일상생활 속에서 실천할 수 있는 물 관리 방법을 소개한다.

보기 2

㉠ 미세 플라스틱으로 인해 상수도원이 오염되고 있음을 보도한 신문 기사
㉡ 여름철과 겨울철의 강수량을 비교하여 계절별 강수량 차이를 조사한 연구 자료
㉢ 우리나라 1인당 물 소비량과 다른 국가들의 1인당 물 소비량을 비교한 통계 자료
㉣ 빗물을 활용하여 가정에서 물을 절약할 수 있는 방법을 소개하고 있는 신문 기사
㉤ 물병이나 벽돌 등을 변기의 물탱크에 넣어 물을 절약하는 방법을 소개하는 방송 보도

① ㉠, ㉡　② ㉠, ㉢　③ ㉡, ㉢
④ ㉡, ㉣　⑤ ㉣, ㉤

## 03 20829-0132

**다음은 '사막화'에 대해 쓴 글의 일부이다. 〈보기〉를 활용하여 ㉠을 수정하기 위한 방안으로 적절한 것은?**

사막화란 건조 지역과 반건조 지역에서 토양의 생산 잠재력이 10% 이상 떨어짐으로써 나타나는 사막 면적의 확장 현상을 말한다. 토양 생산력의 10~25% 감소는 가벼운 사막화, 25~50% 감소는 심한 사막화, 50% 이상 감소는 매우 심한 사막화로 분류된다.

㉠ 사막화는 대부분 지구 온난화로 인한 자연적 요인에 의해 발생하고 있다. 따라서 이를 막기 위해 석유, 석탄 등 화석 연료의 사용을 절반으로 줄이고 에너지의 효율성을 증대시킬 필요가 있다. 뿐만 아니라 화석 연료의 사용을 재생 가능한 청정에너지 자원으로 대체하고, 지력을 보호하는 영농 기술을 개발하고, 과다한 방목과 삼림 벌채, 관개, 채굴 등의 인위적인 생태계 파괴 행위를 감소시켜야 한다.

우리나라는 1999년부터 사막화 방지 협약에 가입하여 사막화 방지를 위한 국제적 노력에 동참하고 있다. 또한 현재 국제 사회에서는 사막화 방지를 위한 다양한 지역적 협력과 지속 가능한 개발을 위한 장기적 전략이 수립되고 있다.

**보기**

최근 진행되고 있는 사막화는 식량과 연료 확보를 위한 무분별한 녹지 개발, 거대 기업의 자본 유입으로 인한 과도한 벌채로 인해 나타난 경우가 많습니다. 특히 아시아와 아프리카에서 이러한 인간의 욕심으로부터 비롯된 사막화 현상이 심각하게 나타나고 있습니다.

– 전문가 인터뷰

① 구체적인 수치를 통해 사막화의 심각성을 부각한다.
② 지구 온난화로 인해 예상되는 결과를 추가하여 표현한다.
③ 사막화 해결을 위한 우리나라의 노력을 추가하여 표현한다.
④ 사막화의 개념을 설명하고, 현재 사막화의 실태를 드러낸다.
⑤ 사막화의 원인에 인위적 요인을 추가하고 다른 요인보다 더 강조한다.

## 04 20829-0133 서술형

**다음은 '선거 제도'에 대해 글을 쓰기 위해 수집한 자료와 자료를 활용하기 위한 학생의 계획이다. 학생의 자료 활용 계획 중 부적절한 부분을 찾아 그 이유를 서술하시오.**

[수집한 자료]

20○○년 국회 의원 선거 이후 정부에서 실시한 여론 조사에 따르면 30~40대 유권자의 49%가 투표 의무제에 찬성하였다.

[자료 활용 계획]

투표에 대해 우리 국민 대다수가 어떻게 생각하고 있는지 알 수 있는 자료로군. 수집한 자료에 나타난 수치를 활용하여 우리 국민 대다수가 투표를 일종의 의무로 인식하고 있다는 점을 드러내야겠어.

## 05 ⊙ 20829-0134

**다음은 학교 신문에 기고할 기사문의 수정 과정이다. 반영한 수정 의견으로 볼 수 없는 것은?**

**[초고]** 잔반 제로 만들기 활동 '눈길'

해마다 증가하는 음식물 쓰레기로 인해 여러 가지 경제적·환경적인 문제가 야기되고 있는 가운데 우리 학교 환경 동아리 '그리닝(Greening)'은 지난 4월 한 달간 학교 급식소 앞에서 '잔반 ZERO'라는 슬로건을 내걸고 친환경 캠페인을 펼쳐 눈길을 끌었다. 동아리 학생들은 이번 캠페인에서 환경 서약서 작성, 피켓 전시, 잔반 줄이기 홍보 등의 활동을 했으며 잔반을 남기지 않은 학생들에게 음료를 나눠 주는 행사를 진행해 학생들의 적극적 참여를 유도했다. 이번 캠페인으로 인해 4월 잔반량이 전월 대비 32%나 감소한 것으로 나타났다. 한편, 잔반 ZERO 캠페인에 참여한 ○○○(3학년) 학생은 이번 캠페인을 통해 잔반 남기지 않기를 일상생활에서 꼭 실천하겠다는 다짐을 하였다.

⬇

**[수정 의견]** ( )

⬇

**[수정 후]** 잔반 제로 만들기 활동 '눈길'

우리 학교 환경 동아리 '그리닝(Green-ing)'

환경 캠페인 실시

해마다 증가하는 음식물 쓰레기로 인해 여러 가지 경제적·환경적인 문제가 야기되고 있다. 이에 우리 학교 환경 동아리 '그리닝(Green-ing)'은 지난 4월 한 달간 학교 급식소 앞에서 '잔반 ZERO'라는 슬로건을 내걸고 친환경 캠페인을 펼쳐 눈길을 끌었다. 동아리 학생들은 이번 캠페인에서 환경 서약서 작성, 피켓 전시, 잔반 줄이기 홍보 등의 활동을 했으며 잔반을 남기지 않은 학생들에게 음료를 나눠 주는 행사를 진행해 학생들의 적극적 참여를 유도했다. 우리 학교 영양 교사이신 □□□ 선생님의 말씀에 따르면 이번 캠페인으로 인해 4월 잔반량이 전월 대비 32%나 감소했다고 한다. 한편, 잔반 ZERO 캠페인에 참여한 ○○○(3학년) 학생은 "이번 캠페인을 통해 잔반 남기지 않기를 일상생활에서 꼭 실천해야겠다는 다짐을 하게 됐다."라고 밝혔다.

① 부제를 붙여 기사의 주요 내용을 압축적으로 제시해 주세요.
② 장황한 문장은 두 문장으로 나눠 정보의 전달력을 높여 주세요.
③ 수치를 명확히 제시하여 기사 내용의 정확성을 제고해 주세요.
④ 인터뷰한 내용을 직접 인용하여 정보의 사실성을 제고해 주세요.
⑤ 정보의 출처를 구체적으로 밝혀 정보의 신뢰성을 확보해 주세요.

## 06 ◎ 20829-0135

**다음은 답사 보고서를 쓰기 위한 계획이다. ㉠~㉤ 중, 적절하지 않은 것은?**

〈○○고등학교 독서 토론 동아리 문학 기행〉

- 일자: 20○○년 ○월 ○일
- 장소: 김유정 문학촌(전시관 및 실레 마을 일대)
- 목적: 작가의 문학 전시관과 생가를 방문하여 작가와 작품에 대해 깊이 이해하고 소설의 배경이 된 실레 마을을 탐방함으로써 소설 읽기의 흥미를 높임.
- 조사 항목

| 단계 | 조사 내용 및 방법 |
|---|---|
| 답사 전 | • 김유정 소설 읽기를 통해 작품의 구성과 주제를 이해한다.<br>• 문학 인명사전을 통해 작가에 대한 배경지식을 습득한다. ··· ㉠<br>• 김유정 문학촌의 홈페이지를 방문하여 답사 세부 계획을 수립한다. ··· ㉡ |
| 답사 중 | • 문학촌 해설사 선생님의 해설을 메모하여 문학촌의 세부 정보를 파악한다. ··· ㉢<br>• 마을 주민 센터를 방문하여 마을의 관광 현황과 향후 개발 계획에 대해 조사한다. ··· ㉣ |
| 답사 후 | • 학생들의 답사 소감이나 답사 사진을 수집하여 답사 체험을 공유한다. ·· ㉤ |

① ㉠ ② ㉡ ③ ㉢ ④ ㉣ ⑤ ㉤

**[07~08] 다음은 학교 신문에 기고하기 위해 학생이 작성한 글의 일부이다. 물음에 답하시오.**

"이번 태풍은 다행히 우리나라를 비껴갈 것으로 보입니다.", "태풍이 내륙 지방에 상륙함에 따라 비와 바람에 의한 피해가 예상되니 각별히 주의하시기 바랍니다." 매년 일기 예보를 통해 듣는 태풍 소식은 사람들의 ㉠흥미를 끈다. 태풍이 상륙하면 폭풍과 호우로 건물이 무너지고, 통신이 ㉡두절되고, 하천이 범람하는 등 막대한 피해가 발생할 수 있다. 매우 강한 태풍의 힘은 일본에 떨어진 원자탄보다 더 큰 에너지를 갖고 있을 정도로 위력적이다. ㉢그래서 이런 태풍에게도 착한 면이 있다면 믿을 수 있을까?

강한 바람과 많은 비를 포함한 태풍은 엄청난 피해를 주는 것이 사실이지만 늘 해로운 것만은 아니다. 첫째, 태풍은 중요한 수자원의 공급원으로 물 부족 현상을 해소한다. 둘째, 태풍은 저위도 지방에 축적된 대기 중의 에너지를 고위도 지방으로 운반하여 지구상의 남북 온도 균형을 유지시켜 준다. 셋째, 해수를 뒤섞어 순환시킴으로써 플랑크톤을 분해시켜 바다 생태계를 활성화시키는 역할을 한다.

그러나 생명과 재산을 앗아 가는 대기의 폭군은 여전히 우리에게 두려움의 대상이다. ㉣기상청은 올해는 유난히 여름이 빨리 찾아올 것으로 전망했다. 해마다 전문가들은 전 지구적인 기상 이변의 영향으로 태풍이 이전보다 더 많이 발생할 것으로 ㉤예측하고 있다. 태풍은 자연의 섭리에 따른 자연스러운 현상이므로 없어져야 할 존재로 보는 것은 적절하지 않다. 올해 맞이할 태풍에 대해 원망 섞인 마음을 갖기 전 현명한 대비를 하는 편이 보다 현명한 선택일 것이다.

## 07 ◎ 20829-0136

**윗글에 반영된 글쓰기 계획으로 적절한 것은?**

① 전문가의 견해를 인용하여 일반적 통념을 반박한다.
② 설명 대상을 친숙한 대상에 비유하며 글을 시작한다.
③ 질문의 형식을 통해 독자에게 특정 행동을 권유하고 있다.
④ 문제 상황에 대처할 수 있는 현실적인 방안을 제시하며 설명한다.
⑤ 대상의 특성이 잘 드러나도록 병렬적으로 나열하여 내용을 전개한다.

## 08 ▷ 20829-0137

**㉠~㉤을 고쳐 쓰기 위한 방안으로 적절하지 않은 것은?**

① ㉠은 문맥적 의미를 고려하여 '이목을 집중시킨다'로 고쳐 쓴다.
② ㉡은 '-고'와 같은 연결 어미가 중복되고 있으므로 '두절되며'로 고쳐 쓴다.
③ ㉢은 문장의 접속 관계를 고려하여 '그런데'로 고쳐 쓴다.
④ ㉣은 글의 통일성을 깨뜨리는 문장이므로 삭제한다.
⑤ ㉤은 호응 관계를 고려하여 '예측된다'로 고쳐 쓴다.

**[09~10] 다음은 한 학생이 작성한 설명문이다. 물음에 답하시오.**

이순신 하면 거북선을 떠올릴 만큼 둘은 불가분의 관계이다. 서울 광화문의 이순신 동상 앞에서도 어김없이 거북선이 놓여 있다. 그렇다면 거북선은 이순신 장군 때 처음 등장했을까? 그렇지 않다. '유사' 거북선은 훨씬 이전부터 있었다. 신라 시대 장보고는 동아시아의 바다를 지배한 청해진을 경영하면서 배 위에 방어용 등껍질을 씌운 독특한 전투선을 만들었다. 이 배는 속도가 빠르고 활이나 창을 이용한 적의 공격을 잘 막아 냈다. 마치 거북선과 흡사했다.

실제 거북선은 고려 말부터 ㉠계발되기 시작했다. 조선 초기 태종과 세종 때도 거북선을 만들었다는 기록이 남아 있다. 『태종실록』 13년 2월 5일 기록에 "임금이 임진강을 건너다가 귀선(龜船)과 왜선(倭船)이 서로 싸우는 모양을 구경했다."는 구절이 나온다. 엄밀히 말하면 이순신 장군은 거북선을 만들었다기보다는 거북선을 제대로 활용할 수 있는 전술을 고안한 사람이었다. 기존의 거북선 모양을 바탕으로 그 위에 철판을 씌우고 여러 기능을 보완해 많은 대포를 장착할 수 있게 발전시킨 것이다. ㉡이순신 장군이 타고 다녔던 거북선도 장군의 막료였던 한 군관이 설계했다는 이야기가 있다.

사실 임진왜란 때 주력 전투함은 거북선이 아닌 판옥선(板屋船)이었다. 명종 때 개발한 판옥선은 갑판이 2층 구조로 돼 있다. 그 덕분에 노를 젓는 노군들은 안전하게 노를 젓고 군사들은 2층으로 올라가 적과 싸울 수 있었다. 배를 탈 수 있는 인원도 ㉢몇백 명 정도여서 기껏해야 최대 백 명을 태울 수 있는 왜선보다 훨씬 컸다. 판옥선에는 많은 대포도 장착할 수 있었다.

㉣거북선은 판옥선의 2층 갑판 윗부분에 둥근 덮개를 덮고 철갑을 씌운 것이다. 거북선은 승선 인원 전원을 개판(鎧板)으로 보호하면서 쉽게 적선에 접근할 수 있고, 기상천외한 모습으로 적을 위압하는 훌륭한 군선이었다. 하지만 단점도 있었다. 노군과 활을 쏘는 사수, 포를 발사하는 포수 등 전원이 개판 밑 한 장소에 모여 있어 전투 효과가 떨어진다는 것이다. 그래서 거북선은 판옥선을 보조하는 정도였고 실용성도 떨어져 1597년의 제2차 침략으로 일어난 정유재란 때는 한 척도 제작되지 않았다.

거북선은 임진왜란 후에 훨씬 많이 만들어졌다. 건조 비용이나 유지 비용은 비쌌지만 돌격선으로서의 성능이 검증된 까닭이다. 20척에 가까운 거북선이 경상도, 전라도, 충청도의 수영 곳곳에 배치됐다. 현재 복원된 거북선은 조선 후기에 ㉤쓰여지던 것을 참고해 만들었다.

## 09 ⓒ 20829-0138

〈보기〉는 윗글을 쓰기 위한 학생의 글쓰기 계획이다. 윗글에 반영되지 않은 것은?

보기

- 설명 대상: 거북선
- 작문 목적: 거북선이 이순신 장군의 발명품이라는 상식을 깨뜨리고 거북선의 기원과 실체를 밝힌다. ……… ⓐ
- 구성
  - 처음: 거북선과 유사했던 배에 대한 소개
  - 중간 1: 거북선에 관한 역사적 기록 ……… ⓑ
  - 중간 2: 임진왜란의 주력함이었던 판옥선의 성능과 한계 ……… ⓒ
  - 중간 3: 거북선의 장단점과 실제 전투 수행 능력 ……… ⓓ
  - 끝: 임진왜란 이후 거북선의 건조 현황 … ⓔ

① ⓐ ② ⓑ ③ ⓒ
④ ⓓ ⑤ ⓔ

## 10 ⓒ 20829-0139

㉠~㉤을 고쳐 쓰기 위한 방안으로 적절하지 않은 것은?

① ㉠: 단어의 쓰임이 적절하지 않으므로 '개발'로 수정한다.
② ㉡: 정보의 신뢰성을 높이기 위해 정보의 출처를 찾아 밝힌다.
③ ㉢: 명확하지 않은 표현이므로 정확한 탑승 인원을 알 수 있도록 수정한다.
④ ㉣: 문단의 통일성을 고려하여 마지막 문단의 끝으로 위치를 바꾼다.
⑤ ㉤: 이중 피동을 사용했으므로 '쓰이던'으로 수정한다.

**[11~12]** 다음은 '△△산 환경 지킴이 모집 공고문'에 따라 학생이 작성한 자기소개서이다. 물음에 답하시오.

[△△산 환경 지킴이 모집 공고문]

우리 ○○시에서는 △△산을 깨끗하게 만드는 데 관심 많은 청소년들을 모집하고 있습니다. 학생들의 많은 지원 바랍니다.

- 모집 대상: ○○시 관내 고등학생
- 신청 방법: 자기소개서를 작성하여 ○○시 환경복지과 홈페이지에 제출

저희 집은 우리 시에서 이사 한 번 가지 않고 3대째 한곳에서 살고 있습니다. 그래서 할아버지께 우리 시의 예전 모습을 어린 시절부터 들어 왔습니다. 할아버지께서는 50년 전만 해도 △△산에 각종 야생 동물과 식물들이 즐비했었다는 말씀을 자주 하셨습니다. 하지만 요즘 등산을 해 보면 쓰레기 무더기가 가득한 산의 모습만 보여서 안타까웠습니다. 그러던 중 환경 지킴이 공고문을 보고 예전 할아버지께서 경험하셨던 △△산의 모습을 다시 만드는 데 제 힘을 보태고자 지원하게 되었습니다.

얼마 전 국어 시간에 『오래된 미래』라는 책을 접한 뒤 읽어 보았습니다. 생태학적 안정성을 유지하며 살았던 라다크 사람들의 문화가 자본주의의 획일성에 의해 파괴되어 가는 과정이 우리가 환경을 훼손시키는 것과 다르지 않다는 생각을 했습니다. 한번 깨진 유리는 다시 원상태로 만들 수 없는 것처럼 훼손된 자연은 쉽게 회복되지 않을 것입니다. 그래서 시작한 활동이 학교 환경 지킴이 활동입니다. 다른 학생들이 등교하기 20분 전 저는 쓰레기 분리수거장으로 먼저 등교합니다. 학생들이 아무렇게나 버린 쓰레기를 재분류하고 먹던 음료수가 남겨진 플라스틱 병을 깨끗하게 만드는 일을 주로 했습니다. 그 과정에서 플라스틱 병을 분리수거할 때는 병에 붙어 있는 라벨까지 제거해야 재활용에 용이하다는 사실도 함께 알게 되었습니다. 한편 선생님들을 대상으로 학급의 게시물을 만들 때 코팅지를 사용하는 것을 지양하는 코팅 제로 캠페인도 함께 병행했습니다

다. 이와 같은 저의 노력들이 환경 지킴이 활동을 하는 데 많은 보탬이 될 것이라고 생각합니다.

요즘도 저는 △△산을 자주 등산하곤 합니다. 나중에 제 아이도 이 고장에서 살게 된다면 지금보다 더 깨끗해진 △△산을 함께 등산하며 제 노력들에 대해 이야기 나누고 싶습니다. 이러한 제 꿈이 실현될 수 있도록 △△산을 깨끗하게 만드는 데 앞장서는 지킴이가 되도록 노력하겠습니다.

## 11 ▷ 20829-0140

**윗글에 드러난 글쓰기 방법에 대한 설명으로 가장 적절한 것은?**

① 구체적인 경험을 바탕으로 지원 분야에 대한 관심을 드러내고 있다.
② 지원 분야와 관련된 통계 자료를 인용하여 자신의 잠재력을 드러내고 있다.
③ 자신에 대한 주변의 평판을 드러내어 지원 의지를 부각하여 드러내고 있다.
④ 지원 분야에 대한 자신의 포부가 변화된 과정을 시간 순서에 따라 제시하고 있다.
⑤ 지원 분야와 관련된 전문가의 견해를 인용하여 지원 분야에 대한 소양을 드러내고 있다.

## 12 ▷ 20829-0141

**〈보기〉는 윗글을 작성하기 위한 학생의 글쓰기 계획이다. 윗글에 반영된 것끼리 묶은 것은?**

보기

내 글을 읽는 사람들은 나를 본 적이 없으므로 나에 대해 자세히 드러내는 편이 좋을 거야. 선발되기 위한 목적을 고려해 봤을 때, 우선 드러내야 하는 것은 ㉠지원 동기겠지. △△산을 중심으로 지킴이 활동을 하게 될 테니까 ㉡△△산을 깨끗하게 유지하기 위해 노력했던 우리 가족의 일화를 소개하는 것도 좋겠어. ㉢환경을 지키기 위해 학교에서 실천했던 나의 활동들도 소개하는 것이 좋겠네. ㉣지킴이로 임명되면 앞으로의 구체적인 활동 계획도 밝히는 편이 좋겠다.

① ㉠, ㉡ ② ㉠, ㉢ ③ ㉡, ㉢
④ ㉡, ㉣ ⑤ ㉢, ㉣

**[13~14] 다음은 설명문의 초고이다. 물음에 답하시오.**

**질병에 대한 새로운 접근: 진화론**

현대 의학은 인체의 해부학적 구조와 생리 현상을 연구하여 질병의 원인을 설명하고 그에 적합한 치료법을 찾아낸다. 그런데 이와는 대조적으로 인체가 각종 질병에 취약하게 설계된 이유와 환경이 병원균의 독성에 영향을 미치는 요인을 찾아내어 의학 문제에 접근하는 학문이 있다. 이 학문은 진화 생물학을 의학에 **접합**하고 있으므로 진화론의 창시자 찰스 다윈(1809~1882)의 이름을 따서 다윈 의학이라 불린다.

진화 생물학의 중심 개념은 선택과 적응이다. 환경에 적응한 개체가 냉혹한 경쟁에서 살아남아 그들의 유리한 형질을 자신의 집단 속으로 퍼뜨리고 그렇지 못한 개체는 도태된다. 따라서 생물이 다른 개체보다 자신의 자손을 더 많이 **살아남기** 위해서는 변화하는 환경에 적응하는 능력을 갖지 않으면 안 된다. 적응이란 오랜 세월에 걸쳐 생물의 기능 중에서 생존에 효과적인 부분만을 자연 선택하여 **진화되어진** 것을 의미하는데, 사람의 손은 적응의 좋은 보기이다. **침팬지의** 엄지는 짧고 가늘며 엄지를 움직이는 근육이 발달하지 못하였다. 그러나 나무에 매달릴 필요가 없어진 대신 양손으로 도구를 사용하게 된 인간의 경우는 침팬지와 상황이 달랐다. 인간의 손은 도구를 사용하면서 더욱 발달하게 되었는데, 특히 나머지 네 손가락과 마주 보고 있는 엄지의 경우 기능이 고도로 발달하게 된다. 엄지의 변화는, 인체의 자연 선택에 의한 적응의 결과라고 할 수 있으며, 이와 같은 인체의 기능에 대한 적응론적 설명이 다윈 의학의 핵심이다.

[A] 다윈 의학에서는 기침, 발열, 구토 등 일상생활에서 느끼는 증상을 질병이라기보다는 적응에 의해 진화된 우리 몸의 방어 체계로 간주한다. 인간은 폐에 침입한 이물질을 제거하려고 기침을 한다고 보며, 따라서 아픔을 느끼는 능력도 몸에 이롭다고 여긴다. 기침이나 통증을 질병이라고 여기기보다는, 우리 몸의 손상을 막으려는 노력에서 비롯된 적응의 현상으로 보는 것이다.

# 13

◎ 20829-0142

**다음은 윗글을 자기 점검한 학생의 고쳐쓰기 계획이다. 적절하지 않은 것은?**

| | | |
|---|---|---|
| 글 수준 | 중심 화제가 보다 부각되도록 글의 제목을 '진화론과 의학의 만남: 다윈 의학'으로 수정해야겠어. | ㉠ |
| 문단 및 문장 수준 | 2문단은 이론과 사례를 중심으로 내용이 전개되므로 '침팬지의'부터 문단을 나누어야겠어. | ㉡ |
| | 2문단의 '살아남기'는 문장 성분 간의 호응을 고려하여 '살아남게 하기'로 고쳐야겠어. | ㉢ |
| 단어 수준 | 1문단의 '접합'은 문맥에 맞지 않으므로 '접속'으로 수정해야겠어. | ㉣ |
| | 2문단의 '진화되어진'은 이중 피동이므로 '진화된'으로 고쳐야겠어. | ㉤ |

① ㉠ ② ㉡ ③ ㉢ ④ ㉣ ⑤ ㉤

## 14 ◎ 20829-0143

[A]를 뒷받침하기 위해 필자가 추가로 수집한 사례로 적절하지 않은 것은?

① 이질에 감염되면 세균을 가능한 한 빨리 몸 밖으로 내보내기 위해 설사를 하게 된다.
② 만성 결핵을 앓고 있는 환자의 혈액 속 철분 농도가 낮은 것은 우리 몸이 결핵균에 철분 공급을 차단하기 위해 일시적으로 철분 농도를 낮추기 때문이다.
③ 열이 나는 것은 신체가 침입균에 대해 보다 유리한 상황을 만들기 위한 과정이다. 따라서 약간의 열이 난다 해서 억지로 해열제를 써서 낮출 필요는 없다.
④ 선진국이 될수록 위생 상태가 좋아져 면역계가 할 일이 없어진다. 그러다 보니 면역계가 사소한 외부 자극에도 과도하게 반응하게 된 것이 알레르기 증상이다.
⑤ 산모가 입덧을 겪는 시기는 태아의 조직 분화가 일어나는 때이다. 입덧이 심하면 산모가 해로운 음식을 먹게 될 기회가 줄어들어 태아를 독소로부터 보호할 수 있게 된다.

**[15~18] 다음은 조사 보고서의 일부이다. 물음에 답하시오.**

Ⅰ. 서론

[A] 최근 학교 폭력으로 인해 학교생활에 어려움을 겪고 있는 학생들의 사례가 각종 매체를 통해 일주일에 한두 건은 보도되고 있다. ⓐ<u>한 조사에 따르면 전국의 학생들 중 대부분은 사이버 폭력에 관한 가해·피해 경험이 있는 것으로 응답했다.</u> 인터넷과 스마트폰의 보편적 확대로 인해 사이버 폭력은 더 이상 간과할 수만은 없는 상황인 셈이다.

이에 본 연구에서는 우리 학교 학생들이 경험한 사이버 폭력의 실태를 조사하고 인터뷰와 문헌 조사를 통해 사이버 폭력을 줄이기 위한 방안을 제안하고자 한다.

Ⅱ. 본론

2. 이론적 배경

3. 연구 방법

(1) 연구 대상과 기간
- 대상: 본교 1~3학년 학생 1,000명
- 기간: 2020년 3월 2일 ~ 5월 30일

(2) 연구 설계와 절차

1) 설문 조사를 통해 우리 학교 학생들의 사이버 폭력의 경험 여부, 사이버 폭력을 경험한 경로, 사이버 폭력의 영향력 인식 등을 조사한다.

2) 문헌 조사를 통해 폭력으로 볼 수 있는 행위의 유형, 우리나라 전체 국민의 사이버 폭력 경험 여부, 사이버 폭력 경험 경로, 사이버 폭력의 영향력 인식 등에 대한 설문 조사 결과 등을 수집한다.

3) 면담 조사를 통해 사이버 폭력을 줄이기 위한 전문가의 견해를 조사한다.

(3) 연구 결과

㉠학생들의 사이버 폭력 실태 조사 결과

| 사이버 폭력 경험 여부 | 있음 | | 없음 | |
|---|---|---|---|---|
| | 70% | | 30% | |
| 사이버 폭력 가해 여부 | 있음 | | 없음 | |
| | 20% | | 80% | |
| 사이버 폭력 피해 여부 | 있음 | | 없음 | |
| | 50% | | 50% | |
| 사이버 폭력 경험 경로 | SNS 메신저 | 실시간 채팅 | 이메일 | 기타 |
| | 40% | 30% | 10% | 20% |
| 사이버 폭력 가해 이유 | 상대방이 먼저 그런 행동을 해서 | 상대방에게 화가 나서 | 이유 없음 | 기타 |
| | 40% | 30% | 10% | 20% |
| 사이버 폭력 가해 이후 심리 | 미안하고 후회스러움. | 문제가 생길까 봐 걱정됨. | 후회하지 않음. | 기타 |
| | 50% | 30% | 10% | 10% |

Ⅲ. 결론

[B]

사이버 폭력은 사이버 공간에서 언어, 영상 등을 통해 타인에게 피해 또는 불쾌감을 주는 행위를 말하는 것으로 문헌에서는 다루고 있다. 설문 조사 결과, 우리 학교 학생들은 사이버 폭력에 광범위하게 노출되어 있는 것으로 나타났다.

이러한 사이버 폭력을 줄이기 위해 필요한 것은 사이버 공간을 운영하는 운영 주체의 노력이다. 욕설이나 비속어, 타인을 비방하는 말을 걸러 낼 수 있는 알고리즘을 개발하여 보급하는 일이 필요하다. 정부 역시 사이버 폭력도 일종의 폭력 행위임을 지속적으로 교육하고 홍보하는 일에 매진해야 할 것이다.

## 15 ◎ 20829-0144

**[A], [B]에 대한 설명으로 적절한 것은?**

① [A]는 연구의 필요성과 연구 목적을, [B]는 연구 결과에 대한 요약과 제언을 주로 제시하고 있다.
② [A]는 연구하려는 대상과 기간을, [B]는 연구를 위해 설계한 방법과 그 절차를 주로 제시하고 있다.
③ [A]는 연구에 참여한 사람들의 역할 분담을, [B]는 연구에 도움을 준 사람들에 대한 감사함을 주로 제시하고 있다.
④ [A]는 연구를 위해 필요한 절차를, [B]는 연구 과정에서 겪었던 어려움과 연구에 대한 소감을 주로 제시하고 있다.
⑤ [A]는 연구 내용의 왜곡이나 누락을 방지하기 위한 방법을, [B]는 연구한 내용의 결과와 연구가 지니고 있는 한계점을 주로 제시하고 있다.

## 16 ◎ 20829-0145

**<보기>는 ㉠에 대해 분석한 내용의 일부이다. 빈칸에 들어갈 말로 적절하지 않은 것은?**

보기

설문 조사 결과, 우리 학교 학생들 중 (　　　　)

① 10명 중 7명은 사이버 폭력을 경험한 것으로 나타났다.
② 절반 이상이 사이버 폭력 행위를 방관하고 있는 것으로 나타났다.
③ 사이버 폭력 가해 학생들의 10%는 아무 이유 없이 가해 행위를 한 것으로 드러났다.
④ 사이버 폭력 가해 학생들의 절반은 자신의 행동을 반성하는 마음을 갖고 있는 것으로 드러났다.
⑤ 사이버 폭력을 경험한 학생들은 메신저, 실시간 채팅, 이메일 등을 통해 폭력을 경험한 것으로 나타났다.

## 17 ⓒ 20829-0146

〈보기〉는 윗글의 필자가 면담 조사를 통해 수집한 자료의 일부이다. 〈보기〉를 활용해 '결론'을 보완할 방안으로 가장 적절한 것은?

보기

사이버 언어폭력의 피해 접수 건수가 해마다 늘고 있습니다. 특히 청소년의 경우, 사이버 언어폭력이 학교 폭력의 다른 양상이 되면서, 이에 대한 해결책이 시급한 실정입니다. 사업자 측면에서 사이버 언어폭력을 기술적으로 차단하는 것이 가장 좋겠지만 그 시행에는 어려움이 많습니다. 근본적으로 사용자의 인식 전환이 절실한 것입니다. 따라서 무엇보다 사용자 스스로의 자율적 규제가 필요합니다. 사이버 공간에서의 폭력은 그 사람을 가늠하는 잣대가 되는 것은 물론이고 처벌의 대상이기도 합니다. 청소년 여러분은 이 점을 인식하고 스스로 사이버 언어폭력의 주범이 되지 않도록 해야 합니다.

– 전문가 인터뷰

① 사이버 공간의 폭력 행위를 처벌할 수 있는 법적 장치 마련이 시급하다는 점을 추가한다.
② 사이버 폭력 행위로 볼 수 있는 것과 그렇지 않은 것의 구분이 모호하므로 규제가 어렵다는 점을 추가한다.
③ 사이버 공간에서 폭력 행위를 하지 않으려는 우리 학교 학생들의 주체적 노력과 인식 전환이 필요하다는 점을 추가한다.
④ 사이버 폭력을 줄일 수 있는 방안 마련을 위해 전문가들이 한자리에 모일 수 있는 기회를 마련해야 한다는 점을 추가한다.
⑤ 사이버 폭력 행위가 물리적 폭력으로 이어지는 경우가 많으므로 가해자에 대한 처벌의 강도를 높여야 한다는 점을 추가한다.

## 18 ⓒ 20829-0147 서술형

쓰기 윤리와 내용의 신뢰성을 고려할 때, ⓐ를 고쳐 쓰기 위한 방법을 서술하시오.

**[19~20] 다음은 학습 잡지에 기고하기 위해 쓴 설명문이다. 물음에 답하시오.**

『세종실록』에 보면 다음과 같은 이야기가 있다. "세종 23년(1441년) 3월 17일, 왕과 왕비가 온수현으로 가니, 왕세자가 호종(扈從)하고 종친과 문무 군신 50여 명이 호가(扈駕)하였다. 임영 대군 이구, 한남 대군 이어에게 수궁(守宮)하게 하고, 이 뒤로부터는 종친들에게 차례로 왕래하게 했다. 임금이 가마골에 이르러 사냥하는 것을 구경했다. 이 행차에 처음 기리고(記里鼓)를 사용하니, 수레가 1리를 가게 되면 목인(木人)이 스스로 북을 쳤다." 이때 처음으로 기리고차를 사용했다고 기록되어 있는데 과연 기리고차란 무엇일까? ㉠이 기록에서 온수현은 지금의 온양이고, 세종은 왕비, 세자와 더불어 온천에 가는 길이었다.

기리고차는 일정한 거리를 가면 북 또는 징을 쳐서 거리를 알려 주는 조선 시대의 반자동 거리 측정 수레이다. 장영실은 왕명을 받아 중국에 유학하며 기술을 배워서 기리고차를 더욱 발전된 모습으로 ㉡개정하였다. 세종 때 각 도 각 읍 간의 거리를 조사하여 지도를 작성하는 데 기리고차가 사용되었을 것으로 추측된다. 또한, 문종 1년 지금의 서울 강남구 지역의 제방 공사를 시작함에 앞서 그 거리를 기리고차를 이용하여 쟀다는 기록이 있는 것으로 보아 기리고차는 그 당시 토목 공사에 사용되었던 것으로 보인다.

한국 최초의 반자동 거리 측정 기구인 기리고차에 대해서 1441년 제작 당시의 기록은 없다. ( ㉢ ) 조선 시대 후기 실학자인 홍대용의 저서 『주해수용』에 그 구조가 기록되어 있다. ㉣홍대용은 수학서인 『주해수용』만 집필한 것이 아니라 여러 가지 천문 관측 기구를 만들어 '농수각'이라는 관측소에 보관하기도 하였다. 이 기록에 의하면 거리 측정은 바퀴의 회전수에 따라 울리게 되어 있는 종과 북의 소리를 헤아리는 방법을 사용하였다고 한다.

기리고차는 수레바퀴의 중간에 철로 만든 톱니바퀴가 있는데 톱니가 10개 설치되어 있다. 아래 바퀴에는 120개의 톱니가 설치되어 있어 이것으로 수레바퀴의 축에 있는 톱니바퀴와 서로 연결되도록 되어 있다. 그래서 수레바퀴가 한 바퀴를 돌면 같은 축에 있는 톱니바퀴도 한 바퀴 돌고 톱니가 10개니까 맞물려서 아래 바퀴의 톱니가 10개 돌아가 아래 바퀴는 1/12 바퀴를 ㉤돌리게 된다. 수레바퀴가 12바퀴를 돌면 아래 바퀴는 1바퀴를 돌게 된다. 기리고차 수레바퀴의 둘레가 10자인데 수레바퀴가 12번 회전하면 아래 바퀴는 한 번 회전하여 120자를 측정하고 아래 바퀴가 15번 회전하면 중간 바퀴가 한 번 회전하여 1,800자를 측정한다. 중간 바퀴가 10번 회전하면 윗바퀴가 한 번 회전하여 18,000자(당시 기준으로 1리)를 측정하게 된다.

오늘날 거리를 측정하는 방법으로 기리고차와 동일한 원리를 이용한 경우도 많다. 대표적인 경우가 마라톤 경기의 거리를 측정하는 데 쓰이는 존스 카운터라는 장치이다. 이 장치를 자전거 앞바퀴에 부착하고 마라톤 거리를 달리면 회전한 바퀴 수를 알려 주어 이를 바탕으로 이동한 거리를 계산할 수 있다. 택시의 이동 거리를 측정하는 태코미터도 이와 같은 원리이다.

• **호종(扈從)** 보호하여 따라 감.
• **호가(扈駕)** 임금이 탄 수레를 호위하며 따르던 일.

## 19 ▷ 20829-0148

**〈보기〉는 윗글을 쓰기 위해 구상한 내용이다. 윗글에 반영되지 않은 것은?**

보기

Ⅰ. 처음
- 독자들의 관심을 어떻게 유발할까?
  : 실제 문헌 기록을 활용하여 기리고차의 활용 사례를 알려야겠어. ······ ⓐ

Ⅱ. 중간
- 기리고차란 무엇일까?
  : 기리고차의 개념을 설명하고 어디에 활용되었는지 제시해야겠어. ······ ⓑ
- 기리고차가 왜 필요했던 것일까?
  : 조선 시대의 거리 측정법의 한계와 기리고차의 획기적 기능을 소개해야겠어. ······ ⓒ
- 기리고차의 원리는 무엇일까?
  : 기리고차의 구성 요소를 분석하여 그 원리를 구체적으로 전달해야겠어. ······ ⓓ

Ⅲ. 끝
  기리고차와 같은 원리로 거리를 측정하는 현대의 사례를 소개하며 글을 마무리해야겠어. ······ ⓔ

① ⓐ ② ⓑ ③ ⓒ ④ ⓓ ⑤ ⓔ

## 20 ▷ 20829-0149

**윗글을 고쳐 쓰기 위한 방법으로 적절하지 않은 것은?**

① ㉠은 글의 흐름을 고려하여 바로 앞 문장과 위치를 맞바꿔야겠어.
② ㉡은 단어의 쓰임이 적절하지 않으므로 '개량'으로 수정하는 것이 좋겠어.
③ ㉢에는 문장의 자연스러운 연결을 위해 '다만'을 넣는 것이 좋겠어.
④ ㉣은 문단의 통일성을 고려하여 다음 문단의 처음으로 위치를 바꿔야겠어.
⑤ ㉤은 문장 성분 간의 호응이 맞지 않으므로 '돌게 된다'로 고쳐야겠어.

단원 이해

# 2. 설득을 위한 작문 – [1] 설득하는 글

덤덤

## 1 설득하는 글의 개념과 특성

(1) 개념

필자의 주장과 주장에 따른 근거가 담긴 글로, 다른 사람들의 생각, 태도, 행동 등을 변화시키려는 의도를 가진 글

(2) 특성

① 주장이나 의견이 명확하고 주장을 뒷받침하는 근거가 타당한 글임.

② 글의 구성이 체계적이고 사용된 용어나 표현이 정확한 글임.

## 2 설득을 위한 논거

• 논거 사용 시 유의점

사실 논거는 객관성을 유지할 때 설득력을 가지므로 자료를 왜곡하거나 변형하면 안 되며, 의견 논거는 의견의 출처 및 출처의 권위 등을 밝혀야 설득력을 높일 수 있음.

(1) 논거의 개념과 종류

① 개념: 주장이 올바르다는 것을 뒷받침하는 논리적 근거

② 종류

| 사실 논거 | 의견 논거 |
|---|---|
| 통계 자료, 설문 조사 자료, 실험 결과, 역사적 사실 등 구체적이고 객관적인 사례로서의 근거 | 해당 분야의 전문가나 권위자의 의견, 판단을 내용으로 하는 근거 |

(2) 타당한 논거의 수집 및 선정

① 논거의 수집

• 논거를 수집할 때에는 독자의 요구와 관심, 수준 등을 고려해야 함.

• 독자를 고려하여 논거를 제시하면 독자의 공감을 이끌어 낼 수 있고, 글의 설득력을 높일 수 있음.

② 논거의 선정

• 논거의 타당성, 신뢰성, 공정성을 판단하여 적절한 논거를 선정해야 함.

| | |
|---|---|
| 타당성 | • 논거가 올바르고 논리적으로 주장을 뒷받침하는 것을 말함.<br>• 주장과 논거의 인과 관계 또는 선후 관계를 따져 보고, 논거가 객관적이며 정확한 사실을 바탕으로 하는지 등을 따져 보아야 함. |
| 신뢰성 | • 논거로 제시된 자료의 내용이 정확하고 믿을 만한 것을 말함.<br>• 논거가 공신력이 있는지, 출처가 정확한 자료를 바탕으로 제시된 것인지 등을 따져 보아야 함. |
| 공정성 | • 다양한 측면에서 바라보면서 충분한 논거를 제시하는 것을 말함.<br>• 논거가 편파적이거나 왜곡된 정보를 담고 있지는 않은지, 다른 입장에 대한 고려가 전제되어 있는지 등을 따져 보아야 함. |

## 3 적절한 설득 전략의 활용

### (1) 맥락 고려하기

① 주제의 범위와 성격 등을 고려하여 적절한 설득 전략을 선택해야 함.

② 설득의 성격을 지닌 글이라 하더라도 그 유형에 따라 세부 목적이 달라질 수 있으므로 이를 고려하여 설득 전략을 활용해야 함.

③ 예상 독자의 수준, 요구, 관심사 등에 따라 설득 전략을 달리하여야 함.

### (2) 설득 전략 활용하기

| | |
|---|---|
| 이성적 설득 전략 | • 타당한 논거를 들어 주장을 논리적으로 설득하는 방법<br>• 문제의 원인과 해결 방안을 제시하거나 연역 논증, 귀납 논증, 유비 추리에 의한 논증 등을 활용하여 설득을 이끌어 냄. |
| 감성적 설득 전략 | • 독자의 정서나 감정에 호소하여 설득하는 방법<br>• 독자의 자긍심이나 동정심 등을 자극하여 설득을 이끌어 냄. |
| 인성적 설득 전략 | • 필자의 공신력을 바탕으로 설득하는 방법<br>• 주제에 대한 전문성을 갖추고, 주제에서 벗어나거나 진실이 아닌 내용 등을 다루지 않도록 유의해야 함. |

### (3) 다양한 표현 전략 사용하기

① 독자를 효과적으로 설득하기 위해 다양한 표현 전략을 활용함.

② 너무 자주 사용하면 오히려 독자가 글을 이해하는 데 방해가 되므로 적절하게 사용하는 것이 중요함.

| | |
|---|---|
| 비유법 | • 표현하고자 하는 대상을 다른 대상에 비유하여 표현하는 방법<br>• 독자의 배경지식을 이용하여 필자의 주장을 더 쉽고 빠르게 전달하기 위해 사용하며, 주장의 설득력을 높이는 데 효과적임.<br>예 힘든 상황에 처했을 때 무조건 맞서는 것만이 능사는 아니다. 비가 많이 올 때는 우산을 이용할 줄도 알아야 하는 것이다. |
| 설의법 | • 쉽게 판단할 수 있는 사실을 의문형으로 표현하는 방법<br>• 독자가 스스로 해답을 찾거나 판단하게 함으로써 의미를 강조할 수 있음.<br>예 기부는 꼭 돈이 많은 사람, 유명한 사람만이 할 수 있는 것일까? |

덤덤

**• 유비 추리에 의한 논증**

두 개의 사물이 여러 면에서 유사하다는 것을 근거로 하여 다른 속성도 유사할 것이라는 결론을 이끌어 내는 논증 방법

**• 설득력을 높이는 표현 전략**

| | |
|---|---|
| 대조 | 서로 반대되는 대상이나 내용을 내세워 주제를 강조하거나 인상을 선명하게 표현하는 방법 |
| 이중 부정 | 한 번 부정한 것을 다시 한번 부정하여 긍정을 나타내는 방법 |

# 내신 기본 UP

**내용 연구**

**제재 분석**

우리나라 저출산 문제의 원인을 분석하고 이를 바탕으로 저출산 문제를 해결할 수 있는 실질적인 방안을 모색하는 글을 작성하였다. 제도의 정착을 위해 사회의 인식과 분위기의 변화가 필요하다는 주장을 펼치고 있다.

**어휘 풀이**

- **합계 출산율** 출산 가능한 여성 한 명이 평생 동안 낳을 것이라고 기대되는 평균 자녀 수(명).
- **사각지대** 관심이나 영향이 미치지 못하는 구역을 비유적으로 이르는 말.

**[01~03] 다음은 학생이 쓴 글의 초고이다. 물음에 답하시오.**

통계청 발표에 따르면 우리나라의 합계 출산율은 2018년 기준 0.98명으로 통계 작성 이래 최저치를 기록했다. 앞으로 이 상태가 지속된다면, 생산 인구가 감소하여 경제 전반의 활력이 저하될 것이며, 이는 국가의 성장 잠재력을 약화시키는 결과를 초래할 것이다.

우리나라의 저출산 원인으로는 크게 개인적 요인과 사회적 요인이 있다. 먼저 개인적 요인으로는 여성들의 자아 실현 욕구로 인해 사회 활동이 증가한 데다, 가치관의 변화로 결혼 연령이 늦어지고 있는 점을 들 수 있다. 또한 사회적 요인으로 자녀 양육에 소요되는 경제적 비용의 증가, 여성 근무 환경의 열악함, 복지 제도의 미비 등을 들 수 있다.

개인적 요인은 사회가 개입할 수 없는 성격이 강하기 때문에, 저출산을 해결하기 위해서는 사회 제도나 환경을 개선하는 것이 가장 효율적인 방법이다. 특히 출산과 양육 문제를 공공의 차원에서 해결하려는 정책적 노력이 필요하다. 실제로 고출산 국가나 저출산 문제를 해결한 다른 나라들의 사례를 보면, 국가가 출산과 육아에 드는 비용을 적극 지원해 주고, 양육과 직장 생활을 병행할 수 있도록 실질적인 정책들을 추진하고 있다.

우리나라도 국가에서 적극적으로 나서 여성들의 출산·육아와 관련된 다양한 복지 제도를 실시하고 있다. 예를 들어 직장 여성들의 출산 휴가나 육아 휴직을 법적으로 보장해 주고, 직장 여성들이 육아를 위해 출·퇴근 시간을 자유롭게 조정할 수 있도록 하고 있다. 그러나 이런 제도에도 불구하고 직장에서 육아 휴직을 사용하는 남성과 여성이 겪는 차별이나 불이익은 여전하다. 또한 남성의 출산 휴가를 확대하고 육아 휴직을 장려하는 정책을 펼치고 있으나, 현실에서는 제대로 정착되지 않고 있다. 따라서 법적 제도의 사각지대는 없는지, 정책에서 보완해야 할 점은 없는지를 살펴 대안을 마련해야 한다.

물론 좋은 제도를 도입한다고 해서 저출산 문제를 완벽하게 해결할 수는 없다. 현실에서 제도가 제대로 정착되기 위해서는 사회의 인식과 분위기의 변화가 반드시 동반되어야 한다. 이를 위해서 국가와 지방 자치 단체, 언론은 국민들의 가치관 변화를 위해 대대적인 캠페인 활동을 실시해야 한다. 또한 공공 기관과 기업에서는 출산과 육아로 인해 직장 여성이 차별을 받지 않도록 기업 문화와 제도를 바꾸어야 하며, 남성 육아 휴직자에게 혜택을 제공하거나 육아 여성의 복지를 향상하는 방안을 도입해야 한다.

저출산 문제는 더 이상 남의 문제가 아니다. 우리 사회가 저출산을 우리의 문제로 이해하고 문제 해결의 노력에 동참해야 한다. 한 아이를 키우기 위해서는 온 마을의 노력이 필요하다는 인디언 속담의 의미를 되새겨야 할 때이다.

정답과 해설 27쪽

01

20829-0150

**윗글을 쓰기 위해 학생이 세운 계획 중, 글에 반영되지 않은 것은?**

① 출처가 분명한 통계 자료를 활용하여 저출산 문제의 실태와 심각성을 드러내야겠군.
② 저출산 현상이 사회와 국가에 미치는 영향을 언급하여 문제의 중요성을 부각해야겠군.
③ 여성이 출산을 기피하는 이유를 개인적 요인과 사회적 요인으로 나누어 체계화해야겠군.
④ 저출산을 해결할 수 있는 방안을 제시할 때에는 문제 해결의 주체를 분명하게 밝혀야겠군.
⑤ 외국의 사례와 대조하여 출산·육아와 관련된 우리나라 복지 제도의 장단점을 분석해야겠군.

02

20829-0151

**〈보기〉를 활용하여 윗글을 수정·보완하려고 할 때, 그 방안으로 적절하지 않은 것은?**

보기

(가) 전문가 인터뷰

"우리나라의 아동·가족 복지 공공 지출 비중은 GDP 대비 1.2%로, OECD 평균 2.0%보다 낮습니다. 아동 수당 지급, 어린이집 지원 등의 정책을 펼치고 있지만, 선진국과 비교하면 복지 혜택이 적은 편입니다. 출산과 육아 관련 복지비, 신혼부부의 주거 지원비 등을 확대해야 합니다."

(나) 통계 자료

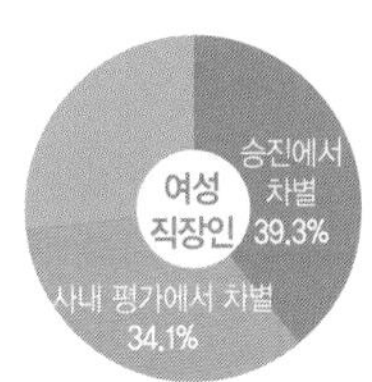


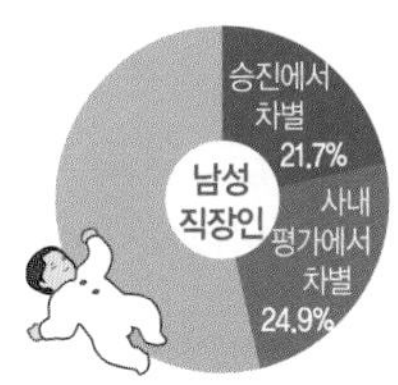


〈육아 휴직 사용 후 차별 경험〉 – 출처: 한국여성정책연구원

(다) 신문 기사

○○기업은 일과 육아를 병행하는 직장 여성들을 응원하고 이들이 육아 부담에서 벗어나 직장에서 자신의 역량을 마음껏 발휘할 수 있도록 노력하자는 내용의 캠페인을 진행했다. 또한 근무 시간의 자율적 선택, 근로 시간 단축, 가족 돌봄 휴가 지원 등을 확대하고, 육아 여성에 대한 차별을 근절하기 위해 관리자 교육을 강화하기로 하였다.

① (가)를 활용하여 출산·육아와 관련된 복지 제도의 보완점으로 주거와 육아 비용의 지원을 확대해야 한다는 점을 추가한다.
② (나)를 활용하여 육아 휴직을 사용한 여성들이 겪는 차별의 내용으로 승진과 업무 평가에서 불이익을 받는다는 점을 추가한다.
③ (다)를 활용하여 육아 여성의 복지를 위해 근로 환경 개선과 휴가 지원 등의 혜택을 제공해야 한다는 점을 추가한다.
④ (가)와 (나)를 활용하여 남성들의 육아 휴직 제도가 정착되지 않는 이유로 선진국에 비해 복지 혜택이 적기 때문이라는 점을 추가한다.
⑤ (나)와 (다)를 활용하여 기업 문화를 변화시키기 위해 육아 여성에 대한 차별을 근절하는 제도적 노력이 필요하다는 점을 추가한다.

03

20829-0152 

**윗글의 마지막 문단에서 '학생'이 사용한 표현 전략과 그 효과를 각각 서술하시오.**

내용 연구

**제재 분석**
사회적 요인의 영향으로 개인 또는 집단 간에 건강의 차이가 있는 상태를 의미하는 '건강 불평등'에 대한 글을 쓰기 위해 다양한 자료를 수집하였다. 통계 자료와 보고서 자료, 외국의 사례는 사실 논거에 해당하며, 전문가 인터뷰는 의견 논거에 해당한다.

[04~06] 다음은 '건강 불평등'을 주제로 글을 쓰기 위해 학생이 수집한 자료이다. 물음에 답하시오.

**가 통계 자료**

〈30세인 사람들의 교육 수준별 기대 여명 및 건강 기대 여명 비교〉

(단위: 년)

| 교육 수준 | 기대 여명 | 건강 기대 여명 |
|---|---|---|
| 저학력 | 46.3 | 35.8 |
| 보통 학력 | 50.7 | 44.0 |
| 고학력 | 51.7 | 46.6 |

**나 보고서 자료**

표준화 사망률이 낮은 10개 지역과 높은 10개 지역의 격차는 최대 2배에 달하는데, 표준화 사망률이 낮은 10개 지역에 수도권과 신도시들이 포함된 반면, 표준화 사망률이 높은 10개 지역은 대부분 군 단위의 농촌 지역인 것으로 나타났다. 이는 지역에 따라 의료 인력이나 시설 및 재정, 즉 보건 의료 자원이 불균형하게 배분되었기 때문이다. 실제로 우리나라 전체 의료 전문 인력 중 56.6%가 서울을 비롯한 광역 도시에, 38.6%가 소도시에, 4.8%가 농촌 지역에 분포하고 있는 것으로 나타났다. 이에 비해 질병을 앓고 있음에도 불구하고 의료 기관에서 치료를 받지 못한 사람들의 비율은 도시 지역이 18.7%, 농촌 지역이 25.9%인 것으로 나타났다.

**다 외국의 사례**

뉴욕 시에서는 가장 가난한 지역인 브롱크스의 거주자들을 위해 '더 멜로디(The Melody)' 프로젝트를 진행하고 있다. 소득 수준이 낮을수록 건강 위험 지수가 높다는 사실에 착안하여 만들어진 '더 멜로디'는 저소득층에게 생활 친화형 주택 건물을 제공하여 이들의 건강을 증진시키는 프로젝트이다. 건물에는 건강 여가 시설 및 활용도를 높인 계단이나 자전거 이용 시설 등이 갖추어져 있다.

**라 전문가 인터뷰**

"국민들의 삶의 질을 평가할 때, 건강 불평등 지수는 1인당 국민 총생산(GNP)과 같은 경제 지표보다 더 신뢰할 수 있는 지표입니다. 또한 사회의 공정성을 판단하는 기준이 되므로, 차별 없이 누구나 건강한 복지 선진국이 되기 위해서는 건강 불평등 문제에 주목해야 합니다. 특히 사회적 취약 계층은 건강에 필요한 정보를 이해하고 해석할 수 있는 능력인 '건강 기본 소양(Health literacy)'이 부족하여 정부의 의료 혜택을 받지 못하는 경우가 많습니다. 따라서 정부에서는 사회적 취약 계층을 위해 의료 혜택을 받을 수 있는 기회만 제공할 것이 아니라 보건 교육, 공공 의료 등을 포함하는 종합적이고 체계적인 사회 복지 대책을 수립해야 합니다."

**어휘 풀이**
- **기대 여명** 인구 동태 조사 자료를 바탕으로 통계적으로 추정한 기대치로, 현재의 연령별 사망률이 적용된다고 할 때 특정 연령에 도달한 개인이 앞으로 더 살 것으로 기대되는 평균 연수.
- **건강 기대 여명** 전체 평균 수명에서 질병이나 부상 없이 건강한 삶을 유지하는 기간.
- **표준화 사망률** 둘 이상의 지역의 사망률을 비교할 때 인구의 연령 구성의 차에 따른 영향을 배제하여 사망률을 표준화한 것.

## 04

20829-0153

**위 자료의 특성에 대한 설명으로 적절하지 않은 것은?**

① (가)를 활용할 때에는 수치를 변형하거나 수치의 의미를 왜곡하여 해석하지 않아야 한다.
② (나)를 활용할 때에는 시간에 따른 정보의 변화 양상을 정확하게 파악하여야 한다.
③ (가)와 (나)를 활용할 때에는 용어의 개념에 대한 설명을 추가할 수 있다.
④ (다)와 유사한 내용을 다룬 사례들을 수집하여 그 공통점을 바탕으로 결론을 이끌어 내는 논증 방식을 이용하면 설득의 효과를 높일 수 있다.
⑤ (라)는 (가)~(다)와 달리 해당 분야의 전문가의 의견이나 판단을 내용으로 하는 근거에 해당한다.

## 05

20829-0154

**다음은 학생이 작성할 글의 개요이다. 위 자료를 활용하여 ㉠~㉤을 구체화하는 방안으로 적절하지 않은 것은?**

• 서론
  – 우리나라의 건강 불평등 실태 ········· ㉠
  – 건강 불평등 문제 해결의 필요성 ········· ㉡
• 본론
  – 건강 불평등이 발생하는 원인 ········· ㉢
  – 건강 불평등의 문제점 ········· ㉣
  – 건강 불평등 문제의 해결 방안 ········· ㉤
• 결론
  – 건강 불평등 문제 해결 노력 촉구

① ㉠에서는 (가)와 (나)를 활용하여 교육 수준이나 거주 지역의 차이가 개인 건강에 영향을 미치고 있음을 강조한다.
② ㉡에서는 (라)를 활용하여 건강 불평등 문제는 사회의 공정성을 확보하고 복지 선진국으로 나아가기 위해 반드시 해결해야 할 문제임을 강조한다.
③ ㉢에서는 (나)와 (라)를 활용하여 보건 의료 자원의 불균형한 배분과 사회적 취약 계층의 건강 기본 소양 부족을 건강 불평등 문제의 원인으로 제시한다.
④ ㉣에서는 (나)와 (다)를 활용하여 건강 불평등 문제가 이농 현상과 사회 실업 문제에 영향을 끼칠 수 있음을 제시한다.
⑤ ㉤에서는 (다)와 (라)를 활용하여 사회적 취약 계층의 건강 증진을 위해 주거 환경 개선 및 보건 교육 강화 등과 같은 방안이 필요함을 강조한다.

## 06

20829-0155 서술형

**〈보기〉에 제시된 논거 선정의 기준을 고려할 때, 위 자료를 활용할 때의 유의점을 서술하시오.**

보기

논거로 제시된 자료의 내용이 정확하고 믿을 만한 것인가?

단원 이해

# 2. 설득을 위한 작문 – [2] 비평하는 글

덤덤

• 주장과 관점

| 주장 | 관점 |
| --- | --- |
| 문제와 관련하여 필자가 적극적으로 내세우는 의견이나 견해 | 문제를 바라보는 필자의 태도나 방향, 처지 |

필자가 내세우는 주장은 자기의 관점에서 문제를 이해하여 제기한 것이므로, 필자의 주장에는 필자의 관점이 드러남.

## 1 비평하는 글의 개념과 특성

(1) 개념

특정한 문제에 대해 객관적이고 타당한 논거를 들어 필자의 의견이나 관점을 드러내는 글

(2) 특성

① 시사 현안, 문학, 미술, 음악, 영화 등 다양한 대상에 대해 그 내용과 구성 등을 분석하고 평가하는 글임.

② 필자의 관점과 의견, 견해, 주장 등이 포함되어 있는 글임.

## 2 비평하는 글 쓰기 과정

(1) 관점 수립하기

① 시사적인 현안이나 쟁점에 대한 여러 가지 관점을 다양하고 폭넓게 생각해 보아야 함.

• 시사 현안이나 쟁점이 되는 문제는 여러 사람의 이해가 얽혀 있는 경우가 많으므로, 다양한 관점을 살펴봄.

• 독자에 따라 필자의 주장에 동의하지 않을 수 있으며, 필자의 주장이 오해나 논쟁을 불러일으킬 수 있으므로 관점을 신중하게 정해야 함.

② 각 관점에 따른 자료를 수집하고 분석한 후에 자기의 관점을 정해야 함.

• 정보가 제한적이면 관점이 올바르고 타당한지를 판단하기 어려우며, 관점에 따른 주장의 설득력이 약해질 수 있음.

• 관점들의 장단점과 문제점 등을 분석하고, 이를 바탕으로 자신의 관점을 정함.

③ 자기가 선택한 관점을 뒷받침하는 근거가 충분하고 논리적인지 검검해 보아야 함.

• 관점이 타당하고 합리적이라고 생각되더라도 관점을 뒷받침하는 근거가 부족하거나 논리적이지 않을 수 있음.

• 근거를 비판적으로 검토하는 과정은 관점을 선택하고 수립하는 데 도움을 줌.

(2) 근거 수집하기

① 자신의 관점과 주장을 뒷받침하는 근거를 수집하여 체계적으로 조직함.

② 자기가 선택하지 않은 관점의 단점이나 약점, 문제점 등을 근거로 활용하면 자신의 관점을 강화할 수 있음.

(3) 표현하기

① 자신이 선택한 관점이 글의 처음부터 끝까지 일관성 있게 유지되도록 함.

② 자신이 선택하지 않은 관점의 단점이나 문제점 등에 대해 근거를 들어 비판함.

- 다양한 관점에서 현안을 분석한 후 자신과 다른 관점이 지닌 문제점을 제시하면 공정하게 쟁점을 분석하였다는 인상을 줄 수 있음.
- 자신이 선택하지 않은 관점의 문제점, 약점, 단점을 논리적으로 비판하면 자신이 선택한 관점의 타당성을 높일 수 있음.

③ 자신이 선택한 관점에 따라 의견, 주장, 견해를 명료하게 드러냄.

- 미사여구를 지나치게 사용하면 필자의 관점이 잘 드러나지 않음.
- 장황하거나 모호한 표현을 쓰지 않고, 간결하고 정확하게 표현함.

④ 작문의 사회적 책임을 인식하고 신중하고 책임감 있는 태도로 씀.

- 자신의 관점과 그에 따른 주장이 어떤 가치를 지니고, 어떤 영향을 미칠지를 고려함.
- 자신의 관점과 주장이 특정 집단에 유리하거나 불리하게 작용하지 않는지, 사회의 사상이나 가치관 등에 부합되는지 등을 점검함.

**• 글의 영향과 사회적 책임**

글은 독자에게 어떠한 형태로든 영향을 미침. 한 편의 글이 미치는 영향은 여러 범위에 걸쳐 이루어지는데, 그 글을 읽는 개인뿐만 아니라 그 개인이 속한 공동체에 영향을 미치기도 하고, 사회 전반에 영향을 미침. 따라서 사회적 책임을 의식하며 신중한 태도로 글을 써야 함.

내용 연구

**제재 분석**

이 글은 드라마 속에 나타나는 '신분 상승 판타지'를 비판하고 있는 비평문이다.

**어휘 풀이**

- **기호** 즐기고 좋아함.
- **허황되다** 헛되고 황당하며 미덥지 못하다.

[01~04] 다음 글을 읽고 물음에 답하시오.

[A] 왜 많은 사람들이 「꽃보다 남자」와 같은 현대판 '사랑과 성공 판타지'에 열광할까? 그것은 드라마 속 이국적 풍경이나 값비싼 명품 등 화려한 비현실의 자극에 우리 사회가 길들여졌기 때문이다. 드라마가 비현실적이거나 화려할수록 사람들은 어차피 그것은 드라마일 뿐이며 우리는 단지 그 속의 '판타지'를 즐길 뿐이라고 생각한다. 나에게 재벌이나 최고의 연예인이 구애를 해 올 가능성은 낮지만, 나에게도 한 번쯤 그런 일이 있지 말란 법은 없다며 다른 사람의 성공담에 감정 이입을 한다.

'신분 상승 판타지'를 즐기는 것 자체는 개인적인 기호의 문제이다. 싫어하는 사람이 있다면 좋아하는 사람도 있게 마련이다. 하지만 지나친 '신분 상승 판타지'는 두 가지 면에서 문제가 있다.

[B] 첫 번째 문제는 ㉠'신분 상승 판타지'가 불량 식품 같다는 것이다. 불량 식품을 계속 먹으면 개인의 체질이 변하게 된다. '사랑과 결혼에 관한 판타지'는 노력해도 쉽게 신분 상승을 할 수 없는 차가운 현실, 이미 부와 지위를 가진 사람들이 성공에 더 유리하다는 구조적 모순 위에 얹은 달콤하고 화려한 토핑 같다. 체질이 건강하다면 불량 식품 한두 개쯤 먹는다고 해서 크게 문제될 것은 없다. 그러나 화려한 토핑을 얹은 불량 식품을 계속 먹다가는 순간의 쾌락 때문에 체질 자체가 아예 바뀔 수도 있다.

[C] 두 번째 문제는 선택의 여지가 없어 개인의 의사와 상관없이 편식을 하게 된다는 것이다. 다양한 음식이 차려진 식탁이라면 이것저것 먹을 수 있어서 한두 개쯤 과도하게 달거나 자극적인 음식을 먹는다 해도 문제가 없다. 그렇지만 식탁에 오로지 한 가지 음식만 차려져 있다면 개인의 취향이라는 말이 무색해진다. 한 번 중독이 시작되면 끊을 수 없기 때문에 식탁 위에 다른 음식이 차려져 있어도 눈에 들어오지 않을 것이다.

[D] 이 수준이 되면 '신분 상승 판타지'는 개인뿐만 아니라 사회 계층이나 세대, 나아가 사회 전체의 태도와 가치관에 영향을 끼치게 된다. 일상의 노동을 가치 없는 지루한 과정으로 여기고 대박이나 한탕을 꿈꾸는 사람이 늘어나면 사회는 불안정해지기 쉽다. 과정보다 결과를 중시하게 되면 정상적인 경쟁이나 합리적인 성공이 어려워지고 누구라도 빠른 길, 지름길을 찾지 않을 수 없게 된다. 단번에 인생을 바꿔 줄 허황된 변화를 찾아 인생을 낭비하는 사람도 생겨난다. 모든 사람들이 능력으로 개방되어 있는 사회라는 건 환상일 뿐이라며 행운이나 횡재만을 기다린다면 인생이 너무 허무할 것 같다.

냉정하게 생각해 보자. 「꽃보다 남자」의 금잔디처럼 서민이라는 이유로 당하는 굴욕이 고등학교에서 끝나지 않고 평생 계속된다면 어떨까? 평생을 성실히

[E] 일해도 아무런 희망을 찾을 수 없는 빈곤층으로 살아가야 한다면 어떨까? 노동은 끝없이 이어지는데 삶의 변화가 오직 행운으로만 가능하다면 미래가 너무 캄캄하지 않을까? 좀 비관적인 생각이기는 하지만 '신분 상승 판타지'에 길들여지면 현실에서 이러한 일들이 정당화될 수도 있다. 불량 식품, 게다가 편식이 좋지 않은 것은 몸이나 마음이나 마찬가지일 것이다.

– 김선희, 「대박을 향한 슬픈 꿈」

**01**

20829-0156

**위와 같은 글에 대한 설명으로 가장 적절한 것은?**

① 비평 대상에 대한 전문적 식견을 포함하는 학문적인 글이다.
② 비평 대상을 접하게 된 동기, 내용 요약, 감상 등을 구체적으로 제시한 글이다.
③ 예술 작품이나 다양한 사회 현상을 분석하여 타당한 근거를 들어 평가하는 글이다.
④ 특정 주제에 대해 연구한 결과나 의견 등을 일정한 형식에 맞추어 체계적으로 쓴 글이다.
⑤ 대상에 대하여 조사하거나 관찰한 내용을 다른 사람에게 알리기 위해 정리하여 쓴 글이다.

**02**

20829-0157

**윗글에서 필자의 주장에 대한 논거를 〈보기〉에서 있는 대로 고른 것은?**

보기

ㄱ. 주인공의 삶을 통해 판타지를 즐기기 때문이다.
ㄴ. 개인의 사고나 가치관이 바뀔 수 있기 때문이다.
ㄷ. 대박을 꿈꾸는 사람들이 늘어나 사회가 불안정해지기 때문이다.
ㄹ. 선택의 여지가 없어 개인의 의사와 상관없이 일방적으로 수용되기 때문이다.

① ㄱ, ㄴ ② ㄴ, ㄹ ③ ㄷ, ㄹ ④ ㄱ, ㄷ, ㄹ ⑤ ㄴ, ㄷ, ㄹ

**03**

20829-0158

**[A]~[E]에서 필자가 사용한 글쓰기 전략으로 적절하지 않은 것은?**

① [A]: 질문을 통해 화제를 제시한 후, 화제에 대한 자신의 생각을 서술하고 있다.
② [B]: 화제의 문제점을 분석하면서 사회 현실의 부정적 속성을 비판하고 있다.
③ [C]: 구체적이고 개별적인 사례들로부터 일반적 원리를 도출하고 있다.
④ [D]: 한 번 부정한 것을 다시 부정하는 이중 부정을 사용하여 의미를 강조하고 있다.
⑤ [E]: 청유문과 의문문을 사용하여 독자의 인식 변화를 유도하고 있다.

20829-0159 서술형

**㉠에 사용된 표현 방법의 특징을 쓰고, 해당 표현을 사용하였을 때의 효과와 유의점을 각각 서술하시오.**

내용 연구

**제재 분석**

TV에서 방영되는 오디션 프로그램의 내용과 방식 등을 분석하고 평가하는 글을 작성하였다. 오디션 프로그램에 대한 비판적 관점을 드러내면서 오디션 프로그램이 시청자들에게 참신함과 감동을 주기 위해 변화해야 한다는 주장을 펼치고 있다.

**어휘 풀이**

- **현혹하다** 정신을 빼앗겨 하여야 할 바를 잊어버리다. 또는 그렇게 되게 하다.
- **오명** 더러워진 이름이나 명예.

**[05~07]** 다음은 '오디션 프로그램'을 비평한 학생의 글이다. 물음에 답하시오.

요즈음 TV를 보면 아이돌 그룹의 멤버를 선발하는 프로그램, 트로트 신인 가수 또는 남성 중창단 가수를 선발하는 프로그램 등이 인기리에 방영되고 있다. 이런 프로그램이 인기를 얻고 있는 것은 평범한 사람들이 자신의 재능을 인정받고 큰 성공을 거두는 모습에서 대리 만족을 느낄 수 있기 때문이다.

그러나 방송사마다 비슷한 종류의 프로그램을 반복적으로 방영하다 보니, 오디션 프로그램을 처음 접했을 때의 참신함과 감동은 더 이상 찾을 수 없다. 오히려 오디션 프로그램으로 인한 부정적인 문제점이 늘어나고 있는 상황이다.

첫째, 오디션 프로그램 열풍은 예술의 다양성을 해치고 있다. 오디션 프로그램에서는 비슷한 유형의 무대나 특정 장르의 음악을 반복하는 경우가 많으며, 오디션 프로그램의 참여자 역시 심사 위원에게 좋은 평가를 받거나 청중의 관심을 끌기 위해 정형화된 모습만을 보여 준다. 이로 인해 오디션 프로그램은 대중문화를 획일적으로 만드는 부작용을 낳고 있다.

둘째, 오디션 프로그램은 과도한 상업성을 띠고 있다. 각 방송사의 오디션 프로그램은 우승 상금을 내세워 시청자들의 눈을 현혹한다. 그리고 지나친 간접 광고로 프로그램을 도배하고 있으며 우승자를 선발한다는 명목으로 시청자의 유료 참여를 유도한다. 더욱이 방송사는 출연자들을 이용하여 상업적인 공연을 기획하는 경우도 있다. 최근에는 방송사에서 시청자 투표 결과를 조작하는 사건도 발생하였는데, 이는 방송사가 기본적인 윤리를 무시한 채 시청자의 욕구를 왜곡하고 있음을 잘 보여 주는 사례이다. 진정한 예술가를 공정하게 뽑는다는 오디션의 취지를 훼손하였다는 비판이 따르는 것도 이 때문이다.

셋째, 오디션 프로그램은 경쟁 중심 문화를 조장하고 있다. 오디션 프로그램은 참가자에게 순위를 매겨 1등과 탈락자를 선정하는 방식으로 운영된다. 순수한 도전 의식과 열정으로 참여한 사람일지라도 대중성을 충족하지 못하면 좌절을 맛볼 수밖에 없다. 잠재적 재능을 지닌 사람들의 꿈을 키워 주기 위해 기획된 프로그램이라는 것이 믿기지 않을 정도로 지나친 경쟁 방식으로 인해 1등을 제외한 참여자들은 좌절감과 압박감을 겪는 경우가 많다.

시청자들이 오디션 프로그램을 보면서 감동을 느끼는 것은 참가자들이 공정한 기회를 얻어 꾸준히 성장해 나가는 과정을 보면서 '나도 할 수 있다.'라는 희망을 얻기 때문이다. 또한 실력만으로 성공할 수 있다는 자신감을 심어 주기 때문이다. 하지만 현재 오디션 프로그램은 공정성과 신뢰성을 잃은 채 경쟁과 과장이 지나치다는 오명을 얻고 있다. 이런 오명에서 벗어나 오디션 프로그램이 참신함과 감동을 주는 프로그램으로 변화하기 위해서는 다양성과 개성을 지닌 예술을 지향하면서 오디션 참가자들이 공정한 기회를 얻어 함께 발전하고 성장해 나가는 모습을 담아내야 할 것이다.

20829-0160

**05** 윗글에서 학생이 사용한 글쓰기 방법으로 적절하지 않은 것은?

① 최근 TV에서 방영되고 있는 오디션 프로그램의 사례를 언급한다.
② 순서를 나타내는 표지를 사용하여 내용을 체계적으로 연결하여 제시한다.
③ 전문가의 의견을 근거로 활용하여 오디션 프로그램의 문제점을 분석한다.
④ 오디션 프로그램이 시청자에 미치는 긍정적인 영향과 부작용을 함께 서술한다.
⑤ 오디션 프로그램의 특징을 바탕으로 오디션 프로그램에 대한 비판적 관점을 부각한다.

20829-0161

**06** 〈보기〉는 학생이 내용 생성을 위해 수집한 자료이다. 〈보기〉의 활용 방안으로 적절하지 않은 것은?

보기

(가) 한 오디션 프로그램의 제작진이 오디션 결과를 조작했다는 의혹을 받는 일이 발생하였다. 검찰 발표에 따르면 제작진이 시청자의 투표 결과를 조작하고 프로그램을 통해 선발할 참가자를 미리 선정하였는지 등을 집중적으로 조사할 것이라고 밝혔다.

(나) 힙합 서바이벌 프로그램에 참가하여 이름을 알린 ○○○는 방송 이후 신곡을 발표하며 뜨거운 호응을 얻었다. 하지만 정작 ○○○는 "오디션 프로그램을 잘 보지 않는다."라며 "오디션 프로그램에 참가했을 당시 경쟁 때문에 정말 힘들었다. 프로그램을 보다 보면 스스로가 패배자라는 생각이 들어 괴롭다. 인생의 전부라고 믿으며 경쟁에 시달리고 있는 참가자들이 안쓰럽다."라고 털어놨다.

(다) 오디션 장르의 논란에도 불구하고 방송사마다 새로운 오디션 프로그램을 제작할 예정이라고 한다. 방송사의 입장에서 오디션 장르는 다양한 콘셉트로 구성할 수 있으며, 시청자의 참여와 소통을 이끌어 낼 수 있다는 점, 시청률과 광고라는 두 마리 토끼를 잡을 수 있다는 점에서 쉽게 포기할 수 없는 카드이다. 최근에는 새로운 방식과 내용을 갖춘 오디션 프로그램들이 등장하면서 시청자의 호응도 얻고 있다. 평소 오디션 프로그램 애청자인 김 씨는 다양한 오디션 프로그램이 등장하면서 볼거리와 즐길 거리가 풍성해졌다고 말했다.

① (가)를 활용하여 오디션 프로그램이 기본적인 윤리를 지키지 않고 시청자의 욕구를 왜곡하는 경우가 있다는 내용을 생성해야겠군.
② (가)를 활용하여 오디션 프로그램이 진정한 예술가를 공정하게 뽑는다는 취지에 충실해야 한다는 내용을 생성해야겠군.
③ (나)를 활용하여 오디션 프로그램의 경쟁 방식이 참여자들에게 정신적 부담감을 줄 수 있다는 내용을 생성해야겠군.
④ (다)를 활용하여 오디션 프로그램이 상업적 요소를 버리고 예술성을 높이기 위해 노력해야 한다는 내용을 생성해야겠군.
⑤ (다)를 활용하여 오디션 프로그램이 다양성과 참신함을 추구하기 위해 노력해야 한다는 내용을 생성해야겠군.

20829-0162 서술형

**07** 학생이 근거를 수집하는 과정에서 〈보기〉의 자료를 분석하였을 경우, 그 장점에 대해 서술하시오.

보기

오디션 프로그램은 특별한 참가 자격의 제한이 없다 보니 다양한 개성과 음악적 취향을 가진 사람들이 참여하게 되고, 이들을 평가할 때에도 폭넓은 계층의 시청자가 다양하게 참여하게 된다. 이를 통해 방송은 대중의 다양한 음악적 취향을 반영할 수 있으며, 대중은 방송을 통해 풍부한 음악적 경험을 쌓을 수 있다.

## 단원 이해 2. 설득을 위한 작문 – [3] 건의하는 글

덤덤

### 1 건의하는 글의 개념과 특성

(1) 개념

일상생활에서 어떤 문제를 해결하기 위해 특정한 개인이나 기관을 대상으로 공식적으로 문제 해결을 제안하거나 요구하는 글

(2) 특성

① 설득하는 글이나 비평하는 글과 달리 글을 읽는 대상이 상당히 구체적임.

② 언어 공동체의 쓰기 관습의 영향을 비교적 많이 받는 글임.

### 2 건의하는 글 쓰기 과정

(1) 현안 분석하기

① 문제의 원인을 다각도에서 분석함.

② 문제의 심각성, 해결 방안의 가능성, 해결 방안의 실행에 따른 기대 효과 등의 쟁점을 파악함.

- 문제의 심각성, 중요성, 즉시성, 지속성 등을 분석하여 쟁점을 파악함.
- 인적 자원, 물적 자원, 사회 제도, 사회적 인식 및 가치 등의 측면에서 해결 방안의 실행 가능성을 분석하여 쟁점을 파악함.
- 해결 방안의 실행으로 인한 이익과 부작용 등을 분석하여 쟁점을 파악함.

③ 현안과 직접적 관련이 있는 독자를 분석함.

- 문제에 대한 독자의 인식 정도와 태도 등을 구체적으로 분석함.
- 독자가 이전에 비슷한 건의를 받은 적이 있었는지, 그러한 경우 어떠한 답을 하였는지 등의 정보를 수집함.

(2) 해결 방안 마련하기

① 원인별로 그에 맞는 해결 방안을 모색함.

② 해결 방안을 모색할 때에는 다음과 같은 사항을 고려해야 함.

- 해결 방안은 실현 가능한가?
- 해결 방안은 도덕적 규범에 어긋나지 않는가?
- 해결 방안은 문제 해결에 적절하며 논리적으로 문제가 없는가?
- 해결 방안은 개인의 이익뿐 아니라 공공의 이익을 위한 것인가?

**• 현안**

학교, 지역 사회와 같은 우리 주변에서 해결해야 할 불편함이나 행정적 문제점

**• 쟁점 파악의 예**

| | |
|---|---|
| 문제점 | • 문제가 심각한가?<br>• 문제가 중요한가?<br>• 문제를 빠른 시일 내에 조치해야 하는가?<br>• 문제가 지속되는가? |
| 해결 방안 | • 인적 · 물적 자원이 충분한가?<br>• 사회적 제도는 마련되어 있는가?<br>• 사회적 인식이나 가치가 변화하고 있는가? |
| 기대 효과 | • 부작용이 있을 수 있지만 현 상태를 개선함으로써 얻는 이익이 큰가? |

(3) 표현하기

① '처음, 중간, 끝'의 구조에 따라 내용을 조직함.

| | |
|---|---|
| 처음 | • 인사말<br>• 건의자와 건의의 목적을 밝힘. |
| 중간 | • 건의문을 통해 해결되기를 바라는 문제 상황을 설명함.<br>• 문제 해결 방안이나 요구 사항을 구체적으로 제시함. |
| 끝 | • 건의 내용을 요약·정리하여 강조함.<br>• 마무리 인사를 함. |

② 이성적 설득 전략과 감성적 설득 전략을 적절하게 활용함.

- 통계, 사진, 연구 결과 등의 자료를 제시하여 문제점에 대한 독자의 이해를 도움.
- 독자의 정서나 감정에 호소하는 방법 등을 사용하여 문제 상황의 심각성에 대한 독자의 공감을 이끌어 냄.

③ 격식과 예의를 갖추어 쓰며, 정중한 표현을 사용함.

- 예의 바르고 공손한 표현을 사용하여 필자에 대한 독자의 호감을 높임.

④ 해결 방안과 함께 기대 효과를 제시함.

- 해결 방안이 실현되었을 때 나타날 수 있는 긍정적인 효과를 서술하여 설득력을 높임.

⑤ 자신이 쓴 글이 사회적으로 어떤 영향을 미칠 수 있는지를 생각하고 책임감 있게 글을 쓰는 태도를 갖춤.

덤덤

**• 건의문을 쓸 때 설득력을 높이기 위해 고려할 사항**

- 언어 공동체의 사회·문화적 관습이나 특성을 고려함. 이를 위해 언어 공동체의 요구나 필요, 가치 등을 분석하는 것이 좋음.
- 독자의 입장이나 마음 등을 고려함. 동일한 주장일지라도 독자의 입장이나 마음에 따라 논거가 달라져야 함.
- 다양한 측면에서 충분한 논거를 제시함. 다양한 측면에서 논거를 확보하여 제시하지 않으면 편파적이라는 인상을 줄 수 있음.

내용 연구

**제재 분석**

교장 선생님을 대상으로 학교 급식을 개선해 줄 것을 요구하는 글을 작성하였다. 급식 문제의 중요성을 강조하면서 급식 개선을 위한 요구 사항을 구체적으로 제시하였다. 또한 예의와 격식을 갖추어 건의 내용을 정중하게 표현하였다.

**어휘 풀이**

- **단가** 물건 한 단위(單位)의 가격.

**[01~04] 다음 글을 읽고 물음에 답하시오.**

존경하는 교장 선생님께

안녕하세요? 저는 3학년 2반 이윤지라고 합니다. ㉠늘 학생들의 작은 소리까지 귀 기울여 주시는 교장 선생님께 감사드립니다. 제가 이렇게 글을 쓰게 된 것은 우리 학교 학생들의 불만 사항인 급식 문제에 대해 건의 드리기 위해서입니다. 현재 우리 학교는 영양 선생님께서 급식 만족도 조사 등을 통해 급식에 대한 학생들의 의견을 반영하려는 노력을 하고 있지만, 학생들의 불만은 좀처럼 수그러들지 않고 있습니다.

대부분의 학생들은 학교생활에서 급식을 매우 중요하게 생각합니다. 등교하자마자 급식 메뉴부터 확인하거나 1교시부터 점심 급식을 기다리는 학생들도 많습니다. 따라서 교장 선생님께서 이 문제에 관심을 갖고 급식에 대한 학생들의 불만을 줄일 수 있는 방안을 마련해 주셨으면 좋겠습니다.

우선 저는 영양 선생님과 학부모님들의 의견으로 결정되는 급식 메뉴 선정에 학생들도 참여할 수 있도록 해 주셨으면 좋겠습니다. 학교에서 학생들의 건강을 고려해서 메뉴를 결정하고 있다는 것은 알지만, 학생들이 선호하는 메뉴와는 거리가 있는 경우가 많습니다. 영양도 고려하면서 학생들의 기호에 맞는 다양한 메뉴를 개발해 주셨으면 좋겠습니다. 메뉴 개발 과정에서 학생 시식회를 운영하는 방법도 학생들의 참여를 유도할 수 있는 좋은 방안이라고 생각합니다.

또한 학생들이 좀 더 신선하고 질 좋은 재료로 만든 음식을 먹을 수 있도록 인근 학교와 식재료를 공동 구매하는 방식으로 운영해 주셨으면 좋겠습니다. 얼마 전 신문에서 식재료를 공동 구매하는 학교가 늘어나고 있다는 내용의 기사를 보았습니다. 기사에 따르면 식재료를 공동 구매할 경우 질 좋은 재료를 값싸게 공급받을 수 있어 학교 급식의 질이 향상될 수 있다고 합니다. 또한 공급 단가의 절감으로 인해 급식 메뉴를 더 다양하게 꾸릴 수 있을 것입니다. 게다가 우리 학교는 인근에 3개의 학교가 위치하여 공동 구매를 하기에 좋은 조건을 갖추고 있습니다.

| [A] |
|---|

끝까지 읽어 주셔서 정말 감사합니다. ㉡늘 그러셨듯이 앞으로도 학생들에게 더 많은 관심과 애정을 베풀어 주셨으면 좋겠습니다.

## 01

20829-0163

**위와 같은 글에 대한 설명으로 가장 적절한 것은?**

① 필자와 독자 간의 친교적 관계를 형성하기 위한 글이다.
② 필자가 자신의 경험과 정서를 구체적이고 진솔하게 표현한 글이다.
③ 현안에 대한 독자의 이해를 목적으로 객관적 정보를 전달하는 글이다.
④ 논리적인 방식보다는 독자의 정서나 감정에 호소하는 방식을 주로 사용하는 글이다.
⑤ 문제 해결의 주체인 독자를 설득하여 행동 변화를 이끌어 내는 것을 목적으로 하는 글이다.

20829-0164

**학생이 글을 쓰는 과정에서 선택한 쓰기 전략을 〈보기〉에서 모두 골라 묶은 것은?**

보기

ㄱ. 급식 메뉴를 선정하는 방식에 따른 장점과 단점을 비교하였다.
ㄴ. 인근 학교의 사례를 들어 급식을 개선할 수 있는 구체적 방안을 설명하였다.
ㄷ. 신문 기사의 내용을 활용하여 건의 내용의 실현 가능성과 효과를 강조하였다.
ㄹ. 학교 급식을 개선하기 위한 학교의 노력을 언급한 후 아쉬운 점을 제시하였다.

① ㄱ, ㄴ ② ㄱ, ㄷ ③ ㄴ, ㄷ ④ ㄴ, ㄹ ⑤ ㄷ, ㄹ

20829-0165

**〈보기〉를 반영하여 [A]를 작성한 내용으로 가장 적절한 것은?**

보기

글의 설득력을 높이기 위해 건의가 받아들여졌을 때 학생들에게 미치는 긍정적 효과를 제시하는 것이 좋겠어. 또한 비유적 표현을 사용하여 독자가 건의 내용에 공감할 수 있도록 하는 것이 좋겠어.

① 이러한 건의 사항이 반영된다면 급식에 대한 학생들의 불만이 줄어들 것이며, 학교생활에 대한 학생들의 만족도가 높아질 것입니다.
② 이러한 건의 사항이 반영된다면 학교 경영자로서 교장 선생님의 인기가 높아질 것입니다. 큰 산처럼 넉넉한 마음으로 학생들의 요구를 꼭 반영해 주실 것이라고 믿습니다.
③ 이러한 건의 사항이 반영된다면 학생들이 급식에 대한 애정을 갖게 될 것입니다. 그러기 위해서 급식에 대한 학생들의 의견을 더 많이 반영해 주시고 학생 시식회를 운영해 주셨으면 좋겠습니다.
④ 이러한 건의 사항이 반영된다면 학생들이 신나고 건강하게 학교생활을 할 수 있을 것입니다. 한 끼의 식사가 학업과 입시 준비로 지친 학생들에게 즐거운 에너지를 주는 비타민이 되어 줄 수 있습니다.
⑤ 이러한 건의 사항이 반영된다면 자녀가 건강하기를 바라는 학부모들의 지지를 얻을 수 있을 것입니다. 학교는 학생들에게 어머니와 같은 존재입니다. 어머니의 마음으로 아이들을 위한 급식을 챙겨 주셨으면 좋겠습니다.

20829-0166 서술형

**필자가 ㉠, ㉡과 같은 표현을 사용한 의도를 〈조건〉에 맞게 서술하시오.**

조건

• 예상 독자와 글의 목적을 고려하여 표현의 의도를 설명할 것.

내용 연구

**제재 분석**

학생회 임원들을 대상으로 축제 운영 방식을 개선해 줄 것을 요구하는 글을 작성하였다. 설문 조사 결과를 바탕으로 문제의 심각성을 강조하고, 다른 학교의 사례를 근거로 활용하여 해결 방안의 실현 가능성을 부각하였다. 또한 공적인 글쓰기 상황이므로 경어체를 사용하였다.

**어휘 풀이**

- **천편일률적** 여럿이 개별적 특성이 없이 모두 엇비슷한 것.
- **도모하다** 어떤 일을 이루기 위하여 대책과 방법을 세우다.

**[05~07] 다음 글을 읽고 물음에 답하시오.**

학생회 임원 여러분, 안녕하세요? 저는 2학년 1반 ○○○입니다. 제가 이 글을 쓰게 된 이유는 학교 축제를 운영하는 방식을 바꾸어 달라고 건의하기 위해서입니다.

우리 학교는 그동안 천편일률적인 방식으로 축제를 운영해 왔습니다. 축제의 내용은 항상 교과 수업 결과물 전시, 동아리 발표회, 공연이 전부였습니다. 그러다 보니 축제에 대한 학생들의 만족도가 매우 낮은 편입니다. ㉠학교 신문에 실린 설문 조사에 따르면 ㉡학교 축제에 만족하는 학생들이 고작 25%에 불과했으며, 전교생의 80% 이상이 축제 프로그램이 다양하지 못하고, 축제에 참여하는 학생이 제한적이라고 응답하였습니다.

학교 축제가 형식적인 행사가 되어 버린 것은 축제의 주체인 학생들의 의견을 충분히 반영하지 않았기 때문이라고 생각합니다. 학생회에서 학교 축제를 기획하고 추진하는 과정에서 전체 학우들의 의견을 수렴한 적이 한 번도 없었습니다. 관행처럼 축제 담당 선생님, 몇몇 동아리 회장, 학생회 선배들의 의견만 청취하여 축제 계획을 수립해 왔습니다. 물론 전교생의 의견을 모두 조사하는 것은 현실적으로 어려운 일일 것입니다. 그러나 학생회는 전체 학우를 대표하는 집단이라는 점에서 학생들의 요구와 의견 등을 적극적으로 반영할 수 있는 노력을 해야 한다고 생각합니다. 이를 위해 학생들이 다양한 의견을 자유롭게 제시할 수 있도록 '학교 축제 아이디어 공모함'을 설치하였으면 좋겠습니다. 자신의 아이디어가 축제에서 실제로 구현된다면 학생들은 자부심과 주인 의식을 느끼게 될 것입니다.

또한 단순히 공연이나 전시물을 관람하는 축제에서 벗어나 누구나 활동에 참여하는 축제가 될 수 있었으면 좋겠습니다. 인근 □□ 고등학교에서는 학급별로 교실을 돌며 주어진 임무를 수행하는 활동을 실시하여 학생들의 큰 호응을 받았다고 합니다. 학급 구성원들의 협동심을 요구하는 임무들을 수행하는 데 걸린 시간을 합산하여 가장 빨리 임무를 완수한 학급에게 선물을 주었다고 합니다. 또한 제가 조사한 바에 따르면 마당놀이, 학급 부스 운영 등의 활동을 실시하는 학교도 있었습니다. 물론 이런 활동들을 그대로 따라할 필요는 없지만, 몇몇 학생들이 자신의 재능을 뽐내는 활동이 아니라 많은 학생들이 함께 참여하고 즐길 수 있는 활동을 마련했으면 좋겠습니다. 그런다면 우리 학교 구성원들 전체의 진정한 화합을 도모할 수 있을 것입니다.

[A] 신명 나는 축제를 만들기 위해서는 작은 것부터 바꾸어야 합니다. 학생들의 의견을 폭넓게 반영하여 축제를 기획하고, 정기적으로 간담회나 보고회를 개최하여 축제 준비 과정에 대한 정보를 공유하는 일이 그 시작일 것입니다. 나아가 축제와 관련된 학교 예산을 확대 편성하고, 축제 전 2개월은 창의적 체험 활동 전체를 축제 준비 활동으로 운영하는 노력을 병행한다면, 축제의 성공적 개최를 통해 학우들에게 인정받는 학생회가 될 것으로 기대됩니다.

20829-0167

**05** 다음은 학생이 윗글을 쓰기 전에 떠올린 생각이다. 윗글에 반영되지 않은 것은?

[학생이 떠올린 생각]
ㄱ. 이웃 학교의 성공적 사례를 소개하여 건의 내용을 구체화해야겠어.
ㄴ. 축제 운영 방식의 변화를 통해 얻을 수 있는 기대 효과를 언급해야겠어.
ㄷ. 학교 축제가 형식적인 행사가 된 이유에 대한 개인적 판단을 밝혀야겠어.
ㄹ. 학생회의 성격과 역할을 언급하여 건의 내용을 수용할 것을 촉구해야겠어.
ㅁ. 학교 축제 활동 중 만족도가 낮은 프로그램을 선별하여 개선점을 제시해야겠어.

① ㄱ ② ㄴ ③ ㄷ ④ ㄹ ⑤ ㅁ

20829-0168

**06** 윗글의 예상 독자와 목적을 고려할 때, [A]를 수정할 방안으로 가장 적절한 것은?

① 학교 예산 집행의 투명한 공개를 요청하는 내용을 추가한다.
② 학생회 차원에서 실천할 수 있는 성격이 아닌 내용은 삭제한다.
③ 요구 사항이 수용되지 않았을 경우 학생회 임원들이 받을 수 있는 불이익을 제시한다.
④ 학교 축제 이외에 학교생활과 관련하여 학생회 임원들이 해결해 주기를 바라는 점을 제시한다.
⑤ 학생회 임원이 해야 할 일과 학생회 활동을 하지 않은 학생들이 해야 할 일을 구분하여 제시한다.

20829-0169 서술형

**07** 〈보기〉는 ㉠의 내용이다. 다음 물음에 답하시오.

보기

질문 1. 학교 축제에 만족합니까?

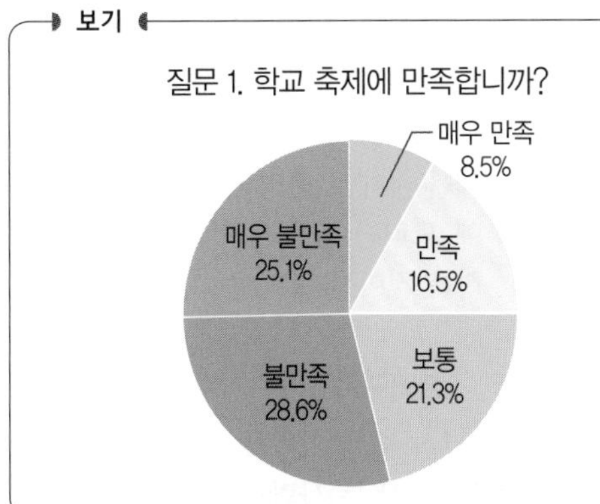


질문 2. 불만족한다고 답한 이유는 무엇인가요?

(중복 응답)

| | |
|---|---|
| 축제 프로그램이 다양하지 못함. | 85.1% |
| 축제에 참여하는 학생이 제한적임. | 81.2% |
| 학급별로 참여하는 활동이 없음. | 73.8% |

(1) 건의문에서 〈보기〉의 자료를 활용했을 때의 효과를 두 개 서술하시오.

(2) 〈보기〉를 참고할 때, ㉡에서 잘못된 내용을 찾아 그 이유를 서술하시오.

**[01~02] 다음 글을 읽고 물음에 답하시오.**

㉠<u>반 고흐의 그림에 대한 비평문</u>

반 고흐의 그림 「감자 먹는 사람들」에서는 천장의 가운데 걸린 희미한 램프 때문에 가족들의 주름진 얼굴과 불거진 광대뼈가 어둡게 그늘져 비친다. 가장 밝은 식탁 가운데의 감자 접시를 향해 나무의 뿌리처럼 힘줄이 불거진 손이 오가는 가운데 식사를 하는 가족의 모습, 고흐는 빛을 발하는 조명 하나를 통해 주변의 어두운 느낌이 더 두드러지게 표현했다.

고흐가 농민의 모습을 이렇게 그린 까닭은 동생 테오에게 보낸 편지에서 찾을 수 있다. '농민을 그릴 땐 자신이 농민인 것처럼 그려야 하고 농민이 느끼고 생각하는 바를 똑같이 그려야 한다.'는 그의 말처럼, 그는 대상에 자신을 동조시키고 그 대상처럼 느끼면서 이를 표현하는 감정 이입의 미의식을 추구한 것이다.

과감한 명암의 대비 속에 시선이 일치하지 않는 가족들의 모습은 힘겨운 노동의 대가를 함께 나누고 있다. 온종일의 노동으로 지쳐 있을 가족들의 얼굴은 고단함 때문에 무표정해 보이고 어쩐지 고립된 듯이 느껴지기까지 한다. 한편 화려하지는 않지만 주린 배를 채울 감자를 식탁에 두고 둘러앉은 가족을 비추고 있는 등불은 마치 달빛처럼 은은하게 가족을 위로하는 것처럼 느껴지기도 한다. 고흐는 감정 이입을 통해 보이는 것보다 더 진실에 가깝고 생생한 인물을 그리고자 한 것이다.

작은 마을에서 목사의 아들로 태어난 반 고흐는 미술상의 점원, 벽촌의 어학 교사, 서점의 점원 생활을 거쳤다. 순탄치 않은 삶이었다고 한다. 그래서일까? 그의 그림에 그려진 농민의 고단한 행색을 지각할 때에는, 「감자 먹는 사람들」에 그려진 가난한 농민이 반 고흐 자신이기도 했던 것처럼 그림 속 인물의 마음속에 있었을 궁핍한 삶으로 인한 고립감이나 소박한 먹을거리를 나누며 위로받고자 하는 감정을 그대로 전달받는 것 같다. 또 한 번의 감정 이입이다.

## 01 ◎ 20829-0170

**윗글에 사용된 글쓰기 전략을 〈보기〉에서 고른 것은?**

보기

ㄱ. 묘사를 통해 그림의 표현상의 특징을 제시한다.
ㄴ. 다른 작품과의 비교를 통해 그림의 의의를 평가한다.
ㄷ. 화가의 관점과 삶을 바탕으로 그림에 대한 감상을 밝힌다.
ㄹ. 그림을 근거로 화가가 미술 발전에 기여한 업적을 서술한다.

① ㄱ, ㄴ ② ㄱ, ㄷ ③ ㄱ, ㄹ
④ ㄴ, ㄷ ⑤ ㄷ, ㄹ

## 02 ◎ 20829-0171

**〈보기〉는 윗글에 대한 수정 의견이다. 〈보기〉를 반영하여 ㉠을 수정한 내용으로 가장 적절한 것은?**

보기

반 고흐의 그림 전체를 비평한 것으로 오해할 수 있으니까 비평의 대상이 된 작품명을 분명하게 밝히는 것이 좋겠어. 또한 제목이 비평문의 주제를 제대로 반영하지 못하고 있어. 마지막 문단에 드러난 관점과 의견을 반영하여 제목을 수정하는 것이 좋겠어.

① 감정 이입의 미의식을 추구한 고흐
② 「감자 먹는 사람들」을 통해 본 사회상
③ 「감자 먹는 사람들」이 된 고흐의 자화상
④ 농민을 위로하기 위해 그린 그림, 「감자 먹는 사람들」
⑤ 소박한 삶에 대한 희망을 표현한 「감자 먹는 사람들」

## 03 ◎ 20829-0172

〈보기〉는 글을 쓰기 위해 구상한 계획이다. 이를 구체화한 내용으로 적절하지 않은 것은?

보기

- 문제 인식: 다문화 가정이 꾸준히 증가하고 있지만 적절한 지원이 이뤄지지 않아 결혼 이민자들의 사회 부적응 현상이 심해지고 있다.
- 예상 독자: 지방 자치 단체 관계자
- 글의 목적: 결혼 이민자들의 안정된 사회 정착을 위한 지원 촉구
- 구체화할 때 고려할 점
  - 관련 있는 통계 자료에 어떤 것들이 있을지 찾아 정리한다.
  - 원인을 분석하고 이를 해결할 수 있는 현실적인 대안을 제시한다.

| | |
|---|---|
| 자료 수집 | • 결혼 이민자들의 사회 부적응 현상을 다룬 신문 기사 자료<br>• 결혼 이민자 수의 연도별 변화를 보여 주는 그래프 자료 ········ ㉠<br>• 지방 자치 단체의 다문화 가정 지원 사업을 분석한 자료 ········ ㉡<br>• 일반 중산층 가정과 다문화 가정의 경제 여건을 비교한 보고서 |
| 문제의 원인 | 가. 언어와 문화의 차이로 인해 결혼 이민자들이 한국 사회에 제대로 적응하지 못하고 있음.<br>나. 다문화 가정의 소득이 일반 중산층 가정의 소득에 비해 적음.<br>다. 결혼 이민자들이 한국 사회 정착 과정에서 겪는 고민에 대해 상담할 수 있는 기회를 갖고 있지 못함. |
| 해결 방안 | 가. 지방 자치 단체 차원의 한국어 및 한국 문화에 대한 교육 프로그램 운영 ········ ㉢<br>나. 결혼 이민자들을 대상으로 무료 건강 검진 및 의료 서비스 확대 ········ ㉣<br>다. 지방 자치 단체의 홈페이지에 결혼 이민자들의 상담을 위한 전용 공간 확보 ········ ㉤ |

① ㉠ ② ㉡ ③ ㉢
④ ㉣ ⑤ ㉤

## 04 ◎ 20829-0173 서술형

〈보기〉를 반영하여 세운 글쓰기 계획으로 적절하지 않은 것을 찾아 그 기호를 쓰고, 그렇게 판단한 이유를 서술하시오.

보기

[작문 과제] 고등학생들을 대상으로 동물 실험을 반대하는 글 쓰기

[예상 독자 분석]

- 주제에 대한 태도: 동물 실험에 대해 찬성과 반대 의견을 묻는 설문 조사 결과, 70% 정도의 학생들만 동물 실험에 반대하였으나 그중 절반 정도는 뚜렷한 근거를 제시하지 못하였다.
- 사전 지식: 독자는 수업에서 동물 실험에 대해 들어 본 적은 있으나 동물 실험이 구체적으로 어떤 점에서 나쁜지는 잘 모를 것이다.
- 주제에 대한 관심 정도: 일부 학생들은 글의 내용이 자신과 상관없다고 느낄 것이다.
- 요구: 동물 실험이 문제가 되는 구체적인 이유를 알고 싶어 할 것이다.

ㄱ. 작문 과제를 수행하기 위해 독자들에게 동물 생명의 존엄성과, 동물 실험의 결과를 인간에게 적용했을 때에 나타나는 부작용을 근거로 제시한다.

ㄴ. 예상 독자 중에는 사전 지식이 부족한 독자가 있으므로 동물 실험으로 고통받고 있는 동물의 사례를 통해 동물 실험의 구체적인 문제점을 제시한다.

ㄷ. 글의 내용에 관심이 없는 독자들도 있으므로 일상에서 사용하는 화장품이나 약품이 동물 실험을 거쳐 만들어진다는 점을 들어 동물 실험이 독자 자신과 관련된 문제임을 언급한다.

ㄹ. 동물 실험에 찬성하는 독자들도 있으므로 찬성의 근거로 통용되는 사례를 제시하고 이에 대한 반박을 통해 설득력을 높인다.

ㅁ. 동물 실험을 하는 이유를 알고 싶어 하는 독자들에게 동물 실험이 지닌 경제적 효용성을 알려 준다.

[05~06] '동네 서점을 활성화하자.'라는 주제로 글을 쓰기 위해 다음 개요를 작성하였다. 물음에 답하시오.

Ⅰ. 처음
Ⅱ. 중간
  1. 동네 서점의 개념 ………………………………… ㉠
    가. 지역 주민의 도서 접근성 및 구매 선택권 강화
    나. 동네 상권 보호로 지역 경제 활성화
    다. 지역 사회의 문화적 소통 공간 확보
  2. 동네 서점 위축의 원인
    가. 대형 서점과 온라인 서점의 가격 할인 혜택 … ㉡
    나. 온라인 서점에서 유명무실한 도서 정가제
    다. 동네 서점 이용 시의 유의할 점 ……………… ㉢
    라. 동네 서점만의 이점을 살리는 전략의 미비
  3. 동네 서점 활성화를 위한 대책
    가. 할인 혜택을 폐지한 '완전 도서 정가제'의 도입
    나. 저소득 지역을 위한 이동 도서관 운영 ……… ㉣
    다. 동네 서점의 이용 환경 개선을 위한 정부의 지원
    라. 동네 서점을 위한 적극적인 노력 …………… ㉤
Ⅲ. 끝

## 05 ⊙ 20829-0174

검토 사항에 따라 '개요'를 수정한 내용으로 적절하지 않은 것은?

① ㉠이 하위 항목을 잘 포괄하고 있지 못하므로 '동네 서점의 긍정적 역할'로 수정한다.
② ㉡과 'Ⅱ-2-나'의 내용이 중복되므로 하나의 항목으로 통합하여 제시한다.
③ ㉢이 상위 항목과 관련이 없는 내용이므로 '동네 서점 이용상의 불편함'으로 수정한다.
④ ㉣은 글의 주제와 관련성이 떨어지므로 주제를 고려해 '이동 도서관 운영의 범위 확대'로 수정한다.
⑤ ㉤은 'Ⅱ-2-라'와의 논리적 관계가 부족하므로 '주민과 소통하는 문화 공간으로서의 전략 모색'으로 구체화한다.

## 06 ⊙ 20829-0175

개요를 참고하여, 필자의 입장과 예상 독자에 따라 글을 바꿔 쓰는 과제를 수행하려고 한다. 주제문으로 적절하지 않은 것은?

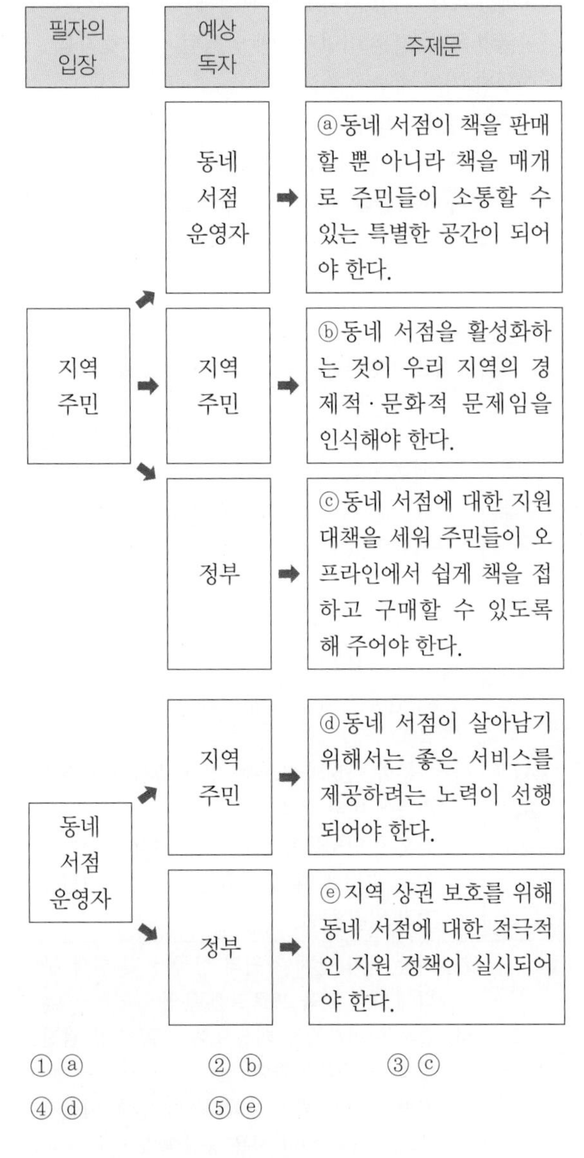


① ⓐ ② ⓑ ③ ⓒ
④ ⓓ ⑤ ⓔ

**[07~09] 다음은 동물원의 존폐 문제를 주제로 학생이 작성한 비평문이다. 물음에 답하시오.**

2018년 대전의 한 동물원에서 퓨마가 탈출한 사건이 발생했다. 경찰과 소방당국 등 400여 명이 포획에 나섰으나 생포가 어렵게 되자 결국 퓨마는 사살되었다. 이 사건으로 인명 피해는 없었지만, 이후 동물원 존폐를 둘러싼 논란이 불거졌다.

동물원은 동물들에 관한 생태 지식과 생명 존중 정신을 배울 수 있는 교육적 기능, 동물의 종을 보전하는 기능 등 다양한 역할을 수행하고 있다. 그러나 이런 긍정적인 기능에도 불구하고 국내 동물원의 대부분은 사람들에게 즐거움을 주기 위한 목적으로 동물을 우리 안에 가두고 전시하고 있다. 이런 목적으로 운영되는 동물원은 이윤을 높이기 위해 다양한 상업화 전략을 사용한다. 동물들을 강제적으로 조련하여 신기하고 어려운 동작을 선보이는 동물 쇼가 대표적이다. 자연을 떠나 인위적인 공간에서 인간이 결정해 준 조건대로 살아가는 동물들은 과연 행복할까?

사람들은 대부분 인간에게만 마음이 있고, 동물은 감정과 생각이 없다고 믿는다. 하지만 많은 과학자가 개미부터, 물총고기, 앵무새, 코끼리, 개와 늑대에 이르기까지 많은 동물들이 사람과 다름없는 감정을 가지고 있다고 말한다. 동물도 사람과 같이 불행과 고통을 느낀다는 것이다. 동물원에 갇혀 사는 동물들은 결코 행복할 수 없으며, 그들에게 동물원은 감옥에 불과할 것이다.

아무리 동물들을 위해 자연스러운 환경을 만들어 준다고 해도, 야생이 아닌 이상 동물에게 절대적으로 맞는 환경은 존재할 수 없다. 동물들이 살기에 공간이 너무 좁을 뿐만 아니라 기후 환경도 맞지 않기 때문이다. 예를 들어 야생 도마뱀은 한시도 가만있지 않고 분주하게 주위를 돌아다니지만, 자연과 비슷하게 꾸며 놓은 전시 공간 속 도마뱀은 달리지도, 기어오르지도, 뛰어다니지도 않고 그저 가만히 있다. 인간은 그 모습을 보고 도마뱀이 편안한 상태에 있다고 생각하겠지만, 실제로는 스트레스를 받고 있는 것이다. 동물은 스트레스를 받으면 같은 곳을 왔다 갔다 하는 등 이상 행동을 반복하거나 무기력하게 잠만 잔다고 한다. 또한 극심한 스트레스로 인해 동물원 속 동물들은 수명이 짧다고 알려져 있다. 야생의 아프리카 코끼리는 56년 정도를 사는 데 반해 동물원의 아프리카 코끼리는 19년이 평균 수명이다. 야생 돌고래는 30~40년 정도를 살지만 수족관 속 돌고래는 평균 수명이 4년이다.

동물원이 서식지를 잃은 동물을 보호한다는 주장도 있다. 그들의 주장처럼 동물을 보호하는 것이 중요하다면 관람을 목적으로 하는 동물원이 아니라 야생 동물 보호 구역을 만들면 된다. 본성을 잃고 인간의 시선에 노출된 채 고통을 받게 하는 것은 결코 보호가 아니다. 진정 동물을 보호하고 싶다면 우리가 해야 할 일은 그들을 자연 속으로 돌아가게 하는 것이다.

## 07 ⊙ 20829-0176

**윗글의 필자가 활용한 쓰기 방법을 〈보기〉에서 있는 대로 고른 것은?**

보기

ㄱ. 구체적인 예를 제시하여 독자의 이해를 돕고 있다.
ㄴ. 화제와 관련된 사건을 소개하며 논의를 전개하고 있다.
ㄷ. 묻고 답하는 방식을 활용하여 내용 전달 효과를 높이고 있다.
ㄹ. 출처가 분명한 의견 논거를 사용하여 주장을 뒷받침하고 있다.
ㅁ. 구체적인 통계 수치를 활용하여 문제로 인해 사회가 입는 피해를 부각하고 있다.

① ㄱ, ㄴ, ㄷ ② ㄱ, ㄴ, ㄹ ③ ㄱ, ㄷ, ㅁ
④ ㄴ, ㄷ, ㄹ ⑤ ㄷ, ㄹ, ㅁ

## 08 ◎ 20829-0177 서술형

윗글에서 다루고 있는 시사적인 현안의 쟁점을 〈조건〉에 맞게 서술하시오.

조건

- 쟁점 두 가지를 찾아 쓸 것.
- 쟁점은 의문문의 형식으로 쓸 것.

## 09 ◎ 20829-0178

〈보기〉에 제시된 기준에 따라 윗글을 평가한 내용으로 적절하지 않은 것은?

보기

ⓐ 필자의 관점은 일관성 있게 유지되고 있는가?
ⓑ 근거는 주장을 뒷받침하기에 적절하며 체계적으로 제시되었는가?
ⓒ 선택하지 않은 관점의 문제점에 대해 논리적으로 비판하고 있는가?

① ⓐ: 동물원이 인간의 즐거움을 위해 동물을 억압하는 공간이라는 관점을 일관성 있게 유지하고 있다.
② ⓑ: 동물도 사람과 같이 감정을 가지고 있다는 과학자들의 의견을 근거로 활용하여 주장을 뒷받침하고 있다.
③ ⓑ: 동물원의 동물이 스트레스를 받고 있다는 주장을 뒷받침할 수 있는 근거를 체계적으로 제시하고 있다.
④ ⓒ: 동물원의 긍정적 기능을 나열한 후, 각 기능의 한계를 분석하고 있다.
⑤ ⓒ: 자신의 관점과 상반되는 주장의 내용을 언급한 후, 주장의 모순점을 비판하고 있다.

**[10~11]** 다음은 학생이 '어린이 제품의 안전성 확보 방안'을 주제로 쓴 글의 초고이다. 물음에 답하시오.

최근 장난감, 문구 등 어린이 제품에서 기준치를 초과하는 유해 물질이 연이어 검출되면서 국민들의 불안이 가중되고 있다. 산업통상자원부에서 조사한 결과, 어린이용 완구나 의류 등 17개 제품에서 기준치를 초과한 유해 물질이 검출됐다. 심지어 환경 호르몬의 일종인 프탈레이트계 가소제가 기준치의 300배, 중금속 물질인 카드뮴이 기준치의 9,000배를 초과한 제품도 있어 충격을 주고 있다.

어린이 제품에서 검출된 프탈레이트는 딱딱한 플라스틱을 부드럽게 하기 위해 사용하는 화학 첨가제로, 간과 신장 장애, 생식 기능 이상 및 성장 방해를 일으킬 수 있다. 또한 카드뮴이나 납 등과 같은 중금속 역시 인지 및 언어 장애를 유발할 만큼 위험한 물질이다. 더구나 어린이들은 화학 물질이 소화관에 침투할 가능성이 성인보다 5배가 높고, 화학 물질을 제거하거나 배출하는 능력은 성인에 비해 약하기 때문에 화학 물질이 체내에 축적될 가능성이 높다. 또한 어린이들은 물건을 입으로 접촉하는 경우가 많아 그 위험성은 커질 수밖에 없다.

현재 우리나라는 어린이가 사용하는 제품의 안전을 확보하기 위하여 관련 법안을 시행하고 있다. 2015년부터 시행되고 있는 '어린이 제품 안전 특별법'은 정부가 정한 공통 안전 기준을 충족한 어린이 제품에 대해 'KC 인증'을 부여하고, 인증을 거친 제품만 시장에 유통될 수 있도록 하고 있다. 또한 유통 중인 어린이 제품을 대상으로 환경 유해 인자 함유량을 평가하여 그 기준을 초과하는 경우에는 사용이나 판매를 금지하고 있다. 그러나 이런 법적 제도에도 불구하고 어린이 제품에서 유해 물질이 계속 검출되고 있는 만큼, ㉮ 정부의 추가적인 대책이 필요하다.

또한 어린이 제품을 제조·수입·판매하는 업체들

은 제품의 단가를 낮추고 이윤을 늘리기 위해 불법·불량 제품을 생산·유통하는 행위를 중단하고 관련 규정을 준수하기 위해 노력해야 한다. 그뿐만 아니라 생산업체 스스로 생산 전 과정에 걸쳐 유해 물질을 관리할 수 있는 자체 계획을 수립하고, 이를 추진할 수 있도록 담당 부서 및 인력을 확충해야 한다. 어린이 제품을 수입하거나 판매하는 업체들 또한 제품의 안전성 검증을 위한 노력을 강화해야 한다.

아울러 불법·불량 제품이 여전히 유통되고 있으므로, 시민 단체와 소비자가 협력하여 감시자의 역할을 해야 한다. '제품 안전 정보 센터'를 통해 어린이 제품에 대한 인증 및 유해 정보를 확인하거나 제품에 표시된 환경 유해 인자 함유 여부 및 함유량을 확인하여, 문제가 있는 제품을 발견할 경우 관련 기관에 신고할 수 있어야 한다.

유해한 어린이 제품이 시중에 유통되지 않도록 하기 위해서는 정부, 어린이 제품 관련 업체, 소비자 및 시민 단체의 노력이 동반되어야 한다. 이런 노력을 바탕으로 신뢰할 수 있는 어린이 안전 시스템이 구축될 때, 우리나라도 어린이의 건강이 보장되는 안전 국가로 나아갈 수 있을 것이다.

## 10 ◎ 20829-0179

**〈보기〉는 학생이 작성한 개요이다. 〈보기〉의 ⓐ~ⓔ를 구체화한 계획 중, 윗글에 반영되지 않은 것은?**

보기

- 서론: 어린이 제품의 안전성 실태 제시 ······· ⓐ
- 본론
  1. 어린이 안전사고의 유형과 원인 ············· ⓑ
  2. 어린이 제품에서 검출된 유해 물질의 문제점 ························ ⓒ
  3. 어린이 제품의 안전성 확보를 위한 방안 ··· ⓓ
     - 정부 차원
     - 소비자 및 시민 단체 차원
- 결론: 문제 해결을 위한 노력 촉구 ············· ⓔ

① ⓐ: 구체적 수치가 나타난 조사 결과를 사례로 들어 실태의 심각성을 드러내자.
② ⓑ: 글의 주제와 관련이 없는 내용이므로 글의 내용에서 제외하자.
③ ⓒ: 개인적 차원과 사회적 차원으로 구분하여 문제점을 분석하자.
④ ⓓ: 업체 차원의 해결 방안을 추가하여 논지의 타당성을 강화하자.
⑤ ⓔ: 문제 해결을 위한 노력의 필요성과 함께 전망을 제시하자.

## 11 ⊙ 20829-0180

**〈보기〉를 활용하여 〈조건〉이 모두 충족되도록 ㉮를 수정 · 보완한 것으로 가장 적절한 것은?**

**보기**

**(1) 신문 기사**

KC 인증 표시가 부착된 어린이 제품에서 유해 물질이 검출되는 사례가 근절되지 않고 있다. KC 인증을 받았는데도 유해 물질이 검출되는 이유는 일부 업체들이 KC 인증 마크만 받아 낸 후, 단가를 낮추기 위해 다른 소재로 만든 제품을 판매하기 때문이다.

**(2) 전문가 인터뷰**

우리나라는 프탈레이트 물질 3~6종에 한해 규제를 하고 있기 때문에, 규제 대상으로 지정된 프탈레이트 물질을 피해 새로운 화학 첨가제를 사용할 경우 이를 제재할 방법이 없습니다. 따라서 관련 규정 개정을 통해 관리 대상을 확대할 필요가 있습니다. 또한 새로운 유해 물질의 관리 기준과 유해 물질의 함유 여부를 시험할 수 있는 방법을 개발하는 시스템을 마련해야 합니다.

**조건**

- (1)에서 문제점을 찾아, 이를 해결할 수 있는 정부의 방안을 ㉮에 포함할 것.
- (2)에서 전문가의 의도를 모두 반영하여 ㉮를 구체화할 것.

① 정부는 국가에서 지정한 공통 안전 기준을 충족한 제품에 대해 KC 인증 마크를 부여하는 제도를 운영해야 한다. 또한 새로운 종류의 프탈레이트 물질에 대한 기준을 마련하고 이를 관리할 수 있도록 시험 방법을 마련해야 한다.

② 정부는 관련 기관과 협조하여 어린이 제품에 대한 실태 조사를 실시하여 유해 제품에 대해 강력한 조치를 취해야 한다. 그리고 현재 시행 중인 법적 제도의 문제점을 분석하여 이를 해결할 수 있는 추가적인 방안을 마련해야 한다.

③ 업체들은 어린이 제품의 안전성을 확보하기 위해 정부의 규정과 지침을 준수하려는 양심적 태도를 갖추어야 한다. 그리고 정부에서는 유해 물질 관련 규정을 개정하여 새로운 유해 물질에 대한 기준을 마련해야 한다.

④ 정부는 어린이 제품이 유통되고 있는 시장과 상점 등을 대상으로 수시 단속을 실시하여 단속의 사각지대가 발생하지 않도록 엄격하게 시장을 감시해야 한다. 그리고 새로운 유해 물질의 함유량을 평가하여 기준치를 초과한 제품에 대해 제재를 해야 한다.

⑤ 정부는 제품이 유통되기 전 사전 검사뿐만 아니라, 어린이 제품에 대한 사후 점검을 강화하여 안전 기준을 충족한 제품만이 지속적으로 유통될 수 있도록 해야 한다. 또한 유해 물질 관리 대상을 확대하는 동시에 유해 물질을 체계적으로 관리하는 시스템을 운영해야 한다.

**[12~14] 다음은 학생이 쓴 글의 초고이다. 물음에 답하시오.**

교장 선생님, 안녕하세요? 저는 2학년 ○반 김미선입니다. 제가 이렇게 글을 쓰는 이유는 '학생 자치 법정'의 운영을 건의 드리기 위해서입니다.

현재 우리 학교는 상·벌점 제도를 운영하고 있습니다. 이 제도에 따라 50점 이상의 벌점을 받은 학생은 규정에 따라 의무적으로 선도 처분을 받고 있습니다. 이 과정에서 학생들이 자신의 의견을 개진할 수 있는 기회와 방법은 없습니다. 그러다 보니 우리 학교의 생활 지도 방식에 대해 부정적으로 평가하는 학생들이 늘어나고 있습니다.

이를 개선하기 위해 학생 자치 법정을 도입하여 운영하였으면 좋겠습니다. 학생 자치 법정은 학생들이 스스로 판사, 검사, 변호사, 배심원단 등의 역할을 맡아 학교 규칙을 위반한 교내 학생을 선도하는 제도입니다. 학생들이 직접 변호 및 판결의 과정에 참여하여 과벌점 학생에 대한 교육 처분을 결정하는 것입니다. 학생들이 다른 학생의 잘못된 행동에 대해 판결을 내린다는 것에 대해 우려하실 수도 있습니다. 그러나 이 제도를 시행하고 있는 □□학교의 사례를 소개한 신문 기사에 의하면, 학생 자치 법정 제도에 대한 학생들의 신뢰가 매우 높은 편이었으며, 학생들 대부분이 학생 자치 법정의 판결이 합리적이고 공정하다고 인식하고 있었습니다.

물론 이 제도를 성공적으로 운영하기 위해서는 많은 노력과 준비가 필요합니다. 무엇보다 학생들이 판사, 검사, 변호사, 배심원단의 역할을 제대로 수행할 수 있도록 학교에서 체계적인 교육을 실시해야 할 것입니다. 또한 전교생이 학생 자치 법정 제도를 올바르게 이해할 수 있도록 연수도 실시해야 할 것입니다. 학생 교육 및 연수 시간, 자치 법정 운영 시간 등을 확보하는 것이 어렵다고 생각하실 수 있겠지만, 자율 활동 시간을 활용한다면 충분히 가능하다고 생각합니다. 학생 자치 법정을 통해 민주 시민으로의 역량과 학생 자치 능력을 신장할 수 있는 만큼, 학생 자치 법정은 자율 활동의 목적에도 부합됩니다.

또한 이 제도는 학생들의 생활 지도에도 큰 도움이 됩니다. 학생 자치 법정에 참석한 과벌점 학생은 학교 규칙을 이해하고 자신의 잘못을 반성할 수 있는 기회를 가질 수 있습니다. 또한 학생들이 학교 규칙에 따라 문제를 해결해 나감으로써 준법 의식을 배울 수도 있습니다. 또한 변호의 과정에서 다른 학생의 사정이나 어려움을 들어 줌으로써 타인에 대한 공감 능력을 키울 수 있으며, 판결을 수용하고 이행하는 과정을 통해 학생의 가치관과 태도를 변화시킬 수 있습니다.

항상 주체적이고 능동적인 사람이 되라는 교장 선생님의 말씀은 저희에게 큰 울림을 주었습니다. 학생 자치 법정은 학생들이 스스로 활동을 기획하고 주도하며 합리적으로 문제를 해결해 나가는 제도입니다. 따라서 이 제도를 운영한다면 우리 학교 학생들은 분명 교장 선생님께서 주신 따뜻한 가르침을 자양분 삼아 스스로 꽃을 피우는 나무로 성장해 나갈 것입니다. 끝까지 읽어 주셔서 정말 감사합니다.

## 12 ◎ 20829-0181 서술형

**윗글에서 〈보기〉에 제시된 설득 전략이 사용된 부분을 찾아 〈조건〉에 맞게 서술하시오.**

**보기**

필자는 독자를 설득하기 위해 독자의 감정에 호소하는 전략을 사용한다. 예를 들어 감성적인 어휘나 비유적 표현 등을 사용하여 독자의 자긍심, 동정심 등의 감정을 유발한다.

**조건**

- 설득 전략이 사용된 문단의 순서를 숫자로 쓸 것.
- 설득 전략이 사용되었다고 판단한 이유를 함께 설명할 것.

## 13 ◎ 20829-0182

**〈보기〉는 윗글을 쓴 학생이 독자를 분석하여 글쓰기 계획을 세운 내용이다. 윗글에 반영된 것만을 〈보기〉에서 모두 골라 묶은 것은?**

보기

ㄱ. 독자에게 학생 자치 법정 제도가 생소할 수 있으므로, 학생 자치 법정 제도의 개념과 우리나라에 도입된 배경을 분석해야겠군.

ㄴ. 독자는 판결의 주체와 선도의 대상이 모두 학생이라는 점을 우려할 수 있으므로, 제도의 공정성과 신뢰성을 부각할 수 있는 사례를 제시해야겠군.

ㄷ. 독자는 상·벌점 제도의 교육적 효과에 대해 궁금해할 수 있으므로, 학생들의 의견을 바탕으로 상·벌점 제도의 장점과 단점을 제시해야겠군.

ㄹ. 독자는 학생 자치 법정을 운영하는 데 드는 시간을 확보할 수 있는지에 대해 고민할 수 있으므로, 현재 교육과정 내에서 실현 가능한 방안을 제시해야겠군.

① ㄱ, ㄴ ② ㄱ, ㄷ ③ ㄱ, ㄹ
④ ㄴ, ㄷ ⑤ ㄴ, ㄹ

## 14 ◎ 20829-0183

**〈보기〉의 ㉠~㉤을 바탕으로 윗글을 분석한 내용으로 적절하지 않은 것은?**

보기

건의문을 쓸 때에는 ㉠건의 목적과 ㉡문제 상황을 분명하게 밝혀야 한다. 또한 건의문은 독자의 공감이나 행동 변화를 목적으로 하므로 ㉢해결 방안과, ㉣그 해결 방안이 실현되었을 때 나타날 수 있는 긍정적인 효과를 함께 제시하는 것이 효과적이다. 그리고 ㉤격식과 예의에 맞는 정중한 표현을 사용해야 한다.

① ㉠: '학생 자치 법정'을 운영하여 과벌점 학생을 선도할 것을 건의하고 있다.
② ㉡: 과벌점 학생들이 선도 처분을 받는 과정에서 의견을 개진할 수 있는 기회와 방법이 없는 것을 문제점으로 인식하고 있다.
③ ㉢: 학생들이 직접 변호 및 판결의 과정에 참여하여 과벌점 학생에 대한 교육 처분을 결정하는 방안을 제시하고 있다.
④ ㉣: 교과 학업 능력과 생활 지도 측면에서 각각 학생들이 얻을 수 있는 장점을 제시하고 있다.
⑤ ㉤: 격식을 갖추어 인사말을 하고 있으며, 경어체를 사용하고 있다.

**[15~16] 다음은 청소년을 예상 독자로 하여 '청소년 성인병'에 대해 쓴 글의 초고이다. 다음 물음에 답하시오.**

성인병은 주로 35~40세 이후의 성인이나 노인에게 많이 발생하는 질환으로 심장 질환, 고혈압, 고지혈증, 당뇨병, 비만 등이 이에 해당한다. 그러나 최근 성인병에 노출된 청소년들이 늘어나고 있다. 청소년 성인병은 대개 만성 성인병으로 이어지며, 그 치료가 쉽지 않고 합병증 위험이 높아 개인의 건강을 위협하는 요인이 된다. 또한 청소년 성인병을 진료하는 데 많은 비용이 들고 있어 이에 따른 사회적 비용 부담도 증가하고 있다.

청소년 성인병의 발병 원인은 크게 식습관 측면과 운동 습관, 생활 습관 측면으로 구분하여 살펴볼 수 있다. 식습관 측면에서는 고지방·고칼로리 음식의 잦은 섭취, 당류와 나트륨의 과도한 섭취 등을 그 원인으로 볼 수 있다. 특히 우리나라 청소년들은 하루 평균 당류 섭취량이 69.6g으로 이미 세계 보건 기구가 권장하는 섭취량인 50g을 초과하였으며, 나트륨의 경우 하루 충분 섭취량의 2배를 넘어선 4,110g을 섭취하고 있다. 문제가 심각한 만큼 각별한 주의가 필요하다. 또한 운동 습관 측면에서는 운동 부족으로 인한 신체 활동량 감소를 청소년 성인병의 원인으로 지적할 수 있다. 마지막으로 생활 습관 측면에서 과도한 학업 스트레스로 인한 수면 부족과 불규칙한 생활도 청소년 성인병의 원인이 된다.

청소년 성인병을 예방하기 위해서는 식습관부터 바꾸도록 한다. 당류가 높은 가공식품, 칼로리와 나트륨의 수치가 높은 패스트푸드, 과도한 육류 섭취를 피해야 한다. 대신 과일이나 채소, 견과류를 자주 섭취하는 것이 좋다. 또한 하루에 최소 30분 이상 운동을 하는 습관을 갖는 것이 좋다. 학생들은 활동이 적고 공부하는 시간이 많은 만큼, 가볍게 걷거나 뛰는 유산소 활동은 반드시 필요하다. 그리고 취미·여가 활동을 통해 심리적 안정을 취하거나 규칙적인 생활 습관을 갖는 것도 청소년 성인병을 예방하는 데 도움이 된다. 최근 국민 건강 영양 조사에서 밝혔듯이, 아침 식사를 거른 사람은 아침 식사를 먹는 사람들보다 비만율이 13%, 대사 증후군 위험도가 20% 높아진다고 하니, 아침 식사를 규칙적으로 챙겨 먹는 습관을 기르도록 한다.

성인병은 더 이상 청소년과 무관한 이야기가 아니다. ㉠성인병을 예방하는 방법이 우리의 생활 가까이에 있음을 명심하고, 우리 모두가 건강한 삶을 유지할 수 있도록 성인병 예방을 위한 방법을 적극 실천해야 한다.

## 15 ◎ 20829-0184

**〈보기〉는 윗글을 쓰기 전에 필자가 자유 연상을 통해 생성한 내용들이다. 필자가 ⓐ~ⓔ를 점검한 내용 중, 윗글에 반영되지 않은 것은?**

보기

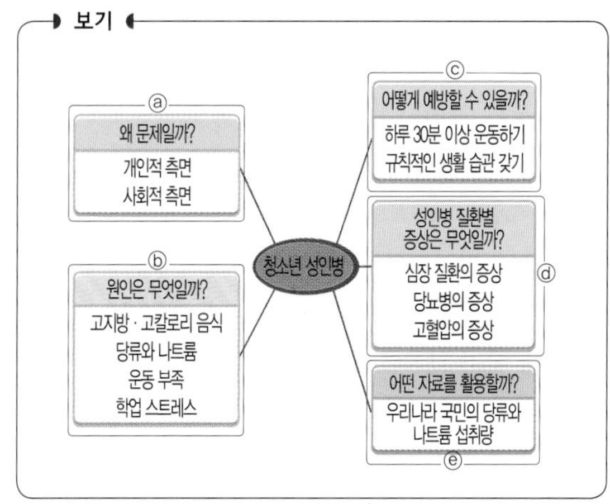


① ⓐ: '개인 건강 위협'과 '사회적 비용 부담 증가'와 같은 내용으로 구체화해야겠군.
② ⓑ: 식습관, 운동 습관, 생활 습관으로 나누어 내용을 체계적으로 제시해야겠군.
③ ⓒ: 글을 쓰는 목적을 고려하여 '정기적 검진 실시하기'라는 항목을 추가해야겠군.
④ ⓓ: 주제와의 관련성이 떨어지므로 글을 쓸 때 다루지 않는 것이 좋겠군.
⑤ ⓔ: 예상 독자를 고려하여 우리나라 청소년의 당류와 나트륨 섭취량에 대한 자료로 한정해야겠군.

## 16 ◎ 20829-0185

**윗글의 ㉠을 목적으로 하는 홍보 문구를 〈조건〉에 맞게 작성하려고 한다. 작성한 글로 가장 적절한 것은?**

**조건**

- 윗글에서 청소년 성인병을 예방하기 위한 방법으로 제시한 정보를 활용할 것.
- 대구와 비유적 표현을 사용할 것.

① 당신이 건강해질수록 사회도 건강해집니다. 식습관, 운동 습관, 생활 습관을 바꾸면 당신도 건강해질 수 있습니다.

② 몸에 나쁜 패스트푸드와 육류 섭취는 줄이고, 몸에 좋은 영양제 섭취는 늘리자! 영양제는 늘 당신 곁에 두어야 할 친구입니다.

③ 청소년 성인병, 최고의 예방 주사는 아침 식사! 아침 식사를 규칙적으로 하는 습관이야말로 건강한 미래로 가는 지름길입니다.

④ 마음이 편안해야 몸도 편안합니다. 공부도 중요하지만 취미 활동도 중요합니다. 성인병 예방을 위해 취미 활동을 즐겨 보세요.

⑤ 당류와 나트륨의 양은 줄이고, 운동과 여가 시간의 양은 늘리고! 당신의 좋은 습관이 성인병 위험으로부터 당신의 생명을 지켜 줄 최고의 명의입니다.

**[17~19] 다음을 읽고 물음에 답하시오.**

**가 학생의 메모**

- 현상: 청소년이 아르바이트를 할 때 부당 처우를 받는 경우가 많음.
- 문제의식: 청소년의 인식이 부족해서일까? 아니면 사회적 관심이 부족해서일까?
- 서술 방향
  - 청소년 아르바이트의 현황 및 실태를 분석하여 그 문제점을 고발함.
  - 근로관계법에 대한 인식이 부족한 청소년 노동자들에 대한 부당 처우를 예방 및 근절할 수 있는 대책을 마련할 것을 촉구함.

**나**

㉠ 아르바이트를 한 청소년들이 경험한 부당 처우의 유형

(중복 응답, 단위 %)

| 차별 대우 및 폭언 | 임금 관련 피해 | 부당한 노동 강요 |
|---|---|---|
| 42.2 % | 30.3 % | 18.5 % |

㉡ 근로관계법 위반으로 적발된 청소년 고용 사업장의 위반 사례별 비율

(중복 응답, 단위 %)

| 위반 사례 | 비율 |
|---|---|
| 근로 조건을 명시한 계약서를 작성하지 않음. | 41.5 |
| 임금을 체불함. | 27.4 |
| 최저 임금을 지급하지 않음. | 16.1 |
| 계약된 내용과는 다른 근무를 강요함. | 7.8 |

㉢ 신문 기사

청소년들을 대상으로 아르바이트에서 부당 처우를 당했을 때 어떻게 대처했느냐는 질문에 대해 참고 일했다(41.1%)는 응답이 가장 많았으며, 일을 그만두거나(37.3%), 개인적으로 항의하는(19.2%) 등 소극적으로 대처하는 사례가 대부분인 것으로 드러났다. (중략)

청소년 생활 연구소장인 ○○○는 "청소년이 일하기 좋은 근로 환경을 갖춘 사업장을 청소년 아르바이트 친화 가게로 인증하는 제도, 청소년들이 언제 어디서나 쉽게 작성하고 보관할 수 있도록 모바일 근로 계약서 작성 서비스 등을 운영해야 한다."라고 밝혔다.

## 17 ⓒ 20829-0186

(가)를 고려하여 글쓰기 계획을 구체화한 것으로 적절하지 않은 것은?

| | |
|---|---|
| 논거 자료 | • 아르바이트 경험이 있는 청소년의 비율에 대한 통계 자료 ········ ①<br>• 아르바이트에서 부당 처우를 경험한 청소년 비율에 대한 통계 자료<br>• 근로관계법에 대한 청소년들의 인식 수준에 대한 설문 조사 자료 ········ ②<br>• 청소년을 고용한 사업장의 근로관계법 위반 사례를 조사한 통계 자료 |
| 내용 구성 방향 | • 서론: 청소년 아르바이트의 현황과 부당 처우 실태를 지적하여 논의의 필요성을 밝힘. ········ ③<br>• 본론<br>1. 아르바이트를 하는 청소년들이 증가하고 있는 원인을 분석함. ········ ④<br>2. 청소년 고용 업주가 근로관계법을 준수하도록 관리 감독을 강화할 것을 요구함.<br>3. 아르바이트를 하는 청소년들을 위한 상담 및 신고 제도를 확대 및 홍보할 것을 제안함.<br>4. 청소년을 대상으로 근로 권익에 대한 교육을 실시할 것을 촉구함. ········ ⑤<br>• 결론: 논의를 종합하며 주제를 강조함. |

## 18 ⓒ 20829-0187 서술형

〈보기〉는 글의 내용을 선정하는 과정에서 필자가 제외한 자료이다. (가)를 바탕으로 〈보기〉가 적절하지 않은 이유를 서술하시오.

보기

청소년의 발달 과정에서 청소년들이 할 수 있는 최소한의 경제 활동인 아르바이트는 청소년기를 시작하면서 접할 수 있는 새로운 사회적 경험의 한 부분이 되기도 한다.

청소년들은 아르바이트를 통해 정서적으로 독립을 하거나 사회적으로 책임 있는 행동을 수행하는 연습을 조기에 할 수 있다.

## 19 ⓒ 20829-0188

(나)를 활용하기 위한 방안으로 적절하지 않은 것은?

① ㉠을 활용할 때에는 수치가 낮은 항목은 글의 주제와 관련이 없으므로 논의 대상에서 제외한다.

② ㉡을 활용할 때에는 청소년을 고용한 전체 사업장 중 근로관계법을 위반한 사업장의 비율을 함께 제시한다.

③ ㉢을 활용할 때에는 부당 처우를 겪은 청소년들이 소극적인 대처를 한 이유에 대한 정보를 함께 제시한다.

④ ㉠과 ㉡은 청소년을 고용한 사업장에 대한 관리 감독이 강화되어야 한다는 주장을 뒷받침하는 자료로 활용한다.

⑤ ㉡과 ㉢은 법의 사각지대가 발생하지 않도록 청소년들의 근로 환경을 개선할 수 있는 실질적 장치를 마련해야 한다는 주장을 뒷받침하는 자료로 활용한다.

Ⅲ 작문의 원리와 실제

단원 이해

# 3. 자기표현과 사회적 상호 작용을 위한 작문 – [1] 친교를 표현하는 글

덤덤

• 친교 표현을 위한 매체의 변화

| 과거 | 편지 등 인쇄 매체 활용 |
|---|---|
| 현재 | 전자 우편, 문자 메시지, 누리소통망(SNS) 등 다양한 매체 활용 |

• 말하기 상황의 구성 요소

말하기 상황은 화자와 청자 간의 의사소통이 이루어지고 있는 배경을 의미하며, 말하기의 주제와 목적, 청자, 매체, 담화 유형 등과 같은 요소들로 구성됨.

## 1 작문 맥락과 친교를 표현하는 글

(1) 친교를 표현하는 글을 쓸 때에는 글의 주제와 목적, 독자, 매체 등의 작문 맥락을 분석한 후, 그 분석 결과를 고려하여 글을 구성하고 표현해야 함.

(2) 친교를 표현하는 글은 의사소통 상황에 따라 사적으로 친구나 가족에게 안부를 묻거나 공적으로 감사, 축하, 격려 등의 내용을 담아 표현하는데, 이들은 모두 상대방과 원만한 관계를 유지하며 상호 작용하는 데 목적이 있음.

(3) 친교를 표현하는 글을 쓸 때에는 이러한 목적과 주제를 효과적으로 전달하기 위해 독자를 존중하고 배려하는 것이 중요함.

(4) 독자가 누군지에 따라 다룰 수 있는 내용과 표현 방법이 달라지기 때문에 독자를 고려하여 표현해야 함.

(5) 독자와의 효과적인 상호 작용을 위해 적절한 매체를 선정하는 것도 중요함.

## 2 독자와의 상호 작용을 위한 친교를 표현하는 글

(1) 사적으로 친교를 표현하는 글은 가족이나 친구, 선생님 등 다른 사람에게 사연을 전하는 편지 같은 글을 예로 들 수 있음.

(2) 개인적 의사소통 상황에서 필자는 독자와 친숙한 관계에 있음.

(3) 편지나 누리소통망(SNS) 등을 이용하여 의사소통할 경우 말로 전달하기 어려운 생각이나 정서를 표현할 수 있다는 장점이 있음.

(4) 공적으로 친교를 표현하는 글에는 공식적인 관계 속에서 감사의 마음을 전하는 글이나 축하의 마음을 전하는 글, 힘든 일을 겪은 사람들을 격려하는 글 등이 포함될 수 있음.

(5) 이러한 글은 사회적 의사소통 상황에서 이루어지기 때문에 사적으로 친교를 표현하는 글보다 관습화된 어휘와 정중하면서도 격식 있는 표현을 주로 사용하는 특징이 있음.

(6) 다수의 독자를 상대로 의사소통이 이루어지기도 하며, 친숙하지 않은 독자에게도 자기의 의사를 표현해야 한다는 특징이 있음.

## 내신 기본 UP

**내용 연구**

**제재 분석**
해외에서 고국에 있는 친구에게 문화를 주제로 쓴 편지글이다. 자신의 문화에 대한 가치관이 바뀌게 된 경험을 바탕으로 서술하고 있다.

**어휘 풀이**
- **대중가요** 널리 대중이 즐겨 부르는 노래.
- **팝** 클래식이나 예술 음악에 대하여 일반 대중이 즐겨 부르는 통속적인 성격의 음악을 통틀어 이르는 말.

**[01~02] 다음은 편지 초고이다. 물음에 답하시오.**

친구에게.

안녕, ○○아. 잘 지내지? 지난번 편지 잘 받았어. 고마워. 여름 방학 동안 고모가 계신 영국에 와 있으면서 참 즐겁게 지내고 있어. 길지 않은 시간인데도 벌써 한국에 있는 가족과 친구들이 보고 싶구나.

너도 알다시피 나는 서구의 문화를 동경해 왔어. 그래서 이번에도 고모가 계신 영국에 꼭 가고 싶다고 부모님께 부탁을 드린 거야. 지금까지는 우리의 문화가 서구의 문화보다 열등하다고 생각했던 것 같아. 우리의 전통 음악이나 그림은 서구의 것보다 아름답지 않다고 생각했고, 우리가 즐겨 듣는 대중가요도 서구의 팝송에 비하면 세계적으로 사랑받기 어려운 우리만의 노래라고 생각했어. 그런데 지난주 런던 거리에서 우연히 감격스러운 장면을 보았어. 한 무리의 사람들이 광장 한복판에서 우리 대중가요에 맞추어 춤을 추는 게 아니겠니, 익숙한 멜로디에 가까이 다가가 흥얼거렸는데, 인종이 다른 여러 사람이 모여 노래를 흥얼거리는 게 아니겠어? 인종도 다르고 언어도 다르지만 우리 음악이 모두에게 감동을 줄 수 있다는 게 인상적이었어.

사람들은 흥이 오르자 하나둘 춤을 추기 시작했고, 나도 처음 본 사람들과 어울려 우리 노래에 맞춰 춤을 추고 노래를 불렀단다. 그 경험을 통해 우리 문화에 대한 생각이 바뀌게 되었어. 지금까지 외국 가수들에 비해 실력이 부족하다고 생각했던 우리나라 가수의 노래가 팝의 본고장인 영국 런던 거리에서 울려 퍼지게 될 걸 상상이나 할 수 있었겠니?

며칠 후, 그때의 감동을 한국에 있는 사람들과 나누고 싶어서 찍어 둔 동영상을 SNS에 올렸고 동영상을 본 사람들의 반응도 매우 뜨거웠어. <u>㉠이번 경험을 통해 인종이 문화 교류를 막을 수 없다는 걸 깨달았어</u>. 김구 선생님께서 “오직 한없이 가지고 싶은 것은 높은 문화의 힘이다.”라고 하신 말씀처럼 앞으로 우리 문화의 힘을 긍정하면서 우리 문화를 세계 곳곳에 소개하고 싶다는 생각이 들었어.

보고 싶구나. 친구야. 한국에 돌아가면 친구들과 함께 우리 문화의 아름다움을 느끼며 얘기하고 싶어. 잘 지내고 한국에서 보자.

**01** 20829-0189

**학생이 글쓰기 전에 세운 작문 계획 중 초고에 반영되지 <u>않은</u> 것은?**

① 편지 서두에서 편지를 보내 준 친구에 대한 고마움을 드러내야겠어.
② 다른 사람의 말을 인용하여 과거에 가졌던 나의 생각을 비판해야겠어.
③ 외국에서의 경험을 계기로 가치관이 변화하게 되었음을 제시해야겠어.
④ 나의 변화된 가치관을 바탕으로 친구들과 교류하고 싶음을 언급해야겠어.
⑤ SNS를 활용하여 나의 경험을 다른 이들과 공유했던 사례를 언급해야겠어.

**02** ◎ 20829-0190 서술형

**〈보기〉는 학생이 ㉠을 고쳐 쓰는 과정에서 고려한 점이다. ㉡에 대해 서술하시오.**

보기

(1) 학생의 고민: '문장이 직설적인 것 같아. 문화 교류를 막을 수 없다는 걸 강조하고 싶은데.'
(2) 고쳐쓰기 과정에서 사용한 표현법과 구체적 수정 과정 : ( ㉡ )
(3) 고쳐 쓴 문장: 이번 경험을 통해 피부색이 문화 교류의 장벽이 될 수 없다는 걸 깨달았어.

**내용 연구**

**제재 분석**
친구와 함께한 봉사 활동의 의미를 되새기며 쓴 편지글이다. 상대에게 친교를 표현하는 글쓰기 상황을 보여 주고 있다.

**어휘 풀이**
• **궁벽하다** 매우 후미지고 으슥하다.

**[03~06] 다음은 친구에게 쓴 편지의 초고이다. 물음에 답하시오.**

**[학생의 초고]**

안녕, 민수야.

얼마 전 함께한 봉사 활동 참 의미 있었어. 나한테 봉사 활동의 기회를 준 너에게 고맙다는 말을 하고 싶었어.

우리는 봉사 단체를 통해 소개받은 한 할머니를 찾아뵈었지. 할머니는 처음 보는 우리를 친손자처럼 반겨 주셨어. 할머니께 식사를 차려 드리고, 음식을 드시는 할머니와 이런저런 이야기를 나누었지. ㉠<u>우리는 할머니께서 불편한 다리로 거동하시는 것을 알게 되었어</u>. 식사 후 우리는 집안일을 더 도와 드리려고 했지만, 할머니께서는 괜찮으시다면서 식사할 때 말벗을 해 준 것만으로도 최고의 선물이라고 하시며 활짝 웃으셨던 게 기억에 남네. 할머니와 헤어질 때 할머니께서는 아쉬워하시며 우리 손을 꼭 잡아 주셨지. 그 ㉮<u>따뜻한 손길</u>에 나는 갑자기 눈물이 났어. 할머니의 따뜻한 정이 느껴졌거든.

사실 할머니가 손을 잡아 주셨을 때, 작년에 돌아가신 할아버지가 떠올랐거든. 할아버지가 살아계실 때 나는 시골 할아버지 댁에 가는 걸 싫어했었어. 워낙 궁벽한• 곳이라 슈퍼마켓도 없었거든. 부모님에게 억지로 끌려가듯 할아버지 댁에 가면 할아버지께서는 나를 반기시며 산에서 따 온 감이며 밤이며 제철 과일들을 내놓곤 하셨지. 그때는 안 먹는다고 투정을 부렸는데 그럴 때마다 할아버지께서는 인자한 미소를 지으시면서 ㉯<u>따뜻한 손길</u>로 내 손을 꼭 잡아 주셨어. 봉사 활동에서 만난 할머니의 따뜻한 손길이 할아버지의 사랑을 깨닫게 해 준 것 같아.

집에 돌아와서 뉴스를 통해 하루에 한 끼도 제대로 해결하지 못하는 어르신들의 사연을 듣고 나는 할머니의 따뜻한 손길이 생각나서 꾸준히 찾아뵈어야겠다고 다짐했어. 내 생각에 나 혼자보다는 너와 함께 하면 할머니께서 더 좋아하실 것 같아서 편지 보내. 부담 갖지 말고 생각 정리되면 연락해 줘.

| Ⓐ |
|---|

20829-0191

**학생이 초고를 작성하기 위해 세운 계획 중 윗글에 활용되지 않은 것은?**

① 봉사 활동에 함께해 준 친구에 대한 고마움을 드러내야겠군.
② 개인적인 추억 때문에 봉사 활동이 더욱 각별했음을 드러내야겠군.
③ 봉사 활동을 통해 과거의 행동을 반성하게 되었음을 드러내야겠군.
④ 지속적으로 봉사 활동 할 것을 권유하기 위해 편지를 쓰게 되었음을 드러내야겠군.
⑤ 언론 보도를 통해 들은 정보가 봉사 활동을 시작하게 된 계기가 되었음을 드러내야겠군.

20829-0192

**다음은 학생이 고쳐쓰기 과정에서 ㉠ 뒤에 삽입한 문장이다. 점검 과정에서 고려했을 내용으로 적절한 것은?**

> 그렇게 불편하신 몸으로 집 안에서 홀로 하루 종일 계신다니 가슴이 아팠어.

① 대상에 대한 객관적 정보를 추가하여 대상의 처지를 강조한다.
② 비유적 표현을 활용하여 대상에 대한 연민의 정서를 강조한다.
③ 대상에 대해 과거에 느끼지 못했던 감정을 제시하여 뒤늦은 후회를 강조한다.
④ 경험을 통해 느낀 감정을 진술하여 대상의 처지에 공감하게 되었음을 강조한다.
⑤ 진술한 경험과 비슷한 유형의 경험을 추가하여 경험이 반복적으로 이루어졌음을 강조한다.

20829-0193

**㉮와 ㉯를 중심으로 파악한 윗글의 글쓰기 전략으로 가장 적절한 것은?**

① 과거에 제대로 이해하지 못했던 ㉯의 의미를 ㉮를 통해 되새기고 있다.
② 개성적인 의미를 가졌던 ㉮를 관습적 의미를 가진 ㉯로 바꾸어 주제를 일반화한다.
③ 문제의 원인인 ㉮와 문제의 해결 방안의 단서인 ㉯를 대응시켜 글의 논리성을 강화한다.
④ 정신적 가치를 상징하는 ㉮와 물질적 가치를 상징하는 ㉯를 대비하여 그 차이를 부각한다.
⑤ ㉯와 연관된 과거의 체험을 더 과거의 사건인 ㉮와 연관된 체험과 연결 지어 의미를 강화한다.

20829-0194 서술형

**〈보기〉를 바탕으로 Ⓐ에 마무리하는 문장을 추가하여 서술하시오.**

보기

• 초고에 대한 자기 점검: 편지 서두에서 언급한 봉사 활동에서 얻은 의미를 구체화하면서 상대에 대한 고마움을 다시 한번 강조하면서 마무리해야겠어.

Ⅲ 작문의 원리와 실제

단원 이해

# 3. 자기표현과 사회적 상호 작용을 위한 작문 – [2] 정서를 표현하는 글

덤덤

• 정서 표현의 글을 쓰기 위한 소재

정서 표현의 글을 쓰기 위한 경험이 반드시 특별할 필요는 없으며, 사소한 경험 가운데에서도 자기의 생각이나 느낌을 드러내는 데 적합한 것이면 됨.

## 1 대상에 대한 정서를 표현하는 글의 특징

(1) 일상에서 겪는 경험은 사람들에게 기쁨, 슬픔, 안타까움 등과 같은 정서적 반응을 불러일으키고 이를 오랫동안 기억하고 다른 사람들과 공유하기 위해 기행문, 감상문 등 정서를 표현하는 글을 쓸 수 있음.

(2) 기행문은 여행하면서 보고, 느낀 것을 기록한 글로, 여행의 과정과 견문을 바탕으로 여행 중에 느낀 감동이나 깨달음 등을 정리하여 쓴 글을 말함.

(3) 감상문은 어떤 사물이나 현상에 대한 필자의 생각을 쓴 글로, 책을 읽거나 음식을 맛보고, 혹은 미술 작품을 감상하거나 영화·연극 등을 보고 나서 얻게 된 생각과 느낌을 표현한 글을 말함.

(4) 예전에는 주로 문자 언어를 통해 정서를 표현했지만, 최근에는 문자 언어와 함께 그림이나 사진, 음악이나 영상 등을 활용하여 자기의 정서를 효과적으로 드러냄.

## 2 정서를 표현하는 글의 쓰기 과정

(1) 정서를 표현하는 글을 쓰기 위해서는 우선 일상의 경험 가운데 의미를 부여할 만한 대상을 찾아 글의 소재를 선정해야 함.

(2) 일상의 경험에서 의미 있는 소재를 발견했다면, 이를 바탕으로 자기의 생각이나 느낌을 드러내기 위한 구체적인 내용을 선정하고 '처음–중간–끝'으로 조직해야 함.

(3) 기행문의 경우에는 이러한 구성 방식을 기반으로 하여 여행을 떠나기 전의 기분이나 기대, 여정과 견문, 생각이나 느낌 그리고 여행 전체의 종합적 감상 등이 드러나도록 내용을 조직할 수 있음.

(4) 감상문의 경우에는 대상을 접하게 된 동기나 계기, 대상에 대한 소개와 감상, 감상 후 생긴 생각의 변화 등이 드러나도록 내용을 조직할 수 있음.

(5) 정서를 표현하는 글을 쓸 때에는 경험에서 얻은 정서를 과장이나 왜곡 없이 진정성 있게 표현해야 함. 자기의 생각이나 느낌 등을 진솔하게 표현할 때 독자에게 즐거움과 감동을 줄 수 있음.

(6) 자기의 생각이나 느낌을 구체적으로 표현하는 것도 중요하지만 자기가 감상한 것에 대해 관념적이고 추상적으로만 접근한다면, 독자에게 자기의 정서를 생동감 있게 전달할 수 없음.

# 내신 기본 UP

**내용 연구**

**제재 분석**
선생님의 조언과 일상에 대한 관찰을 바탕으로 자신의 일상을 되돌아본 일기이다. 일상에서 느낀 정서를 어떻게 표현하는지 보여 주고 있다.

**어휘 풀이**
- **미사여구** 아름다운 말로 듣기 좋게 꾸민 글귀.
- **소소하다** 작고 대수롭지 아니하다.

**[01~02] 다음은 학생의 일기이다. 물음에 답하시오.**

내 마음을 잘 드러내는 시를 한 편 써 보기 위해 고민하다가 선생님께 조언을 구하였다. 선생님께서는 화려한 표현법이나 미사여구를 사용해 난해하게 표현한 시보다는 일상을 통해 얻은 의미를 이해하기 쉽게 표현한 시를 써 보라고 조언해 주셨다. 선생님의 말씀을 되새기며 학교 뒷산으로 연결되어 있는 오솔길로 향했다. 좋은 시를 어떻게 써야 하나 고민하며 내 일상에서 큰 사건이 없었나 되돌아보며 걷다 보니 어느 순간 오솔길이 끝나는 지점에 다다랐다. 누군가에게 이끌리듯이 오솔길 끝에 있는 정자에 앉았다. 그리고 주변을 돌아보았다. 특히 오솔길 바닥에 피어 있는 작은 들꽃들이 나의 시선을 사로잡았다. 새하얀 벚꽃, 노오란 개나리꽃, 무더기로 피어 있는 연분홍의 진달래꽃이 눈을 들어 나를 반기고 있었다. 한참 꽃들을 바라보다 보니 마음이 편안해졌다. 좋은 시를 어떻게 써야 하는지에 정신이 팔려 길가에 피어 있는 작은 꽃들을 살피지 못했다는 생각이 들었다. 그 모습은 일상의 큰 사건만을 되돌아보다 정작 일상의 소소한 것들에 대해서는 살피지 못한 나의 모습과 닮아 있었다. 선생님이 말씀하신 일상을 자세히 들여다보라는 말씀은 일상의 큰 사건만 말씀하신 게 아니라 오솔길 주변에 핀 수많은 작은 꽃들처럼 작은 일상도 되돌아보고 의미를 발견하라는 말씀이라는 생각이 들었다. ㉮ <u>오솔길을 따라 다시 학교로 돌아오며 바라본 작은 꽃들은 작은 목소리로 나에게 끊임없이 속삭이고 있었다.</u> 그동안 내가 그 꽃들의 작은 목소리에 귀를 기울이지 못했던 것이 미안했다.

**01** ○ 20829-0195
윗글을 쓰기 위한 학생의 연상 과정을 정리한 것으로 적절하지 <u>않은</u> 것은?

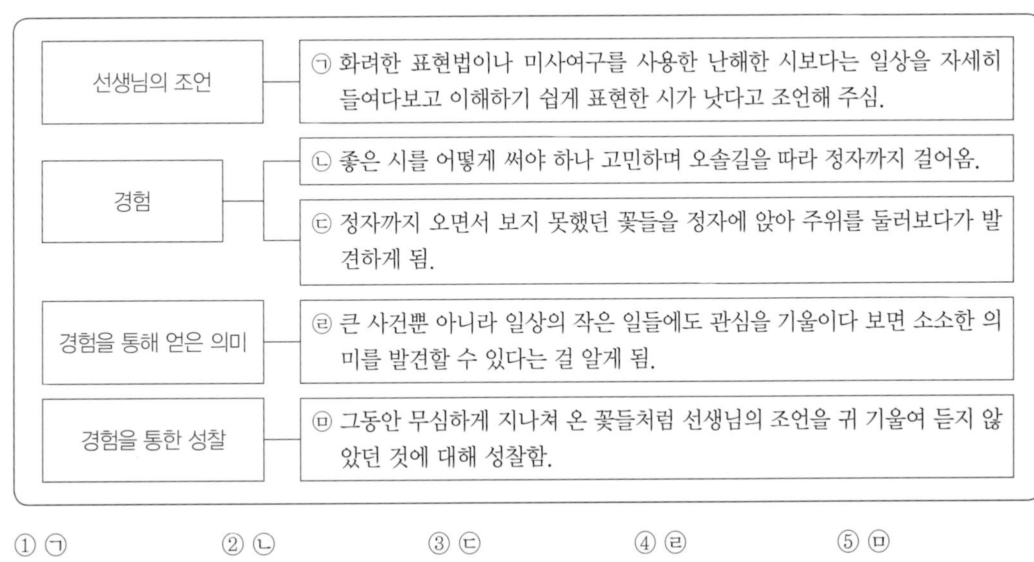

| | |
|---|---|
| 선생님의 조언 | ㉠ 화려한 표현법이나 미사여구를 사용한 난해한 시보다는 일상을 자세히 들여다보고 이해하기 쉽게 표현한 시가 낫다고 조언해 주심. |
| 경험 | ㉡ 좋은 시를 어떻게 써야 하나 고민하며 오솔길을 따라 정자까지 걸어옴. |
| | ㉢ 정자까지 오면서 보지 못했던 꽃들을 정자에 앉아 주위를 둘러보다가 발견하게 됨. |
| 경험을 통해 얻은 의미 | ㉣ 큰 사건뿐 아니라 일상의 작은 일들에도 관심을 기울이다 보면 소소한 의미를 발견할 수 있다는 걸 알게 됨. |
| 경험을 통한 성찰 | ㉤ 그동안 무심하게 지나쳐 온 꽃들처럼 선생님의 조언을 귀 기울여 듣지 않았던 것에 대해 성찰함. |

① ㉠ ② ㉡ ③ ㉢ ④ ㉣ ⑤ ㉤

**02** © 20829-0196 서술형

**〈보기〉는 ㉮로 고쳐 쓰기 전의 문장이다. 고쳐 쓰는 과정에서 어떤 점을 고려하였을지 서술하시오.**

> 보기
>
> 오솔길을 따라 다시 학교로 돌아오며 바라본 꽃들의 작은 목소리가 나에게 끊임없이 들리는 것 같았다.

**내용 연구**

**제재 분석**

(가) 서먹해진 친구에게 오해를 풀기 위해 쓴 편지이다.
(나) 친구의 편지 내용에 공감하며 편지를 써 준 친구에게 고마움을 전달하기 위한 답장이다.
(가), (나) 모두 상대에 대한 감정을 진솔하게 표현하고 있다.

**어휘 풀이**

- **말주변** 말을 이리저리 척척 잘 둘러대는 슬기나 능력.
- **청산유수** 푸른 산에 흐르는 맑은 물이라는 뜻으로, 막힘없이 썩 잘하는 말을 비유적으로 이르는 말.

**[03~06] (가)는 친구에게 보내는 편지이고, (나)는 그에 대한 답장의 초고이다. 물음에 답하시오.**

**(가) 준희가 쓴 편지**

현수야, 방학 잘 보내고 있니? 지난번 국어 모둠 활동 이후로 예전과 달리 서먹해진 것 같아서 이렇게 편지를 쓴다.

모둠 활동을 할 때 내가 발표를 하고 싶다고 우겨서 모둠원들이 결국 나한테 양보해 주었는데 더듬거리기만 하고 발표를 제대로 못해서 모둠원들한테 너무 미안하더라. 다른 친구들은 평소 말주변이 좋은 너를 발표자로 추천했는데 괜히 내가 욕심을 부렸던 것 같아. 결국 나 때문에 우리 모둠이 나쁜 평가를 받았고 모둠원들이 모두 나를 원망할 거라 생각하니 마음이 많이 무거웠어. 국어 시간에 배운 '소탐대실'이란 말이 떠오르더라.

사실 나는 평소에 청산유수처럼 말을 잘하는 네가 참 부러웠어. 너는 나보다 목소리도 크고 발음도 좋잖아. 나보다 모든 면에서 뛰어난 네가 부러우면서도 괜히 질투가 나서 내가 발표를 하겠다고 더 우겼던 것 같아. 네가 발표를 하고, 나는 네가 맡았던 보고서 편집을 했다면 우리 모둠의 성적이 더 좋았을 것 같아.

나 때문에 기분 상했다면 정말 미안하다. 추운 겨울 감기 조심하고 개학하면 보자. 예전처럼 다시 사이좋게 지낼 수 있겠지?

– 2020년 1월 23일 준희가

**(나) 현수가 쓴 답장의 초고**

준희야, 잘 지내지? 편지 잘 받았어. 사실 나는 모둠 활동 이후 서먹해졌다고 생각하지 않았는데, 너는 마음이 불편했나 보구나. 모둠 활동에서 역할을 정할 때 친구들이 나를 발표자로 추천했지만, 사실 나는 네가 해도 괜찮다고 생각했기 때문에 양보했던 거니까 나한테 미안해하지 않아도 돼.

그리고 다른 모둠원 친구들도 결과가 안 좋은 것에 대해 아쉬워하고는 있지만 그게 다 너의 탓이라고 생각하는 사람은 아무도 없어. 물론 발표가 모둠 활동을 마무리 짓는 단계라 눈에 띄긴 하지만, 보고서에 대한 평가도 비중이 크기 때문에 보고서를 최종 편집한 나도 모둠원들에게 미안하다는 마음을 갖고 있었어. 다른 모둠원들도 나와 같은 마음일 거야.

준희야, 네가 내 목소리랑 발음 좋다고 칭찬해 줘서 고맙다. 질투하고 있을 줄은 몰랐어. 그리고 너보다 내가 모든 면에서 뛰어나다는 말은 적절하지 않아. 오히려 나는 네가 리더십도 뛰어나고 컴퓨터로 문서를 작성하고 편집하는 것도 잘해서 늘 부러웠거든. 그래서 이번에 내가 편집을 맡게 되었을 때 너처럼 잘하지 못할까 봐 오히려 불안했단다. 너의 솔직한 말을 듣고 보니 우리가 역할을 정할 때 서로 진솔하게 대화를 나누지 못했다는 생각이 들었어. 이번 일을 계기로 서로에 대해 예전보다 잘 알게 된 것 같네. 다음에 같은 모둠이 되면 서로의 장단점을 잘 아니까 역할을 잘 나눌 수 있을 것 같아.

이렇게 편지를 주고받으니 예전보다 너와 더 가까워진 것 같다. 먼저 편지 보내 줘서 고맙다. ㉮ 며칠 후에 개학이니, 다시 보게 되면 서로 반갑게 인사하자.

– 2020년 2월 3일 현수 씀.



03

20829-0197

**〈보기〉는 편지를 쓰기 위한 준희의 계획이다. ⓐ~ⓔ 중에서 (가)에 반영되지 않은 것은?**

보기

- 내가 편지를 보내고 싶은 상대는 누구인가?
  – 국어 모둠 활동 시간에 나에게 발표를 양보해 주었던 현수 ············ ⓐ
- 상대와 공유하고자 하는 상황은 어떤 상황인가?
  – 내가 발표를 잘하지 못해서 모둠 활동에서 안 좋은 평가를 받게 됨. ············ ⓑ
- 상대에 대한 나의 마음은 어떤가?
  – 현수에 대한 서운함은 있지만, 현수에게 피해를 준 것이 미안함. ············ ⓒ
- 상대에게 전달하고 싶은 내용은 무엇인가?
  – 모둠 활동에서 욕심을 부린 것에 대한 사과와 현수의 능력에 대한 칭찬 ············ ⓓ
- 상대에게 어떤 방식으로 내용을 전달할 것인가?
  – 내 마음을 효과적으로 전달하기 위해 사자성어를 활용함. ············ ⓔ

① ⓐ ② ⓑ ③ ⓒ ④ ⓓ ⑤ ⓔ

20829-0198

**현수가 (가)를 읽고 답장을 쓰기 위해 떠올린 생각 중 (나)에 반영되지 않은 것은?**

① 이번 일의 원인이 소통이 원활하지 않았던 것임을 언급해야겠어.
② 준희가 나를 질투하고 있었다는 것에 대해서는 몰랐음을 밝혀야겠어.
③ 모든 면에서 준희보다 내가 뛰어나다고 한 것에 대해서 반박해야겠어.
④ 모둠 활동 이후로 서먹해진 것 같다는 준희의 말에 대해서 동의해야겠어.
⑤ 모둠 활동 결과 모둠원들이 준희 탓을 할 것이라는 말에 대해 반박해야겠어.

05
ⓒ 20829-0199
(가), (나)에 대한 설명으로 적절한 것은?

① (가)는 (나)와 달리 계절 인사를 통해 시작하고 있다.
② (가)의 마지막 질문에 대한 답변이 (나)의 마지막에 제시되어 있다.
③ (나)는 (가)와 달리 상대의 답장을 받기 위해 쓴 글이다.
④ (나)는 (가)와 달리 상대에 대한 속마음을 표현하고 있다.
⑤ (가), (나) 모두 객관적인 정보 전달을 목적으로 하는 글이다.

06
ⓒ 20829-0200 서술형
어법에 맞게 ㉮를 고쳐 쓰시오.

단원 이해

# 3. 자기표현과 사회적 상호 작용을 위한 작문 – [3] 성찰하는 글

덤덤

• 성찰하는 글을 쓸 때 유의할 점

지나친 감상에 빠지거나, 과장되고 왜곡된 표현이나 추상적인 표현은 독자의 공감을 얻을 수 없음.

## 1 성찰하는 글의 의의

(1) 성찰하는 글을 쓰는 것은 일상의 체험을 바탕으로 삶을 성찰하고, 여기서 얻은 깨달음을 글로 표현함으로써 자기의 삶에 의미를 부여한다는 의의가 있음.

(2) 필자는 성찰하는 글을 쓰며 자기가 지나온 삶을 돌아보고, 자기 자신에 대해 좀 더 관심 있게 바라봄으로써 삶에서 새로운 의미를 발견할 수 있음.

(3) 일상의 삶을 성찰하고 여기서 얻은 깨달음을 글로 표현하는 습관과 태도를 지닌다면 자기의 참모습을 발견할 수 있고, 자기의 삶을 반성하며 새로운 변화의 가능성을 찾을 수도 있음.

(4) 성찰하는 글을 쓰면서 자기의 삶을 관조해 보고 긍정적인 정서를 기를 수 있으며, 자기가 쓴 글을 다른 사람과 공유함으로써 공동체의 글쓰기 문화를 형성하는 데에도 기여할 수 있음.

## 2 성찰하는 글의 유형

(1) 성찰하는 글에는 수필과 회고문 등이 있음.

(2) 수필은 일상적인 삶의 체험이나 주변 사물의 관찰 등을 통해 이에 대한 자기의 생각이나 느낌 등을 자유롭게 표현한 글을 가리킴. 수필을 쓸 때에는 일상에서 의미 있는 체험이나 사물을 찾고, 그것을 통해 발견한 의미를 진솔하게 표현하는 것이 중요함.

(3) 회고문은 자기의 삶에서 의미 있는 체험이나 사건을 회상의 형식으로 표현한 글을 가리킴. 회고문은 자기의 삶을 돌아보며 쓰는 글이므로 사실적이고 객관적으로 표현하는 것이 중요함.

## 3 성찰하는 글의 쓰기 과정

(1) 성찰하는 글을 쓰기 위해서는 우선 자기의 일상에 대한 섬세한 관찰이 필요함.

(2) 일상에 대한 관찰이나 의미 있는 체험을 통해 깨달음을 발견했다면, 이를 바탕으로 성찰하는 글의 구체적인 내용을 선정하고 조직해야 함.

(3) 성찰하는 글은 내용에 따라 다양한 구성 방식을 사용할 수 있지만 일반적으로 '처음 – 중간 – 끝'의 3단 구성을 따르는 경우가 많은 편임.

(4) 자기 성찰의 내용을 글로 표현할 때에는 일상에서 찾은 의미 있는 체험과 여기서 얻은 깨달음을 구체적이면서도 진솔하게 표현해야 함.

내용 연구

**제재 분석**

재수 생활을 바탕으로 후배들을 돕기 위해 교지에 쓴 글이다. 성찰을 통해 독서 습관의 중요성에 대해 역설하고 있다.

**[01~02] 다음은 교지에 싣기 위해 학교 선배가 후배들을 위해 쓴 글의 초고이다. 물음에 답하시오.**

이번에 ○○대학 수학과에 최종 합격하게 된 □□□입니다. 저는 △△고등학교를 작년에 졸업하였지만 1년간 재수를 하게 되었습니다. 고등학교 3년간 간절히 소망했던 학교였기 때문에 목표했던 대학에 떨어진 게 믿기지 않아 몇 번이나 불합격을 확인했던 기억이 나네요. 재수 생활을 하면서 가장 힘들었던 것은 '이번에도 떨어지면 어떡하지?'라는 막연한 불안감이었습니다. 불안감을 없애기 위해 실패 요인을 분석하였는데, 저의 경우에는 면접에서 긴장했던 것이 가장 큰 실패 요인이었습니다. 사실 면접의 중요성을 알고 있었기 때문에 나름대로 철저히 대비했다고 자부했습니다. 면접에 나올만한 예상 문제와 예시 답안을 만들어 체계적으로 암기하였습니다. 면접 당일 예상했던 문제가 나왔는데도 불구하고 어찌 된 일인지 생각이 머릿속에서만 맴돌고 입이 떨어지지 않았습니다. 결국 제대로 답변을 하지 못한 채 면접 장소에서 나올 수밖에 없었습니다. 올해도 면접을 앞두고 이런 불안감이 생길 수밖에 없었습니다.

문제의 해결 방안은 책 속에 있었습니다. 평소 긴장을 풀기 위해 다양한 분야의 책을 읽었는데, 그중 학습 심리학을 다룬 책을 읽으며 제 문제의 원인을 알게 되었습니다. 저는 예상 문제를 만들고 예시 답안에 대한 정보를 머릿속에 '저장'하는 연습을 수행하였을 뿐이지 그것을 꺼내는 '인출'에 대한 연습을 하지 않은 것이 문제였습니다. 이번 면접 준비에서는 머릿속에 정보를 넣어 두는 것과 끄집어내는 것은 다른 훈련이 필요하다는 책의 내용을 적용하기 위해 친구들과 모의 면접단을 구성하였습니다. 예상 문제에 대해 미리 질문을 만들고, 머릿속의 생각을 인출하여 답변하는 연습을 하였습니다. 이러한 연습의 결과 실제 면접에서도 긴장하지 않고 면접관의 질문에 차분하게 답변할 수 있었습니다. 그리고 결국 며칠 전 ㉮ <u>저는 제가 그토록 원하던 대학으로부터 최종 합격 통보를 받게 되었습니다.</u>

후배 여러분, 제가 말씀드리고자 하는 것은 공부를 열심히 하라는 것도 아니고 긴장하지 말라는 것도 아닙니다. '책 속에 길이 있다'라는 말처럼 여러분이 부딪힐 여러 문제에 대한 해답이 결국 책 속에 있다는 말씀을 드리고자 이렇게 글을 남깁니다. 남은 수험생 신분으로 지내는 동안 학업 외에도 틈틈이 독서하는 습관을 통해 좋은 결과 이루시기 바랍니다. 감사합니다.

**어휘 풀이**

- **인출** 끌어서 빼냄.
- **수험생** 시험을 치르는 학생.

정답과 해설 38쪽

## 01

20829-0201

**학생의 글쓰기 계획 중 초고에 반영되지 않은 것은?**

㉠ 독서에서 얻은 정보를 통해 문제를 해결한 경험을 제시할 것.
㉡ 실패의 경험을 먼저 제시하고 성공의 경험을 나중에 제시할 것.
㉢ 문제의 원인을 파악하고 이를 해결한 과정 중심으로 전개할 것.
㉣ 고된 입시 생활을 딛고 성취한 대학 생활의 보람과 즐거움을 제시할 것.
㉤ 예상 독자는 후배들이지만 학교 구성원 전체가 읽는 매체의 성격을 고려하여 경어체를 사용할 것.

① ㉠　② ㉡　③ ㉢　④ ㉣　⑤ ㉤

## 02

20829-0202 서술형

**〈보기〉는 초고를 쓴 후 작성한 작문 일기의 일부이다. 〈보기〉를 고려하여 ㉮를 수정하시오.**

보기

피동 표현보다는 능동 표현을 사용하여 주체적인 노력을 통해 합격하였음을 강조해야겠어.

내용 연구

**제재 분석**
제주 4.3 기념관을 방문했던 경험을 바탕으로 작성한 감상문이다. 기념관에 대한 인식이 변화하게 된 과정을 중심으로 서술하고 있다.

**어휘 풀이**
- **피란** 난리를 피하여 옮겨 감.
- **규명** 어떤 사실을 자세히 따져서 바로 밝힘.

[03~06] 다음을 읽고 물음에 답하시오.

[작문 상황]

여행 중 인상적이었던 경험에 대한 감상문 쓰기

[학생의 초고]

1. 제목:

| ㉮ |
|---|

2. 본문

수학여행 답사지 중에서 제주 4.3 기념관은 가장 기대하지 않았던 장소이다. 으레 기념관이라는 장소의 따분함을 예상했기 때문이다. 하지만 4.3 기념관은 입구부터 달랐다. 입구에는 화산 동굴을 연상시키는 용암 동굴을 재현해 놓았는데 입구에 들어서자 4.3 사건 당시 제주민들이 피란 갔던 중산간 지역의 동굴 안으로 들어가는 듯한 느낌을 받았다. 그분들이 피란 갔던 용암 동굴은 이보다 작았겠지만, 작은 동굴 안으로 들어간다는 것이 어떤 느낌인지 상상할 수 있었고 경건한 마음이 생겼다.

1관 안으로 들어서면 둥근 원형의 벽으로 둘러싸인 공간이 기다리고 있다. 마치 커다란 굴뚝처럼 생긴 천정으로부터 외부의 빛이 들어오는데, 방 가운데에는 비문이 새겨지지 않은 회색빛 비석이 누워 있다. 역사 선생님께서 비석이 누워 있고 아무것도 새겨져 있지 않은 이유는 4.3 사건의 진상 규명이 아직 제대로 이루어지지 않았기 때문이라고 말씀해 주셨다. ㉯천정에서 들어오는 빛이 비석을 비추고 있었다. 선생님, 친구들과 함께 희생자들을 위해 잠시 묵념했다.

4.3 기념관은 총 6개의 관과 한 개의 특별관이 있다. 관람 순서에 따라 1관은 역사의 동굴, 2관은 흔들리는 섬, 3관은 바람 타는 섬, 4관은 불타는 섬, 5관은 흐르는 섬, 6관은 새로운 시작, 그리고 특별전시관은 다랑쉬 굴이라는 이름이 붙어 있다. 각 관은 내가 지금까지 다녔던 기념관과 달리 역사적 사실에 대한 객관적 정보가 예술가들의 해석과 함께 제시되어 있어 전혀 지루하지 않았다. 그중에서도 특별전시관인 ㉰'다랑쉬 굴'이 가장 가슴 아팠던 곳인데 장소의 의미는 잘 모르겠지만 토벌대의 무자비함이 재현된 장소였다.

4.3 기념관을 방문한 후 기념관에 대한 고정관념이 바뀌게 되었다. 건축과 예술적 장치들을 통해 관람자들이 당시 희생자들과 희생자 가족분들의 아픔을 생생하게 느낄 수 있게 했다는 점에서 수학여행이 끝날 때까지 여운이 깊게 남았다. 4.3 사건의 진상이 제대로 규명되어서 기념관에 누워 있는 하얀 비석에 비문도 새겨지고 똑바로 세워지기를 기대해 본다.

ⓒ 20829-0203

**학생이 윗글을 쓸 때 고려한 내용 중, 글에 반영되지 않은 것은?**

① 독자가 특정 공간의 모습을 이해할 수 있도록 공간의 세세한 특징을 묘사해야겠어.
② 독자가 답사지의 전체 구조를 쉽게 파악할 수 있도록 관람 순서대로 정보를 제시해야겠어.
③ 답사지를 직접 방문하면서 답사지에 대한 생각이 바뀌게 된 과정을 중심으로 서술해야겠어.
④ 답사지에서 선생님으로부터 얻은 정보를 제시하고 그 정보를 통해 느낀 점을 제시해야겠어.
⑤ 답사지 방문을 계기로 친구들과의 우정을 되새기는 장소로 기억에 남게 되었음을 강조해야겠어.

ⓒ 20829-0204

**〈보기〉에 따라 ㉮를 작성한 것으로 가장 적절한 것은?**

보기

글의 제목은 표제와 부제로 나누고 싶어. 표제에는 답사지에 대한 개략적이고 객관적인 정보가 드러나면 좋을 것 같고, 부제에는 답사지에서 얻은 주관적 감상을 언급하면 좋을 것 같아.

① 제주 4.3 기념관을 방문하다
– 4.3 사건 희생자의 아픔에 공감하며 –

② 제주 4.3 사건을 추모하며
– 수학여행 중 제주 4.3 기념관을 답사하다 –

③ 제주 4.3 기념관에 깃든 예술 혼
– 역사적 사실과 만난 예술가의 해석 –

④ 제주 4.3 기념관 입구의 동굴 형상
– 4.3 사건 피란민의 마음을 간접적으로나마 느낄 수 있어 –

⑤ 4.3 특별전시관 다랑쉬 굴
– 토벌대의 무자비함 그대로 재현한 장소 –

Ⅲ 작문의 원리와 실제

© 20829-0205

## 05 〈보기〉는 학생이 ㉯를 고쳐 쓴 문장이다. 고쳐 쓰기 위해 학생이 고민한 내용으로 적절한 것은?

보기

천정의 빛이 비석을 비추는 모습이 마치 비석이 동굴 바깥의 세상을 향해 답답함을 하소연하고 있는 것처럼 느껴졌다.

① 전문가의 견해를 인용하여 유족들에 대한 안타까움을 드러내야겠군.
② 관용적 표현을 사용하여 진상이 속히 규명되기를 바라는 마음을 전달해야겠군.
③ 과장법을 활용하여 무고한 사람들을 희생시킨 가해자에 대한 처벌을 촉구해야겠군.
④ 설의적 표현을 활용하여 진상을 규명하기 위한 특별법 제정의 필요성을 강조해야겠군.
⑤ 의인법을 활용하여 진상이 제대로 밝혀지고 있지 않는 것에 대한 안타까움을 드러내야겠군.

© 20829-0206 서술형

## 06 〈보기〉의 자료를 바탕으로 〈조건〉에 따라 ㉰를 수정하여 서술하시오.

조건

'사실적으로 재현'된 것이 어떤 내용인지 보충하여 '가장 가슴 아팠던 장소'인 이유를 서술하시오.

보기

다랑쉬 굴은 1948년 11명의 민간인이 토벌대에 의해 질식사한 동굴 현장으로, 「다랑쉬 굴의 슬픈 노래」라는 다큐멘터리에는 제주 4.3 항쟁 과정에서 군경토벌대에 의해 다랑쉬 굴에서 무고하게 희생된 민간인들 관련 사건의 전모를 기록하고 있다.

## 내신 실력 UP

[01~02] 다음은 학생이 쓴 글이다. 물음에 답하시오.

• **작문 과제**: 일상에 대한 글쓰기

• **학생의 글**

오늘은 방학 첫날이다. 오랜만에 늦잠을 자고 싶었지만 알람 소리 때문에 일찍 일어나고 말았다. 알람을 끄고 다시 잠을 청해 볼까 망설이다가, 무슨 생각엔지 학교까지 걸어가 보고 싶은 마음이 생겨 집을 나섰다. 늘 등교하던 시간이었지만 한산한 등굣길은 처음이라 왠지 낯설었다. 어제까지만 해도 학생들과 함께 쫓기듯이 앞만 보며 발걸음을 옮기느라 바빴는데 오늘은 왠지 발걸음도 가볍고 등굣길 주변의 풍경도 눈에 들어왔다. 늘 이어폰을 귀에 꽂고 다니느라 듣지 못했던 여러 소리를 들을 수 있었다. ㉮ 오토바이 경적, 자동차 소리 같은 도시의 소음뿐 아니라 시냇물 소리, 새들 지저귀는 소리, 바람 소리 같은 자연의 소리도 들려왔다. 늘 이어폰을 귀에 꽂고 다니느라 듣지 못했던 소리였다. 익숙한 풍경인데도 왠지 낯설게 느껴졌다. 늘 바쁘게 지내느라 여유 없이 지내 왔다는 생각이 들었다. 등굣길의 풍경을 그동안 외면해 온 것 같아 미안한 마음이 들었다. 개학하게 되면 또 바빠지겠지만, 그래도 가끔은 주변을 둘러보는 여유를 가져야겠다는 다짐을 하게 되었다.

### 01 ⊙ 20829-0207

**학생이 윗글을 쓰는 과정에서 떠올린 생각으로 가장 적절한 것은?**

① 자연에 대한 지속적인 관찰을 통해, 주변의 소중한 것을 지키고자 하는 마음을 드러내야겠군.
② 방학 중 게을리 지냈던 것을 반성하며 개학 이후 부지런한 생활을 해야겠다는 다짐을 드러내야겠군.
③ 바쁘게 지내느라 주변을 둘러보지 못했던 태도를 반성하며, 여유를 가져야겠다는 다짐을 드러내야겠군.
④ 학교생활에 구속되었던 삶에서 벗어나, 방학 때만이라도 자유로운 삶을 누리고 싶은 소망을 드러내야겠군.
⑤ 조화를 이루며 살아가는 자연물에 대한 관찰을 통해, 주변과 조화를 이루며 살아가고자 하는 소망을 드러내야겠군.

### 02 ⊙ 20829-0208

**〈보기〉는 ㉮로 고쳐 쓰기 전의 문장이다. 고쳐 쓰기 과정에서 고려한 사항으로 적절한 것은?**

> **보기**
>
> 시냇물 소리, 오토바이 경적, 바람 소리, 자동차 바퀴 굴러가는 소리, 새들 지저귀는 소리가 들려왔다.

① 다양한 소리들을 비유하여 표현해야겠군.
② 다양한 소리들을 대비하여 표현해야겠군.
③ 다양한 소리들을 반복하여 표현해야겠군.
④ 다양한 소리들을 과장하여 표현해야겠군.
⑤ 다양한 소리들을 점층적으로 표현해야겠군.

**[03~04] 다음은 작문 과제와 그에 따라 작성한 학생의 글이다. 물음에 답하시오.**

**[작문 과제]**

'말'과 관련된 경험을 바탕으로 글을 써 보자.

**[학생의 글]**

어렸을 때 '훌륭한 사람은 말을 잘해야 한다.'라는 구절을 책에서 읽은 뒤부터, 어떤 경우에든 항상 논리적으로 내 생각을 남에게 분명하게 전달하려고 노력해 왔다. 꾸준히 노력한 덕분에 나는 평소 말을 잘한다는 소리를 종종 들었다. 말에 대한 자신감이 있었기 때문에 늘 나서서 말했고, 그 덕분에 친구들로부터 인정받고 있다고 생각했다.

어느 날 반 친구들 사이에 말다툼이 벌어졌는데 두 친구가 서로 잘못한 게 있는데도 자기의 잘못을 인정하지 않는 것 같아, 둘 사이에 ㉠끼어들어 각각의 잘못을 논리적으로 지적해 주었다. 말다툼을 ㉡벌리던 두 친구는 도리어 나에게 '넌 빠져. 남 일에 끼어들지 말고!'라고 하였다. 두 친구를 도와주려고 한 것인데 오히려 나를 원망하는 것을 보고 서운한 마음이 들었다.

그때 말없이 지켜보던 진수가 나서서 두 친구에게 싸운 이유를 물어봤고, 두 친구는 각각 자신의 속마음을 이야기했다. 두 친구는 자기의 잘못은 인정하지 않고 계속 자기 입장만 얘기하는데도 진수는 별다른 말을 하지 않고 듣기만 했다. 그 모습이 나는 답답하기만 했다. 진수는 둘의 말을 계속 들어 줬고, 두 친구는 진수에게 속마음을 이야기하는 과정에서 마음이 좀 ㉢풀었는지 아니면 진수에게 이야기하는 과정에서 자신의 실수를 깨닫게 되었는지 점차 목소리가 누그러졌다. ㉣한창 둘의 이야기를 듣던 진수는 둘에게 "이제 서로 오해가 풀렸지?"라고 하였고 둘은 ㉤멀쑥한 표정을 지으며 서로의 자리로 돌아갔다.

나는 그 모습을 보면서 내 생각만을 일방적으로 전달하는 것은 결코 말을 잘하는 것이 아니라는 것을 깨달았다. 진수처럼 자신의 말을 아끼고 상대의 말을 잘 들어 주는 것도 어찌 보면 말을 잘하는 방법일 수 있겠다는 생각이 들었다.

## 03 ◎ 20829-0209

**학생이 글을 쓰는 과정에서 고려한 내용으로 적절하지 않은 것은?**

① 내가 말주변이 좋다는 소리를 듣는 이유는 노력 덕분임을 드러내야겠어.
② 내가 친구들로부터 인정받고 있다고 생각한 이유는 늘 나서서 말했기 때문임을 드러내야겠어.
③ 내가 말을 잘하기 위해 노력한 이유는 유년 시절 독서 경험과 연관되어 있음을 드러내야겠어.
④ 다툰 친구들에게 서운함을 느낀 이유는 친구가 다툼의 이유를 내 탓으로 돌렸기 때문임을 드러내야겠어.
⑤ 말에 대한 생각이 바뀌게 된 계기는 같은 사건에 대해 나와 다르게 대처한 친구의 태도와 연관되어 있음을 드러내야겠어.

## 04 ◎ 20829-0210

**㉠~㉤을 고쳐 쓴 것으로 적절하지 않은 것은?**

① ㉠: 끼여들어
② ㉡: 벌이던
③ ㉢: 풀렸는지
④ ㉣: 한참
⑤ ㉤: 머쓱한

**[05~08] 다음은 모둠별 작문 과제에 따라 작성한 초고와 모둠원의 조언이다. 물음에 답하시오.**

**[작문 과제]** 일상의 체험을 바탕으로 자신을 성찰하는 글을 써 보자.

**가 학생 1의 초고**

㉮

합창제 대표곡을 정하는 과정에서 내가 추천한 노래가 선정되지 않아 기분이 좋지 않았다. 내 기분이 좋지 않은 걸 알고 친구가 위로해 주었는데, 도리어 그 친구에게 퉁명스럽게 대해 버렸다. 며칠 후 담임 선생님께서 나를 따로 불러 연습 과정을 녹화한 동영상을 보여 주셨다. 모두 밝은 표정으로 열심히 연습하고 있는데 내 표정만 유독 어두워 보였다. 선생님께서는 나에게 무슨 고민이 있냐고 물어보셨고, 나는 내가 추천한 곡이 선정되지 않아 기분이 좋지 않았다고 솔직하게 말씀드렸다. 내 태도에 대해 지적하실 줄 알았는데, 선생님께서는 오히려 "기분이 많이 안 좋았겠구나?"라며 나를 위로해 주셨다. 그리고 영화 한 편을 소개해 주셨다. 상담을 마치고 집에 돌아와 선생님께서 추천해 주신 영화를 보았는데, 어려운 환경에서도 구성원들이 합심하여 멋진 합창을 완성하는 내용이었다. '내가 우리 반의 단합을 깨고 있었던 것이 아닐까?'라는 생각이 들며 반 전체의 단합보다 내 기분만 생각했던 나의 태도에 대해 반성하게 되었다. 잘못을 탓하기보다 위로해 주신 선생님의 따뜻한 말 한마디가 감사하게 느껴졌다. 그리고 나를 위로해 주려다가 도리어 마음이 상했을 친구에게도 미안한 마음이 들었다.

**나 학생 2의 초고**

㉯

체육 대회 예선전에서 친구들과 단합하여 멋진 경기를 펼친 결과 우리 반이 결승전에 오를 수 있었다. 친구들은 우승할 수 있다는 기대감에 부풀어 있었고, 예선전에서 골키퍼로 활약하며 무실점으로 상대의 공격을 잘 막았던 나의 공로를 추켜세워 주었다. 나는 초등학교부터 중학교까지 국가 대표 골키퍼를 목표로 축구부에서 활동해 왔다. 고등학교에 진학하면서 한계를 깨닫고 인문계 고교로 진로를 변경하였지만, 그래도 선수 출신이었던 덕분에 반 대항 축구 경기를 할 때면 늘 학급 대표로 활약할 수 있었다. 선수 출신이라는 것 때문에 스스로 다른 친구들보다 수준이 높다고 자만했던 것이 사실이다.

대회 당일 드디어 축구 결승전이 열렸다. 결승전인 만큼 상대 팀도 예선전에서 만난 팀들보다 수준이 높았다. 경기는 종료령이 울리기 직전까지 점수가 나지 않을 정도로 치열했고, 골키퍼였던 나는 골을 넣지 못하는 친구들을 원망했다. 결국 나는 내가 골을 넣어야겠다는 욕심에 우리 팀 골문을 비우고 상대 팀 골문으로 달려갔다. 하지만 이 틈을 노린 상대 팀이 손쉽게 결승 골을 넣게 되면서 우승은 결국 무산되어 버렸다. 경기 후 나는 친구들에게 너무나 미안한 마음이 들어 얼굴을 들지 못했다. 그때 한 친구가 "얘들아, 우리 준우승이다. 모두 고생했어! 골키퍼 승현이가 MVP야."라며 다른 친구들과 함께 나에게 달려와 헹가래를 쳤다. 나는 결국 고마운 마음에 친구들 앞에서 눈물을 흘리고 말았다. 나의 실수를 보듬어 준 친구들의 우정을 잊지 못할 것이다.

**다 모둠원의 조언**

* 학생 1과 학생 2의 글에 대한 조언: 각 글의 첫 문장에 필자가 경험을 통해 얻은 의미를 요약해 주면 전체 내용을 짐작할 수 있을 것 같아.

## 05 ◎ 20829-0211

〈보기〉는 (가)를 작성하는 과정에서 떠올린 경험들이다. ⓐ~ⓓ가 (가)의 내용에 반영된 순서로 적절한 것은?

보기

ⓐ 합창 대회를 소재로 한 영화를 본 경험
ⓑ 담임 선생님과 상담을 통해 위로를 받은 경험
ⓒ 나를 위로해 주려던 친구에게 퉁명스럽게 대한 경험
ⓓ 내가 추천한 노래가 합창제 대표곡에 선정되지 않아 기분이 나빴던 경험

① ⓐ－ⓒ－ⓑ－ⓓ
② ⓑ－ⓒ－ⓐ－ⓓ
③ ⓒ－ⓓ－ⓑ－ⓐ
④ ⓓ－ⓒ－ⓐ－ⓑ
⑤ ⓓ－ⓒ－ⓑ－ⓐ

## 06 ◎ 20829-0212

(나)를 작성하기 위한 계획 중 초고에 반영되지 않은 것은?

① 내 실수를 보듬어 준 친구들의 우정에 대한 고마움을 드러내야겠어.
② 결승전에서 골을 넣지 못한 다른 친구들을 원망했었음을 드러내야겠어.
③ 축구부에서 선수로 활동했던 경험 때문에 축구에 대해 자만하였음을 드러내야겠어.
④ 축구를 그만두었을 때 인문계 고교 생활에 적응하는 것에 대해 두려웠음을 드러내야겠어.
⑤ 나의 실수로 인해 경기에서 패배했을 때 친구들에게 미안한 마음이 들었음을 드러내야겠어.

## 07 ◎ 20829-0213

'학생 1'과 '학생 2'의 쓰기 과정을 이해한 내용으로 가장 적절한 것은?

① '학생 1'과 '학생 2'는 모두 친구에 대한 믿음을 통해 성찰의 계기를 발견하고 있다.
② '학생 1'과 '학생 2'는 모두 자신을 돌아보기 위해 스스로에게 질문하는 방식을 사용하고 있다.
③ '학생 1'과 '학생 2'는 모두 자신의 잘못을 이해해 준 상대에 대한 고마움을 소재로 삼고 있다.
④ '학생 1'은 선생님의 말을 인용하며, '학생 2'는 친구의 말을 인용하며 글을 마무리하고 있다.
⑤ '학생 1'은 다른 이의 실패를 거울삼아 성찰한 경험을, '학생 2'는 자신의 실패를 딛고 성공한 경험을 드러내고 있다.

## 08 ◎ 20829-0214 서술형

(다)의 조언에 따라 ㉮, ㉯에 들어갈 문장을 서술하시오.

• ㉮:
• ㉯:

**[09~12] (가)는 학생이 인터넷 게시판에 올린 글과 글을 쓰기 위한 구상이고, (나)는 학생의 글을 읽은 동호회 회원의 답변이다. 물음에 답하시오.**

**가 〈글을 쓰기 위한 학생의 구상〉**

- **예상 독자:** 인터넷 웹툰 동호회 회원들을 예상 독자로 설정함. ············ ⓐ
- **글을 쓰는 목적:** 좋은 웹툰을 만들기 위한 방법에 대한 조언을 구함. ············ ⓑ
- **내용 구성**
  - 1문단(처음): 자신의 진로 희망에 대해 소개함. ············ ⓒ
  - 2문단(중간): 좌절했던 경험을 통해 진로를 변경하려 했던 고민을 제시함. ············ ⓓ
  - 3문단(끝): 좋은 웹툰을 만드는 방법에 대한 조언을 구함. ············ ⓔ
- **표현 전략:** 나를 알지 못하는 불특정 다수에게 쓰는 글이므로 경어체를 사용하고 정중하게 표현한다.

**〈학생이 웹툰 동호회 게시판에 올린 글〉**

제목: 어떻게 하면 웹툰을 잘 그릴 수 있을까요?

본문: 안녕하세요? 저는 웹툰 작가를 지망하는 고등학생입니다. 평소 미술을 좋아하고 미술 학원을 오래 다녀서 그림에는 자신이 ㉠있구요. 언젠가 재미있는 웹툰을 그려서 요즘 대세인 웹툰 작가들처럼 대중들로부터 인기를 끌고 싶습니다.

그런데 최근 미술 시간에 웹툰을 그려 발표하는 과제를 수행했는데, 생각보다 선생님과 친구들로부터 좋은 평가를 받지 못했습니다. 제 웹툰이 선생님과 친구들로부터 인정받지 못한 이유는 무엇일까 고민하다가 친구로부터 제 웹툰의 이야기가 좀 식상하다는 얘기를 들었습니다. 사실 이야기는 제가 순수하게 창작했다기보다는 인터넷에서 떠도는 인기 있는 이야기를 바탕으로 수정을 ㉡한것이었습니다. 이번 일을 계기로 웹툰에 대한 자신감도 꺾여 버렸습니다.

㉢어떡하면 사람들에게 인정받는 좋은 웹툰을 만들 수 있을까요? ㉮웹툰에 대해서만큼은 대한민국 최고인 분들이 모인 곳인 만큼 저의 고민에 대한 명쾌한 해답을 제시해 줄 것이라 기대합니다. 끝까지 읽어 주셔서 감사합니다.

**나 〈학생의 글을 읽은 동호회 회원의 답글〉**

제목: RE) 어떻게 하면 웹툰을 잘 그릴 수 있을까요?

본문: 안녕하세요? 학생이 쓴 글 잘 읽었습니다. 저는 ○○○에서 화요 웹툰 「로봇왕」을 연재하고 있는 웹툰 작가 □□□입니다. 익명으로 쓸까 하다가 제 신분을 밝혀야 신뢰가 생길 것 같아서 밝힙니다. 저도 10년 전에는 취미로 로봇을 그리던 평범한 고등학생이었습니다. 그러다가 남들보다 뒤늦게 웹툰 작가로 진로를 정하게 되었습니다. 남들보다 늦었지만 웹툰에 대한 열정은 누구보다 크다는 생각으로 ㉣부단이 노력했습니다. 처음 제 웹툰을 연재하고 며칠 뒤 반응을 확인했을 때, 반응이 너무 좋지 않아 끝까지 연재하지 못하고 중단하였습니다. 그때 좌절감은 이루 말할 수 없었지만, 언젠가 인정받을 거라는 확신을 갖고 인내하며 다시 새로운 작품을 연재하기 시작했습니다.

그 이후에도 몇 번의 실패와 좌절을 겪었지만 이제는 어느 정도 팬을 얻게 되었습니다. 지금 연재하고 있는 「로봇왕」도 반응이 좋은 편이고요. 제 웹툰이 인기를 얻는 이유는 다른 것보다 저만의 이야기를 하고 있기 때문이라고 생각합니다. 남들에 의해 ㉤만든 이야기는 대중들에게 식상하다는 인식을 줄 수밖에 없습니다. 모방이 아닌 자신만의 개성 있는 이야기를 통해 웹툰을 그리다 보면 언젠가 인정받을 수 있을 거예요.

마지막으로 웹툰 작가 지망생들은 소수 인기 웹툰 작가들의 모습만 보고 화려한 삶을 꿈꾸기 쉽지만, 웹툰 작가들의 고충도 알 필요가 있습니다. 매주 마감 시한을 지켜야 하고 인기에 대한 부담도 크기 때문에 다른 직업에 비해 스트레스를 많이 받는 편입니다. 또, 남들이 쉬는 주말이나 공휴일에도 일해야 하는 경우가 부지기수입니다. 그래도 웹툰 작가가 되고자 한다면 남들보다 부단히 노력하시기 바랍니다.

## 09 ⓒ 20829-0215

ⓐ~ⓔ 중에서 학생의 글에 반영되지 않은 것은?

① ⓐ ② ⓑ ③ ⓒ
④ ⓓ ⑤ ⓔ

## 10 ⓒ 20829-0216

㉮에 담긴 필자의 표현 전략으로 적절한 것은?

① 비유적 표현을 통해 예상 독자의 이해를 도와야겠군.
② 상대를 추켜세우는 표현을 통해 도움을 요청해야겠군.
③ 깨달음을 얻게 된 경험을 통해 진정성을 드러내야겠군.
④ 설의적 표현을 통해 예상 독자의 호기심을 자극해야겠군.
⑤ 관용적 표현을 통해 앞의 내용을 요약하면서 마무리해야겠군.

## 11 ⓒ 20829-0217

(가)를 읽고 (나)를 작성하기 위해 구상한 내용 중 글에 반영되지 않은 것은?

① 익명을 바탕으로 하는 공간이지만 실명을 밝혀 글에 대한 신뢰도를 높여야겠군.
② 학생처럼 늦게 진로를 정했지만, 열정을 다하여 노력한다면 성공할 수 있음을 강조해야겠군.
③ 웹툰 작가로 인기를 얻기까지 실패의 경험을 언급하여 인내의 시간이 필요함을 드러내야겠군.
④ 웹툰 작가들이 겉으로 보이는 것처럼 좋은 점만 있는 것이 아니라 고충도 있음을 알려줘야겠군.
⑤ 직접 만든 웹툰을 예로 들어 개성 있는 이야기를 만들어 낼 때 대중으로부터 인정받을 수 있음을 제시해야겠군.

## 12 ⓒ 20829-0218

(가), (나)를 읽은 사람들이 맞춤법에 대해 지적한 내용 중 적절하지 않은 것은?

① ㉠: '있구요'가 아니라 '있고요'가 맞는 표현입니다.
② ㉡: '한것이었습니다'는 '한 것이었습니다'로 띄어 써야 합니다.
③ ㉢: '어떡하면'은 '어떻게 하면'으로 수정해야 합니다.
④ ㉣: '부단이'는 '부단히'가 맞는 표기입니다.
⑤ ㉤: '만든'은 '만들어진'으로 수정해야 합니다.

# 실전 대비 평가

# 실전 대비 평가 1회

**[01~03] 다음은 강연의 일부이다. 물음에 답하시오.**

[A] (자료를 보여 주며) 이 음식 정말 맛있게 생겼죠? (청중의 답을 듣고) 누가 봐도 먹음직스러운 음식입니다. 그런데 (㉠자료를 보여 주며) 이 음식의 재료가 바로 이 사진 속 곤충이라면 어떤가요? (청중의 답을 듣고) '징그럽다.', '식사할 기분이 나지 않을 것 같다.'와 같이 부정적인 반응이 대부분이군요. 그런데 곤충을 원료로 활용하여 식품이나 요리를 만드는 것이 그리 생소한 일은 아니랍니다. 저는 오늘 미래 식량 자원으로서의 곤충에 대해 강연을 하려고 합니다.

[B] 여러분은 곤충을 기피 대상으로 생각하고 있지만, 미래 인류의 중요한 식재료가 곤충이 될 수도 있습니다. 그 이유가 무엇일까요? 유엔의 보고에 따르면, 2050년이 되면 전 세계의 인구가 지금보다 대략 20억 명이 늘어 90억 명을 넘어설 것이라고 합니다. 이 인구를 모두 먹여 살리기 위해서는 식량 생산량을 지금보다 약 2배 늘려야 한다고 합니다. 하지만 지구에는 이만한 식량을 추가 생산할 경작지가 남아 있지 않은 데다, 식량 생산성도 점차 떨어질 것으로 예상됩니다. (㉡자료를 보여 주며) 국제 식량 농업 기구의 사무총장의 인터뷰 내용인데요, 그는 2050년에는 선진국과 후진국을 막론하고 전 세계가 식량 위기에 직면할 것이라고 경고하며, 이를 해결할 수 있는 방안으로 곤충을 제시하였습니다.

[C] 혹시 지금까지의 내용과 관련하여 질문할 학생이 있나요? (손을 든 청중을 확인하고) 어떤 점이 궁금하죠? (청중의 질문을 듣고) 왜 하필 곤충인지 궁금하군요. 그렇지 않아도 식량으로서 곤충이 지닌 가치와 장점에 대해 설명하려고 했는데, 지금부터 제가 설명하는 내용이 여러분의 질문에 대한 답변이 될 것 같군요. 우선 곤충의 60%가 단백질로 구성되어 있어 육류에 비해 상당히 높은 수준입니다. 또한 불포화 지방산, 미네랄, 비타민, 식이 섬유까지 다량 함유하고 있습니다. 이쯤 되면 종합 영양제 같은 존재라고 할 수 있겠죠? 또 다른 질문 있나요? (청중의 질문을 듣고) 불포화 지방산은 몸에 해로운 거 아니냐고요? 학생이 포화 지방산과 혼동하고 있는 것 같은데요. 강연 계획에는 없었던 내용이지만 잠깐 추가 설명을 해 볼까요? 포화 지방산은 상온에서 고체 상태로 존재하는 동물성 지방에 많이 포함되어 있으며, 과다 섭취 시 혈액 내의 콜레스테롤 수치를 높여 심장 질환, 동맥 경화, 고혈압 등을 일으킬 수 있습니다. 반면, 불포화 지방산은 상온에서 액체 상태로 존재하는 식물성 지방과 생선 기름에 많이 포함되어 있으며, 혈관을 건강하게 만들어 줍니다.

[D] 다시 강연의 내용으로 돌아가 볼까요? 곤충은 친환경적인 식량입니다. 여러분도 아시다시피, 지구 전체 발생량의 18%에 해당하는 온실가스가 가축 사육으로 인해 발생하며, 소고기 1킬로그램 생산을 위해서 물 10만 리터가 필요하다고 합니다. (㉢자료를 보여 주며) 곤충에 따라 차이가 있기는 하지만, 곤충 사육으로 인한 온실 가스 배출량은 가축 사육과 비교하여 가축 사육의 80분의 1 수준, 물 소비량은 1,000분의 1 수준에 불과합니다. 또한 사료 및 노동력까지 절감할 수 있어 경제적이기도 하죠. 게다가 곤충은 성장 과정의 특성으로 인해 가축과 달리 빠른 기간에 대량 생산이 가능하여 안정적으로 식량을 확보할 수 있습니다.

그래서 지금 전 세계는 식용 곤충 산업을 육성하며 총성 없는 전쟁을 치르고 있습니다. (㉣자료를 보여 주며) 실제로 2007년 11조 원에 불

[E] 과했던 세계 곤충 산업의 규모가 꾸준히 커지면서 현재는 40조 원에 육박하고 있습니다. 우리나라도 곤충 산업을 육성하기 위해 많은 노력을 하고 있습니다. 현재 총 8종의 곤충을 식품 원료로 인정하고 있으며, 보시다시피 (㉤자료를 보여 주며) 곤충을 사육하는 농가의 수도 매년 40%씩 증가하여 지금은 약 2,500호에 이르고 있습니다. 앞으로 곤충은 미래 식량 위기를 구할 영웅이 될 수 있을 것입니다.

## 01 20829-0219

[A]~[E]에 활용된 말하기 전략으로 적절하지 않은 것은?

① [A]: 질문을 통해 청중의 반응을 확인하며 화제를 제시하고 있다.
② [B]: 공신력이 있는 자료를 근거로 활용하여 화제의 중요성을 강조하고 있다.
③ [C]: 강연 내용에 대한 청중의 궁금증을 반영하여 강연 내용을 조정하고 있다.
④ [D]: 다른 대상과의 비교를 통해 설명 대상이 지닌 장점과 단점을 설명하고 있다.
⑤ [E]: 비유적 표현을 사용하여 화제에 대한 긍정적 전망을 드러내고 있다.

## 02 20829-0220

강연자가 자료를 활용한 방식에 대한 설명으로 적절하지 않은 것은?

① 곤충이 요리나 식품을 만드는 재료로 이용될 수 있음을 설명하기 위해 ㉠을 제시하였다.
② 곤충이 미래 식량 위기를 극복할 수 있는 방안으로 주목받고 있음을 강조하기 위해 ㉡을 제시하였다.
③ 곤충이 식량 생산으로 인한 환경 오염이나 자원 소비를 줄이는 효과가 있음을 부각하기 위해 ㉢을 제시하였다.
④ 곤충 사업에 대한 세계의 관심과 경쟁이 증가하고 있음을 뒷받침하기 위해 ㉣을 제시하였다.
⑤ 외국에 비해 우리나라의 곤충 사업이 더 빠르게 발전하고 있음을 보여 주기 위해 ㉤을 제시하였다.

## 03 20829-0221

강연 내용에 대한 이해를 바탕으로 추가 설명을 요청하는 학생의 질문으로 적절하지 않은 것은?

① 곤충은 육류에 비해 단백질 함량이 풍부하다고 하셨는데, 곤충에 함유되어 있는 다른 영양소는 없나요?
② 우리나라도 곤충을 식품 원료로 인정하고 있다고 하셨는데, 식품 원료로 사용되는 곤충으로 어떤 것들이 있나요?
③ 식량 위기의 원인을 언급하면서 앞으로 식량 생산성이 점차 떨어질 것이라고 말씀하셨는데, 그 이유는 무엇인가요?
④ 곤충은 성장 과정의 특성으로 인해 빠른 기간에 대량 생산이 가능하다고 하셨는데, 그 특성이 구체적으로 무엇인가요?
⑤ 우리나라가 곤충 산업을 육성하기 위해 많은 노력을 하고 있다고 하셨는데, 곤충 산업 육성을 위해 국가에서 지원하는 사업에는 어떤 것들이 있나요?

**[04~07] (가)는 마을의 교통 정체 문제를 해결하기 위한 토의의 일부이고, (나)는 (가)를 반영하여 작성한 건의문이다. 물음에 답하시오.**

(가) 주민 1: 지역 신문의 기사에 따르면 우리 마을의 ○○ 전통 시장이 TV에 방영된 이후, 시장을 방문하는 사람이 이전에 비해 2배 가까이 늘어났다고 합니다. 그러나 문제는 방문객의 수가 증가하면서 마을 도로의 대부분이 심각한 교통 정체 현상을 겪고 있다는 것입니다. 이 문제를 어떻게 해결하는 것이 좋을까요?

주민 2: 교통 정체 현상이 심각한 이유는 도로에 불법으로 주차하는 차량이 지나치게 많기 때문입니다. 시청에 불법 주차 차량에 대한 단속을 강화해 달라고 요청하는 것이 좋을 것 같아요.

주민 3: 불법 주차가 교통 정체 현상의 원인이라는 점에는 공감합니다. 그러나 이들 차량 대부분은 전통 시장을 방문하는 외부인들입니다. 단속을 강화하게 되면 마을의 이미지가 나빠지고 전통 시장 방문객들의 불편이 늘어나면서 시장 매출이 감소하는 부작용이 생길 수 있습니다. [A]

주민 1: 맞습니다. 그리고 방문객들이 불법 주차를 할 수밖에 없는 이유가 우리 마을로 오는 마을버스의 운행 횟수가 적은 데다, 주차 시설도 턱없이 부족하기 때문입니다.

주민 2: 그렇긴 하지만, 불법 주차를 그대로 방치할 수도 없지 않을까요? 최근에 마을 주민이 위독하여 119 구급차를 불렀으나, 불법 주차된 차들로 인해 출동 시간이 지연된 사건도 발생했잖아요. 요즘에는 마을에 차량이 많아지면서 교통사고가 발생할 위험이 커졌어요.

주민 3: 인근 도시의 △△ 전통 시장의 경우에는 대부분 공영 주차장을 설치해 놓았습니다. 장기적으로 볼 때 공영 주차장 건립은 반드시 필요해 보입니다. 다만 예산이 많이 들고 당장 추진하기에는 어려워 보입니다.

주민 1: 그러면 시청에 공영 주차장 설치 사업을 요구하되, 시설이 완공될 때까지는 마을 공터를 임대해서 임시 주차장을 운영해 달라고 하는 건 어떻겠습니까?

주민 3: 좋은 방안인 것 같아요. 또한 마을버스 운영을 확대해 달라고 함께 요청하도록 하죠.

주민 2: 그러면 불법 주차 문제는 어떻게 하죠?

주민 1: 문제가 있다면 개선하는 것이 좋겠죠. 다만 부작용이 예상되는 만큼 당장 불법 주차를 단속하는 것보다 임시 주차장 설치와 마을버스 운영 확대가 이루어진 다음에 본격적으로 주차 단속을 실시하는 것은 어떨까요? [B]

주민 2: 그것도 좋은 방법이네요. 주민 안전을 위해 불법 주차 차량에 대한 단속이 조기에 이루어질 수 있도록 다른 요구들을 신속하게 처리해 달라고 부탁합시다. 그러면 지금까지의 내용을 반영하여 ㉠시에 보낼 건의문을 어떻게 쓸 것인가에 대해 논의해 봅시다.

**나** 존경하는 시장님께.

안녕하세요? 항상 시의 발전을 위해 헌신하시는 시장님의 노고에 깊은 감사를 드립니다. 시장님께서 시정을 잘 운영해 주신 덕분에 ○○ 전통 시장이 우리 시의 명소로 자리 잡고 있습니다. 많은 수의 외부 방문객들이 우리 전통 시장을 찾아 주면서 지역 경제가 활성화되고 있습니다. 그런데 마을 도로 교통이 심각한 정체 현상을 겪고 있어 주민들의 불편과 불안이 매우 큽니다. 이는 방문객들이 도로 곳곳에 불법 주차를 해서 발생하는 것인데, 불법 주차의 원인을 살펴보면 다른 시장과 달리 공영 주차장 시설이 없고, 마을버스 운행이 적기 때문으로 보입니다.

따라서 저희 마을 주민들은 이 문제를 해결하기 위해 시에서 예산을 확보하여 공공 주차 시설을 건립해 주시기를 바랍니다. 물론 이를 위해서는 예산 확보부터 공사까지 많은 시간이 걸린다는 것을 잘 알고 있습니다. 따라서 이 과정을 거쳐 공공 주차 시설이 완공될 때까지는 시에서 마을 공터를 임대하여 임시 주차장을 운영해 주셨으면 좋겠습니다. 또한 ○○ 전통 시장을 거치는 마을버스의 일일 운행 횟수를 현재 14회에서 30회로 늘려 주셨으면 좋겠습니다. 이와 같은 조치에도 불구하고 도로에 불법 주차를 하는 차량에 대해서는 철저한 단속을 통해 안전사고가 발생하지 않도록 해 주셨으면 좋겠습니다. 감사합니다.

## 04 © 20829-0222

**(가)에 대한 이해로 적절하지 않은 것은?**

① '주민 1'은 신문의 기사 내용을 바탕으로 교통 정체 현상이 발생한 이유를 추론하고 있다.
② '주민 2'는 자신이 직접 경험한 교통사고를 주장의 근거로 활용하고 있다.
③ '주민 3'은 인근 도시의 전통 시장을 사례로 들어 문제 해결 방안을 제시하고 있다.
④ '주민 1'과 '주민 3'은 전통 시장을 방문하는 외부인의 입장을 고려하여 의견을 제시하고 있다.
⑤ '주민 2'와 '주민 3'은 교통 정체 현상이 발생한 원인에 대해 동일하게 진단하고 있다.

## 05 ◎ 20829-0223

**[A], [B]에 대한 분석으로 가장 적절한 것은?**

① [A]에서는 '주민 2'가 제시한 방안의 한계를 언급하고 이를 보완할 수 있는 방법을 제시하고 있다.
② [A]에서는 '주민 2'의 문제의식에 대한 의문을 표시하고 '주민 2'가 제시한 방안의 부작용을 지적하고 있다.
③ [B]에서는 '주민 2'가 제시한 방안의 장점을 인정하고 구체적인 시행 방법에 대한 설명을 요청하고 있다.
④ [B]에서는 자신의 의견과 '주민 2', '주민 3'의 의견을 절충하여 방안들의 우선순위를 조정하자는 의견을 제안하고 있다.
⑤ [A]와 [B]에서는 '주민 2'가 제시한 방안의 필요성에 동의한 후, 방안의 장점을 더 발전시킬 수 있는 대안을 찾고 있다.

## 06 ◎ 20829-0224

**〈보기〉는 ㉠에서 제시된 의견들을 정리한 것이다. ⓐ~ⓔ 중, (나)에 반영된 것은?**

보기

- '현황 제시-문제 진단-해결 방안'의 구조에 따라 글의 내용을 조직함. …………………… ⓐ
- 다른 전통 시장과의 비교를 통해 방문객 및 불법 주차 차량이 증가한 실태를 부각함. …… ⓑ
- 건의한 내용의 당위성을 강조하기 위해서 예상 독자인 시장님의 책임과 의무를 언급함. …. ⓒ
- 건의한 내용이 수용되지 않았을 경우에 발생할 수 있는 갈등을 부각하며 문제 상황에 대한 독자의 관심을 당부함. ……………………… ⓓ
- 마을 사람들의 의견을 수렴한 설문 조사 자료를 인용하여 요구 사항을 구체적이고 명확하게 제시함. ……………………………………… ⓔ

① ⓐ ② ⓑ ③ ⓒ ④ ⓓ ⑤ ⓔ

## 07 ◎ 20829-0225

**〈보기〉는 (나)에 대한 검토 의견이다. 〈보기〉를 참고할 때, (나)에 추가할 내용으로 가장 적절한 것은?**

보기

초고에서는 건의 내용을 언급한 후 감사하는 끝인사로 마무리했으나, 글의 설득력을 높이기 위해 건의 내용을 언급한 부분 다음에 건의가 받아들여졌을 때 시청과 주민들 각각에 미치는 긍정적 효과를 직접적으로 표현하면 좋겠습니다.

① 이러한 건의 사항이 받아들여진다면 전통 시장 상인들의 소득이 증가하고 시장 방문객의 만족도가 높아질 것입니다.
② 이러한 건의 사항이 받아들여진다면 교통사고의 위험을 줄일 수 있으며 대중교통을 이용하는 관광객들이 증가할 것입니다.
③ 이러한 건의 사항이 받아들여진다면 지역 경제를 활성화할 수 있으며 우리 시는 전국적으로 유명한 관광 도시로 자리 잡을 수 있을 것입니다.
④ 이러한 건의 사항이 받아들여진다면 주민들은 안전하고 편리한 생활을 할 수 있으며 방문객을 더 많이 수용할 수 있어 시의 관광 수입이 늘어날 것입니다.
⑤ 이러한 건의 사항이 받아들여진다면 주민들에게 불법 주차와 교통사고에 대한 경각심을 줄 수 있으며 주차 단속으로 인한 시의 부담을 덜어 낼 수 있을 것입니다.

**[08~10] 다음은 학생이 쓴 글의 초고이다. 물음에 답하시오.**

사람들은 학교를 다니지 않는 학생이라고 하면 비행 청소년, 학교 부적응 학생 등과 같은 단어를 먼저 떠올릴 것이다. 그러나 정확히 말해 이런 학생들을 '학교 밖 청소년'이라고 부른다. 학교 밖 청소년 지원에 관한 법률에 따르면, '학교 밖 청소년'은 학교 입학 후 3개월 이상 결석하거나 제적, 퇴학 처분 등을 받고 학교를 다니지 않는 청소년들을 의미한다. 그렇다면 학교 밖 청소년의 수는 얼마나 될까? 정부의 통계에 따르면 2017년 기준 우리나라에서 학교를 다니지 않는 청소년은 약 41만 명으로 추정되며, 그중 절반 정도는 소재조차 파악되지 않는다고 한다.

우리나라는 2015년부터 학교 밖 청소년 지원에 관한 법률을 시행하여 지원 센터를 통해 학교 밖 청소년이 건강한 사회 구성원으로 성장할 수 있도록 돕고 있다. 그러나 아직은 지원 센터의 기능과 역할이 한정적이어서 학교 밖 청소년이 실질적으로 도움을 받을 수 있는 프로그램이 적다는 한계가 있다. 또한 지원 서비스를 받고 있는 청소년도 전체 학교 밖 청소년 중 일부에 불과하며, 여전히 지원의 사각지대에 놓여 있는 청소년들도 많다.

2018년에 한국 청소년 정책 연구원에서 학교 밖 청소년 3,200명을 대상으로 조사한 결과에 따르면, 이들의 60.5%가 고등학교 때 학교를 그만두었으며, 53.2%는 학교에 다니는 의미가 없거나 공부하기 싫어서 학교를 그만둔 것으로 나타났다. 또한 35%는 학업 중단 후 진로를 결정하지 못하였으며, 절반 이상은 학교를 그만둔 후 단순 근로에 종사했던 것으로 나타났다. 한편 이들의 대부분은 학업 중단 후 겪는 가장 큰 어려움으로 사람들의 선입견과 무시 등을 꼽았으며, 진로를 찾기가 어렵다는 응답이 뒤를 따랐다. 이를 통해 학교 밖 청소년이, 학교를 다니는 청소년에 비해 취약한 성장 환경에 노출되어 있음을 알 수 있다.

그렇다면 이 문제를 해결하기 위해서는 어떻게 해야 할까? 무엇보다 사회 공동체의 다각적인 동참과 노력이 필요하다. ㉠<u>학교는 학업을 중단하는 학생들에게 검정고시 실시, 복교 방법과 절차, 지원 센터 이용 등에 대한 정보를 적극적으로 안내해야 한다.</u> 또한 지원 센터는 학교 밖 청소년의 자립과 자활이 가능하도록 그 기능을 확대하고, 학교 밖 청소년의 요구를 충족할 수 있도록 다양한 프로그램을 운영해야 한다. 그리고 국가와 지방 자치 단체에서도 학교 밖 청소년들의 소재를 파악하는 동시에 이들이 차별을 받지 않고 청소년으로서의 기본 권리를 누릴 수 있도록 노력해야 한다.

## 08 ▷ 20829-0226

**윗글에 나타난 글쓰기 전략에 대한 설명으로 적절하지 <u>않은</u> 것은?**

① 설문 조사의 내용을 바탕으로 화제와 관련된 문제점을 분석한다.
② 화제와 관련된 법률 제도를 소개한 후 제도 시행의 한계를 제시한다.
③ 화제에 대한 사람들의 통념을 언급한 후, 화제의 명확한 개념을 설명한다.
④ 문제 해결 방안을 제시할 때에는 문제 해결의 주체와 구체적 사례를 명시한다.
⑤ 화제와 관련된 실태를 보여 주는 통계 자료를 이용하여 논의의 필요성을 부각한다.

## 09 ◎ 20829-0227

〈보기〉는 ㉠을 고쳐 쓴 내용이다. 필자가 ㉠을 〈보기〉와 같이 수정한 이유로 가장 적절한 것은?

보기

학교는 가정과 연계하여 학생들의 학업 중단을 예방하고 학교생활에 적응하지 못하는 학생들을 돕기 위한 제도를 실질적으로 운영해야 한다.

① 독자의 이해도를 고려하여 어려운 용어를 교체하고 쉽게 풀어 설명하기 위해
② 글의 특성을 고려하여 정보의 정확성을 높이고 내용의 신뢰성을 확보하기 위해
③ 글의 내용 구조를 고려하여 문제의 원인과 해결 방안을 논리적으로 대응시키기 위해
④ 글의 가독성을 고려하여 긴 문장을 짧은 문장으로 나눔으로써 간결하게 표현하기 위해
⑤ 글의 통일성을 고려하여 주제와 관련이 없는 일부 내용을 삭제하고 근거를 추가하기 위해

## 10 ◎ 20829-0228

〈보기〉를 활용하여 윗글을 수정·보완하기 위한 방안으로 적절하지 않은 것은?

보기

(가) 전문가 인터뷰

학교 밖 청소년들은 연령별, 성별, 사회 계층별로 필요로 하는 지원 체계가 다르고, 학교를 중단한 이후 겪게 되는 경험에 따라 지원 방식에 차이가 있어야 합니다. 즉 학교 밖 청소년을 위한 지원 프로그램이 청소년의 특성과 요구, 발달 과업 등을 반영하여 개별화 또는 맞춤형으로 제공될 필요가 있습니다. 또한 학교 밖 청소년들의 성장 환경을 지속적으로 점검 및 피드백하고, 학습이나 진로·직업뿐만 아니라 건강 및 심리에 대한 지원까지 받을 수 있도록 지원의 범위를 확대해야 합니다.

(나) 신문 기사

○○시는 학교 밖 청소년들의 소재를 파악하고 검정고시 준비나 진로 탐색에 도움을 주기 위해 월 5만 원에서 10만 원까지 꿈 키움 수당을 지급하겠다고 설명했다. 꿈 키움 수당의 대상은 학교 밖 청소년 중 지원 센터에 등록하고 한 달 이상 프로그램에 참여한 청소년들이다. ○○시 관계자는 학교를 다니는 청소년들이 받는 무상 교육 혜택에 상응해 학교 밖 청소년들을 지원하려는 것이라고 말했다.

(다) 통계 자료

〈학교 밖 청소년이 필요하다고 생각하는 지원 프로그램〉

| 1순위 | 2순위 | 3순위 | 4순위 | 5순위 |
|---|---|---|---|---|
| 검정고시 준비 지원 | 건강 검진 제공 | 진학 정보 제공 | 질병 치료 | 진로 탐색 체험 |

① (가)를 활용하여 학교 밖 청소년의 요구를 충족하기 위해서는 청소년의 발달 특성과 사회적 배경 등을 고려한 맞춤형 프로그램을 운영해야 한다는 내용을 추가해야겠군.
② (나)를 활용하여 지원의 사각지대에 놓여 있는 학교 밖 청소년을 줄이기 위해서는 이들이 지원 센터에 등록하도록 유인하는 방법이 필요하다는 내용을 추가해야겠군.
③ (다)를 활용하여 학교 밖 청소년의 수를 줄이기 위해서는 진로·진학 프로그램을 활성화하고 맞춤형 건강 서비스를 활성화해야 한다는 내용을 추가해야겠군.
④ (가)와 (나)를 활용하여 학교 밖 청소년들이 청소년으로서의 기본 권리를 누릴 수 있도록 하기 위해서는 성장 환경 점검 및 피드백, 수당 지급 등과 같이 실질적인 정책을 추진해야 한다는 내용을 추가해야겠군.
⑤ (가)와 (다)를 활용하여 학교 밖 청소년이 지원 서비스에 참여하는 비율을 높이기 위해서는 지원의 범위가 다양하게 확대되어야 한다는 내용을 추가해야겠군.

# 실전 대비 평가 2회

[01~03] 다음 대화를 읽고 물음에 답하시오.

서연: (손톱을 물어뜯으며) 아, 어떻게 해. 큰일이다.

민주: 너 아까부터 왜 그러니? ㉠설마 국어 시간에 가족 소개 하는 것 때문에 걱정하는 거야?

서연: 어떻게 알았어? 내가 뭐 잘하는 게 있어야지. (한숨을 쉬며) 국어는 그나마 내가 제일 좋아하는 과목인데 이 과목마저 싫어지려고 하네.

민주: (어깨를 다독이며) 긴장하지 마. 그렇게 떤다고 해결되지는 않아. 준비는 많이 했어?

서연: (종이를 보여 주며) 이것 봐. 진짜 자세히 썼잖아. 우리 가족을 소개하는 내용이라서 준비를 많이 했어.

민주: 한번 볼 수 있을까? (준비된 원고를 받아 읽어 보면서) 음…….

서연: 응. 왜? 그렇게 이상해?

민주: ㉡(웃으며) 아니야. 이상하지 않아. 잘 썼어.

서연: 정말로? 다행이다. 그런데 아무리 많이 써 봐도 떨려. 나 초등학교 때부터 발표만 하면 말을 좀 더듬었거든. ㉢그런 날 보면서 친구들이 웃고……. 그래서 아직도 발표라는 말만 들어도 심장이 쿵쾅거려.

민주: ㉣많이 힘들었겠다. 그래도 서연이 너는 글을 참 잘 써. 자신감 갖고 발표해. 중요한 건 청중과 교감하는 거야. 처음에는 떨리겠지만 청중들과 시선을 맞추고 하나씩 풀어 나가다 보면 어느새 당당해진 너를 발견할 수 있을 거야.

서연: 과연 그럴 수 있을까?

민주: 그럼! 지난번에 나한테 문제 푸는 방법을 설명했던 것 기억나니? 그때 내가 이해하지 못하는 표정을 보면서 설명의 속도를 늦추면서 중요한 부분에서 크게 말하며 설명했잖아. 내가 얼마나 고마웠는데.

서연: 그건 너니까 그랬지.

민주: 아니야. 넌 잘할 수 있어. 나를 대할 때 잘했던 것처럼 청중 앞에서 발표할 때 (      ⓐ      ). 잘할 수 있을 거야.

서연: 넌 어쩜 그렇게 말을 잘하니? 타고난 것 같아.

민주: 아냐. 나도 처음부터 그렇지는 않았어. 너 떠는 모습 보니까 내 예전 모습도 생각나는걸.

서연: 너도 나처럼 발표할 때 떨고 그랬던 거야? 넌 언제나 당당하잖아.

민주: 지금은 그렇지만 나도 친구들 앞에서 말하는 게 어려웠어. 특히 처음 만나는 친구들과는 더 말을 하지 못했어. ㉤어렸을 때부터 부모님께서 말조심하라고, 말 가려 하라고 하셨거든. 그래서 친구들 앞에서는 말을 줄였는데 그게 독이 되었지 뭐야. 그래도 너같이 다정다감하고 성격 좋은 친구 덕분에 많이 좋아지고 있어.

서연: 그렇게 생각해 주니 고맙네. 그런데 아까 내 원고 보면서 정말로 할 말 없었어?

민주: 사실 다른 친구들 발표를 들을 때 보니까 매체 자료를 활용해서 발표한다면 좀 더 효과적으로 발표할 수 있을 것 같아서 그 점을 말해 주고 싶었어.

## 01 ⊙ 20829-0229

**㉠~㉤에 대한 설명으로 적절하지 않은 것은?**

① ㉠: 상대방의 말과 행동을 바탕으로 상대방의 심리 상태를 추론하고 있다.
② ㉡: 상대방의 문제점을 지적하기보다 칭찬하는 말을 먼저 전하고 있다.
③ ㉢: 다른 사람 앞에서 발표하는 상황에 대해 불안감을 보이고 있다.
④ ㉣: 상대의 감정을 파악하고 이를 바탕으로 공감을 드러내고 있다.
⑤ ㉤: 자신의 경험을 바탕으로 문제를 해결하기 위한 방안을 제시하고 있다.

## 02 ⊙ 20829-0230

**대화 맥락을 고려할 때, ⓐ의 발화 내용으로 가장 적절한 것은?**

① 긴장을 너무 풀면 실수할 수 있으니까 약간은 긴장해야 해.
② 발표를 망쳤던 경험과 그때의 실패 원인을 다시 한번 떠올려 봐.
③ 발표를 불안해하는 건 너만 겪고 있는 문제는 아니니까 걱정하지 마.
④ 청중과 눈을 맞추고 반응을 살피며 말의 속도와 말소리의 크기를 조절해 봐.
⑤ 네가 준비한 원고가 완벽하니까 그 내용을 그대로 읽기만 해도 좋은 결과가 있을 거야.

## 03 ⊙ 20829-0231

**다음은 '서연'이 준비한 원고의 일부이다. '민주'의 마지막 말을 참고할 때, 조언할 내용으로 적절하지 않은 것은?**

> 저는 강원도 홍천에서 태어나서 초·중학교 시절에는 부산, 충남 서천, 경북 포항에서 살았습니다. 전국 방방곡곡을 누비면서 살았던 거죠. 지금은 이곳 대전에서 저를 포함한 네 식구가 함께 화목하게 살고 있답니다. 저희 가족의 이사가 잦았던 이유는 아버지께서 군인이시기 때문입니다. 저희 아버지는 군복을 입었을 때는 누구보다 근엄하시지만 저랑 함께 있을 때면 웃음이 끊이질 않으십니다. 그래서 제가 제일 사랑하는 사람입니다. 저희 어머니는 정리 수납 전문가이십니다. 기업 일로 보자면 컨설턴트라고 볼 수 있겠네요. 정리 및 수납에 어려움을 겪고 있는 집을 방문해서 집 안 물건들을 직접 정리해 주시거나 정리하는 방법들을 알려 주는 일들을 하고 계십니다. 어지러운 제 방도 어머니 손만 거치면 말끔히 정리가 된답니다.

① 가족 구성원을 한 번에 소개할 수 있도록 가족들이 함께 찍은 사진을 제시하는 편이 좋겠어.
② 과거 경험을 효과적으로 전달하기 위해 지도에 과거에 살았던 지역을 표시해서 보여 주는 것이 좋겠어.
③ 청중의 배경지식을 고려하여 컨설턴트의 개념과 하는 일을 한눈에 볼 수 있게 도표로 제시하는 것이 좋겠어.
④ 아버지에 대한 설명을 효과적으로 전하기 위해 상반된 표정이 드러난 아버지의 사진을 함께 제시하는 것이 좋겠어.
⑤ 어머니에 대한 정보를 효과적으로 표현하기 위해 어머니께서 정리하기 전의 사진과 정리 후의 사진을 함께 제시하는 것이 좋겠어.

**[04~05] 다음은 토론의 일부이다. 물음에 답하시오.**

사회자: 최근 인터넷 게임을 중독 유발 물질로 규정하고, 국가 차원에서 인터넷 게임 중독을 규제한다는 '인터넷 게임 중독법'을 두고, 논란이 그치지 않고 있습니다. '인터넷 게임 중독법, 과연 타당한가'에 대해 김○○ 연구원, 이□□ 소장님의 의견을 차례대로 들어 보겠습니다.

김○○ 연구원: 최근 발표된 논문에 의하면, 인터넷 게임을 과다하게 이용하는 사람의 뇌 활동이 약물 중독자의 뇌 활동과 유사하다고 합니다. 그뿐만 아니라 인터넷 게임 중독은 뇌 손상, 우울증 등을 유발하여 건강을 해치고 있으므로 국가에서 관리해야 할 대상이라고 봅니다.

이□□ 소장: 우리는 흔히 쇼핑을 좋아하는 사람을 쇼핑 중독이라고 합니다. 그러나 우리는 아무도 쇼핑 중독을 약물 중독과 같이 인식하지는 않습니다. 의학적으로 중독이라고 규정되는 것은 명확한 중독 물질이 있지만, 인터넷 게임이나 쇼핑 중독은 그 원인이나 증상조차 명확하지 않습니다. 인터넷 게임 중독법의 논리라면 스마트폰, TV, 영화, 음악 등 모든 매체가 중독 물질로 규정될 수 있습니다.

사회자: 인터넷 게임을 중독 물질로 규정할 수 없다는 말씀이시군요. 이에 대해 김○○ 연구원님은 어떻게 생각하시나요?

김○○ 연구원: ㉠<u>이 문제에 대해 그런 말씀을 하신 분은 처음 보았습니다. 토론자께서는 너무 현실을 모르는 것 같습니다.</u> TV나 영화 등의 매체와 인터넷 게임은 분명 다릅니다. 무엇보다 인터넷 게임에 가장 많이 노출된 연령대가 청소년층입니다. 아직 자기 조절 능력이 부족한 청소년들은 인터넷 게임에 중독될 가능성이 높다는 점에서, 인터넷 게임 중독은 그 어떤 약물보다 위험합니다. 또한 인터넷 게임 중독의 사례를 보면, 대부분 가정 파괴나 사회 범죄로 연결된다는 점에서 사회에 악영향을 끼치고 있습니다. 현실이 이런데, 당연히 국가에서 인터넷 게임 중독에 대한 예방부터 치료까지 철저하게 관리해야 하는 것 아닌가요?

사회자: 이에 대해 이□□ 소장님의 의견을 들어 보겠습니다.

이□□ 소장: ㉡<u>어떻게 토론자께서는 게임의 역기능만 강조합니까? 세상에 순기능만 있는 게 어디 있습니까?</u> 인터넷 게임은 사람들에게 대표적인 여가 문화로 정착되면서 소통의 통로가 되거나 새로운 문화를 만들어 가는 매개 역할을 합니다. 또한 인터넷 게임은 창의적인 문화 콘텐츠라는 점에서 중독 문제로만 한정할 수 없는 문화적, 교육적 가치를 지니고 있습니다. 인터넷 게임 중독은 법이 아니라 문화적, 교육적 방법으로도 얼마든지 해결할 수 있습니다.

## 04 
20829-0232

**<보기>를 참고할 때, ㉠, ㉡을 수정한 발언으로 적절한 것은?**

**보기**

토론에서 토론 참여자는 상대편의 발언을 경청하고 논리적인 허점이나 오류를 발견하여 논박해야 한다. 이때 토론 참여자는 공격적인 어법으로 분쟁을 일으키는 표현을 삼가고, 정중한 어법을 사용하여 분쟁을 피하는 표현을 사용하는 것이 좋다.

① ㉠: 제 표현이 분명하지 않았군요. 제가 강조하고자 했던 것은 의학적 관점에서 인터넷 게임 중독은 일상생활에서의 습관적 행위와는 분명 다르다는 점입니다.
㉡: 말씀하신 부분에는 공감합니다. 그렇지만 인터넷 게임은 역기능뿐만 아니라 순기능도 지니고 있다는 것을 고려해야 합니다.

② ㉠: 제가 인터넷 게임 중독에 대해 잘못 이해하고 있었던 것 같습니다. 하지만 인터넷 게임 중독은 현실적으로 문제가 되고 있는 것은 분명합니다.
㉡: 제가 이 분야 전문가라서 인터넷 게임 중독에 대해서는 누구보다 잘 알고 있습니다. 전문가의 관점에서 바라봤을 때, 인터넷 게임은 역기능만 있는 것은 아닙니다.

③ ㉠: 정상적인 사람들의 생각과는 너무 다른 의견이네요. 보통 사람들은 인터넷 게임 중독 문제를 심각한 사회 문제라고 생각하고 있습니다.
㉡: 일부의 사례를 가지고 지나치게 확대 해석하는 것은 아닌가요? 조금 더 균형 잡힌 관점에서 인터넷 게임 중독 문제를 다루는 것이 좋겠습니다.

④ ㉠: 일부 전문가들의 견해는 조금 다릅니다. 인터넷 게임 중독 문제가 위험 수위에 도달했다는 판단이 지배적이기 때문에 법적 규제 논의가 필요해진 것입니다.
㉡: 일리가 있는 말씀이라고 생각합니다. 게다가 인터넷 게임에 중독된 청소년들은 흡연이나 알코올에 중독될 가능성이 높다는 연구 결과도 있습니다.

⑤ ㉠: 물론 토론자처럼 생각할 수도 있습니다. 그렇지만 인터넷 게임 중독을 개인적인 몰입 현상이라고 이해하는 것은 이상한 발상입니다.
㉡: 인터넷 게임을 청소년들만 하는 것은 아니지 않습니까? 또한 청소년들도 충분히 이성적으로 판단할 수 있는데, 토론자의 우려는 이성적인 수준을 넘어섰습니다.

## 05 ◎ 20829-0233

**위 토론의 참여자가 자신의 의견을 보완하기 위해 〈보기〉의 자료를 선택하여 활용하려고 한다. 토론자와 자료 활용 방안을 적절히 짝지은 것은?**

**(가) 신문 기사**

질병관리본부에서 실시한 결과에 따르면, 인터넷 게임의 과다 이용으로 일상생활에 어려움을 겪고 있는 아동 청소년은 위험 사용군 3.3%(134,000명), 주의 사용군 13%(530,000명)로 나타났다. 갈수록 위험 또는 주의 사용군의 학생 수가 늘어나고 있는 데다, 초등학생의 증가세가 두드러지고 있다.

**(나) 전문가 인터뷰**

“중독법이라는 명칭이 주는 낙인 효과로 인해 게임을 즐기는 사람들에 대한 고정관념이 생겨날 수 있습니다. 또한 세계적으로 우수한 문화 콘텐츠로 자리 잡고 있는 우리나라 인터넷 게임 산업이 위축된다면, 그것도 문제가 될 수 있습니다.”

**(다) 학생 인터뷰**

“하루 종일 머릿속에서 인터넷 게임 생각이 떠나지 않아요. 공부를 해야겠다고 생각했다가도 금세 저도 모르게 인터넷 게임 스토리를 떠올리고 있어요. 가끔 집에서 부모님께서 인터넷 게임을 못하게 하면, 순간적으로 화가 치밀고 감정이 격해질 때가 많아요. 감정 조절도 잘 안되고요.”

**(라) 설문 조사 결과**

인터넷 게임 중독법에 대한 학부모와 학생의 인식

(단위: %)

| | 학부모 | 학생 |
|---|---|---|
| 잘 알고 있다 | 8.4 | 5.2 |
| 조금 알고 있다 | 22.8 | 17.6 |
| 전혀 모른다 | 68.8 | 77.2 |

| | 토론자 | 자료 활용 방안 |
|---|---|---|
| ① | 김○○ 연구원 | (가)를 활용하여 전 연령대 중에서 청소년층이 인터넷 게임에 가장 많이 중독되었음을 보여 준다. |
| ② | 김○○ 연구원 | (다)를 활용하여 인터넷 게임 중독은 정신 건강에 부정적 영향을 끼칠 수 있음을 강조한다. |
| ③ | 김○○ 연구원 | (라)를 활용하여 학부모와 학생들을 대상으로 인터넷 게임 중독법을 적극 홍보할 필요가 있음을 주장한다. |
| ④ | 이□□ 소장 | (나)를 활용하여 인터넷 게임이 사람들에게 대표적인 여가 문화로 정착되었음을 보여 준다. |
| ⑤ | 이□□ 소장 | (라)를 활용하여 학부모와 학생들은 인터넷 게임 중독법 실시를 반대하고 있음을 주장한다. |

**[06~07] 〈보기 1〉은 '저작권 침해의 문제점과 해결 방안'을 주제로 논설문을 쓰기 위해 수집한 자료이고, 〈보기 2〉는 개요의 초고이다. 물음에 답하시오.**

**보기 1**

**(가) 논문 내용**

전체 저작권 산업의 부가 가치가 국내 총생산에서 차지하는 비중은 9.86%(약 121조 원)이고, 핵심 저작권 산업의 경우 4.1%(약 50조 원)이다. 그러나 국내의 불법 복제물 유통량은 20억 6천만 개로 저작권 침해에 의한 시장의 피해 규모는 약 2조 2천억 원으로 평가되고 있다. 이로 인한 경제적 손실은 4조 6백억 원의 생산 감소, 3만 4천 2백여 명의 고용 감소, 1조 2천억 원의 부가 가치 감소로 분석되고 있어 지적 재산권 보호를 위해 국가적 대책 수립이 시급하다.

**(나) 조사 자료**

〈연령대별 인터넷 일탈 행동 실태〉

(단위: %)

| 구분 | 10대 | 20대 | 30대 | 40대 이상 |
|---|---|---|---|---|
| 개인 정보 무단 이용 | 16.4 | 15.4 | 16.9 | 9.4 |
| 타인에 대한 인신공격/비방 | 21.8 | 16.4 | 16.7 | 12.2 |
| 콘텐츠 무단 이용 | 41.5 | 45.7 | 41.2 | 48.9 |
| 미검증 정보 전달/유포 | 13.9 | 13.8 | 15.8 | 24.8 |
| 불건전 유해 정보 전달/유포 | 6.4 | 8.7 | 9.4 | 4.7 |

**(다) 전문가 인터뷰**

1. 정보 교육 전문가

"지금까지 저작권 교육은 비전문가에 의해 정보 전달 수준에서 실시되었습니다. 또한 주로 초·중·고등학생들을 대상으로 교육이 실시되었을 뿐, 대학생이나 성인들의 저작권 인식 향상을 위한 지속적인 교육은 이루어지지 않았습니다. 또한 저작권 교육은 규제나 처벌을 강조하는 기존의 관점에서 벗어나, 정당한 방식으로 저작권을 자유롭게 이용할 수 있도록 유도하는 방향으로 실시되어야 합니다. 이렇듯 저작권의 공정 이용이 보장될 때, 저작물의 소비자가 아닌 생산자의 관점에서, 개인이 아닌 공동체의 관점에서 저작권을 이해할 수 있게 됩니다."

2. 변호사

"소소한 저작권법 위반은 가벼운 벌금 정도로 그치거나 첫 번째 위반 행위인 경우 기소 유예에서 그치는 것이 대다수입니다. 또한 저작권자가 직접 자신의 저작물이 침해당한 것을 알지 못하는 경우가 많아 일일이 처벌하기가 어렵습니다. 저작권 침해 행위가 줄어들지 않는 이유도 이 때문입니다."

보기 2

○ **서론**: 저작권의 개념과 중요성

○ **본론**

1. 문제점 분석
   가. 창작자의 권리 침해 및 창작 의욕 저하
   나. 사회적인 도덕성 해이 현상의 유발
   다. 국가 경쟁력의 하락 ······················ ㉠
2. 실태 및 원인 분석
   가. 저작권 침해 행위의 실태 ··············· ㉡
   나. 원인 1: 저작권에 대한 사회적 인식 부족
   다. 원인 2: 미흡한 저작권 교육 ··········· ㉢
   라. 원인 3: 가벼운 벌금 정도의 법적 처벌 제도
3. 해결 방안 제시
   가. 저작권의 공정한 이용을 강조하는 홍보 캠페인 실시
   나. 지속적이고 체계적인 저작권 교육의 실시 ·········································· ㉣
   다. 저작권 침해 행위에 대한 법적 제도 개선 ·········································· ㉤

○ **결론**: 올바른 저작권 이용 문화 조성을 위한 노력 촉구

## 06 20829-0234

**〈보기 1〉을 활용하여 〈보기 2〉를 구체화하는 방안으로 적절하지 않은 것은?**

① (가)에서 저작권 침해로 인해 경제적 손실이 심각하다는 내용을 이끌어 낼 수 있으므로, 이를 ㉠에서 활용한다.

② (나), (다)-2에서 저작권법이 있음에도 저작권 침해 행위는 빈번하게 일어나고 있다는 점을 이끌어 낼 수 있으므로, 이를 ㉡에서 활용한다.

③ (가), (나)에서 저작권 산업에 피해를 주는 저작권 침해 행위가 주로 10대들로 인해 발생하고 있다는 점을 이끌어 낼 수 있으므로, 이를 ㉢에서 활용한다.

④ (나), (다)-1에서 전 세대를 대상으로 지속적인 저작권 교육이 필요하다는 점을 이끌어 낼 수 있으므로, 이를 ㉣에서 활용한다.

⑤ (가), (다)-2에서 국가에서 저작권 침해 행위에 대한 제도를 정비할 필요가 있다는 점을 이끌어 낼 수 있으므로, 이를 ㉤에서 활용한다.

## 07 ⓒ 20829-0235

〈보기 2〉의 본론 일부를 〈조건〉에 따라 쓴 것으로 가장 적절한 것은?

조건

- '본론-3-가'에 해당하는 내용을 쓸 것.
- '근거-주장-구체적인 실천 방안'의 순서로 전개할 것.

① 저작권법을 침해하는 것은 창작자의 창작 의욕을 저해한다. 그러므로 저작권법을 침해하는 행위는 문화의 발전에 악영향을 끼친다. 따라서 사람들이 저작권법을 준수할 수 있도록 널리 홍보할 필요가 있다.

② 저작권을 침해하는 행위는 개인과 사회 모두에게 피해를 준다. 따라서 저작권 침해로 인한 피해를 줄일 수 있도록 저작권법에 대한 사람들의 인식을 전환해야 한다. 이를 위해 학교에서는 저작권 소양 교육을 의무화해야 한다.

③ 저작권의 공정한 이용을 강조하기 위해서는 전 국민을 대상으로 캠페인을 전개해야 한다. 저작권 침해 행위가 전 연령대에 걸쳐 발생하고 있기 때문이다. 이를 위해서 전국에 저작권 교육 센터를 설치하여 홍보 캠페인을 주도할 수 있도록 해야 한다.

④ 저작권법에 대한 기존의 홍보 캠페인은 전달력과 참신함이 떨어지는 문제점이 있었다. 따라서 새로운 캠페인은 재미있고 신선한 방식을 활용해야 한다. 만화나 영화처럼 이야기가 있는 영상을 제작하여 보급한다면, 홍보의 효과를 극대화할 수 있다.

⑤ 저작권법을 비롯한 법령 준수는 사람들의 인식 전환으로부터 시작된다. 따라서 저작물의 유통이나 이용 규제만 강조할 것이 아니라 모든 사람들이 저작물을 공정하게 이용할 수 있도록 홍보하는 캠페인이 필요하다. 이를 위해 홍보 포스터를 만들어 학교나 회사 등에 안내하고, 공익 광고를 제작하여 TV나 인터넷을 통해 보급할 필요가 있다.

**[08~10] (가)는 작문 과제이고, (나)는 (가)를 바탕으로 쓴 학생의 글이다. 물음에 답하시오.**

**가 작문 과제**

- 주제: 환경 오염을 줄이기 위한 방안
- 글의 목적: 일회용 컵 보증금제의 효과를 재고하여 제도를 재도입해야 함을 주장하기
- 예상 독자: 일회용 컵 보증금제를 처음 접하는 우리 학교 학생들

**나 학생의 글**

커피 전문점은 동네마다 하나씩은 자리 잡을 정도로 대중화되어 있다. 이에 따라 커피 전문점에서 음료를 담는 일회용 컵의 사용도 증가 추이에 있다. 하지만 일회용 컵을 사용할수록 환경 오염에 대한 부담은 커질 수밖에 없다. 작년을 기준으로 한 해에 소비된 일회용 컵은 257억 개 가량으로 집계되고 있다. 사용한 일회용 컵들은 대부분 재활용되지 않고 소각 또는 매립되기 때문에 환경 오염을 심화시킬 수밖에 없는 상황이다. 이러한 문제의 해결을 위해 과거에 시행되었던 일회용 컵 보증금제를 재도입해야 한다고 생각한다. 일회용 컵 보증금제란 소비자가 일회용 컵에 담아 음료를 살 때 일정 금액의 보증금을 내고 컵을 반환하면 보증금을 돌려주는 제도이다.

환경 오염을 유발하는 일회용 컵 문제를 해결하기 위한 근본적인 대책은 일회용 컵의 재활용률을 높이는 것이다. 환경부에서 발표한 과거 보증금 제도가 시행될 때의 자료를 참고하면 일회용 컵의 회수율이 2003년 23.8%였지만 2006년에는 38.9%로 증가했다. 그럼에도 불구하고 현재는 이 제도가 시행되고 있지 않다. 컵이 회수만 잘 되면 다른 쓰레기와 구분해 한꺼번에 자원재활용센터에 맡길 수 있다. 그러면 일회용 컵의 코팅 부분을 벗겨 내고 펄프 부분만 모아 재활용률을 증가시킬 수 있으며 이는 곧 경제적 이익으로 직결될 수 있다.

재활용에 도움을 주는 것 외에도 이 제도의 부활은 머그잔이나 텀블러 등의 다회용 컵 사용률을 높일 수 있다. 실제로 정부의 설문 조사 결과 전체 응답자 2005명의 61.8%가 일회용 컵 보증금제를 도입

할 경우 다회용 컵을 더 많이 사용할 의향이 있다고 대답했다.

[A] 일회용 컵으로 인한 환경 오염에 대한 책임은 판매자나 정부에게만 있는 것이 아니다. 그 책임은 일회용 컵을 사용한 주체인 소비자에게도 있다. 따라서 일회용 컵 보증금제는 소비자의 당연한 의무를 제도를 통해 보완하는 셈이다. OECD는 환경 오염 물질을 배출한 자는 오염으로 인해 발생하는 피해 비용을 지불해야 하는 의무가 있다는 오염자 부담의 원칙을 채택한 바 있다. 또한 우리나라의 자원순환기본법에서는 '모든 국민은 자연환경과 생활 환경을 청결히 유지하고, 일회용품 사용을 자제하며, 폐기물이 적게 발생하는 제품 등을 우선 구매하여 내구연한(耐久年限)까지 최대한 사용하는 등 폐기물의 발생을 줄이기 위하여 노력하여야 한다.'와 같이 밝히고 있다.

사용하기 편리하다고 해서 후속 처리를 미래 세대에게 지우는 것은 국민의 한 사람으로서 지켜야 할 책무를 외면하는 행위라 볼 수 있다. 따라서 자원 순환에 도움을 줄 수 있는 일회용 컵 보증금제를 재도입하여 환경 오염을 막기 위한 노력을 강화해야 한다.

## 08 ◎ 20829-0236

**(가)를 바탕으로 (나)를 쓰기 위해 세운 글쓰기 계획 중 (나)에 활용된 것은?**

① 글의 목적을 강조하기 위해 일회용 컵 보증금제의 문제점에 대한 상반된 견해를 비교하여 설명해야겠다.

② 글의 목적을 분명히 하기 위해 일회용 컵 보증금제를 실시했을 때의 효과를 구체적 수치와 함께 제시해야겠다.

③ 예상 독자의 관심을 반영하기 위해 환경 오염에 대해 우리 학교 토론 대회에서 논의되었던 내용을 제시해야겠다.

④ 예상 독자의 이해를 돕기 위해 일회용 컵 보증금제를 실시하고 있는 다른 나라의 구체적 사례를 제시해야겠다.

⑤ 주제를 구체화하기 위해 일회용 컵 보증금제가 필요한 이유를 개인적 측면과 사회적 측면으로 나누어 제시해야겠다.

## 09 ◎ 20829-0237

(나)에 제시된, 일회용 컵 보증금제 재도입에 대해 〈보기〉를 바탕으로 비판하는 글을 쓰려고 한다. 비판의 내용으로 가장 적절한 것은?

보기

일반적으로 종이컵 내부엔 비닐 재질인 폴리에틸렌 코팅 처리가 되어 있다. 음료를 오래 담아 놓아도 형태가 변하지 않게 하기 위해서다. 종이컵을 제대로 분류해 재활용하려면 종이컵에 도포되어 있는 폴리에틸렌 코팅을 벗겨 내야 하는데 국내에는 관련 기술을 보유한 업체가 거의 없다.

– ○○신문 기사

① 보증금을 지급한다고 해서 일회용 컵의 회수율은 높아지지 않는다.

② 일회용 컵보다 머그컵 사용을 장려해야 환경 오염을 줄일 수 있다.

③ 일회용 컵을 소각하는 것보다 재활용하는 것이 경제적 이익을 가져 온다.

④ 일회용 컵 수거를 통해 재활용률을 높이는 것은 현실적으로 어려운 일이다.

⑤ 일회용 컵의 코팅을 벗겨 내는 기술을 확보해야 일회용 컵 수거율을 높일 수 있다.

## 10 ◎ 20829-0238

〈보기〉는 [A]의 초고이다. 〈보기〉를 고쳐 쓰기 위해 친구들이 조언한 내용 중 [A]에 반영되지 않은 것은?

보기

일회용 컵으로 인한 환경 오염에 대한 책임은 판매자나 정부에게만 있는 것이 아니라 일회용 컵을 사용한 주체인 소비자에게도 있다. 따라서 소비자의 당연한 의무를 일회용 컵 보증금제는 제도를 통해 보완하는 셈이다. 국제 단체는 환경 오염 물질을 배출한 자는 오염으로 인해 발생하는 피해 비용을 지불해야 하는 의무가 있다는 오염자 부담의 원칙을 채택한 바 있다.

① 첫 번째 문장이 장황하므로 내용이 구분되는 부분을 경계로 삼아 두 문장으로 서술하는 게 어때?

② 두 번째 문장에서 어구의 순서가 어색한 부분은 그 순서를 바로 잡아 자연스럽게 서술하는 게 어때?

③ 세 번째 문장에서 오염 부담의 원칙은 조문을 직접 인용하여 신뢰성을 높일 수 있도록 서술하는 게 어때?

④ 세 번째 문장에서 언급한 단체는 정확한 표현이라 볼 수 없으므로 정확한 명칭을 밝혀 서술하는 게 어때?

⑤ 주장의 설득력을 강화하기 위해 소비자의 의무와 관련된 국내 법규를 주장에 대한 근거로 추가하여 서술하는 게 어때?

# 실전 대비 평가 3회

**[01~03] 다음은 '체육 한마당 행사'를 안내하는 교내 라디오 방송이다. 물음에 답하시오.**

진행자: 안녕하세요? 학생 여러분. 매주 이 시간, 학교 소식을 전해 드리고 있습니다. 오늘은 학생회장을 모시고 ○월 ○일에 열리는 체육 한마당 행사에 대해 안내해 드리고자 합니다. 학생회장님, 안녕하세요?

학생회장: 안녕하세요? 학생회장 □□□입니다. 건강한 육체에 건강한 정신이 깃든다는 말이 있듯이 우리 학교에서는 매년 체육 한마당을 열고 있습니다. 알차게 준비하고 있으니 기대해 주셔도 좋습니다.

진행자: ㉠기대가 되는데요. 학생들은 운영 방식을 궁금해할 것 같은데 말씀해 주시겠어요?

학생회장: 네. 올해는 학년 구분 없이 체육 한마당을 운영하기로 결정하였습니다. 각 학년의 같은 반끼리 묶어 한 팀으로 구성하여, 학년이 아닌 팀별로 경기를 하는 방식입니다. 예선전은 체육 한마당 행사 당일 전에 점심시간과 저녁 시간을 활용하여 미리 경기를 치르고 행사 당일에는 결승전만 치러집니다.

진행자: 학년 구분 없이 팀을 만든다는 게 청취자들이 이해하기 어려울 수도 있는데, ㉡예를 들면 1팀은 1학년 1반과 2학년 1반, 3학년 1반으로 구성되는 건가요?

학생회장: 네. 맞습니다.

진행자: 운영 방식을 이렇게 바꾼 이유가 있나요?

학생회장: 네. 학년별로 따로 운영하던 방식이 비효율적이라는 지적이 매년 나왔습니다. 특히 작년에는 다른 학년이 경기할 때 스마트폰를 만지거나 친구와 장난치는 등 산만한 모습이 많이 보여 문제로 지적됐습니다. 또 학년별로 경기가 따로 이루어지다 보니 시간이 길게 늘어졌던 것도 사실이고요. 마지막으로 사실 선후배라 하더라도 3년 동안 얼굴 마주하며 만날 일이 거의 없지 않나요? 이번 기회를 통해 선후배 간의 돈독한 정을 나눌 수 있을 거라 생각합니다.

진행자: ㉢학생회장님 말씀을 정리해 보면, 학년별로 이루어지던 활동을 하나로 합치면서 경기에 대한 집중도를 높이고, 시간적인 효율성도 제고하고, 선후배 간의 정도 나눌 수 있다는 말씀이네요.

학생회장: 잘 정리해 주셨습니다. 시간을 효율적으로 사용하기 때문에 예년에 비해 더 일찍 끝날 예정이며, 경기 이후에는 강당에서 뒤풀이 시간도 마련되어 있습니다. 뒤풀이 시간에는 장기 자랑 시간과 상품도 준비되어 있습니다.

진행자: ㉣그렇군요. 상품도 있다고 하니 학생들이 좋아하겠는데요?

학생회장: 네. 그렇습니다.

진행자: 운영 방식이 바뀐 만큼 경기 종목도 바뀌어야 할 것 같은데요?

학생회장: 네. 남학생 축구, 여학생 피구는 인기 종목이므로 유지할 생각이고, 줄다리기와 계주도 단합을 이끌기에 적합하므로 유지할 생각입니다. 대신 계주의 경우 그냥 뛰는 게 아니라 각 학년의 대표 선수들이 발을 묶고 뛰는 3인 4각으로 운영할 생각입니다. 그리고 단합을 도모할 수 있는 단체 공 튀기기나 장애물 달리기, 단체 줄넘기 등도 추가할 예정입니다.

진행자: ㉤종목이 생각보다 많이 바뀌었네요. 개인의 능력이 뛰어난 팀보다 협동심이 강한 팀이 유리할 것 같아요.

학생회장: 아무래도 단합이 잘된 팀이 유리할 것입니다. 학생들의 의견을 반영해 최종 계획을 수립하여 각 교실에 게시하도록 하겠습니다.

진행자: 마지막으로 청취자 게시판에 실시간으로 올라온 질문에 대해 답변해 드리는 '청취자와의 소

통’ 시간입니다. 제가 질문을 하나 선정했습니다. 읽어 드릴게요. (㉮선정한 질문을 읽는다.)

학생회장: 네. 아무래도 발을 묶고 뛰다 보면 그럴 수 있을 것 같습니다. 학생회에서 적극적으로 검토하여 대책을 마련하겠습니다.

진행자: 안전에 대한 학생의 걱정이 해소되길 바라겠습니다. 체육 한마당을 위해 노력하고 있는 학생회를 응원하겠습니다.

학생회장: 감사합니다.

진행자: 학우 여러분, 다음 주 금요일 이 시간에는 또 다른 주제로 찾아뵙겠습니다.

## 01 ◎ 20829-0239

**진행자의 말하기 방식을 이해한 내용으로 적절하지 않은 것은?**

① ㉠: 상대의 발언에 대한 기대를 드러내며, 청취자가 궁금해할 만한 내용을 예상하여 질문하고 있다.

② ㉡: 청취자들이 내용을 쉽게 이해할 수 있도록 예를 들어 확인하고 있다.

③ ㉢: 상대가 제시한 정보를 요약하여 정리하고 있다.

④ ㉣: 상대의 발언 내용의 긍정적 측면을 언급하고 있다.

⑤ ㉤: 상대가 제시한 정보를 분석하여 보완이 필요한 점을 언급하고 있다.

## 02 ◎ 20829-0240

**다음은 위 방송을 진행하기 위해 진행자가 출연자와 협의하여 세운 계획이다. 방송에 반영되지 않은 것은?**

**〈시작〉** 인사

**〈체육 한마당 행사 안내〉**

- 체육 한마당 운영 방식에 대한 안내: 예년과 바뀐 점 위주로 설명 ········ ⓐ
- 운영 방식을 바꾼 이유 안내
  1. 다른 학년의 경기가 펼쳐질 때 집중하지 않음. ········ ⓑ
  2. 학년별로 경기가 따로 이루어지는 경우 시간이 길어짐. ········ ⓒ
  3. 선후배 간에 교류할 수 있는 기회 제공
- 경기 종목 안내: 단체 경기와 개인 경기로 나누어 설명 ········ ⓓ

**〈청취자와의 소통〉** 청취자 게시판의 질문 소개와 답변 ········ ⓔ

**〈마무리〉** 인사

① ⓐ ② ⓑ ③ ⓒ ④ ⓓ ⑤ ⓔ

## 03 ◎ 20829-0241

**위 방송의 흐름을 고려할 때, ㉮에 해당하는 것으로 가장 적절한 것은?**

① 3인 4각 경기는 안전상 위험하지 않을까요?

② 3인 4각 경기는 선후배 사이에 갈등이 생기지 않을까요?

③ 3인 4각 경기는 경기 시간의 효율성을 고려하여 제외하는 편이 낫지 않을까요?

④ 축구는 격렬하게 몸싸움을 할 수도 있어 위험하지 않을까요?

⑤ 축구는 팀의 단결보다는 개인의 경기 능력에 영향을 많이 받지 않을까요?

**[04~07] (가)는 학교 신문에 실을 기사문을 쓰기 위한 면담이고, (나)는 면담을 바탕으로 학생이 작성한 기사문이다. 물음에 답하시오.**

**가** 학생: 안녕하세요? ○○고 신문 편집부 학생 기자입니다. 다음 달에 저희 학교에서 실시하는 '찾아오는 미술관' 수업과 관련해서 인터뷰 요청을 드렸는데, 흔쾌히 응해 주셔서 감사합니다.

큐레이터: 네, 반가워요. ○○고 학생들과 수업을 진행할 □□미술관 큐레이터 △△△입니다. 공부하느라 바쁠 텐데 직접 방문해 주셔서 감사합니다.

학생: '찾아오는 미술관' 수업의 구체적인 일정을 알 수 있을까요?

큐레이터: 네. 다음 달 첫째 주 금요일부터 3주 동안 금요일마다 ○○고 학생들을 찾아갈 예정입니다.

학생: 미술관이 찾아온다는 게 언뜻 이해가 되지 않는데요. 어떤 의미인가요?

큐레이터: '찾아오는 미술관'은 학생들이 쉽게 체험하기 힘든 미술적 경험을 풍부하게 체험할 수 있도록 도와주는 프로그램이에요. ○○고에서는 특별히 다른 곳에서 한 번도 해보지 않은 환경 교육과 미술 교육의 융합적 성격을 띤 수업을 진행할 예정입니다.

학생: 환경 교육과 미술 교육의 융합이라. 학생들이 굉장히 궁금해할 것 같은데요. 구체적으로 어떤 수업이 진행되는지 미리 알 수 있을까요?

큐레이터: 네. 쉽게 얘기하면 재활용품을 활용한 미술 활동인데요. 학생들이 직접 가져온 재활용품에 디자인 또는 활용도를 더해 그 가치를 높인 제품으로 재탄생시키는 활동으로 흔히 '업사이클링'이라고 합니다. 안 입는 옷으로 에코백을 만들거나, 폐품으로 미술품을 만들 수 있어요.

학생: '업사이클링'이라는 말이 생소한데, 설명을 듣고 보니 의미도 있고 재미있을 것 같아요. 그렇다면 수업을 신청한 학생들은 재활용품을 미리 준비해 두면 좋겠네요?

큐레이터: 네. 맞아요. 잘 안 보는 책이나 옷, 가방 등을 미리 준비해 두면 좋을 것 같아요.

학생: 아, 그렇군요. 미술을 통해 환경 문제에도 관심을 가질 수 있는 의미 있는 시간이 되겠네요. 학생들에게 어떤 도움이 될까요?

큐레이터: 평소 미술을 눈으로 보기만 하고 어렵게 생각했던 친구들에게는 이번 미술 체험이 미술과 친해지게 되는 계기가 될 거예요. 학생들과 직접 만나 도움을 줄 수 있다는 게 기쁘네요.

학생: 저희가 감사하죠. 미술관에서 이 서비스를 시작하시게 된 계기는 무엇인가요?

큐레이터: 학생들을 비롯한 지역 주민들에게 미술에 대한 인식을 변화시켜 드리고 싶었어요. 미술 활동이라고 하면 어려운 것, 눈으로만 보는 것으로만 생각하기 쉬운데, 미술은 우리 일상 속에서 쉽게 만날 수 있고, 체험할 수 있는 것이라는 점을 알리고 싶었어요. 다행히 학생들과 지역 주민들로부터 호응이 좋은 편이고요.

학생: 그렇군요. 말하자면 미술의 하향 평준화 운동이군요.

큐레이터: ㉮ <u>아… 하향 평준화라는 표현보다는 대중화라는 표현이 더 적합하지 않을까요?</u>

학생: 아. 대중화라는 말이 더 적절한 것 같아요. 오늘 친절한 설명 감사드립니다. 설명을 들으니 저도 신청해야겠다는 생각이 드네요. 안녕히 계세요.

큐레이터: 고맙습니다.

**나** **□□미술관, ○○고를 찾아오다.**

| ㉯ |
|---|

5월 둘째 주, 셋째 주 금요일 □□미술관이 우리 학교 미술실을 찾아온다. 지역 대표 미술관인 □□미술관이 '찾아오는 미술관'을 통해 우리 학교에서 학생들과 함께 체험 중심의 미술 수업을 실시할 예정이다. 수업을 담당할 △△△ 큐레이터는 "평소 미술을 눈으로 보기만 하고 어렵게 생각했던 친구들에게는 이번 미술 체험이 미술과 친해지게 되는 계기가 될 거예요."라고 말하며 학생들에게 도움을 줄 수 있어 기쁘다고 덧붙였다. 우리 학교에서는 '업사이클링'을 활용한 미술 활동을 실시할 예정이다. 버려진 옷을 활용한 에코백 만들기, 폐품을 활용한 미술품

만들기 등 재활용품에 참신한 아이디어를 더해 새로운 작품으로 가치를 더할 예정이다. 이렇게 만든 작품은 벼룩시장을 통해 학생들에게 판매하고 수익금은 지역 사회의 소외 계층을 위해 기부하여 기부를 통한 나눔의 의미를 돌아볼 예정이다. 1학년에 재학 중인 ◇◇◇ 학생의 "생활과 접목된 실용적인 미술 체험을 할 수 있다는 생각에 기대가 큽니다."라는 말처럼 '찾아오는 미술관'은 학생들에게 즐거운 미술 체험을 제공할 것으로 기대된다. 프로그램에 대한 구체적 계획은 학생회에서 학교 홈페이지에 게시하였다. 참고로 '업사이클링'이란 재활용품에 디자인 또는 활용도를 더해 재탄생시키는 것으로 쓰던 것을 다시 쓰는 '리사이클링(재활용)'과는 구분된다.

## 04 ▷ 20829-0242

**면담을 하기 전에 수립한 질문 계획 중 반영되지 않은 것은?**

① '찾아오는 미술관' 프로그램을 실시하게 된 계기가 무엇인지 질문해야겠군.
② '찾아오는 미술관'이 낯선 학생들을 위해 명칭의 의미에 대해 질문해야겠군.
③ '찾아오는 미술관'이 지역 사회에서 인기가 많은 이유에 대해 질문해야겠군.
④ '찾아오는 미술관'이 우리 학교에서는 어떤 수업을 진행하는지 질문해야겠군.
⑤ '찾아오는 미술관' 수업을 신청할 학생들이 무엇을 준비해야 하는지 질문해야겠군.

## 05 ▷ 20829-0243

**㉮에 대한 설명으로 적절한 것은?**

① 큐레이터는 학생의 표현을 듣고 더 알고 싶은 내용을 질문하고 있다.
② 큐레이터는 학생의 표현을 반복하여 자신의 이해 여부를 확인하고 있다.
③ 큐레이터는 학생의 표현이 적절하지 않다고 판단하여 적절한 표현을 제안하고 있다.
④ 큐레이터는 학생의 표현이 대화 맥락에서 벗어났다고 판단하여 새로운 질문을 하고 있다.
⑤ 큐레이터는 학생이 제대로 이해하지 못했다고 판단하여 이를 확인하는 질문을 하고 있다.

## 06 ▷ 20829-0244

**(나)를 작성할 때 활용한 글쓰기 방법으로 적절하지 않은 것은?**

① 학생의 말을 인용하여 '기부를 통한 나눔'을 체험하는 것에 대한 기대감을 드러낸다.
② 인터뷰 내용을 인용하여 '찾아오는 미술관'이 학생들에게 어떤 도움이 될지를 제시한다.
③ '찾아오는 미술관'에서 이루어질 수업의 구체적인 사례를 들어 학생들에게 정보를 제공한다.
④ '업사이클링'이라는 단어에 대한 해설을 덧붙여 단어의 의미가 생소한 학생들의 이해를 돕는다.
⑤ 일시와 장소에 대한 정보를 제공하여 '찾아오는 미술관'의 일정을 궁금해하는 학생들에게 정보를 제공한다.

## 07 ⊙ 20829-0245

**〈보기〉는 쓰기 과정에서 학생이 떠올린 생각이다. 〈보기〉를 참고할 때, ⓐ에 들어갈 부제로 가장 적절한 것은?**

보기

제목에서 '찾아오는 미술관'이 우리 학교에서 실시된다는 일반적인 정보는 드러났지만, 좀 아쉬워. 부제를 통해 우리 학교에서 실시되는 수업만의 특징을 제시하면 좋을 것 같아.

① 수업을 통해 만든 작품은 벼룩시장을 통해 판매할 예정
② 체험 중심 활동을 통해 미술에 대한 친근감을 높일 예정
③ 업사이클링을 주제로 미술과 환경의 융합 교육 실시 예정
④ 학교에서 쉽게 접하기 힘든 체험 중심의 미술 수업 실시 예정
⑤ 지역 사회의 호응이 큰 미술 대중화 운동의 일환으로 실시될 예정

## [08~10] 다음을 읽고 물음에 답하시오.

**〈작문 상황〉**

○ 작문 과제: 생활 주변의 소재를 찾아 모둠별 협동 작문하기
○ 중심 소재: 인터넷 동영상 서비스
○ 글의 주제: 청소년들에게 인터넷 동영상 서비스가 인기 있는 이유와 그에 따른 부정적 영향

**〈협동 작문 과제의 초고〉**

최근 인터넷 동영상 서비스가 청소년들로부터 높은 인기를 끌고 있다. 이는 청소년들의 매체 의존성이 높아졌음을 의미한다. 청소년들에게 인터넷 동영상 서비스가 인기를 끄는 이유에 대해 살피고, 그에 따른 영향에 대해서 살펴보고자 한다.

인터넷 동영상 서비스가 인기 있는 이유는 여러 가지 측면에서 살필 수 있다. 우선 텔레비전이나 라디오와 같은 기존 대중 매체는 기다림을 강요한다. 정해진 시간에 정해진 방송을 보거나 들어야 하므로 '본방'을 사수하기 위해 기다려야 한다. 하지만 요즘 청소년들은 기다림에 익숙하지 않다. 내가 보고 싶고 듣고 싶을 때 그 욕구를 충족해 주는 매체를 원한다. 인터넷 동영상 서비스는 이러한 청소년의 욕구를 신속하게 충족해 주는 매체이다. 다음으로 인터넷 동영상 서비스는 다른 매체에 비해 다양한 콘텐츠를 제공한다. 텔레비전이나 라디오와 같은 기존 대중 매체는 다양성 측면에서 인터넷 동영상 서비스를 따라오기 힘들다. 청소년들의 다양한 욕구를 채워 준다는 측면에서 인터넷 동영상 서비스의 인기 요인을 알 수 있다. 마지막으로 인터넷 동영상 서비스의 개방성을 들 수 있다. 텔레비전이나 라디오는 소수만 콘텐츠를 생산할 수 있으며, 사용자에게 일방향적 소통을 강요한다. 반면 인터넷 동영상 서비스의 생산 권한은 누구에게나 열려 있다. 누구든지 다양한 컨텐츠를 자유롭게 수용하고 생산할 수 있다.

이러한 인터넷 동영상 서비스가 청소년들에게 미치는 부정적 영향은 무엇일까? 우선 인터넷 동영상 서비스는 앞서 언급한 개방적 특성 때문에 유해한 요소가 걸러지지 않은 채 청소년들에게 노출될 우려가 있다. 또한 청소년들이 직접 동영상을 생산하여 공유하는 과정에서 개인의 사생활이 노출될 수 있다. 마지막으로 조회 수에 따라 수익이 발생하므로, 청소년들이 수익을 얻기 위해 선정적이거나 사실을 왜곡한 정보를 무분별하게 생산할 수 있다.

이처럼 인터넷 동영상 서비스 프로그램은 정보의 즉시성, 다양성, 개방성을 바탕으로 청소년들에게 인기를 얻고 있다. [ [A] ]

**〈모둠원의 조언〉**

○ 조언 1: 첫 문단이 좀 어색한 것 같아. '작문 상황'을 고려하여 첫 문단을 수정할 필요가 있어.
특히 [ ㉠ ]
○ 조언 2: 마지막 문단이니까 앞서 언급한 내용 중 인기 이유와 그에 따른 부정적 영향을 요약하여 제시할 필요가 있어. ······························ ㉡

## 08 20829-0246

〈보기〉는 '협동 작문 과제의 초고'를 작성하기 전에 수집한 자료에 대해 모둠원들이 나눈 대화이다. ⓐ~ⓔ 중 '협동 작문 과제의 초고'에 활용되지 않은 것은?

보기

모둠원 1: 수집한 글쓰기 자료를 점검해 보자. 내가 조사한 보고서에서는 ⓐ텔레비전이나 라디오와 같은 기존 대중 매체와 달리 인터넷 동영상 서비스는 필요할 때 즉시 볼 수 있다는 점을 인기 이유로 들고 있어.

모둠원 2: 내가 조사한 특집 기사에서는 ⓑ텔레비전이나 라디오와 달리 누구나 정보를 생산할 수 있다는 점과 ⓒ제공하는 정보가 다양하다는 점을 인기 이유로 제시하고 있어.

모둠원 3: 나는 인터넷 동영상 서비스의 부정적 영향에 대해 조사해 왔어. 우선 ⓓ유해한 정보가 미성년자에게 노출된다는 점과 개인의 사생활이 무분별하게 노출될 수 있다는 점을 찾아왔어.

모둠원 4: 내가 찾은 자료에서는 조회 수에 따라 수익이 발생하기 때문에 돈을 좇아 ⓔ동영상 생산자로 진로를 정하는 청소년들이 많다는 점과 사실을 왜곡한 정보를 무분별하게 제공하고 이를 또 검증 없이 수용하게 된다는 점을 문제로 지적하고 있었어.

① ⓐ ② ⓑ ③ ⓒ ④ ⓓ ⑤ ⓔ

## 09 20829-0247

㉠에 들어갈 내용으로 가장 적절한 것은?

① 중심 소재를 고려하여 '인터넷 동영상 서비스'를 '인터넷 매체'로 수정할 필요가 있어.
② 중심 소재를 고려하여 '매체 의존성'을 '인터넷 동영상 서비스에 대한 관심'으로 수정할 필요가 있어.
③ 글의 주제를 고려하여 '청소년들'을 '대중들'로 수정할 필요가 있어.
④ 글의 주제를 고려하여 '그에 따른 영향'을 '문제점과 그 해결 방안'으로 수정할 필요가 있어.
⑤ 글의 주제를 고려하여 '인터넷 동영상 서비스가 인기를 끄는 이유'를 '인터넷 동영상 서비스의 수익이 발생하는 원리'로 수정할 필요가 있어.

## 10 20829-0248

㉡을 고려할 때, [A]에 들어갈 내용으로 가장 적절한 것은?

① 이는 인터넷 동영상 서비스가 청소년들의 다양한 요구를 수용하며 성공한 결과이다.
② 그러나 인터넷 동영상 서비스의 조회 수를 높이기 위해 선정적이고 자극적인 정보만 제시하는 현실이 안타깝다.
③ 이외에도 사회로부터 소외된 사람들이 인터넷 동영상 서비스를 통해 위안을 얻고 있다는 점도 인기 요인 중 하나이다.
④ 나아가 인터넷 동영상 서비스는 인터넷 매체를 기반으로 이윤을 추구할 수 있다는 점에서 인터넷을 활용한 산업의 확대에도 영향을 준다.
⑤ 그러나 인터넷 동영상 서비스가 유해한 정보와 개인의 사생활을 무분별하게 노출하고 있고 선정적이거나 사실을 왜곡한 정보를 생산하고 있다는 사실은 우려가 된다.

올림포스 화법과 작문 시크릿 참고 자료

# 수행 평가

# 수행 평가 사례

| 영역 | 연번 | 수행 평가 과제별 사례 | 활동 유형 | 활동 개요 |
|---|---|---|---|---|
| 화법 | 1 | 상황에 따라 적절하게 표현하기 | • 언어적, 준언어적, 비언어적 표현의 개념 익히기<br>• 대화를 통해 언어적, 준언어적, 비언어적 표현의 활용 양상 파악하기 | • 언어적, 준언어적, 비언어적 표현의 개념을 익히면서 대화에 적용된 실제 사례를 분석함.<br>• 상황에 따른 언어적, 준언어적, 비언어적 표현의 적절성을 비판적으로 이해함. |
| | 2 | 토론 개요서 작성하기 | • 쟁점의 개념 익히기<br>• 토론 논제를 설정하고 찬성 측과 반대 측 입장에서 주장 펼치기 | • 쟁점의 개념을 익히면서 실제 논제에서 도출될 수 있는 쟁점들을 분석함.<br>• 쟁점에 따라 찬성 측과 반대 측 각각의 입장을 서술함. |
| | 3 | 협상 계획을 바탕으로 협상하기 | • 협상 절차에 따른 협상 전략 익히기<br>• 건의문을 참고하여 협상 계획서 작성하기 | • 협상 절차에 따라 적절한 협상 전략을 익히면서 실제 협상 과정에서 적용할 전략을 수립함.<br>• 건의문을 바탕으로 여러 의견을 종합하여 양보하거나 수용할 수 있는 합의점을 도출함. |
| 작문 | 4 | 건의문 쓰기 | • 학급이나 학교에서 현안을 찾아 분석하고 해결 방안 마련하기<br>• 건의문의 구성에 따라 개요 작성하기 | • 문제의 심각성, 해결 방안의 가능성 등의 쟁점, 현안과 직접적 관련이 있는 독자를 분석하고, 현안을 해결할 수 있는 방안을 도출함.<br>• '처음－중간－끝'의 구조에 따라 건의문의 내용을 조직함. |
| | 5 | 자기소개서 쓰기 | • 작문 맥락 분석하기<br>• 작문 맥락을 고려하여 자기소개서에 들어갈 내용 생성하기 | • 글쓰기 상황을 설정한 후 독자, 목적, 주제 등을 구체적으로 분석함.<br>• 독자, 목적, 주제 등을 고려하여 자기소개서에 들어갈 적절한 내용을 서술함. |
| | 6 | 전문가 글쓰기 | • 주제 선정 및 예상 독자 분석하기<br>• 글을 쓰기 위해 필요한 정보 선별하여 정리하기 | • 주제에 대한 독자의 관심, 수준, 배경지식 등을 구체적으로 분석하기<br>• 독자의 관심, 수준, 배경지식 등을 고려하여 적절한 정보 선별 및 내용을 구성하기 |

# 수행 평가 1 상황에 따라 적절하게 표현하기

평가일: ___월 ___일 ___학년 ___반 ___번 이름: ______________

**1** 언어적, 준언어적, 비언어적 표현의 개념을 찾아 정리해 보자.

| 구분 | 개념 |
|---|---|
| 언어적 표현 | |
| 준언어적 표현 | |
| 비언어적 표현 | |

**2** 다음 친구 간의 대화를 읽고 물음에 답하시오.

연희: 어, 준구 아니니? 정말 오랜만이네. 반가워!
준구: (반가운 말투로) 그래. 연희구나. 그러고 보니 참 오랜만이야. 나도 반가워. 잘 지냈니?
연희: 난 잘 있었어. (준구의 사진기를 보며) 너도 사진 동아리구나. 하긴 우리 둘 다 초등학생 때 사진에 관심이 많았지. 그래서 풍경 사진 찍으러 같이 많이 다녔잖아. 초등학생 때 소풍 갔다가 함께 풍경 사진 많이 찍은 거 기억나니?
준구: 그림 역시 풍경을 잘 담아낼 수 있긴 하지만, 사진만큼 생생하게 담아내지는 못하는 것 같아.
연희: 내 생각도 그래. 풍경을 담아내는 데는 (엄지손가락을 올리며) 사진이 최고지. 우리 풍경만 찍으며 돌아다녀서 정작 우리 둘이 찍은 사진은 없더라. (밝은 목소리로) 우리 여기 의자에 앉아서 함께 사진 한번 찍을래?
준구: 그래. 좋은 생각이네. 뒤에 꽃들도 있으니 사진이 잘 나올 것 같아. 같이 찍자.

㉠ 준언어적 표현에 해당하는 것을 찾아 정리해 보자.

㉡ 두 친구의 대화 중 적절하지 않은 표현을 하나만 찾고, 그 이유를 서술해 보자.

㉢ ㉡에 밝힌 부적절한 표현을 적절하게 고쳐 보자.

| 점수 | 평가 영역 | | | 합계 |
|---|---|---|---|---|
| | 표현의 개념(5) | 준언어적 표현 탐구(5) | 맥락에 따른 표현 수정(10) | |
| | | | | |

## 예시 답안

**1** 언어적, 준언어적, 비언어적 표현의 개념을 찾아 정리해 보자.

| 구분 | 개념 |
|---|---|
| 언어적 표현 | 음성 언어로서 어휘, 문장 등을 가리킴. |
| 준언어적 표현 | 언어적 표현에 덧붙어 의미 전달에 영향을 미치는 말의 성량, 속도, 어조 등을 가리킴. |
| 비언어적 표현 | 언어적 표현과는 독립적으로 의미 전달에 영향을 미치는 시선, 표정, 몸동작 등을 가리킴. |

**2** 다음 친구 간의 대화를 읽고 물음에 답하시오.

연희: 어, 준구 아니니? 정말 오랜만이네. 반가워!
준구: (반가운 말투로) 그래. 연희구나. 그러고 보니 참 오랜만이야. 나도 반가워. 잘 지냈니?
연희: 난 잘 있었어. (준구의 사진기를 보며) 너도 사진 동아리구나. 하긴 우리 둘 다 초등학생 때 사진에 관심이 많았지. 그래서 풍경 사진 찍으러 같이 많이 다녔잖아. 초등학생 때 소풍 갔다가 함께 풍경 사진 많이 찍은 거 기억나니?
준구: 그림 역시 풍경을 잘 담아낼 수 있긴 하지만, 사진만큼 생생하게 담아내지는 못하는 것 같아.
연희: 내 생각도 그래. 풍경을 담아내는 데는 (엄지손가락을 올리며) 사진이 최고지. 우리 풍경만 찍으며 돌아다녀서 정작 우리 둘이 찍은 사진은 없더라. (밝은 목소리로) 우리 여기 의자에 앉아서 함께 사진 한번 찍을래?
준구: 그래. 좋은 생각이네. 뒤에 꽃들도 있으니 사진이 잘 나올 것 같아. 같이 찍자.

㉠ 준언어적 표현에 해당하는 것을 찾아 정리해 보자.
반가운 말투, 밝은 목소리

㉡ 두 친구의 대화 중 적절하지 않은 표현을 하나만 찾고, 그 이유를 서술해 보자.
'준구'의 '그림 역시 풍경을 ~ 담아내지는 못하는 것 같아.'와 같은 언어적 표현은 적절하지 않다. 대화 맥락을 고려할 때, '연희'는 초등학교 시절의 기억이 남아 있는지 묻고 있다. 그런데 '준구'는 이와 같은 '연희'의 질문에 답하지 않고 대화의 통일성을 깨뜨리는 표현을 제시하고 있다.

㉢ ㉡에 밝힌 부적절한 표현을 적절하게 고쳐 보자.
'그림 역시 풍경을 ~ 못하는 것 같아.' → '물론 나도 기억나. 그때가 그립네.'

| 점수 | 평가 영역 | | |
|---|---|---|---|
| | 표현의 개념(5) | 준언어적 표현 탐구(5) | 맥락에 따른 표현 수정(10) |
| | 언어적, 준언어적, 비언어적 표현의 개념을 적절하게 서술함. | 대화에 활용된 준언어적 표현 두 가지를 모두 찾아 적절하게 서술함. | 언어적 표현, 준언어적 표현 중 부적절한 부분을 찾고, 적절하게 수정하여 서술함.(각 5점) |

수행 평가 2 토론 개요서 작성하기

평가일: ___월 ___일 ___학년 ___반 ___번 이름: ___________

1 쟁점의 개념을 찾아 정리해 보자.

2 다음은 토론 개요서의 일부이다. 빈칸에 적절한 내용을 서술해 보자.

| 논제 | | | |
|---|---|---|---|
| 논제 배경 및 취지 | | 세계 식량난을 해결할 방법 중 하나로 유전자 변형 식품에 대한 관심이 뜨겁다. 유전자 변형 식품에 대한 무해성과 유해성을 주장하는 사람들은 각자 자신의 근거의 타당함을 주장하면서 아직까지도 논쟁이 뜨겁다. 과연 유전자 변형 식품을 허용하고 먹어도 괜찮을지, 유전자 변형 식품 개발에 더욱 적극적인 투자를 해야 할지 고민해 보는 토론을 갖고자 한다. | |
| 용어 정의 | | 유전자 변형 식품(GMO): 식품 생산성 및 질을 높이기 위해 본래의 유전자를 새롭게 조작, 변형시켜 만든 식품. 넓은 의미로는 인위적인 유전자 조작을 거친 모든 생명체인 GMO로 통칭되지만, 일반적으로 식품과 농산물에 한정하여 이른다. | |
| | | 찬성 측 | 반대 측 |
| 쟁점 1 | 주장 | | |
| | 근거 | 유전자 변형 식품에 삽입된 살충성 형질의 유전자는 사람의 소화관 내에서 단백질 분해 효소에 의해 완전히 분해되고 소화관에 손상을 주지 못한다. | 프랑스 한 대학의 실험 결과에 따르면 ○○사가 개발한 제초제 성분인 글리포세이트 내성을 가진 GMO 옥수수를 2년간 먹은 쥐의 경우 그렇지 않은 쥐에 비해 수명이 2~3배 짧아졌으며 종양이 발견됐다고 한다. |
| 쟁점 2 | 주장 | | |
| | 근거 | 국내 식용유 시장 점유율 상위 4개 사가 수입한 GMO 농산물이 전체 GMO 농수산물 수입량의 86%를 차지하는 것으로 조사되었다. 이 식품들이 없을 경우 식량난이 발생할 것은 불가피한 상황이다. | 인도 몬샌토 사의 유전자 변형 종자 사업은 식량난 해결에 도움을 줄 수 있을 것으로 기대되었지만, 기대했던 바와 다른 결과를 초래했다. 유전자 변형 종자의 대규모 보급이 농업 다양성을 사라지게 하여 농업 생산량 증가에 도움은커녕 해를 끼쳤기 때문이다. |

| 점수 | 평가 영역 | | | 합계 |
|---|---|---|---|---|
| | 쟁점 개념 탐구(5) | 논제 표현(5) | 쟁점에 따른 주장 표현(20) | |
| | | | | |

## 예시 답안

### 1 쟁점의 개념을 찾아 정리해 보자.

논제와 관련하여 찬성 측과 반대 측의 의견이 서로 대립하게 되는 지점

### 2 다음은 토론 개요서의 일부이다. 빈칸에 적절한 내용을 서술해 보자.

<table>
<tr><td colspan="2">논제</td><td colspan="2">유전자 변형 식품을 허용해야 한다.</td></tr>
<tr><td colspan="2">논제 배경 및 취지</td><td colspan="2">세계 식량난을 해결할 방법 중 하나로 유전자 변형 식품에 대한 관심이 뜨겁다. 유전자 변형 식품에 대한 무해성과 유해성을 주장하는 사람들은 각자 자신의 근거의 타당함을 주장하면서 아직까지도 논쟁이 뜨겁다. 과연 유전자 변형 식품을 허용하고 먹어도 괜찮을지, 유전자 변형 식품 개발에 더욱 적극적인 투자를 해야 할지 고민해 보는 토론을 갖고자 한다.</td></tr>
<tr><td colspan="2">용어 정의</td><td colspan="2">유전자 변형 식품(GMO): 식품 생산성 및 질을 높이기 위해 본래의 유전자를 새롭게 조작, 변형시켜 만든 식품. 넓은 의미로는 인위적인 유전자 조작을 거친 모든 생명체인 GMO로 통칭되지만, 일반적으로 식품과 농산물에 한정하여 이른다.</td></tr>
<tr><td colspan="2"></td><td>찬성 측</td><td>반대 측</td></tr>
<tr><td rowspan="2">쟁점 1</td><td>주장</td><td>유전자 변형 식품은 인체에 무해하다.</td><td>유전자 변형 식품은 인체에 유해하다.</td></tr>
<tr><td>근거</td><td>유전자 변형 식품에 삽입된 살충성 형질의 유전자는 사람의 소화관 내에서 단백질 분해 효소에 의해 완전히 분해되고 소화관에 손상을 주지 못한다.</td><td>프랑스 한 대학의 실험 결과에 따르면 ○○사가 개발한 제초제 성분인 글리포세이트 내성을 가진 GMO 옥수수를 2년간 먹은 쥐의 경우 그렇지 않은 쥐에 비해 수명이 2~3배 짧아졌으며 종양이 발견됐다고 한다.</td></tr>
<tr><td rowspan="2">쟁점 2</td><td>주장</td><td>유전자 변형 식품은 식량 부족 문제의 해결에 도움을 줄 수 있다.</td><td>유전자 변형 식품은 식량 부족 문제의 해결에 기여하지 않는다.</td></tr>
<tr><td>근거</td><td>국내 식용유 시장 점유율 상위 4개 사가 수입한 GMO 농산물이 전체 GMO 농수산물 수입량의 86%를 차지하는 것으로 조사되었다. 이 식품들이 없을 경우 식량난이 발생할 것은 불가피한 상황이다.</td><td>인도 몬샌토 사의 유전자 변형 종자 사업은 식량난 해결에 도움을 줄 수 있을 것으로 기대되었지만, 기대했던 바와 다른 결과를 초래했다. 유전자 변형 종자의 대규모 보급이 농업 다양성을 사라지게 하여 농업 생산량 증가에 도움은커녕 해를 끼쳤기 때문이다.</td></tr>
</table>

<table>
<tr><td rowspan="3">점수</td><td colspan="3">평가 영역</td></tr>
<tr><td>쟁점 개념 탐구(5)</td><td>논제 표현(5)</td><td>쟁점에 따른 주장 표현(20)</td></tr>
<tr><td>쟁점의 개념을 찬성, 반대의 용어를 활용하여 적절하게 서술함.</td><td>쟁점을 포함하여 찬성과 반대의 의견이 나뉠 수 있도록 찬성 측의 입장을 반영한 긍정 평서문으로 논제를 적절하게 표현함.</td><td>각 쟁점별로 찬성, 반대 입장에 맞게 주장을 적절하게 표현함.(주장별로 5점씩 부여)</td></tr>
</table>

수행 평가 3

# 협상 계획을 바탕으로 협상하기

평가일: ___월 ___일 ___학년 ___반 ___번 이름: ___________

**1** 협상 절차에 따른 협상 전략을 정리해 보자.

| 절차 | 협상 전략 |
|---|---|
| 시작 단계 | •<br>• |
| 조정 단계 | • 자신과 상대측의 공동의 이익을 탐색함.<br>• 서로 이해할 수 있는 부분을 양보하여 상대측의 요구를 수용하면서 자신의 요구를 관철함. |
| 해결 단계 | 해결 방안의 이해를 따져 상대측과의 절충 지점을 확인함. |

**2** 다음 건의문을 읽고, 필자의 요구 사항을 요약하여 정리해 보자.

| 건의문 |
|---|
| 저는 동물 보호 단체 ○○ 소속 회원입니다. 우리 아파트에는 길고양이가 5마리 정도 살고 있습니다. 추운 겨울 길고양이들이 배회하지 않고 생명을 이어 갈 수 있도록 아파트 주민들이 도움을 주셨으면 합니다. 길고양이들에게는 따뜻한 잠자리와 허기를 채울 수 있는 음식들이 필요합니다. |

**3** 다음은 2의 건의문을 읽고 아파트 대표자들이 나눈 토의 내용이다. 대표자들이 건의문의 필자와 협상을 진행하기 위해 세운 '협상 계획서'의 빈칸에 적절한 내용을 서술해 보자.

주민 1: 길고양이 울음 때문에 시끄러워서 잠을 잘 수가 없습니다. 아파트 내에서 길고양이를 관리할 수는 없어요.
주민 2: 그 점에는 모든 주민이 동의하고 있습니다. 다만 길고양이들을 그대로 방치하면 아파트 내부를 배회하면서 더 큰 문제를 일으킬 수 있습니다. 차라리 아파트 밖에 시설을 만들어 거기서만 관리를 하는 건 어떨까요?
주민 3: 그러면 길고양이들이 아파트로 들어오지도 않겠네요. 마침 주민 자치 예산 중에 여유도 있고, 아파트 입구 밖에 공용 공간도 있으니 그 공간을 활용하면 되겠군요.
주민 1: 그럼 오늘 논의한 내용을 바탕으로 협상에 임하겠습니다.

| 협상 계획서 |
|---|
| • 길고양이를 아파트 내부에서 관리하는 것을 반대하는 주민 대표<br>• 기본 입장: 아파트 내부에 길고양이 관리 시설을 만들 수 없음.<br>• 양보하거나 수용할 수 있는 합의점<br>①<br>② |

| 점수 | 평가 영역 | | | 합계 |
|---|---|---|---|---|
| | 협상 전략 이해(5) | 협상 요구 분석(5) | 협상 전략 수립(10) | |
| | | | | |

## 예시 답안

**1** 협상 절차에 따른 협상 전략을 정리해 보자.

| 절차 | 협상 전략 |
|---|---|
| 시작 단계 | • 상대측의 요구를 정확히 파악함.<br>• 상대측에 자신의 요구를 정확히 전달함. |
| 조정 단계 | • 자신과 상대측의 공동의 이익을 탐색함.<br>• 서로 이해할 수 있는 부분을 양보하여 상대측의 요구를 수용하면서 자신의 요구를 관철함. |
| 해결 단계 | 해결 방안의 이해를 따져 상대측과의 절충 지점을 확인함. |

**2** 다음 건의문을 읽고, 필자의 요구 사항을 요약하여 정리해 보자.

| 건의문 |
|---|
| 저는 동물 보호 단체 ○○ 소속 회원입니다. 우리 아파트에는 길고양이가 5마리 정도 살고 있습니다. 추운 겨울 길고양이들이 배회하지 않고 생명을 이어 갈 수 있도록 아파트 주민들이 도움을 주셨으면 합니다. 길고양이들에게는 따뜻한 잠자리와 허기를 채울 수 있는 음식들이 필요합니다. |

아파트 차원에서 길고양이들이 잠잘 곳을 마련해 주고, 길고양이들에게 먹이를 주었으면 좋겠다.

**3** 다음은 **2**의 건의문을 읽고 아파트 대표자들이 나눈 토의 내용이다. 대표자들이 건의문의 필자와 협상을 진행하기 위해 세운 '협상 계획서'의 빈칸에 적절한 내용을 서술해 보자.

주민 1: 길고양이 울음 때문에 시끄러워서 잠을 잘 수가 없습니다. 아파트 내에서 길고양이를 관리할 수는 없어요.
주민 2: 그 점에는 모든 주민이 동의하고 있습니다. 다만 길고양이들을 그대로 방치하면 아파트 내부를 배회하면서 더 큰 문제를 일으킬 수 있습니다. 차라리 아파트 밖에 시설을 만들어 거기서만 관리를 하는 건 어떨까요?
주민 3: 그러면 길고양이들이 아파트로 들어오지도 않겠네요. 마침 주민 자치 예산 중에 여유도 있고, 아파트 입구 밖에 공용 공간도 있으니 그 공간을 활용하면 되겠군요.
주민 1: 그럼 오늘 논의한 내용을 바탕으로 협상에 임하겠습니다.

**협상 계획서**

- 길고양이를 아파트 내부에서 관리하는 것을 반대하는 주민 대표
- 기본 입장: 아파트 내부에 길고양이 관리 시설을 만들 수 없음.
- 양보하거나 수용할 수 있는 합의점
  ① 아파트 밖 공용 공간에 길고양이들의 쉼터를 만들어 관리함.
  ② 주민 자치 예산 중 여유 예산을 활용하여 운영함.

| 점수 | 평가 영역 | | |
|---|---|---|---|
| | 협상 전략 이해(5) | 협상 요구 분석(5) | 협상 전략 수립(10) |
| | 협상의 절차에 따른 적절한 협상 전략을 두 개 이상 서술함. | 건의문을 바탕으로 상대측의 협상 요구 사항을 분석하여 서술함. | 토의 내용을 바탕으로 협상 계획서 중 수용할 수 있는 부분을 두 가지 이상 서술함. |

# 수행 평가 4 건의문 쓰기

평가일: ___월 ___일 ___학년 ___반 ___번 이름: ________

## 1 학급이나 학교에서 평소 관심을 갖고 있던 현안을 선정해 보자.

| 관심 있는 현안 | |
|---|---|

## 2 제시된 질문에 답해 가며 현안을 분석하고 해결 방안을 마련해 보자.

| 구분 | 질문 |
|---|---|
| 현안의 쟁점 | • 문제의 상황이나 실태는 어떠한가? |
| 현안과 관련된 독자 | • 문제를 해결할 수 있는 주체는 누구인가?<br>• 문제에 대한 독자의 인식 정도나 태도는 어떠한가? |
| 해결 방안 | • 문제를 해결할 수 있는 방안은 무엇인가?<br>• 해결 방안은 실현 가능하며, 도덕적 규범에 어긋나지 않는가?<br>• 해결 방안의 실행에 따른 기대 효과는 무엇인가? |

## 3 앞에서 분석한 내용을 바탕으로 건의문의 개요를 작성해 보자.

| 구분 | 내용 |
|---|---|
| 처음 | |
| 중간 | |
| 끝 | |

| 점수 | 평가 영역 | | | 합계 |
|---|---|---|---|---|
| | 현안의 적절성(5) | 쟁점, 독자, 해결 방안의 적절성(10) | 개요 작성(5) | |
| | | | | |

## 예시 답안

### 1 학급이나 학교에서 평소 관심을 갖고 있던 현안을 선정해 보자.

| 관심 있는 현안 | 학생 휴식 공간 설치 |
|---|---|

### 2 제시된 질문에 답해 가며 현안을 분석하고 해결 방안을 마련해 보자.

| | |
|---|---|
| 현안의 쟁점 | • 문제의 상황이나 실태는 어떠한가?<br>우리 학교에 학생들이 휴식을 취할 수 있는 공간이 거의 없다 보니, 학교생활에 대한 만족도가 떨어짐. 또한 휴식 공간 부족으로 인해 학교 도서관에서 휴식을 취하려는 학생들이 많아지면서 도서관의 분위기가 매우 산만함. |
| 현안과 관련된 독자 | • 문제를 해결할 수 있는 주체는 누구인가?<br>교장 선생님<br>• 문제에 대한 독자의 인식 정도나 태도는 어떠한가?<br>평소 교육과정 운영과 수업 등 학습과 관련된 문제에 관심이 많은 편이나 휴식 공간의 필요성에 대한 공감이 적은 편임. |
| 해결 방안 | • 문제를 해결할 수 있는 방안은 무엇인가?<br>건물의 로비 공간을 이용하여 친자연적 휴식 공간을 조성함. 벽면에 책상과 의자를 설치하여 자유롭게 책을 읽을 수 있도록 하고 카페형 탁자를 설치하여 대화를 나누거나 보드게임을 할 수 있도록 함.<br>• 해결 방안은 실현 가능하며, 도덕적 규범에 어긋나지 않는가?<br>인근 학교의 사례를 보면 휴식과 놀이가 가능하도록 학생 카페를 설치하여 학생들의 호응을 얻음. 개방된 로비 공간을 활용하는 것이므로 공사비가 소요되지 않아 실현 가능성이 높음. 또한 최근 학교 공간을 사용하는 주체인 학생들의 의견과 요구를 반영하여 민주적으로 학교 공간을 혁신하는 운동이 확산되고 있으므로 도덕적 규범에 어긋나지 않음.<br>• 해결 방안의 실행에 따른 기대 효과는 무엇인가?<br>학교 공간과 시설에 대한 주인 의식을 고취할 수 있으며, 학교생활에 대한 학생 만족도를 높일 수 있음. 또한 연구 결과에 따르면 학교 공간 혁신으로 학생들의 감성과 창의성을 신장할 수 있다고 함. |

### 3 앞에서 분석한 내용을 바탕으로 건의문의 개요를 작성해 보자.

| | | |
|---|---|---|
| 처음 | • 평소 학교 발전을 위해 헌신하시는 교장 선생님의 노고에 대한 감사 인사<br>• 건의자와 건의 목적을 밝힘. | |
| 중간 | • 학교 공간 혁신 운동 소개<br>• 학생들이 자유롭게 휴식을 취할 수 있는 공간 설치의 필요성 | • 우리 학교 공간의 문제점과 실태<br>• 해결 방안의 실현 가능성과 기대 효과 |
| 끝 | • 건의 내용 요약 | • 마무리 인사 |

| | 평가 영역 | | |
|---|---|---|---|
| | 현안의 적절성(5) | 쟁점, 독자, 해결 방안의 적절성(10) | 개요 작성(5) |
| 점수 | 공동체의 삶과 관련되어 있으며, 문제 해결이나 개선이 필요한 문제임. | • 현안의 쟁점을 다각도로 분석하고 있으며, 문제에 대한 독자의 인식과 태도 등을 구체적으로 분석함.<br>• 해결 방안은 실현 가능하고, 도덕적 규범에 어긋나지 않으며 문제 해결에 기여함. | 건의문의 구조에 따라 내용을 논리적이고 체계적으로 조직함. |

수행 평가 5

# 자기소개서 쓰기

평가일: ___월 ___일 ___학년 ___반 ___번 이름: ______

**1** 자신의 꿈을 쓰고, 그 꿈을 이루기 위해 필요한 진학이나 취업 계획을 써 보자.

| 꿈 | |
|---|---|
| 꿈을 이루기 위한 계획 | |

**2** 진학이나 취업을 위한 목적으로 자기소개서를 쓰려고 할 때, 작문 맥락을 분석해 보자.

| 구체적 상황 | |
|---|---|

▼

| 독자 | |
|---|---|
| 목적 | |
| 주제 | |

**3** 작문 맥락을 고려하여 자기소개서에 들어갈 내용을 마련해 보자.

| 내용 요소 | 내용을 마련할 때 참고할 질문 | 자기소개서에 들어갈 내용 |
|---|---|---|
| 지원 동기 | 자신이 지원 분야에 관심을 갖게 된 이유는 무엇인가? | |
| | | |
| | | |
| | | |
| | | |

| 점수 | 평가 영역 | | | 합계 |
|---|---|---|---|---|
| | 작문 맥락(5) | 자기소개서의 내용 요소 선정(5) | 자기소개서의 내용(10) | |
| | | | | |

## 예시 답안

**1** 자신의 꿈을 쓰고, 그 꿈을 이루기 위해 필요한 진학이나 취업 계획을 써 보자.

| 꿈 | 비행기 조종사 |
|---|---|
| 꿈을 이루기 위한 계획 | 공군 사관 학교 입학 → 전투기 조종사 → 전역 후 항공사 취업 → 여객기 조종사 |

**2** 진학이나 취업을 위한 목적으로 자기소개서를 쓰려고 할 때, 작문 맥락을 분석해 보자.

| 구체적 상황 | 공군 사관 학교에 진학하기 위한 상황 |
|---|---|

▼

| 독자 | 입학 사정관 |
|---|---|
| 목적 | 사관 학교에 필요한 역량과 가치관 등을 평가받기 위한 자기소개 |
| 주제 | 자신의 가치관과 경험 및 지원 동기 |

**3** 작문 맥락을 고려하여 자기소개서에 들어갈 내용을 마련해 보자.

| 내용 요소 | 내용을 마련할 때 참고할 질문 | 자기소개서에 들어갈 내용 |
|---|---|---|
| 지원 동기 | 자신이 지원 분야에 관심을 갖게 된 이유는 무엇인가? | 비행기에 대한 관심이 많았으며, 국내외 에어쇼를 찾아 관람하면서 비행기 조종사라는 구체적 진로를 갖게 됨. |
| 학교생활이나 기타 경험 | 학교생활 중 자신이 의미를 두고 노력했던 경험은 무엇인가? | 봉사 동아리를 만들어 다문화 가정의 어린이, 탈북 어린이 등을 위한 학습 지원 활동, 재능 기부 활동 등을 실시하며 보람을 느낌. |
| 가치관 | 자신의 가치관은 어떠하며, 그 가치관을 갖게 된 계기는 무엇인가? | 고등학교 시절 체육 선생님께서 해 주신 말을 듣고 확고한 의지와 신념을 가지고 노력하면 어떠한 문제도 해결할 수 있다는 믿음을 가짐. |
| 성장 과정 | 성장 과정에서 겪은 어려움은 무엇이고, 어떻게 극복하였는가? | 학창 시절 수해로 큰 피해를 겪었으나 이웃과 사회의 도움을 받아 어려움을 극복할 수 있었음. 다른 사람들과 더불어 사는 삶의 중요성을 깨달음. |
| 학업 노력 | 학업을 위해 노력한 경험은 무엇이고 이를 통해 배우고 느낀 점은 무엇인가? | 학습에는 왕도가 없다는 것을 원칙으로 예습과 복습을 철저히 함. 특히 학습 노트에 예습의 내용을 정리하고 수업 후 잘못 이해한 내용, 궁금한 내용 등을 추가하는 방식으로 학습하면서 자기 주도적 학습 능력을 키움. |

| 점수 | 평가 영역 | | |
|---|---|---|---|
| | 작문 맥락(5) | 자기소개서의 내용 요소 선정(5) | 자기소개서의 내용(10) |
| | 작문 상황에 맞게 독자, 목적, 주제를 구체적으로 분석함. | 작문 맥락에 맞게 자기소개서의 내용 요소를 적절하게 선정함. | • 작문 맥락과 내용 요소를 고려하여 자기소개서의 내용을 구체적으로 작성함.<br>• 질문의 의도와 목적에 맞게 자기소개서의 내용을 선정함. |

# 수행 평가 6 전문가 글쓰기

평가일: ___월 ___일 ___학년 ___반 ___번 이름: ________

**1** 자신이 남들보다 더 많이 알고 있거나 관심이 많다고 생각하는 주제를 선정하고, 그 주제에 관심을 갖게 된 계기를 써 보자.

| 주제 | |
|---|---|
| 관심을 갖게 된 계기 | |

**2** 자신이 선정한 주제를 설명하는 글을 우리 학교의 잡지에 실으려고 한다. 해당 주제에 대한 우리 학교 학생들의 관심이나 수준, 배경지식 등을 분석해 보자.

| 영역 | 분석 결과 | 그렇게 분석한 이유 |
|---|---|---|
| 관심 | ☆ ☆ ☆ ☆ ☆ | |
| 수준 | ☆ ☆ ☆ ☆ ☆ | |
| 배경지식 | ☆ ☆ ☆ ☆ ☆ | |

**3** 앞에서 분석한 내용을 바탕으로 글을 쓰기 위해 필요한 정보를 선별하고, 해당 정보에 대해 자신이 알고 있는 내용과 더 찾아야 할 내용을 정리해 보자.

| 정보 | 자신이 알고 있는 내용 | 더 찾아야 할 내용 |
|---|---|---|
| | | |
| | | |
| | | |
| | | |

| 점수 | 평가 영역 | | | 합계 |
|---|---|---|---|---|
| | 독자 분석(5) | 정보 선별(10) | 내용 구성(5) | |
| | | | | |

## 예시 답안

**1** 자신이 남들보다 더 많이 알고 있거나 관심이 많다고 생각하는 주제를 선정하고, 그 주제에 관심을 갖게 된 계기를 써 보자.

| 주제 | 샤프 |
|---|---|
| 관심을 갖게 된 계기 | 샤프심이 돌돌 돌아가는 샤프를 선물 받은 적이 있는데, 그 샤프가 너무 신기하여 매력을 느낌. 이후 샤프에 대한 관심과 소유욕이 생김. |

**2** 자신이 선정한 주제를 설명하는 글을 우리 학교의 잡지에 실으려고 한다. 해당 주제에 대한 우리 학교 학생들의 관심이나 수준, 배경지식 등을 분석해 보자.

| 영역 | 분석 결과 | 그렇게 분석한 이유 |
|---|---|---|
| 관심 | ★ ★ ★ ☆ ☆ | 대부분의 학생들이 샤프를 사용하고 있지만, 샤프의 원리나 특징에 대해서는 관심이 적은 편임. |
| 수준 | ★ ★ ★ ★ ☆ | 필기구로 샤프를 사용하는 학생이 많으며, 글에서 다룰 과학 지식은 이미 수업 시간에 배운 내용임. |
| 배경지식 | ★ ★ ★ ★ ☆ | 샤프에 대한 기본 지식은 많이 가지고 있으나 샤프의 역사, 샤프의 구성 요소 등과 같은 심화 지식은 부족할 것임. |

**3** 앞에서 분석한 내용을 바탕으로 글을 쓰기 위해 필요한 정보를 선별하고, 해당 정보에 대해 자신이 알고 있는 내용과 더 찾아야 할 내용을 정리해 보자.

| 정보 | 자신이 알고 있는 내용 | 더 찾아야 할 내용 |
|---|---|---|
| 샤프의 역사 | 1915년에 하야카와 도쿠지가 만든 자동 연필에 '샤프'라는 상품명을 붙인 것이 현재는 일반 명사처럼 사용됨. | 1565년에 심을 교환하는 연필이 샤프의 기원임. |
| 샤프의 구성 요소 | 샤프의 중요한 구성 요소는 심을 붙잡아 선단으로 보내는 '척(클러치)'과 샤프심을 내보내기 위해 누르는 부분인 '노브(버튼)'임. | 샤프 내부에 있는 심경 도계, 심보 관통, 배럴 등에 대한 정보, 샤프의 구조도에 대한 그림 자료 |
| 샤프의 과학적 원리 | 샤프에 적용된 돌림힘의 원리를 이용하면 손이 덜 아프고 더욱 안정된 필기를 할 수 있음. | 샤프심이 스스로 돌아가는 기술의 원리, 3단 엔진 기어를 이용한 기술 |
| 신개념 샤프의 등장 | 누르는 방식 대신 흔들면 샤프심이 나오는 샤프가 출시됨. | 샤프의 끝부분이 아닌 그립 부분에 버튼이 달려 있는 샤프, 자동으로 샤프심이 나오는 샤프에 대한 정보 |

| 점수 | 평가 영역 | | |
|---|---|---|---|
| | 독자 분석(5) | 정보 선별(10) | 내용 구성(5) |
| | 독자의 관심, 수준, 배경지식을 구체적으로 분석함. | 주제와 독자를 고려하여 적절한 정보를 선정함. | 주제와의 관련성이 높으며, 독자의 관심, 수준, 배경지식을 고려할 때 적절한 내용으로 구성함. |

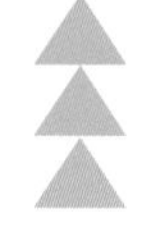

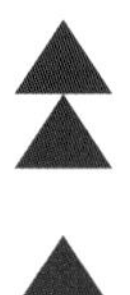

화법과 작문 공부의 시작! 학교 시험 대비의 끝!
**"개념 학습 ▶ 적용 ▶ 문제"로**
이어지는 3단계 학습으로 시험의 모든 것 완벽 대비!

# 올림포스

## 화법과 작문

## 정답과 해설

## 당신이 원하는 한국사영역, 탐구영역의 교재가 바로 이것이다.

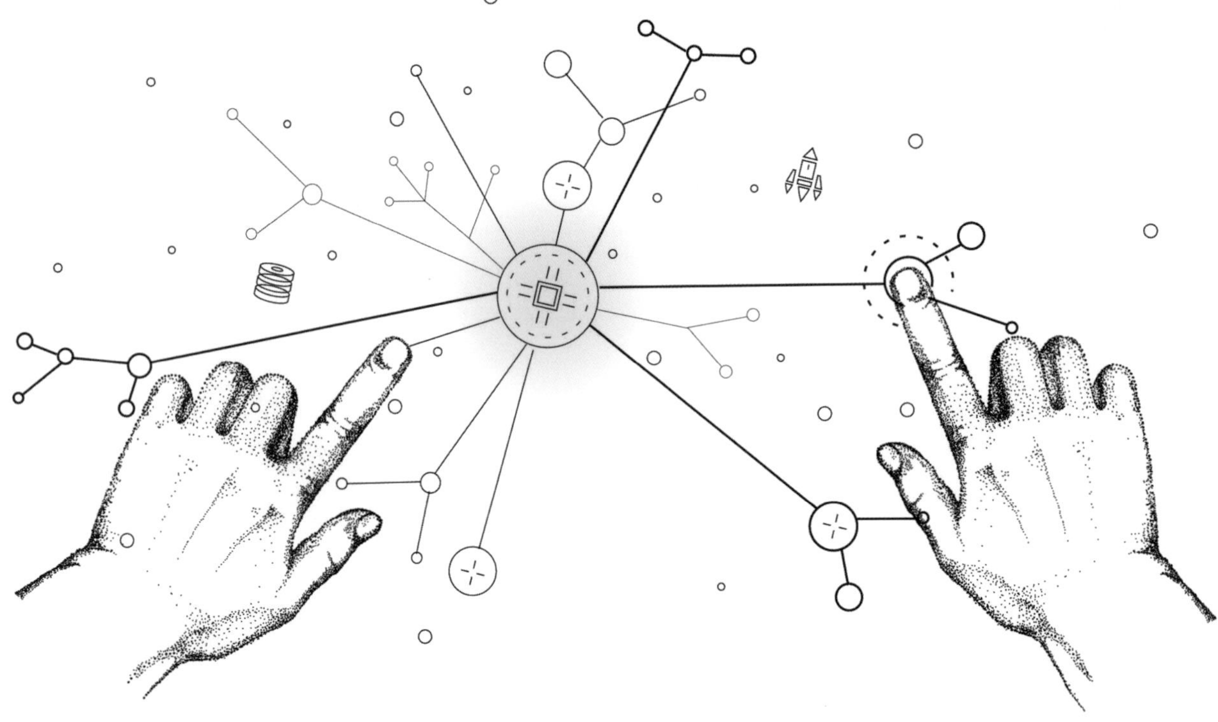

한국사, 사회, 과학의 최강자가 탄생했다!

# 「개념완성, 개념완성 문항편」

완벽한 이해를 위한 꼼꼼하고 체계적인 내용 정리

내신 대비 최적화된 교과서 핵심 분석

내신/수능 적중률을 높이기 위한 최신 시험 경향 분석

**개념완성**

**한국사영역**
필수 한국사 / 자료와 연표로 흐름을 읽는 한국사

**사회탐구영역**
통합사회 / 생활과 윤리 / 윤리와 사상 / 한국지리 / 세계지리 / 사회·문화 / 정치와 법 / 동아시아사

**과학탐구영역**
통합과학 / 물리학 I / 화학 I / 생명과학 I / 지구과학 I / 물리학 II / 화학 II / 생명과학 II / 지구과학 II

**개념완성 문항편**

**사회탐구영역**
통합사회

**과학탐구영역**
통합과학 / 물리학 I / 화학 I / 생명과학 I / 지구과학 I

EBS 올림포스

화법과 작문

# 정답과 해설

# Ⅰ. 화법과 작문의 본질과 태도

## 1. 화법과 작문의 본질

**내신 기본 UP** 본문 7~10쪽

01 ② 02 ⑤ 03 ③ 04 예시답 사회·문화적 환경과 의사소통 문화가 변화하였기 때문이다. 05 ④
06 ③ 07 ② 08 예시답 ⓐ 복도에서 떠들지 말라는 의도를 전달하기 위함. / ⓑ 아이가 아플까 봐 걱정되고, 도움을 주겠다는 의도를 전달하기 위함.

### 01 화법과 작문의 다양한 성격 이해 답 ②

'학생 1'과 '학생 2'는 말을 통해 휴식 공간의 쓰레기 문제의 해결 방안을 논의하였고, 그 결과 게시 글을 통해 휴식 공간을 이용하는 학생들에게 의사를 전달하려 하고 있다. 따라서 화법과 작문은 각기 말과 글을 통해 타인과 상호 작용을 하는 사회적 의사소통 행위임을 알 수 있다.

**오답 피하기** ① 학생들의 대화 내용을 바탕으로 사회·문화적 환경이 화자와 필자의 사고를 제약함을 확인할 수는 없다.
③ 학생들의 대화 내용을 통해 예상 독자를 고려하면 공감을 얻을 수 있음을 알 수는 있으나, 사회적 규범과 관습을 반영한 말이나 글이 대중의 공감을 얻을 수 있다는 근거는 찾을 수 없다.
④ 학생의 말과 게시하고자 하는 글의 계획에서 반성과 성찰의 내용을 찾을 수는 없다.
⑤ 게시할 글의 성격을 통해 개인 간의 친교적 관계 형성보다 사회적 문제를 해결하기 위한 글임을 알 수 있다.

### 02 다양한 맥락을 고려한 화법 답 ⑤

[A]에서 '학생 2'는 작문의 경우 고쳐쓰기가 가능하고, 독자와 대면하지 않아 부담이 덜한 반면, 화법의 경우 청자와 대면하고 있는 상황에서 부담을 느낀다는 것을 알 수 있다. 따라서 작문과 구분되는 화법의 특징은 화자와 청자의 대면임을 알 수 있어, 화자와 청자가 시·공간적 상황을 공유하는 것임을 알 수 있다.

**오답 피하기** ① [A]에서 사회·문화적 요구에 관한 내용을 확인할 수 없다.
② 문제를 해결하기 위한 대화이긴 하지만, [A]에서 그에 관한 내용을 확인할 수는 없다.
③ [A]를 통해 화법과 작문 모두 참여자들 간의 의사소통 행위임을 알 수 있다.
④ [A]에서 글은 완성된 후에도 다시 읽어 보고 수정이 가능하다고 언급했으므로, 점검하기 과정에서 성찰적 사고가 이루어지는 것은 작문임을 알 수 있다.

### 03 화법의 담화 관습 이해 답 ③

'말 많은 집은 장맛도 쓰다'라는 속담은 집안에 잔말이 많으면 살림이 잘 안 된다는 의미로, 말이 많으면 좋을 것이 없다는 것을 함축하고 있는 속담이다. '물은 깊을수록 소리가 없다'라는 속담은 됨됨이가 깊은 사람일수록 자신을 내세우지 않고 함부로 말하지 않는다는 것을 의미한다. 따라서 두 속담은 공통적으로 함부로 말하는 것에 대한 경계의 의미를 담고 있다고 할 수 있다.

**오답 피하기** ① 속담의 내용은 언행일치와 관련되지 않는다.
② 함부로 말하는 자세와 관련된 속담으로, 경청과 직접 연관되지 않는다.
④ 말하기 태도에 대한 속담으로 경쟁, 협력에 관한 내용이라 볼 수 없다.
⑤ '물은 깊을수록 소리가 없다'라는 속담에서는 배려와 겸손의 태도를 유추할 수 있으나, '말 많은 집은 장맛도 쓰다'라는 속담에서는 해당 내용을 찾을 수 없다.

### 04 화법의 담화 관습 이해

과거와 달리, 현대 사회에서는 적극적인 의사 표현이 무척 중요하다는 발표자의 발언으로 미루어, 말을 아끼는 자세를 강조했던 예전과 달리, 지금은 적극적 의사 표현을 통해 문제를 해결하려는 태도가 필요한 사회가 되었음을 알 수 있다. 따라서 말하기 방식이 변화한 것은 사회·문화적 환경과 의사소통 문화가 변화하였기 때문임을 짐작할 수 있다.

### 05 화법을 통한 의사소통과 사회적 상호 작용 답 ④

담임 선생님의 말은 개인과 개인 차원의 의사소통이며, 이를 통해 일기를 쓴 것은 개인 내적 차원의 의사소통이다. 이러한 일련의 행위를 통해 맺힌 것이 풀린 경험은 긍정적 메시지가 담긴 화법과 성찰적 작문 활동을 통해 긍정적 자아 개념이 형성된 경험임을 알 수 있다.

**오답 피하기** ① 〈보기〉에는 선생님과의 관계 형성, 유지에 관한 내용이 드러나지 않았다.
② 〈보기〉의 상황은 집단이 아닌, 개인 내적 차원의 문제를 해결해 자아 성장에 기여하는 작문의 기능이라 할 수 있다.
③ 일기를 쓴 행동은 개인과 개인 차원의 의사소통이라 볼 수 없으며, 〈보기〉에 타인과의 갈등이 드러나지도 않았다.

⑤ 남들이 바라보는 자신에 대한 내용이나 타인과 가치, 태도, 믿음을 공유한다는 기능을 〈보기〉에서 확인할 수는 없다.

## 06 작문의 다양한 성격 이해 답 ③

해당 광고는 자녀의 성적에만 관심이 있는 학부모들에게 자녀의 생활에 관심을 갖도록 행동의 변화를 촉구하는 내용이다. 이로 미루어 볼 때, 사회 문제를 해소함으로써 더 나은 사회를 만들고 공동체의 발전에 이바지하려는 작문의 기능을 확인할 수 있다.

**오답 피하기** ① 광고 문구는 타인을 대상으로 하고 있기에, 내면과의 대화라 할 수는 없다.
② 독자들에게 문제를 인식하게 하여 해소에 기여할 수는 있으나, 문제 해결에 대한 의견을 수렴하기 위한 광고라 할 수는 없다.
④ 학부모의 태도 변화를 촉구하는 광고이기에, 해당 광고의 기능이 필자와 독자 간의 인간적 유대를 형성하게 하는 것이라 볼 수는 없다.
⑤ 글쓰기를 통해 자아를 인식하고 관리하는 것은 개인 내적 차원의 작문 행위로, 대중들을 대상으로 한 광고 문구가 개인 내적 차원의 작문 행위라 볼 수는 없다.

## 07 다양한 맥락을 고려한 작문 답 ②

도시락을 두고 간다는 것을 이해하지 못한 것은 '설명이'의 답변에서 알 수 있듯, '궁금이'가 예전에는 급식이 이루어지지 않았다는 사실을 이해하지 못했기 때문이다. 따라서 '궁금이'는 당대의 사회·문화적 환경을 제대로 파악하지 못했음을 알 수 있다.

**오답 피하기** ① 도시락을 두고 간다는 것을 이해하지 못한 것은 '궁금이'는 단어의 의미가 아니라 광고가 만들어진 당시의 사회 · 문화적 맥락을 이해하지 못했음을 알 수 있다.
③ '앞 문장을 보세요!'라는 '설명이'의 답변으로 미루어, 글의 유형과 목적에 대한 고려가 없었던 것이 아니라 앞 문장과 관련한 언어적 맥락을 제대로 파악하지 못했음을 알 수 있다.
④ '설명이'의 답글과 그에 대한 '깜깜이'의 반응으로 미루어 볼 때, '깜깜이'는 화자와 청자, 시간이나 장소 등과 관련된 상황 맥락을 고려하지 못한 것이 아니라, 앞 문장과 관련한 언어적 맥락을 제대로 파악하지 못했음을 알 수 있다.
⑤ '앞 문장을 보세요!'라는 '설명이'의 답변과 이에 대한 '깜깜이'의 반응으로 미루어 볼 때, '깜깜이'는 글의 언어적 맥락을 제대로 파악하지 못했음을 알 수 있다.

## 08 다양한 맥락을 고려한 작문

같은 발화도 상황에 따라 달리 해석될 수 있다. ⓐ에서는 학교 복도라는 공간과 선생님과 학생이라는 화자, 청자를 고려하면 선생님이 학생들에게 복도에서 떠들지 말라는 권유나 명령의 의도를 전달하기 위해 해당 발화를 했음을 추측할 수 있으며, ⓑ는 거리라는 공간에서 아이가 갑자기 아픈 듯이 주저앉는 것을 본 행인의 질문이므로, 아이가 아플까 봐 걱정되고, 도움을 주겠다는 의도를 전달하기 위한 질문임을 추측할 수 있다.

# 1. 화법과 작문의 본질 / 2. 화법과 작문의 태도

**내신 실력 UP** 본문 12~18쪽

01 ④ 02 ⑤ 03 ① 04 **예시답** 사회 문제를 해결하기 위한 자신의 의견을 주변에 알림으로써 문제를 공론화하고 공동체 발전에 이바지하기 위해서 05 ② 06 ② 07 ⑤ 08 ④ 09 ④ 10 ④ 11 ① 12 ⑤ 13 **예시답** '너만알아' / 상대의 의견을 존중하지 않고, 언어 예절을 지키지 않는 등 인터넷 윤리를 준수하지 않았기 때문이다.

## 01 화법의 영향력과 의사소통 윤리 답 ④

지문의 발표는 다문화 사회에 대비하는 우리의 자세에 관한 발표이며, 발표를 통해 개인적 의견을 사회적으로 확장시켜 사회 문제를 해결하려는 의도를 찾을 수 있다.

**오답 피하기** ① 지문의 발표 내용을 고려할 때, 개인의 문제점보다는 사회의 문제점을 해결하기 위한 의사소통 행위라 할 수 있다.
② 지문의 발표는 친교적 관계 형성을 위한 것이 아니라 사회적 담론을 형성하고자 하는 것을 목적으로 하고 있다.
③ 발표는 화자가 다수의 청자를 대상으로 하고 있으므로, 자아 성찰을 통해 자아를 성장시킬 수 있는 개인 내적 차원의 의사소통이라 볼 수는 없다.
⑤ 발표 내용에서 이해 집단 간의 타협에 관한 내용은 찾아볼 수 없다.

## 02 화법의 담화 관습 이해 답 ⑤

맥락을 고려할 때, ⓜ은 담화의 즉흥적 측면을 보여 주긴 하나, 청자가 아닌 화자가 생각할 시간적 여유를 갖기 위한 것이라고 할 수 있다.

**오답 피하기** ① ㉠은 발표 과정에서 질문을 통해 청중의 반응을 확인하고 있는 행동으로, 이를 통해 시 · 공간을 공유하며 상호 작용한다는 것을 확인할 수 있다.
② ㉡은 일부 또는 전체가 없어도 내용 전달에 아무 문제가 없으나, 발표 상황에서 주제를 강조할 수 있는 담화 표지로 활용될 수 있다.
③ ㉢은 앞부분의 내용을 반복해 재언급하고 있으며, 앞의 내용을 강조하기 위해 쉽게 풀어 재언급한 것이라 할 수 있다.
④ '사실~하지만'은 사회적 편견을 언급하는 내용과 거리가 있어, 응집성을 저해하는 내용이라 할 수 있다.

## 03 다양한 맥락을 고려한 화법 답 ①

앞부분의 내용을 요약하고는 있으나, 이는 상황 맥락이 아닌 언어적 맥락을 고려한 것이다.

**오답 피하기** ② '이는', '이러한' 등의 지시 표현을 활용해 지나친 반복을 피하는 것은 언어적 맥락을 고려한 것이다.
③ 단일 민족이라는 사회적 인식에 대해 언급한 것은 사회·문화적 맥락을 반영한 것이다.
④ 예상 청자의 지적 수준을 고려해 '배타적', '온정주의' 등의 용어에 대한 설명을 일부 추가한 것은 상황 맥락을 고려한 것이다.
⑤ 청중이 다수이며, 공적인 자리임을 생각해 격식체를 활용해 '감사합니다.'라고 말한 것은 발표의 상황 맥락을 고려한 것이다.

## 04 화법을 통한 의사소통과 사회적 상호 작용

화자는 다문화 사회가 현실임에도 우리나라에서 함께 살아갈 다양성을 충분히 인정해 주지 않는다고 생각하고 있다. 화법은 사회 문제를 해결하기 위한 자신의 의견을 주변에 알림으로써 문제를 공론화하고 공동체 발전에 이바지한다는 특성을 지녔기에, 화자는 이러한 점을 활용해 청중의 생각, 태도 변화를 촉구하고 논의를 공론화하려는 의도를 지니고 있었음을 알 수 있다.

## 05 작문을 통한 의사소통과 사회적 상호 작용 답 ②

(가)는 수필이고, (나)는 일기장의 내용이다. 따라서 독자를 설정하지 않고 자아를 성찰하려 작성한 (나)와 달리, (가)는 필자의 경험을 독자에게 알리기 위한 의도를 지녔음을 알 수 있다.

**오답 피하기** ① (가)는 독자에게 일상의 소식을 신속하고 정확하게 전달하려는 목적이 아닌, 자신이 깨달은 바를 전달하고 독자의 공감을 얻으려는 의사소통이다.
③ (가)와 (나) 모두 필자와 독자가 공유하고 있는 개인 내적 차원의 경험을 활용하고 있지 않다.
④ (나)는 필자의 깨달음을 통해 자신의 자아 성장에 기여하는 개인 내적 차원의 의사소통이다.
⑤ (나)는 자신의 삶을 성찰하고 반성하는 개인 내적 차원의 의사소통으로, 독자에게 비판적 견해를 제시하기 위한 의사소통이 아니다.

## 06 진심을 담을 수 있는 화법과 작문 답 ②

윤동주가 필자의 사소한 충고도 존중하여 자신의 시 구절을 바꾸는 진정성을 보였다는 점에서 너그러운 마음에 존경심이 우러난다고 언급하였음을 알 수 있다.

**오답 피하기** ① 필자의 충고에 따라 시 구절을 바꾼 것에 감격하였으므로, 타인의 말을 과장하거나 거짓으로 꾸미지 않아 존경한다고 볼 수는 없다.
③ 윤동주가 다른 사람에 대한 칭찬을 최대화하고 비방을 최소화했다는 점을 직접 확인하기 어렵다.
④ 윤동주가 자신에게 부담이 되는 표현을 최대화한 구절을 확인할 수는 없다.
⑤ 윤동주가 자신의 주장을 명확히 표현해 존경한다는 것을 확인할 수는 없다.

## 07 진심을 담을 수 있는 작문 답 ⑤

'이렇게 일기를~되돌아보니', '열린 마음을 가진 사람이 되어야겠다'는 구절을 통해 일기를 통해 자신의 경험을 돌아보며 긍정적 자아를 지닐 수 있음을 알 수 있다.

**오답 피하기** ① (나)에서 집단 간의 갈등을 조정하고 해소하는 기능을 확인할 수는 없다.
② 일기를 통해 자신을 돌아보고 있어, 현실에 대한 새로운 관점을 통해 타인의 자아를 성장시킨다고 볼 수 없다.
③ 개인 내적 차원의 의사소통을 통해 자아 성장에 기여하는 작문의 기능을 확인할 수 있으며, 문제 해결을 통한 공동체 발전에 이바지하는 기능은 (나)에서 확인할 수 없다.
④ 일기를 통해 자신을 돌아보고 있어, 필자와 독자 간의 의미, 가치를 공유한다는 점은 (나)에서 확인할 수 없다.

## 08 작문의 영향력과 의사소통 윤리 답 ④

[A]는 상대를 무시하고 함부로 대하는 욕설, 협박 등으로 문제가 되는 상황이므로, 이를 해결하려면 상대를 존중하고 배려하는 바람직한 표현을 활용하는 태도를 갖추고, 이를 실천해야 한다.

**오답 피하기** ① 자신의 감정을 솔직하게 표현하더라도 욕설, 비속어 등을 활용한다면 문제가 해결될 수 없을 것이다.
② [A]는 함축된 의미를 파악하지 못하는 상황으로 인한 문제라 할 수 없다.

③ [A]는 또래 집단의 잘못된 담화 관습으로 인해 발생하는 문제점이라, 이를 이해하고 수용하는 자세로 문제가 해결될 수는 없다.
⑤ [A]는 상대방의 입장이나 견해를 비판적으로 판단하지 않아 생기는 문제점으로 볼 수 없다.

## 09 다양한 맥락을 고려한 작문 답 ④

ㄱ: 지문의 계획은 논설문을 위한 것이다. 글의 타당성을 확보하기 위해 주장과 근거를 구별할 필요가 있다.
ㄴ: 글을 작성할 때, 출처, 인용 내용 등을 정확히 밝히면 글의 신뢰성이 확보된다.
ㄷ: 논설문은 객관적 근거를 바탕으로 필자의 주장을 제시하여 독자를 설득시켜야 하는 글이다. 객관적 자료를 배제하고 자신의 경험만으로 근거를 제시하는 것은 적절하지 않다.
ㄹ: 예상 독자를 고려해 독자들의 배경지식 수준에 맞는 어휘를 활용하는 것은 상황 맥락을 고려한 글쓰기로 적절하다.

## 10 작문의 영향력과 의사소통 윤리 답 ④

A 업체는 원작자 B 씨의 허락을 받지 않고, 그림과 문구를 활용하였기 때문에 원작자 B 씨가 문제를 제기한 것이다. 따라서 타인의 지적 재산을 활용할 때에는 저작권자의 승인을 받고, 출처를 밝혀야 한다는 점을 고려하지 못했다는 것을 알 수 있다.

**오답 피하기** ① A 업체는 인용할 때 해당 부분을 언급하였다는 것을 알 수 있다. 하지만 저작권자의 승인을 받지 않은 것이 문제가 되었음을 알 수 있다.
② A 업체가 공동체의 역사나 문화 등 사회·문화적 관습을 고려하지 않았음을 확인할 수는 없다.
③ 원작자 B 씨가 문제를 제기한 것은 A 업체가 자신의 승인 없이 저작물을 활용했기 때문이다.
⑤ A 업체가 저작물을 무단으로 사용한 것이 의사소통 관습을 비판적으로 이해하지 못해 생긴 일이라 볼 수는 없다.

## 11 작문의 관습 이해 답 ①

인터넷 댓글은 익명성이 특징이며, 감정 표현이 직설적이고 인터넷 용어인 줄임말 등을 많이 사용하는 경향이 있음을 알 수 있다.

**오답 피하기** ② 인터넷 신문 기사에 대한 댓글은 일반적으로 독자들의 생각을 가감 없이 드러내기에, 비전문적인 경우가 많다.
③ 인터넷 댓글은 주관적 생각이나 느낌을 표현하는 경우가 많다.
④ 인터넷 댓글은 글자 수의 제한으로 인해 긴 문장보다는 짧은 문장을 활용하는 것이 일반적이다.
⑤ 인터넷 댓글은 중심 문장과 뒷받침 문장의 논리성과 내용에 대한 타당성보다는 두서없더라도 자신의 생각을 가감 없이 표현하는 것이 특징이다.

## 12 작문을 통한 의사소통과 사회적 상호 작용 답 ⑤

㉤에서는 전문가의 말을 인용하여 지적 재산권 교육 강화의 필요성을 주장하는 근거로 삼고, 신뢰성을 얻으려 하였다. '대한국인'이 지적 재산의 가치를 존중하지 않았다고 볼 수는 없다.

**오답 피하기** ① '미소천사'의 댓글을 통해 통계 자료를 인용할 때에는 출처를 밝힐 필요가 있음을 알 수 있다.
② ㉡의 댓글을 남긴 '모나리자'는 댓글을 볼 것으로 예상되는 일반인들이 이해하기 힘든 어려운 용어를 활용해 '미소천사' 등 댓글을 읽는 사람들이 해당 내용을 이해하지 못할 수 있다는 것을 알 수 있다.
③ '미소천사'가 활용한 줄임말은 특정 세대나 집단에서 활용되는 말이기 때문에, '모나리자'와 같이 이해하지 못하는 일이 발생할 수 있다는 것을 알 수 있다.
④ '미소천사'의 댓글을 통해 '너만알아'는 화제에서 벗어난 말을 하고 있다는 것을 알 수 있다.

## 13 작문의 영향력과 의사소통 윤리

인터넷 윤리를 준수하지 않은 사람은 '너만알아'이다. 인터넷은 익명성의 공간이지만, 상대를 무시하거나 공격적인 언어를 활용해서는 안 된다. 따라서 상대를 존중하고 배려하며, 공동체의 담화 관습을 따르는 인터넷 윤리를 준수해야 함을 알 수 있다. '너만알아'는 상대의 의견을 존중하지 않고, 언어 예절을 지키지 않는 등 인터넷 윤리를 준수하지 않고 있다.

# Ⅱ. 화법의 원리와 실제

## 1. 상황과 표현 전략

내신 기본 UP 본문 22~31쪽

01 ④ 02 예시답 ㉮ 간접적인 표현을 통해 부담을 줄여 줄 필요가 있어. / ㉯ 공감적 표현을 통해 상대를 배려할 필요가 있어. 03 ③ 04 ③ 05 ⑤
06 예시답 누가 해도 부담되는 일이니까 내가 도표로 정리할게.
07 ③ 08 예시답 현수야, 대회에 나가기 위해 카메라가 필요한 네 입장은 충분히 이해하지만, 그 카메라가 사실 할아버지 유품이라서 나한테는 가족과도 같거든. 내 마음 이해해 줄 수 있지? 미안해. 09 ⑤ 10 예시답 좋은 토론 펼쳐 주셔서 감사합니다. 토론 중간에 불필요하게 자극적인 표현을 사용한 점 죄송합니다. 11 ③ 12 예시답 대화를 이어 나가기를 주저하는 상대방의 마음이 편안해지도록 배려하고 있다. 13 ④ 14 ② 15 ④
16 예시답 학우 여러분, 제가 학생회장이 된다면 저의 공약처럼 배려와 나눔을 솔선수범하여 실천하겠습니다.

### 01 대화 맥락 분석하기 답 ④

수현이는 '아, 정말 그렇겠네요.'라며 상담 교사의 발언에 동의하면서 이미 언급한 내용 외에 '또 다른 방법'이 없는지 묻고 있을 뿐이지, 이미 설명한 것에 대한 구체적인 부연 설명을 요청하는 것은 아니다.

오답 피하기 ① 수현이는 상대의 상황을 파악하며, 상담 교사가 자신과 상담을 나눌 수 있는 상황인지 상담 교사에게 묻고 있다.
② 수현이는 상담 교사가 자신에게 한 말에 대해 자신의 생각을 바탕으로 조정해 주면서, 자신이 '동아리 문제'에 대해 상담하고자 함을 언급하고 있다.
③ 수현이는 친구들에게 도움을 줄 수 있는 상담 방법에 대한 고민을 언급하면서, 상담 교사에게 구체적인 상담 방법에 대한 조언을 요청하고 있다.
⑤ '머뭇거리'는 비언어적 표현과 '많이 바쁘신 줄'이라는 표현을 통해 상대의 입장을 고려하면서, 동아리 지도 교사가 되어 줄 것을 부탁하며 자신의 요구를 수용해 줄 수 있는지 묻고 있다.

### 02 대화 표현 전략 사용하기

㉮에는 '~ 말해 봐.'처럼 직접적으로 명령하는 표현보다 '~ 무슨 일 있어?'처럼 간접적으로 물어보는 표현의 차이를 알려 주는 조언이 적절하며, ㉯에는 '네 말이 맞아.', '많이 힘들었겠구나.'처럼 상대의 말에 동의해 주고 상대의 처지에 공감해 주는 표현들을 이끌어 내는 조언이 적절하다.

### 03 대화 내용 생성하기 답 ③

지원의 발화 중에서 발표를 들을 친구들의 흥미를 끌 만한 방안을 묻고 있는 것은 없다. 다만 지원의 두 번째 발화에서 발표를 듣는 친구들이 '바둑'보다 '인공 지능'에 대한 관심이 많을 것 같다는 언급은 있지만, 발표 주제에 관심 없는 친구들의 흥미를 끌기 위한 방안에 대해 대화하고 있지는 않다.

오답 피하기 ① 지원의 첫 번째 발화에서 모둠 친구들에게 발표 주제를 정하는 것에 대해 의견을 구하며 도움을 요청하고 있다.
② 지원의 다섯 번째 발화에서 모둠 친구들이 제시한 의견을 바탕으로 발표 내용을 어떻게 나눌 것인지에 대한 역할을 정한 후 제안하고 있다.
④ 지원의 여섯 번째 발화에서 친구들에게 발표 내용을 효과적으로 전달할 방법에 대해 묻고 있다.
⑤ 지원의 네 번째 발화에서 준비한 내용이 발표 제한 시간을 채우기에 부족할 것 같다고 판단하여 더 추가할 내용이 없을지 점검하고 있다.

### 04 대화 표현 전략 사용하기 답 ③

발표 내용의 신뢰성을 높이기 위해 공신력 있는 전문가의 말을 인용하자는 제안은 있지만, 언론 보도를 인용하자는 방안이 제시되고 있지는 않다.

오답 피하기 ① 전체적으로 추상적 내용이 많다는 성민의 문제 제기에 대해 수현은 구체적인 사례를 들어 보완하자는 대안을 제안하고 있다.
② 수현은 발표 내용의 균형을 고려하여 인생의 속도보다 인생의 방향을 추구한 긍정적 사례 외에 인생의 방향에 대한 고려 없이 속도만 추구한 부정적 사례도 마련할 것을 제안하고 있다.
④ 발표에 대한 청중의 흥미를 끌기 위해 민수는 발표를 시작할 때 주제와 관련된 동영상 자료를 활용할 것을 제안하고 있다.
⑤ 청중이 이해하기 어려운 통계 자료에 대한 이해를 돕기 위해 수현이는 통계 자료를 도표로 정리해 보자는 의견을 제안하고 있다.

### 05 대화 내용 이해, 평가하기 답 ⑤

㉮에서는 바둑에 대해 발표하자고 제안한 호철의 의견에 대해

개인적으로 바둑을 좋아한다는 점을 들어 존중의 뜻을 드러낸 후, 보다 많은 학생들이 관심을 가지고 있는 인공 지능에 대해 발표하자는 자신의 생각을 전달하고 있다. ㉯에서도 선배 이름을 밝히자는 성민의 의견에 대해 그렇게 할 경우 신뢰성은 높일 수 있다고 말하여 존중의 뜻을 드러낸 후, 신상을 밝히지 말자는 자신의 의견을 제시하고 있다.

**오답 피하기** ① ㉮에서는 바둑에 대해 발표하자는 제안을 수용하고 있지 않으며, ㉯에서도 선배의 이름을 밝히자는 의견에 대해 거절의 뜻을 밝히고 있다.
② ㉮에서는 바둑에 대해 발표하자는 의견에 대해 인공 지능에 대해 발표하자는 의견을 제시하였고, ㉯에서도 선배의 이름을 밝히자는 의견에 대해 밝히지 말자는 의견을 제시하며 상대와 다른 의견을 제시하고 있으나 상대에게 양해를 구하고 있지는 않다.
③ ㉮, ㉯ 모두 자신의 뜻과 다른 의견을 존중하며 자신의 뜻을 드러내고 있을 뿐이지, 자신의 뜻에 동조해 주는 상대방에 친밀감을 드러내고 있지는 않다.
④ ㉮, ㉯ 모두 상대의 제안에 대한 존중은 하고 있지만, 수용하고 있지 않으며, 자신의 제안을 수용할 것을 요청하고 있지도 않다.

## 06 화법의 담화 관습 이해

도표로 정리할 양이 많아 걱정하는 민수의 말에 따르면 도표로 정리하는 일은 누구에게나 부담이 되는 일이다. 그런데 민수의 말에 대해 친구들이 감사의 표현을 하고 있으므로 〈보기〉를 고려할 때 민수가 부담이 되는 과제를 맡겠다고 표현했음을 추론할 수 있다.

## 07 대화 내용 이해, 평가하기 답 ③

㉢에서 미연은 완식이가 대화 중에 말을 멈추고 한숨을 쉬는 점에 주목하고 있지만, 대화를 이어 나가도록 유도하기 보다는 얘기하지 않아도 괜찮다며 상대를 배려하고 있다.

**오답 피하기** ① ㉠에서 미연은 '자기 진로를 위해 노력하는 모습'이 멋지다는 완식의 발언 내용을 일부 인용하면서 완식의 의견에 공감하며 동의하고 있음을 드러내고 있다.
② ㉡에서 미연은 우정의 확인을 다룬 내용이 마음에 와닿았다는 완식의 말에 동조하면서 어떤 장면이 인상적이었는지 묻고 있다.
④ ㉣에서 미연은 영화 내용과 연관된 완식의 대화 맥락을 바탕으로 완식이와 현수 사이에 갈등이 있었음을 추론한 후, 추론한 내용이 맞는지 질문하고 있다.
⑤ ㉤에서 현수의 부탁을 들은 완식의 감정이 불편했음을 파악하고 자신도 같은 처지였다면 마찬가지였을 것임을 드러내며 완식의 처지에 공감하고 있다.

## 08 진심을 담을 수 있는 화법

〈보기〉의 내용에 따라 사진 대회에 나가려는 현수의 입장에 대해 공감을 표현한 후, 카메라가 할아버지께서 물려주셨기 때문에 자신에게는 가족과도 같다는 점을 강조하여 현수의 부탁을 들어주기 어렵다는 점을 정중하게 표현할 필요가 있다.

## 09 대화 내용 점검, 조정하기 답 ⑤

㉤: '팀원 3'이 전문가의 말을 인용해서 토론 활동의 효과에 대해 언급하며 발표를 마무리할 것을 제안했고, '팀원 1'이 이를 수용했지만, '봉사 활동의 효과'에 대한 논의는 없었으므로 이를 발표하는 것은 적절하지 않다.

**오답 피하기** ① ㉠: '팀원 1'이 토론 주제와 관련된 개인적인 경험을 언급하겠다고 했지만, 팀원들이 개인적 경험보다는 함께 논의한 내용을 소개해 줄 것을 제안했으므로 개인적인 경험에 대한 언급을 지양하는 것은 적절하다.
② ㉡: '팀원 1'이 생각한 수상 소감 내용 중 '팀의 구성과 역할 분담'을 소개하는 내용이 있는데, 팀원들이 이에 대해 동의하고 있으므로 적절하다.
③ ㉢: '팀원 2'가 '팀원 1'의 개인적인 경험보다는 토론 전에 팀원들이 나누었던 토론 주제와 관련된 이야기를 정리해 주는 게 좋을 것 같다고 제안했고, '팀원 1'이 이를 수용했으므로 적절하다.
④ ㉣: '팀원 1'이 '구성과 역할 분담'에 대해 소개한 뒤 '감사 인사'를 하겠다고 했지만, '팀원 3'이 '감사 인사'를 먼저 하는 것이 좋겠다고 제안했고, '팀원 1'이 수용했으므로 '감사 인사'를 먼저 하고 '구성과 역할 분담'을 뒤에 소개하는 것이 적절하다.

## 10 대화 표현 전략 사용하기

㉮에서 '비록 우승은 저희가 했지만'이라는 내용은 '팀원 2'의 조언처럼 준우승 팀의 처지에서 놀리는 것처럼 오해할 수 있기 때문에 삭제할 필요가 있다. '그쪽 편에서 먼저 저희를 자극하긴 했지만'의 경우에도 '팀원 3'의 조언처럼 '상대의 잘못을 지적'하는 듯한 표현이어서 불필요한 갈등을 유발할 수 있으므로 삭제할 필요가 있다.

## 11 대화 표현 전략 사용하기 답 ③

한울이는 삼촌과 비교하여 자신의 실력이 부족함을 언급하는 겸양의 표현을 하고 있지만, 자신이 좋은 노래를 만들 수 있을지에 대한 걱정을 하는 것이지 자신의 부탁을 수용해 줄 것을 요청하고 있지는 않다.

오답 피하기 ① 한울이는 '네'라는 언어적 표현과 '고개를 끄덕이'는 비언어적 표현을 통해 삼촌의 말에 호응을 보이고 있다.
② 삼촌은 한울이로부터 들은 말을 정리하고 있으며 이를 다시 한울이에게 확인하고 있다.
④ 삼촌은 한울이의 입장을 옹호해 주며 한울이도 좋은 음악을 작곡할 수 있을 것이라는 말을 통해 한울이를 격려하고 있다.
⑤ 한울이는 삼촌이 자신처럼 힘들어했을 거라고 말하며, 삼촌의 처지에 공감하는 발화를 통해 상대방과 동조하고 있다.

## 12 대화 맥락 분석하기

부모님과 갈등이 있냐는 삼촌의 질문에 대답하기를 주저하는 한울이를 안심시키며, 대화 상대의 마음이 편안해지도록 배려하고 있다.

## 13 대화 맥락 분석하기 답 ④

성민의 언어적 표현에 대한 배경지식을 점검하며 '언어적 표현, 준언어적 표현, 비언어적 표현'이라는 화제에 대한 이해 정도를 점검하고 있다.

오답 피하기 ① 교사가 성민에게 이해 정도를 묻고 있을 뿐, 자신의 요구를 수용하도록 친밀한 태도로 묻고 있는 것은 아니다.
② 교사가 성민의 이해 정도를 점검하여 정보를 전달하고자 하는 것이지 설득의 효과를 높이는 것이 대화의 목적이 아니며, 가치관을 묻고 있지도 않다.
③ 교사가 자신의 질문에 대해 성민이 제대로 이해하고 있는지 확인하는 것이 아니라 성민의 배경지식에 대해 점검하고 있다.
⑤ 교사가 학생의 이해 정도를 점검하기 위해 배경지식을 점검하는 질문을 한 것이지, 이를 통해 학생이 궁금해하는 내용을 스스로 깨우치도록 유도하는 것은 아니다.

## 14 대화 내용 이해, 평가하기 답 ②

(가)의 교사의 설명에 따르면 비언어적 표현은 언어적 표현이 아닌 외적인 요소로 생각이나 느낌을 나타내는 것이고, 준언어적 표현은 언어적 표현에 포함되어 있어 말의 느낌을 효과적으로 만들어 주는 것이므로 '억양'과 '발음'은 준언어적 표현이며, '시선', '옷차림', '표정'은 비언어적 표현이다.

오답 피하기 ① '시선'은 비언어적 표현이며, '발음'은 준언어적 표현이다.
③ '옷차림'은 비언어적 표현이며, '발음'은 준언어적 표현이다.
④ '옷차림'은 비언어적 표현이며, '억양'은 준언어적 표현이다.
⑤ '표정'은 비언어적 표현이며, '억양'은 준언어적 표현이다.

## 15 대화 표현 전략 사용하기 답 ④

평소 늘 웃는 모습이 처음 보는 학생들에게는 가벼워 보일 수 있으므로 진지한 표정으로 연설하였으면 좋겠다고 조언하였으므로, 평소처럼 웃는 표정으로 연설에 임해야겠다는 생각은 적절하지 않다.

오답 피하기 ① 너무 한곳에 시선을 두는 것보다 청중을 두루 바라보는 것이 좋겠다고 조언한 내용을 수용하였으므로 적절하다.
② 평소 '의' 발음이 부정확하다는 지적을 수용하였으므로, 평소 불분명하게 발음한 것들을 고려해서 정확히 발음하려고 노력해야겠다는 생각은 적절하다.
③ 옷차림은 공약 내용을 고려하여 선택하는 것이 좋겠다는 조언을 수용하였으므로, '스포츠 클럽 활성화'라는 공약을 강조하기 위해 교복보다는 체육복을 입겠다는 생각은 적절하다.
⑤ 억양은 똑같은 억양으로 말하는 것보다 노래 부를 때 리듬을 타는 것처럼 연설 내용의 중요도에 따라 강약을 조절하는 게 낫다는 조언을 수용하였으므로 적절하다.

## 16 대화 내용 점검, 조정하기

친구의 조언에 따르면 다른 후보와 차별화되는 공약을 바탕으로 자신이 적임자라는 것을 강조하는 게 좋겠다고 하였으므로, 공약 내용 중 '배려와 나눔의 실천'이라는 다른 후보와 차별화된 공약을 바탕으로 자신감 있게 표현하는 것이 좋다.

# 2. 대화와 면접

### 내신 기본 UP 본문 34~43쪽

01 ⑤ 02 ② 03 ⑤ 04 예시답 ㉮는 의문형의 말투로 부드러운 느낌을 주는 반면, ㉯는 명령형의 말투로 다소 딱딱한 느낌을 주고 있다. 따라서 ㉮는 적절, ㉯는 부적절하다. 05 ③ 06 ⑤ 07 ⑤
08 예시답 <보기>에 따르면 취향과 관련된 자기표현은 관계가 친밀해진 이후에 하는 것이 일반적인데, '학생 2'는 초면에 학생회장의 취향을 묻고 있어 학생회장을 당황케 하고 있다.
09 ⑤ 10 ① 11 ⑤ 12 예시답 ㉮는 면접과 직접 관련 없는 질문으로, 면접관은 면접과 관련 없는 질문을 통해 면접 대상자의 긴장을 풀어주려하고 있다. 13 ②
14 ② 15 ② 16 예시답 '~ㄹ까 합니다.', '~ㄹ까 생각합니다.'처럼 추정하는 표현보다는 '~ㄹ 것입니다.'처럼 단정적 표현을 사용하여 자신감을 드러낼 필요가 있다.

## 01 대화 내용 점검, 조정하기

답 ⑤

제목에 비유적 표현을 활용하자는 민수의 의견에 대해 친구들의 반대 의견이 제시되었고, 이에 대해 민수도 수긍하였으므로 제목에 비유적 표현을 사용하지 않는 것이 적절하다.

**오답 피하기** ① 민수가 플로깅의 의미를 언급하며 발표문 제목에 중심 소재를 직접 제시할 것을 제안하고 이에 대해 동의하였으므로 제목에 '플로깅'이라는 단어를 삽입하는 것이 적절하다.

② 은지가 행사를 통해 환경 보전의 의미를 되새기자는 내용이 누락된 것에 대해 친구들에게 상기시키고 친구들의 동의를 얻었으므로 환경 보전의 의미를 되새기자는 내용으로 마무리하는 것은 적절하다.

③ 민수가 우리 마을의 가구 수와 인구에 대한 내용을 삽입하자고 하였으나 영준과 은지의 생각이 달라 조정을 통해 넣지 않는 것으로 결정하였으므로 넣지 않는 것이 적절하다.

④ 마을 사람들과 함께 참여하는 의의가 잘 드러났는지 확인하는 질문에 민수가 잘 드러났다고 하였으므로 수정하지 않는 것이 적절하다.

## 02 대화 맥락 분석하기

답 ②

제목에 비유적 표현을 활용하자는 민수의 의견과 다른 의견을 제시하고 있지만, 그에 대한 절충안을 제안하고 있지는 않다.

**오답 피하기** ① 친구들에게 발표문 초고를 검토하자는 대화 주제를 제시하며 대화 상황으로 이끌고 있다.

③ 주제에서 벗어난 내용은 넣지 않는 게 좋을 것 같다는 자신의 생각을 드러내면서 친구들 사이의 이견을 조율하고 있다.

④ 본문 마지막 부분에 환경 보전의 의미를 드러내는 내용을 담기로 한 예전 대화 내용을 떠올리며 대화 참여자인 친구들에게 누락된 내용을 상기시키고 있다.

⑤ 대화를 마무리하며 대화 참여자에게 좋은 의견을 나눈 것에 대한 고마움을 표시하고 있다.

## 03 대화 맥락 분석하기

답 ⑤

승우는 대화 상대인 지호의 말을 재진술한 것이 아니라 특강 내용을 언급하며 지호가 생각한 내용과 부합하는지 확인하고 있다.

**오답 피하기** ① 지호는 승우에게 분노를 조절하는 방법에 대한 특강에서 들은 내용과 연관된 경험이 없는지 묻고 있다.

② 지호는 '문제의 원인을 다른 사람 탓으로 돌리면 더 화가 난다'라는 특강에서 들은 말을 인용하여 승우의 문제 상황에 대한 해결의 단서를 제공하고 있다.

③ 지호는 대화 참여자가 아닌 제삼자에게서 얻은 정보를 바탕으로 승우의 상황을 추측하고 있다.

④ 지호는 작년에 학술제를 준비했었던 경험에 비추어 승우가 처한 상황에 공감하고 있다.

## 04 대화 내용 이해, 평가하기

〈보기〉에 따르면 상대의 고민을 나누기 위해서는 '상대를 배려'하는 태도와 '부드러운 느낌을 주는 말투'가 중요하다. ㉮는 고민이 있어 보이는 상대의 처지를 언급하면서 기분을 묻고 있어 적절하지만, ㉯는 상대를 배려하기보다는 자신의 궁금한 욕구를 채우기 위해 명령하고 있어 적절하다고 볼 수 없다.

## 05 대화 표현 전략 사용하기

답 ③

'학생 1'은 '학생 2'에게 부탁하기 위해 상대를 추켜세우고 있지만, 자신을 낮춘 표현을 통해 상대의 부담을 줄여 주고 있지는 않다.

**오답 피하기** ① '학생 2'는 '학생 1'에게 질문하는 방식을 통해 연습을 더 해야 할 것 같다는 '학생 1'의 뜻에 동조하고 있다.

② '학생 1'은 '학생 2'의 제안에 대해 고개를 젓는 비언어적 표현과 '안 될 것 같아.'라는 언어적 표현을 통해 부정의 의미를 전달하고 있다.

④ '학생 1'은 '혹시 가능하면'이라는 가정과 '있을까?'라는 의문의 표현을 통해 '학생 2'에게 부탁하고 있다.

⑤ '학생 2'는 무대에 미리 서 보지 않으면 떨릴 것 같다는 자신의 처지를 언급하는 표현을 통해 연습실에서 연습하고자 하는 '학생 1'에게 연습 장소에 대한 양해를 구하고 있다.

## 06 대화 내용 이해, 평가하기

답 ⑤

[A]에서 연습 시간에 대한 의견이 대립될 때 '학생 2'가 먼저 가족 여행에서 돌아오는 시간을 앞당기겠다며 타협안을 제시하였으며, [B]에서도 연습 장소에 대한 의견이 대립될 때 일요일은 연습실에서, 월요일은 무대 위에서 연습하자는 대안을 제시하고 있다.

**오답 피하기** ① [A]에서는 서로 시간을 조정하여 연습 시간을 확보하자는 '학생 2'의 제안을 '학생 1'이 수용하면서 의견의 일치점을 찾고 있다.

② [B]에서 '학생 2'는 '학생 1'과의 연습 장소에 대한 의견 차이를 좁히기 위해 일요일은 연습실에서, 월요일은 무대 위에서 연습하자는 대안을 제시하였다.

③ [A]에서는 '연습 시간 축소'의 문제가 아니라 연습 시간 확보의 문제를, [B]에서는 '연습 장소 이동'이 아니라 연습 장소에 대한 의견 대립 문제를 해결하였다.

④ [A]와 [B]에서는 특정 학생과 관련된 문제라기보다는 '학생 1'과 '학생 2' 사이의 의견의 차이를 대화를 통해 좁혀 가고 있다.

## 07 대화 맥락 분석하기 답 ⑤

(가)와 (나)에 모두 참여한 대화 참여자는 '학생 2'인데, (가)에서는 상대가 친구이므로 높임 표현을 사용하지 않고 있으며, (나)에서는 상대가 자신보다 선배인 학생회장이므로 높임 표현을 사용하고 있다.

**오답 피하기** ① (가)는 친교보다는 서로의 의견을 조율하는 것이 목적이며, (나) 또한 친교보다는 부탁을 대화의 목적으로 삼고 있다.

② (가)는 친구 사이의 사적 대화이고, (나)의 대화는 학생회장과 축제 참가자 사이의 공적 대화로 볼 수 있다.

③ (가)의 대화에서 '학생 1'과 '학생 2'는 연습 장소에 대한 문제를 해결하지 못했는데, (나)의 대화를 통해 이에 대한 해결 방안을 도모하고 있지만, 문제의 원인을 찾고 있는 것은 아니다.

④ (가)의 대화 참여자는 연습 시간과 연습 장소에 대한 서로의 요구를 확인하고 합의점을 찾고 있으며, (나)에서는 '학생 2'가 일방적으로 요구하고 있을 뿐 합의점을 찾고 있지는 않다.

## 08 대화 내용 이해, 평가하기

(나)에서 학생회장은 '학생 2'와 처음 대화하는 관계로, 〈보기〉에 따르면 관계 형성의 초기이다. 이때는 성격이나 취향 등 개인적 차원의 자아를 드러내기보다는 사회적 차원의 자아를 드러내야 하는데 '학생 2'는 학생회장에게 개인적 차원의 자아에 대해 대답을 요구하고 있어 학생회장이 당황하고 있다.

## 09 면접 내용 생성하기 답 ⑤

면접 대상자는 지원 이유를 묻는 질문에 대한 답변에서 △△건축에 입사한 선배의 조언이 긍정적으로 작용하였음을 밝히고 있지 않다.

**오답 피하기** ① 면접 대상자는 자기소개 요청 질문에 대한 답변에서 건축학을 전공한 것과 전공과 관련된 자격증을 취득한 것을 밝히고 있다.

② 면접 대상자는 자기소개 요청 질문에 대한 답변에서 집이 없는 소외 계층을 위해 매년 집을 지어 주는 봉사 활동에 참여하였음을 밝히고 있다.

③ 면접 대상자는 지원 이유를 묻는 질문에 대한 답변에서 △△건축이 소외된 계층을 위한 공익 활동을 하고 있어 평소 관심을 갖고 동경해 왔음을 밝히고 있다.

④ 면접 대상자는 지원 이유를 묻는 질문에 대한 답변에서 따뜻한 사회를 만들고자 하는 자신의 가치관에 △△건축의 활동이 부합함을 드러내고 있다.

## 10 면접 맥락 분석하기 답 ①

면접 대상자의 지원 이유에 대한 답변 중에서 따뜻한 사회를 만들고자 하는 가치관과 건축학을 공부하는 이유도 이러한 맥락과 연관이 있다는 말을 바탕으로 추가 질문을 하고 있으므로, 면접 대상자의 대답에 대해 추가로 질문하여 보충 설명을 하도록 요청하고 있다.

**오답 피하기** ② 질문이 면접 대상자의 가치관과는 연관되어 있지만, 사회에서 일어난 특정 사건에 대한 생각을 묻고 있지는 않다.

③ 질문이 면접 대상자가 지원한 이유에 대한 답변을 바탕으로 한 것은 맞지만, 답변에서 미흡한 지점을 지적한 것은 아니므로 위기 상황에 대한 대처 능력을 평가한다고 볼 수 없다.

④ 질문이 면접 대상자의 답변에 대한 보충 설명을 요구하는 것이므로 면접 대상자의 가치관을 묻고 있는 것이지, 전공 지식에 대한 심층적인 이해도를 점검하고 있는 것은 아니다.

⑤ 질문에서 면접 대상자의 답변에 대한 보충 설명을 요구하고 있을 뿐이지, 구체적 경험을 들어 답변하도록 요구하거나 전공과 무관한 분야에도 관심이 있는지 묻고 있지는 않다.

## 11 면접 표현 전략 사용하기 답 ⑤

'첫 단추를 잘 끼우고'라는 관용적 표현을 사용하여 대학 생활을 멋지게 마무리하고자 하는 포부가 아닌, 사회생활을 멋지게 시작하고 싶은 포부를 드러내고 있다.

**오답 피하기** ① '주먹을 쥐'는 비언어적 표현을 사용하여 화려한 고층 건물이 즐비한 거리와 반대로 쇠락해 가는 도시의 골목에 대한 아쉬움을 강조하고 있다.

② '페이'라는 건축가의 말을 인용하여 건축과 삶이 밀접한 관련이 있다는 자신의 가치관을 뒷받침하고 있다.

③ 면접 대상자는 자신이 보수보다는 가치를 두고 있는 것을 부각하며 다른 기업에 비해 보수가 적어 선택하지 않을 수 있다는 면접관의 염려를 불식시키고 있다.

④ 인터넷 기사를 통해 알게 된, 적은 비용으로 만든 피난처에 대한 정보를 언급하며 저예산 주택 분야에 지원하고자 하는 의견을 뒷받침하고 있다.

## 12 면접 내용 이해, 평가하기

〈보기〉에 따르면 면접관은 면접 대상자가 자신의 기량을 드러낼 수 있도록 긴장을 풀어 줄 필요가 있다. 따라서 ㉮는 평가와 직접적 연관이 없는 질문이므로 면접 대상자의 긴장을 풀어 주기 위한 질문이다.

## 13 면접 내용 생성하기 답 ②

'면접관 2'의 첫 번째 질문을 통해 지원 동기를 묻고 있으며, 두 번째 질문을 통해 좋아하는 과목에 대해 묻고 있지만, 지원 동기가 좋아하는 과목과 연관이 있는지를 묻고 있는 것은 아니다.

**오답 피하기** ① '면접관 1'의 첫 번째 질문은 평가와는 관련 없는 날씨와 옷차림에 관한 것으로, 면접 대상자의 긴장을 풀어 주기 위한 질문이다.

③ '면접관 1'의 두 번째 질문에서 국어 국문학의 세부 분야 중에서 관심 있는 분야와 그 이유에 대해 물으며, 전공에 대한 세부적인 관심 정도를 확인하고 있다.

④ '면접관 2'의 세 번째 질문을 통해 국어 국문학을 전공한 이후의 진로 계획에 대해 묻고 있다.

⑤ '면접관 1'은 세 번째 질문에서 어문 규정을 개정하는 것에 관심이 있다는 면접 대상자의 답변에 대해 국어학 외에 문학 분야에 대한 관심이 없는지를 묻는 보충 질문을 하고 있다.

## 14 면접 내용 이해, 평가하기 답 ②

㉮에서는 좋아하는 과목과 그 이유를 묻는 질문에 대해 이유를 제시하지 않고 질문과 관계 없는 진로와 관련된 고민을 제시하고 있다.

**오답 피하기** ① 말을 더듬는 실수는 ㉮가 아닌 ㉯에서 하고 있다.

③ ㉮에서는 기침을 한 실수에 대해 면접관에게 양해를 구하고 있지만, ㉯에서는 말을 더듬는 실수에 대해 면접관에게 양해를 구하고 있지 않다.

④ ㉮, ㉯ 모두 객관적인 정보가 아닌 질문에 대한 지원자의 주관적 생각을 드러내고 있다.

⑤ ㉮는 면접관의 질문 중에서 이유를 제시하지 않고 있으며, ㉯는 이유를 먼저 제시하고 있다.

## 15 면접 표현 전략 사용하기 답 ②

1학년 겨울 방학 때 일제 강점기의 문학 작품을 읽으면서 문학에 대한 관심이 커지게 되었음을 드러내고 있으므로 문학에 대한 흥미를 갖게 된 시기를 구체적으로 드러내고 있다.

**오답 피하기** ① 1학년 겨울 방학 때 백석 시인의 시집을 감명 깊게 읽었음을 드러내고 있지만 문학 작품의 구절을 인용하며 설명하고 있지는 않다.

③ 문학을 좋아하게 된 계기를 사건을 중심으로 서술하고 있을 뿐이지, 문법과 문학의 특성에 대한 비교를 통해 선호를 드러내고 있지 않다.

④ 일제 강점기 문인들에 대한 존경심을 갖게 되었음을 드러내고 있지만 존경하는 작가의 말을 인용하여 설명하고 있지는 않다.

⑤ 국어 선생님의 추천으로 백석 시인의 시집을 읽게 되면서 문학에 대한 관심이 생겼음을 언급하고 있지만, 국어 선생님을 좋아하게 되면서 문학에도 관심을 갖게 되었음을 제시하지는 않았다.

## 16 면접 내용 점검, 조정하기

추정하는 표현보다 단정적 표현이 자신감을 나타내기에 유리하다는 〈보기〉 내용을 바탕으로, [A]의 '만들어 볼까 합니다', '도움이 되지 않을까 생각합니다'라는 표현을 '만들 것입니다', '도움이 될 것입니다'로 수정할 필요가 있다.

# 3. 연설과 발표

**내신 기본 UP** 본문 46~53쪽

**01** ③ **02** ⑤ **03** ④ **04** ④ **05** 예시답 화자가 교육 심리학자임을 밝힌 것은 공신력을 높이는 데 도움이 될 것이며, 박수 소리로 짐작한다면 동문 회장으로서의 평판도 화자의 공신력을 높일 수 있을 것이다. **06** ②
**07** 예시답 연민을 느낄 수 있는 동물 영상과 사진을 활용함으로써 청자의 감정을 움직여 설득하려는 감성적 설득 전략에 설득되었기 때문이다. **08** ④ **09** ④ **10** ⑤
**11** ⑤ **12** ③ **13** ① **14** 예시답 초등학생들은 어휘력이 고등학생보다 부족하므로, 용어를 매우 쉽게 사용해야 하고, 그에 대한 설명도 추가해야 할 것이다. 또한 집중력을 고려해 유머를 섞거나 청중의 호응을 확인하고, 다양한 매체 자료를 활용하면 좋을 것이다.

## 01 연설 맥락 분석하기 답 ③

연설의 내용 중, 화자의 사회적 지위나 평판을 알 수 있는 부분을 찾을 수 없다.

**오답 피하기** ① 고령화 문제에 대한 화자의 의견을 연설을 통해 사회적으로 공론화하려 하고 있다.

② 연설은 공식적 화법이며, 화자는 연설을 통해 고령화 문제와

이에 대한 청중의 생각과 행동의 변화를 설득하고자 한다.
④ 한 사람의 화자가 연설을 통해 다수의 청중을 대상으로 고령화 문제에 대한 자신의 의견을 밝히고 있다.
⑤ 우리 사회의 고령화 문제에 대한 연설을 통해 화자의 의견을 청중과 공유하고 그 과정에서 문제를 공론화하여 공동체의 발전에 기여할 수 있다.

### 02 연설 내용 조직하기 답 ⑤

2문단에서 일본의 사례를 언급하고는 있으나, 제도적으로 본받을 점을 참고하도록 자료를 조직하고 있지는 않다.

**오답 피하기** ① 3문단을 통해 청중이 학생임을 확인할 수 있으며, 학생으로서 실천할 수 있는 자세를 언급하고 있다.
② 3문단에서 고령화 문제의 해결 방안으로 효도의 가치 인식을 언급하였다.
③ 고령화 문제와 그 심각성에 대한 근거로 1문단에서 통계청 자료를, 2문단에서 일본의 사례를 활용하여 신뢰성을 높이고 있음을 알 수 있다.
④ '(고개를 저으며)', '(차분한 목소리로)' 등에서 비언어적 표현과 준언어적 표현을 활용하였음을 알 수 있다.

### 03 연설 내용 점검, 조정하기 답 ④

순서를 나타내는 담화 표지인 '첫째', '먼저' 등은 확인할 수 없다.

**오답 피하기** ① 연설자는 자신이 동문 회장임을 언급하고, 관객의 반응을 들으며 연설을 시작하였다.
② 학교가 개교한 이후 가장 중요한 행사가 무엇인지를 청중에게 질문하여 내용과 관련해 청중들의 관심을 환기하며 연설하고 있다.
③ '(진지한 표정으로)', '(경쾌한 어조로)' 등을 통해 준언어적 표현과 비언어적 표현을 활용하고 있음을 알 수 있다.
⑤ 연설의 끝부분에서 연설을 들어 준 것에 대한 감사 인사를 찾을 수 없다.

### 04 연설 표현 전략 사용하기 답 ④

청중들이 가치가 있는 소중한 존재라는 것을 언급한 것은 〈보기〉에서 청중의 마음을 움직여 청중을 설득하려는 전략과 관련된다.

**오답 피하기** ① 〈보기〉에서 질문을 통해 청중을 설득할 수 있는 전략에 대해 찾을 수 없고, 질문의 형식을 활용하는 것이 감성적 설득 전략이라 볼 수도 없다.
② '합창 대회'에 대해 언급한 것이 자신의 공신력, 이미지를 바탕으로 청중을 설득하는 인성적 설득 전략을 활용한 것이라 볼 수 없다.
③ 통계 자료에 근거한 결과는 간략히 제시하였으나, 이를 통해 학교생활의 문제점을 지적하지는 않았다.
⑤ 서로를 위해 박수를 치는 것을 자신의 이미지를 드러내는 것이라 볼 수는 없다.

### 05 연설 내용 이해, 평가하기

공신력은 화자의 지위, 평판, 이미지, 평소 언행과 연설 내용의 일치 여부 등을 통해 형성될 수 있다. 화자가 교육 심리학자임을 밝힌 것은 공신력을 높이는 데 도움이 될 것이며, 박수 소리로 짐작한다면 동문 회장으로서의 평판도 화자의 공신력을 높일 수 있을 것이다.

### 06 연설 표현 전략 사용하기 답 ②

'날다람쥐'나 '보리김밥'의 의견을 통해 연설자의 목소리 크기나 어조가 적절하지 않았음을 알 수 있다.

**오답 피하기** ① '하염없이'의 첫 번째 의견을 통해 인성적 설득 전략이 활용되었음을 알 수 있다.
③ '하염없이'의 두 번째 의견을 통해 앞의 내용을 요약하는 등 언어적 표현 전략이 활용되었음을 알 수 있다.
④ '초코우유'의 두 번째 의견을 통해 비언어적 표현이 효과적이었음을 알 수 있다.
⑤ '최고최고'의 의견을 통해 매체 자료가 설득에 효과적으로 활용되었음을 알 수 있다.

### 07 연설 표현 전략 사용하기

죽은 동물 영상과 사진을 보고 너무 슬펐다는 의견을 통해, 연설자는 연민을 느낄 수 있는 동물 영상과 사진을 활용함으로써 청자의 감정을 움직여 설득하려는 감성적 설득 전략을 활용하였음을 알 수 있으며, '최고최고' 역시 이러한 설득 전략에 설득되어 ㉠과 같이 말하였음을 알 수 있다.

### 08 발표 표현 전략 사용하기 답 ④

통계 자료를 제시하고 있지만 게임, 메신저, 웹툰 등의 항목을 하나씩 짚어 가며 주제와의 상관성을 설명하지는 않았다.

**오답 피하기** ① '통계 자료를 손으로 가리키며', '두 팔을 벌리며' 등을 통해 비언어적 표현을 통해 청중의 주의를 환기하려 함을 알 수 있다.
② 4문단을 통해 문제를 해결하기 위해 실천할 수 있는 방안을 제시했음을 알 수 있다.

③ 자신의 주장을 강조하기 위해 '큰 목소리'를 사용했다는 점에서 준언어적 표현을 활용해 자신의 생각을 강조했다는 것을 알 수 있다.
⑤ 발표 과정에서 '하십시오체', '해요체' 등의 높임법을 활용하였으며, 어법을 준수하고 있음을 알 수 있다.

## 09 발표 내용 이해, 평가하기 답 ④

발표 도입부에서 스마트폰 문제에 대한 해결 방안이 제시되어 있지는 않다.

**오답 피하기** ① '우리 반 학생들도'라는 표현에서 발표 내용이 우리 반 학생들을 염두에 두었음을 알 수 있으며, 남녀 성별이나 개인적 친분이 드러난 표현도 없음을 알 수 있다.
② 사진, 도표 등을 활용하고 질문을 활용하고 있음을 알 수 있는데, 〈보기〉의 상황을 참고하면 흥미를 끌기 위한 목적도 있음을 알 수 있다.
③ 스마트폰 사용 현황과 심각성을 드러내는 통계 자료를 활용하였음을 알 수 있다.
⑤ 스마트폰이 공부에 방해가 된다는 내용은 발표에서 언급하지 않았음을 알 수 있다.

## 10 발표 내용 점검, 조정하기 답 ⑤

ㄱ. 학생회, 학교 소식지, P대학 등 자료의 출처를 제시하고 있다.
ㄴ. 발표 목적이나 차례를 발표의 앞부분에 제시하면 발표의 내용을 효과적으로 전달할 수 있다.
ㄷ. 통계 자료에는 스마트폰의 용도가 다양한데, 발표에는 SNS에 관한 내용만 제시하고 있다. 다른 용도도 간단히 언급하며 문제점을 제시했다면 더 설득력을 확보할 수 있을 것이다.
ㄹ. '스마트폰 과의존 위험군'이 의미하는 바와 선정 기준이 글에 제시되어 있지 않아, 배경지식이 없다면 이해에 어려움이 있을 것이다.

## 11 발표 표현 전략 사용하기 답 ⑤

'학생 2'는 문학 작품을 소개하는 발표였기에, 설명을 목적으로 하고 있음을 알 수 있다. 하지만 친구는 동아리를 소개하고 가입을 권유하는 설득을 목적으로 한 발표였음을 알 수 있다.

**오답 피하기** ① '큰 소리로 말해서' 뒤쪽까지 잘 들렸다는 것에서 준언어적 표현이 전달력을 높이는 데 도움이 됨을 알 수 있다.
② '손동작이랑 표정'과 같은 비언어적 표현이 발표 내용 전달에 도움이 되었음을 알 수 있다.
③ '문학에 어려움을 느끼는 친구들'을 배려했다는 점에서 청중의 특성을 고려하였음을 알 수 있다.
④ 자료를 바꾸었다는 점에서 청중의 반응을 통해 발표 내용을 조절하였음을 확인할 수 있다.

## 12 발표 내용 이해, 평가하기 답 ③

'청중의 대답을 듣고'를 통해 청중과 발표자와 상호 작용이 이루어졌음을 알 수 있다.

**오답 피하기** ① 서양 미술사에서 입체파와 관련한 정보 전달을 목적으로 한 발표였음을 알 수 있다.
② 발표에서는 시각 자료를 활용하지 않았음을 알 수 있어, 미술 작품을 보여 주는 등 시각 자료를 활용하면 좋을 것임을 알 수 있다.
④ 특정 화가의 경우나 특정 작품의 경우를 사례로 들고 있지 않아, 특정 화가나 작품을 예시로 활용하면 이해가 쉬울 것임을 알 수 있다.
⑤ 발표 끝부분에 질문 시간을 운영하였음을 알 수 있다.

## 13 발표 내용 조직하기 답 ①

질문을 통해 청중과 상호 작용함으로써 발표 내용을 보충하거나 조절할 수 있어, 발표가 상호 교섭적 행위임을 알 수 있다.

**오답 피하기** ② 질문 시간을 활용하는 것이 다양한 매체를 활용하는 것이라 볼 수 없다.
③ 질문 시간을 활용하는 것이 정리부에서 이루어지기는 했으나, 해당 내용이 발표 순서를 알려 주지는 않는다.
④ 발표 내용에 대해 질문할 것을 의도하고 있으나, 발표 내용을 요약하지는 않았다.
⑤ 질문 기회를 주는 것을 통해 발표의 목적을 확인할 수는 없다.

## 14 발표 맥락 분석하기

고등학생들에 비해 초등학생들은 어휘력이 부족하다. 해당 발표에는 복합 시점, 큐비즘, 찰나 등 어려운 용어가 사용되고 있다. 따라서 해당 용어를 쉽게 바꾸거나, 그에 대한 설명을 추가해야 할 것이다. 또한 초등학생들의 집중력이 고등학생들에 비해 길지 않을 수 있다는 점을 고려해 유머를 섞거나 청중의 호응을 확인하고, 다양한 매체 자료를 활용하면 좋을 것이다.

# 4. 협상과 토론

내신 기본 UP 본문 56~63쪽

01 ③ 02 ③ 03 ⑤ 04 ② 05 ②
06 ⑤ 07 ③ 08 ③ 09 ③ 10 ③
11 ④ 12 예시답 청소년들에게 우선권을 부여하는 것이 일반인에게 공정하지 않을 수 있다는 점은 생각해 보셨습니까?

## 01 협상 맥락 분석하기 답 ③

협상의 시작 단계에서 '여학생'이 '남학생'의 요청을 처음 듣는 것으로 보아, 사전에 상호 준비한 협상 전략을 활용하고 있다고 볼 수는 없다.

오답 피하기 ① 서로의 양보를 통해 '여학생'은 천문학 지식에 대한 도움을, '남학생'은 컴퓨터실의 양보라는 이익을 각기 얻어 내었다.
② 컴퓨터실을 두 자리 정도 사용하게 해 준다는 대안을 받아들이지 않아, 컴퓨터실을 양보하는 대신 천문학 관련 내용에 대한 도움을 요청하는 제안을 하는 등 협상 과정에서 '남학생'과 '여학생'은 대안을 상호 조정하고 있다.
④ '남학생'과 '여학생'이 서로 문제 상황을 해결하기 위한 의지가 없었다면 협상의 대화가 지속될 수 없었을 것이다.
⑤ 컴퓨터실 사용을 두고 서로 이해관계가 충돌하였기에 '남학생'과 '여학생'이 협상을 한 것으로 볼 수 있다.

## 02 협상 내용 이해, 평가하기 답 ③

'남학생'과 '여학생'은 서로 근거를 들어 자신의 입장을 명확하게 밝히고 있다.

오답 피하기 ① 컴퓨터실을 서로 활용하려 한다는 문제 상황을 상호 공유하고 있음을 알 수 있다.
② '남학생'과 '여학생'이 협상이 이루어지기 위한 조건을 명확히 제시하고 있지는 않다.
④ '여학생'은 창의적 대안을 제시하고 있으나, '남학생'이 창의적 대안을 제시하고 있다고 볼 수는 없다.
⑤ 컴퓨터실을 천문 동아리가 활용하는 대신, 프로그래밍 동아리에게 천문 동아리가 도움을 주기로 양측이 합의하고 있음을 알 수 있다.

## 03 협상 표현 전략 사용하기 답 ⑤

'여학생'은 컴퓨터실을 양보하는 대신 도움을 달라는 제안을 하고 있어, 여러 제안을 묶어 제시해 일부만 받아들여진 것이 아님을 알 수 있다.

오답 피하기 ① '여학생'은 시작 단계에서 상대가 컴퓨터실을 활용하려는 이유를 묻고 있다.
② '남학생'의 세 번째 발언에서 상대 동아리의 입장을 확인했음을 알 수 있다. 또한, '남학생'이 컴퓨터실이 프로그래밍 동아리만을 위한 것은 아님을 들어 상대의 입장에 반박하였음도 알 수 있다.
③ '여학생'은 컴퓨터실을 양보하며 자신의 프로그래밍에 도움을 줄 것을 요구하고 있음을 알 수 있다.
④ '남학생'은 질문의 형식을 활용해 협상 내용을 확인하고, 두 동아리 모두 소득이 있었다는 사실을 언급하였다.

## 04 협상 맥락 분석하기 답 ②

〈보기1〉에서 협상은 상반된 이해관계를 지닌 주체들이 경쟁적 협력자 관계에 있는 상황에서 이루어짐을 알 수 있다. 협력하는 자세를 지니고 경쟁하지 않으려 한다면 협상이 이루어질 수 없음을 알 수 있다.

오답 피하기 ① A 국과 B 국은 적대 관계에 놓여 있으며, 협상에 대한 의지도 없음을 알 수 있다. 따라서 A 국과 B 국은 협상을 통해 상호 이익을 증진하려는 의지가 없음을 알 수 있다.
③ 〈보기1〉에서 행위 조건은 합의 결과에 대한 이해 의무라는 것을 알 수 있다. 〈보기2〉의 국제 관계 전문가의 말로 미루어, 행위 조건이 충족되지 않아 협상은 이루어지기 힘들 것임을 알 수 있다.
④ 〈보기1〉에서 참여자 조건은 협상 참여자들이 존재하고, 이들이 경쟁적 협력자 관계여야 한다는 것을 알 수 있다.
⑤ A 국과 B 국은 적대 관계에 놓여 있으며, 고통을 겪는 것은 상대일 뿐이라고 주장함을 알 수 있다. 따라서 A 국과 B 국은 서로 양보를 해야 할 상황이 존재하지 않는다고 생각함을 알 수 있다.

## 05 협상 내용 이해, 평가하기 답 ②

A 업체 대표는 자신의 업체가 자금 회전에 어려움을 겪는 작은 업체임을 강조하며 상대측이 요구를 받아들일 것을 강조하고 있다.

오답 피하기 ① A 업체 대표가 설문 조사를 언급하지는 않았다.
③ B 업체 대표는 상호 양보를 의도하고 있으며, 여러 제안을 묶어 제시해 상대와 제안을 교환하지는 않았다.
④ B 업체 대표는 원재료 상승 폭과 빵 가격 상승 폭을 비교하여 상대측 요구가 부당함을 강조하였다.
⑤ A 업체 대표가 아닌, B 업체 대표가 상대측에게 절충안을 제시하였다.

## 06 협상에서 자료, 매체 활용하기 답 ⑤

지나친 가격 인상에 대한 우려는 자금 압박으로 인한 자신의 상황에 대한 근거로 적절하지 않다.

**오답 피하기** ① 밀 가격의 상승은 A 업체 대표의 첫 번째 발언에서 근거로 활용할 수 있다.
② 밀가루 가격이 2.9%p 상승했다는 내용은 밀가루 가격의 상승 폭에 비해 빵 가격의 상승 폭이 훨씬 높다는 B 업체 대표의 발언에서 근거로 활용할 수 있다.
③ 타 업체에 비해 A 업체의 상승 폭이 적다는 내용은 A 업체 대표의 입장을 강조하는 데 활용할 수 있다.
④ 밀가루 가격의 상승 폭보다 A 업체에서 제안한 빵 가격의 상승 폭이 높다는 것은 신뢰를 잃을 수 있다는 점을 통해 상승 폭을 낮추자는 입장을 강조하는 데 활용할 수 있다.

## 07 협상 내용 점검, 조정하기 답 ③

협상은 경쟁과 협력을 통해 적절한 대안을 찾아 상호 이익을 증진하는 행위이다. 논쟁을 피하기 위해 적당히 타협하려는 자세는 적절하지 않다.

**오답 피하기** ① 시작 단계에서 상대의 입장과 서로의 이해관계와 핵심 쟁점을 파악하는 일이 필요하다.
② 협상 전, 수용 가능한 협상 목표를 설정하면, 합의 단계에서 수용 여부를 결정하는 데 도움이 된다.
④ 협상의 과정에서 경쟁뿐만 아니라 상대를 존중, 배려하고 협력적 자세를 유지해야 상호 이익을 증진하는 합의에 이를 수 있다.
⑤ 협상 없이 얻을 수 있는 결과보다 나은 결과를 얻었을 경우에는 협상을 하는 것이 유리하다.

## 08 토론 맥락 분석하기 답 ③

'사회자'는 토론자들의 발언을 요약하며 내용을 정리할 수 있으나, 해당 토론에서 찬성 측, 반대 측의 발언을 요약하는 부분을 확인할 수 없다.

**오답 피하기** ① '사회자'의 첫 발언에서 도서실과 관련해 학교에서 토론이 열리게 된 배경을 확인할 수 있다.
② '사회자'는 찬성 측 입론, 반대 측 반대 신문 등 토론의 순서와 발언의 성격을 제시하고 있다.
④ '사회자'가 '도서실을 자습 공간으로 활용하지 말아야 한다.'는 토론 논제를 진술하고, '토론자들은 논제와 토론 규칙을 숙지하시고' 등 토론 규칙을 안내하고 있음을 알 수 있다.
⑤ '반대 1'이 반대 신문의 과정에서 발언 순서와 내용을 지키지 않아, 사회자가 이를 제지하고 토론 규칙을 상기시키고 있음을 알 수 있다.

## 09 토론 내용 이해, 평가하기 답 ③

'반대 2'는 상대측이 입론에서 다룬 내용에 한하여 자료의 신뢰성을 검증하는 반대 신문을 구성하였음을 알 수 있다.

**오답 피하기** ① '반대 2'가 반대 신문에서 상대측 발언이 이치에 맞지 않음을 지적하여 상대측 발언의 타당성을 검증하고자 하지는 않았다.
② '반대 2'는 '출처는 어디입니까?' 등의 폐쇄형 진술을 통해 상대의 답변을 짧게 제한하고 있음을 알 수 있다.
④ '반대 2'는 신뢰성을 검증하려는 의도로 출처가 어디인지 상대에게 묻고 있음을 알 수 있다.
⑤ '반대 2'가 상대측의 앞선 진술을 확인하고는 있으나, 이 내용이 사실과 일치하지 않음을 지적하지는 않았다.

## 10 토론 표현 전략 사용하기 답 ③

'반대 2'는 청소년 시기에 경제 활동이 필요함을 전제한 상대측 주장의 타당성에 대해 검증하기 위해 반대 신문을 하고 있다.

**오답 피하기** ① '사회자'는 토론 순서에 따라 찬성, 반대의 발언을 안내하고 있다.
② '찬성 1'은 입론에서 '아르바이트'의 개념을 제시하고 있다.
④ '반대 1'은 아르바이트 경험이 있는 학생들의 소비 습관을 보여주는 통계 자료를 자신의 주장에 대한 근거로 활용하고 있다.
⑤ 출처와 조사 대상에 국한한 폐쇄형 질문을 통해 상대의 발언을 제한하고 있다.

## 11 토론 내용 점검, 조정하기 답 ④

토론을 통해 논제에 대한 생각을 하게 되었음은 규칙과 순서를 준수하는지 여부보다는 토론의 쟁점과 내용과 관련된다.

**오답 피하기** ① 주장에 대한 근거를 파악하는 것은 타당성을 판단하고 있는 행동으로 볼 수 있다.
② 상대측이 제시한 근거가 이치에 부합하는지의 여부는 타당성, 출처를 확인하고자 하는 것은 신뢰성을 검증하려는 의도로 볼 수 있다.
③ 몸짓은 비언어적 표현, 어조는 준언어적 표현이다.
⑤ 반대 신문이 상대의 의견을 반박하는 데 도움이 된다는 것은 반대 신문이 발언자의 주장을 강화하는 과정임을 파악한 것이라 할 수 있다.

## 12 토론 내용 생성하기

공정성은 일부에 치우친 의견인지, 약자에 대한 배려가 이루어졌는지에 대한 내용을 검증하는 것이다. '청소년들에게 우선권을 부여하는 것이 일반인에게 공정하지 않을 수 있다는 점은 생각해 보셨습니까?' 등으로 폐쇄형 질문을 활용해 청소년들에 치우친 의견이 아닌지 검증해 볼 수 있다.

## 내신 실력 UP

본문 64~74쪽

01 ③ 02 ② 03 ④ 04 ③
05 예시답 사실 제겐 아내의 수술비를 마련할 곳이 선생님밖에 없었습니다. 정말 감사합니다. 반드시 은혜를 갚겠습니다.
06 ① 07 ② 08 예시답 '주홍'은 처음 본 상대에게도 개인적 차원의 자아를 너무 많이 드러내 오해를 불러일으킬 수도 있으며, '윤희'는 자기표현을 거의 하지 않아 타인과의 관계 형성이 제대로 되지 않을 수 있다. 09 예시답 성적표가 왔는데 성적이 좋지 않더구나. 걱정이 많이 되는데, 앞으로는 조금 더 열심히 공부하면 아빠가 걱정을 덜 할 것 같구나.
10 ④ 11 ② 12 ② 13 예시답 전쟁으로 죽은 이들에 대한 슬픔을 통해 청중을 설득하려 했기 때문에 감성적 설득 전략을 활용했다. 감성적 설득 전략을 활용하면 감정에 호소하여 청중의 마음을 움직이고 청중을 효과적으로 설득할 수 있다. 14 ③ 15 ④ 16 ④ 17 ④
18 예시답 학교 측은 납품 기한에 맞춰 대량 구매의 가격적 혜택과 생활복의 이름표를 받을 수 있었으며, 업체 측은 학교 측이 제시한 가격보다 높은 가격으로 납품 단가를 맞출 수 있었다.
19 ④ 20 ③ 21 예시답 죄송하지만, 질문에 대한 답변이 아닙니다. 저는 공인 인증서의 특성이 아닌, 근거 자료가 무엇인지에 대해 질문했습니다.

### 01 화법을 통한 의사소통과 사회적 상호 작용 답 ③

인터뷰임을 고려할 때, 청자를 직접 볼 수 없다는 것을 짐작할 수 있고, [가]에서 학생 A가 청자의 반응을 확인하지 않았음을 알 수 있다.

오답 피하기 ① '학생 A'는 '손을 코에 대며'와 같이 비언어적 표현을 활용해 내용을 강조하였음을 알 수 있다.
② '학생 A'는 '이렇게'처럼 적절한 지시어 등의 언어적 표현을 활용하여 자신이 표현하고자 하는 바를 강조하고 있음을 알 수 있다.
④ '학생 A'는 '큰 소리', '말하는 속도를 늦추어' 등의 준언어적 표현을 적절히 활용하고 있음을 알 수 있다.
⑤ '학생 A'는 '향기' 등 비유적 표현을 활용하여 자신이 표현하고자 하는 바를 강조하고 있음을 알 수 있다.

### 02 다양한 맥락을 고려한 화법 답 ②

'학생 A'가 '사실 배고프다고'라고 말하는 것으로 보아, ㉠은 눈치가 없는 이유를 묻기 위한 것 보다는 자신의 의도를 몰라주는 답답함을 표출하는 것으로 볼 수 있다.

오답 피하기 ① '학생 A'가 여러 번 배고픔을 간접적으로 표현했음에도 '학생 B'가 이를 알아주지 않는다는 사실에 답답함을 느껴, 결국 직접적으로 의도를 드러내고 있다.
③ 인터뷰라는 공적 상황에서 자신의 진심과 다소 달리 한 말을 '학생 B'가 그대로 받아들여, 이를 '학생 A'가 답답하게 생각했을 것임을 짐작할 수 있다.
④ '학생 B'가 상황을 고려해 자신의 발언을 제대로 파악하지 못한다는 것을 알았기 때문에 그 답답함을 표현한 것으로 볼 수 있다.
⑤ '더듬거리며', '큰 소리로' 등 언어적 표현과 함께 활용한 준언어적 표현을 상대가 이해하지 못해 답답함을 표현한 것임을 알 수 있다.

### 03 대화 내용 이해, 평가하기 답 ④

㉣은 수줍음이 돌아온 것으로 보아, 적극적으로 부탁하는 자세를 포기했음을 알려준다. 해당 내용을 통해 부탁을 포기하지 않을 것임을 짐작할 수는 없다.

오답 피하기 ① 반복을 통한 언어적 표현과 '엄숙한 표정'이라는 비언어적 표현을 활용해 상대에게 절박한 부탁을 하고 있음을 알 수 있다.
② 상대와의 관계를 고려해 대안을 제시하며 완곡하게 거절 의사를 표시했음을 알 수 있다.
③ 대답이 더디 나올 때 눈치 챘으리라는 것을 통해 반응을 지연하는 것도 곤란함 또는 거절 의사를 드러내는 것임을 짐작할 수 있다.
⑤ 실례 많았음을 표현하는 것은 무리한 부탁이나 시간을 빼앗은 데 대한 사과의 표현임을 알 수 있다.

### 04 대화 맥락 분석하기 답 ③

'야멸차게 굴 필요가 있었다.'는 문맥을 고려할 때, ㉮에서 현금이 어려움을 직접 표현한 것은 현금을 빌려주는 것에 대한 명확한 거절 의사를 밝힌 것이라 볼 수 있다.

오답 피하기 ① ㉮에서 '나'는 자신의 어려운 상황을 밝히며 거절 의사를 명확히 하고 있어, 거절 의사만을 짧게 밝힌 것이라 볼 수 없다.
② ㉮에서 '나'는 상대방의 입장과 처지에 공감을 표현하지 않았다.

④ ㉮에서 '현금은 어렵군요.'를 통해 볼 때, 지나치게 우회적인 표현이라 볼 수는 없다.
⑤ 자신의 형편도 언급하고 있어, ㉮를 상투적 표현이라 볼 수는 없다.

## 05 대화 내용 생성하기

'권 씨'의 상황을 고려할 때, 절박한 부탁을 들어준 '나'에 대한 진심을 표현하기 위해 다양한 방법을 활용할 수 있다. '사실 제겐 아내의 수술비를 마련할 곳이 선생님밖에 없었습니다. 정말 감사합니다. 반드시 은혜를 갚겠습니다.' 등으로 진솔하게 언어 예절을 준수하되, 보답 의지를 밝힌다면 좋을 것이다.

## 06 대화 표현 전략 사용하기 답 ①

맥락을 고려할 때, ㉠은 직접적으로 자신의 상황을 드러내는 표현임을 알 수 있다.

**오답 피하기** ② ㉡에서 '손을 잡으며'를 통해 비언어적 표현을 활용해 위로와 힘을 주는 의도를 강조하였음을 알 수 있다.
③ ㉢은 상대방의 말에 맞장구를 치며 동조하는 반응을 보이는 표현으로 볼 수 있다.
④ ㉣ 이후의 대화 내용으로 미루어, '속삭이며'를 통해 남들 들을까 봐 조용히 말하는 의도를 표현하고 있음을 알 수 있다.
⑤ '윤희'의 표정을 통해, '주홍'이 '윤희'의 고민을 파악하고, 이를 들어 주려 했음을 짐작할 수 있다.

## 07 대화 내용 이해, 평가하기 답 ②

'주홍'의 태도로 미루어, 엄마에게도 자신을 잘 드러내었음을 짐작할 수 있다.

**오답 피하기** ① '엄마'의 긍정적 메시지가 '주홍'의 긍정적 자아 개념과 적극적 자기표현에 영향을 주었음을 알 수 있다.
③ '엄마'의 긍정적인 메시지를 바탕으로 '주홍'은 힘들어도 자신감을 갖는 등 긍정적 자아 개념을 지녔음을 알 수 있다.
④ '윤희'의 발언을 통해 '주홍'의 어머니와 같은 긍정적 메시지를 전하는 분이 없었다는 것을 확인할 수 있다.
⑤ '주홍'의 긍정적 메시지를 고려하면, '주홍'은 '윤희'의 자아 개념에 긍정적 영향을 미칠 것임을 알 수 있다.

## 08 대화 내용 점검, 조정하기

'주홍'의 말을 통해 '주홍'이 지나치게 마음을 못 숨긴다는 것을 알 수 있다. 따라서 '주홍'은 처음 본 상대에게도 개인적 차원의 자아를 너무 많이 드러내 오해를 불러일으킬 수도 있다는 것을 알 수 있다. 또한 '너는, 너무 숨겨.'라는 '주홍'의 말을 통해 '윤희'가 자기표현을 거의 하지 않는다는 것을 알 수 있고, 이로 인해 타인과의 관계 형성이 제대로 되지 않을 수도 있다는 것을 짐작할 수 있다.

## 09 대화 내용 조직하기

'나-전달법'에서는 '성적표가 왔는데 성적이 좋지 않더구나.(상황) 걱정이 많이 되는데(감정), 앞으로는 조금 더 열심히 공부하면 아빠가 걱정을 덜 할 것 같구나.(기대)'처럼 '나'를 중심으로 '사건-감정-기대'를 드러낼 수 있다.

## 10 면접 내용 이해, 평가하기 답 ④

면접 대상자의 답변 내용에 면접자의 경험을 덧붙이는 부분을 찾을 수 없다.

**오답 피하기** ① 식사에 관한 일상적 질문으로 면접 대상자의 긴장을 풀어 주고 있다.
② 면접 대상자의 마지막 질문을 통해 미리 준비해 왔을 자유 발언 기회를 주고 있음을 알 수 있다.
③ 면접자의 세 번째 발언을 보충 질문으로 해석할 수 있으며, 이는 면접 대상자에게 추가 답변을 유도하는 것이라 볼 수 있다.
⑤ 자신을 색깔로 표현해 보라는 질문에 면접 대상자는 당황해 하고 있다. 면접자는 이러한 질문을 통해 면접 대상자의 대처 능력을 파악할 수 있을 것이다.

## 11 면접 내용 생성하기 답 ②

ㄱ. 면접 대상자가 재질문을 하는 부분을 찾을 수 없다.
ㄴ. 면접 대상자는 국내 봉사와 해외 봉사 경험을 들며 솔직하게 자신의 경험 드러내고 있으며, 일관되게 바르고 공손한 어법으로 언어 예절을 지키고 있다.
ㄷ. 면접 대상자는 '입센'의 말을 인용해 자유 발언을 하고 있다.
ㄹ. 면접자가 형을 언급하자 면접 대상자는 당황하여 '아, 아니.'와 같이 말을 더듬고 있다.
ㅁ. 면접 대상자가 국내 봉사 경험을 언급하기는 하지만 이를 근거로 자신의 능력을 입증하여 자신이 해외 봉사 프로그램에 적합함을 강조하지는 않는다.

## 12 연설 내용 조직하기 답 ②

구체적 통계 수치를 언급하는 것은 명확한 근거를 제시해 주장의 타당성을 얻기 위한 이성적 설득 전략이라 할 수 있다.

**오답 피하기** ① '해당 학생들의 관심사'를 반영하는 것은 예상 청자를 고려한 행위이다.
③ 연설자의 평판, 성품 등은 화자의 공신력을 형성하는 요소이

며, 이를 드러내는 것은 인성적 설득 전략이다.
④ 담화 표지는 언어적, 손가락 표시는 비언어적, 목소리 크기는 준언어적 표현이라 할 수 있다.
⑤ 질문을 통해 청자의 반응을 확인하며 상호 작용하면 발표 효과를 높일 수 있다.

## 13 연설 표현 전략 사용하기

청중의 감정에 호소해 설득하려 하는 것은 감성적 설득 전략이라 할 수 있다. 해당 연설은 전쟁으로 죽은 이들에 대한 슬픔을 통해 청중을 설득하려 했기 때문에 감성적 설득 전략을 활용했다는 것을 알 수 있다.

## 14 발표 내용 이해, 평가하기 답 ③

스마트폰 길 찾기라는 친숙한 사례를 지도라는 주제와 연관지어 발표를 진행하고 있다.

**오답 피하기** ① 발표 내용에 지도를 만드는 순서가 언급되어 있지는 않다.
② 지도의 왜곡과 그 사례를 언급하고 있으며,한 도법들의 공통점과 차이점을 중심으로 발표하고 있지는 않다.
④ 왜곡이 없는 지도를 만들기 위한 방법이 발표의 전 과정에 나타나지는 않는다.
⑤ 도법에 따라 왜곡되는 지도의 형태를 요약, 강조하며 마무리하고 있지는 않다.

## 15 발표 내용 점검, 조정하기 답 ④

ㄱ. 발표자는 '청중의 반응을 듣고' 등을 통해 발표 내용을 '좀 더 자세히' 구성하였음을 확인할 수 있다.
ㄴ. 발표자가 시청각 자료를 활용하고 있지는 않다.
ㄷ. 발표자는 '도법', '투영법' 등의 용어에 대해 간략히 설명하고 있다.
ㄹ. '손짓', '큰 소리' 등을 통해 발표자가 비언어적 표현, 준언어적 표현을 활용하고 있음을 알 수 있다.

## 16 토의, 토론, 협상 맥락 분석하기 답 ④

협상은 이해관계가 상충하는 다수의 집단이 상호 이익을 증진하는 합의에 이르기 위해 경쟁과 협력을 하는 과정이다. 〈보기〉는 모둠 활동에서 활용할 수 있는 노트북 분배 문제를 다루고 있어, 이를 주제로 한 협상이 적절함을 알 수 있다.

**오답 피하기** ① 모둠 활동의 효과적 진행이 〈보기〉의 상황에 맞는 주제라고 볼 수는 없다.
② 학교 노트북은 수업에 활용하기에 충분한 수량임을 토론할 수는 있으나, 이를 바탕으로 〈보기〉의 문제를 해결하기에는 적절하지 않다.
③ 모둠당 모둠원의 수는 〈보기〉의 상황에 대한 말하기 주제로 적절하지 않다.
⑤ '모둠 활동을 위한 효율적 방안'이라는 주제는 〈보기〉의 상황과 일치하지 않는다.

## 17 협상 표현 전략 사용하기 답 ④

'학교 측'이 아닌, '업체 측'이 '~어떨까요?'와 같이 질문을 통해 제안을 하였다.

**오답 피하기** ① '학교 측'은 첫 발언에서 계절 조건과 학생들의 요구를 언급하며 자신의 요구를 명확히 드러내었다.
② '학교 측'은 두 번째 발언에서 인터넷으로 알아본 간편복의 구매 가격과 대량 구매 조건을 근거로 들어 자신의 입장을 강조하였다.
③ '업체 측'은 두 번째 발언에서 가격을 낮추는 대신 로고 부착 방법을 바꾸는 조건을 학교 측에 제시하고 있다.
⑤ '학교 측'은 '업체 측'의 납품 가능성을 확인하고, 이를 감안해 상대방의 제안을 수용하고 있다.

## 18 협상 내용 이해, 평가하기

협상은 양보와 창의적 대안 제시 등을 통해 상호 이익을 증진하는 과정이다. '학교 측'은 납품 기한에 맞춰 대량 구매의 가격적 혜택과 생활복의 이름표를 받을 수 있었으며, '업체 측'은 학교 측이 제시한 가격보다 높은 가격으로 납품 단가를 맞출 수 있어, 양 측은 양보를 통해 상호 이익을 증진하였다.

## 19 토론 내용 이해, 평가하기 답 ④

'찬성 1'은 반대 신문의 답변 과정에서 '공인 인증서를 대체할 수 있는 인증 방법'을 언급하여, 자신의 입장을 강화하려 하고 있다.

**오답 피하기** ① '사회자'는 우리나라에서 공인 인증서 문제가 다루어지게 된 배경을 언급하며 논제를 소개하고 있다.
② '사회자'의 두 번째, 네 번째 발언에서 토론 참여자의 의견을 요약하고 있음을 확인할 수 있다.
③ '찬성 1'은 입론에서 '공인 인증서'의 개념을 정의하며 주장을 전개하고 있다.
⑤ '반대 1'은 입론에서 '보안 전문가 ○○○ 교수'의 말을 자신의 주장에 대한 근거로 인용하고 있다.

## 20 토론 표현 전략 사용하기 답 ③

[B]는 상대측이 활용한 자료의 출처를 묻고 있어 신뢰성을 검증

하는 반대 신문이다. 상대측이 출처를 밝히지 않았으며, 명확히 답하지 못하는 것을 통해 출처가 불분명함을 지적하여 토론을 자신들에게 유리하도록 이끌어 가려 함을 알 수 있다.

**오답 피하기** ① [A]는 근거의 타당성에 대해 묻고 있다. 특정 입장에 치우쳐져 있음을 지적해 공정성을 검증하고 있지 않다.
② 상대측의 주장이 특정 상황에서는 타당하지 않음을 묻고 있다. 상대측이 제시한 사례가 상대측의 주장에 부합하지 않음을 지적한 것이라 볼 수는 없다.
④ [B]에서 상대측이 용어의 의미를 바꾸어 사용했음을 지적하는 내용은 확인할 수 없다.
⑤ [B]는 자료의 출처를 묻고 있어 전문적 자료가 아님을 검증하는 것일 수 있다. 하지만 [A]는 타당성을 검증하고 있는 것이어서, 전문적 자료의 뒷받침 여부를 지적하는 것이라 볼 수는 없다.

### 21 토론 내용 생성하기

반대 신문에 대해 상대측이 잘못된 대답을 하더라도, 이에 대해 언어 예절을 무시하고 함부로 말해서는 안 된다. '죄송하지만, 질문에 대한 답변이 아닙니다. 저는 공인 인증서의 특성이 아닌, 근거 자료가 무엇인지에 대해 질문했습니다.'처럼 언어 예절을 준수하며 상대를 존중하고 이해하려는 자세를 지녀야 한다.

# Ⅲ. 작문의 원리와 실제

## 1. 정보 전달을 위한 작문

### [1] 정보를 전달하는 글

**내신 기본 UP** 본문 78~85쪽

01 ④ 02 ⑤ 03 **예시답** 하지만 머리카락은 몸 밖에 있는 기관으로서 몸을 안정시키는 생물학적 역할을 수행한다. 04 ③ 05 ② 06 **예시답** 한편 / 미세 먼지와 황사의 차이점은 주제에 부합하지 않는 내용이므로 통일성을 떨어뜨린다. 07 ② 08 ③
09 **예시답** (마)에는 문장의 내용을 뒷받침하는 근거가 없으니 추가 내용을 서술해야겠다. 10 ② 11 ②

### 01 정보 전달 글쓰기 표현 전략 사용하기 답 ④

윤기 있는 머릿결에 대해 설명하고 있는 글이다. 특히 2문단에서 샴푸를 많이 사용하면 좋다고 생각하는 경우를 언급하며 실제 샴푸를 사용할 때에는 머리 길이에 알맞은 양만 사용하는 것이 좋음을 밝히고 있다. 따라서 중심 소재와 관련된 잘못된 상식을 바로잡으며 주제를 분명히 드러내고 있는 글쓰기 방법을 활용하고 있다.

**오답 피하기** ① 전문가의 인터뷰 내용이 드러나지 않으며, 이를 활용하여 사례를 소개하고 있지 않다.
② 과학적 사실은 언급되고 있으나, 해당 정보에 대한 출처를 밝히고 있지 않다.
③ 윤기 있는 머릿결 유지 방법에 대해 머리 감는 법, 각종 습관 등을 소개하고 있다. 따라서 공간의 이동에 따라 조직하는 방법을 사용하고 있지 않다.
⑤ '마지막으로'와 같이 순서를 나타내는 담화 표지는 활용하고 있으나, 중심 소재의 발전 과정은 본문의 내용과 관련이 없다.

### 02 정보 전달 글쓰기 내용 생성하기 답 ⑤

주어진 자료에는 고열에 두피와 머리카락이 노출되면 두피 상태가 악화된다는 내용을 제시하고 있다. 따라서 이러한 외부 환경으로 인한 두피의 변화와 관련된 내용을 본문에 반영하여 헤어드라이어를 사용할 때에도 찬 바람으로 머리를 말리는 것이 좋다는 내용을 추가하는 것이 가장 적절하다.

**오답 피하기** ① 두피를 건조하게 하는 원인을 열로 볼 수 있으나, ㉠의 내용 및 발열 효과가 있는 샴푸 활용과는 관련 없는 내용이다.
② ㉡의 내용과 머리카락을 물에 장시간 적시는 내용은 관련이 없다.
③ ㉢의 미지근한 물은 주어진 자료의 과도한 열과 관련이 없다.
④ ㉣에 헤어드라이어만 사용해야 한다는 내용은 어울리지 않으며, 해당 내용은 주어진 자료의 내용과 관련이 없다.

### 03 정보 전달 글쓰기 내용 점검, 조정하기

[B]는 글의 내용을 요약하며 머릿결을 유지할 것을 권유하고 있다. 따라서 머리카락이 신체 기관으로서 갖는 특성은 [B]의 통일성을 깨뜨린다. 그러므로 '하지만 머리카락은 ~ 생물학적 역할을 수행한다.'는 삭제하는 것이 적절하다.

### 04 정보 전달 글쓰기 내용 조직하기 답 ③

㉢은 미세 먼지와 관련된 기술적 측면의 내용이므로 글 전체의 내용과는 관련이 없다. 또한 '중간 3'은 미세 먼지의 부정적 영향을

다루는 부분이므로 해당 부분으로 옮기는 것은 적절하지 않다.

**오답 피하기** ① 작문의 목적은 '미세 먼지 문제의 심각성'을 제기하는 것과 '대처 방법'을 소개하는 것에 있다. 따라서 '미세 먼지에 대한 대처 방법'을 추가하여 제시하는 것은 글의 목적을 고려할 때 적절한 수정 방안으로 볼 수 있다.

② ㉡의 하위 항목에는 미세 먼지에 대한 과학적 정의와 미세 먼지와 초미세 먼지의 차이점이 제시되어 있다. 후자의 경우 미세 먼지의 개념을 정의할 때 초미세 먼지와의 차이점을 통해 도움을 받을 수 있다. 따라서 두 하위 항목을 고려할 때, ㉡은 '미세 먼지의 개념'으로 수정하는 것이 적절하다.

④ ㉣의 상위 항목은 '미세 먼지의 부정적 영향'이다. 따라서 경제적 손실과 같은 부정적 영향은 적절한 하위 항목으로 볼 수 있다.

⑤ ㉤은 피해 사례를 소개하는 내용이므로 우리나라 미세 먼지 농도의 심각성을 뒷받침하는 사례로 제시하기에 적절하다.

## 05 정보 전달 글쓰기 자료 활용하기 답 ②

(나)의 두 번째 자료를 통해 초미세 먼지 평균 농도에 대한 WHO의 기준은 10으로 볼 수 있다. 서울부터 백령도까지의 모든 자료는 10보다 2배 이상 큰 수치를 드러내고 있다.

**오답 피하기** ① (나)는 미세 먼지와 초미세 먼지의 연평균 수치를 제시하고 있는 것으로, 시간에 따른 추이를 드러내고 있지 않다.

③ (나)의 첫 번째 자료를 통해 우리나라가 정한 미세 먼지 연간 기준치는 50으로 볼 수 있다. 이러한 기준을 고려할 때, 경기도를 제외한 대부분의 지역은 해당 기준에 미치지 않음을 확인할 수 있다.

④ 우리나라는 WHO보다 미세 먼지와 초미세 먼지의 기준치를 높게 설정하고 있다.

⑤ 서울로부터의 거리와 미세 먼지, 초미세 먼지의 평균 농도는 서로 상관관계를 보이지 않는다.

## 06 정보 전달 글쓰기 내용 점검, 조정하기

ⓐ: (다)의 첫 문장을 고려할 때, 첫 문장 뒤에는 미세 먼지가 건강과 교통 상황에 위협이 됨을 구체적으로 서술하는 것이 적절하다. 따라서 '하지만'의 앞의 내용은 건강에 위협이 됨을 나타내고 있으므로 다른 위험이 있다는 점을 드러내기 위해 '한편'과 같은 접속 부사가 적절하다.

ⓑ: ⓑ는 미세 먼지와 황사의 차이점을 제시하고 있다. 이러한 내용은 미세 먼지의 위험성을 다루고 있는 전체 문단의 내용과 어울리지 않으므로 통일성을 떨어뜨리고 있는 것으로 볼 수 있다.

## 07 정보 전달 글쓰기 표현 전략 사용하기 답 ②

(가)를 통해 세이버메트릭스의 개념을 소개하고 있음을, (나)를 통해 세이버메트릭스의 활용 사례를 활용하고 있음을 알 수 있으며 이는 세이버메트릭스에 대해 생소해하는 독자의 이해에 도움을 줄 수 있다.

**오답 피하기** ① 통계적 데이터와 수학적 데이터 중 어느 것이 중요한 것인지에 대한 정보는 본문을 통해 드러나지 않는다.

③ 세이버메트릭스가 국내 야구에 도입된 현황은 본문에 제시되지 않는다.

④ 세이버메트릭스의 적용이 성공했던 사례를 바탕으로 책이나 영화가 제작되었음은 제시되어 있으나, 세이버메트릭스가 책이나 영화에서 적용될 수 있음은 본문에 제시되어 있지 않다.

⑤ 데이터 마이닝 기술이 세이버메트릭스에 주요 기술로 활용될 수 있음이 제시되어 있다. 반대의 경우는 제시되어 있지 않다.

## 08 정보 전달 글쓰기 내용 생성하기 답 ③

〈보기〉를 통해 한 선수의 타구 방향을 통계적으로 분석하여 예측하는 수비 전략을 활용하고 있음을 알 수 있다. 따라서 (다)에서 통계적 데이터를 설명한 부분에 해당 자료를 활용하여 특정 선수의 누적된 기록을 통해 행동을 예측할 수 있음을 뒷받침하는 자료로 활용할 수 있다.

**오답 피하기** ① 〈보기〉의 자료는 경기를 그대로 재현할 수 있는 자료로 볼 수 없다.

② 〈보기〉의 자료는 저평가된 선수의 영입과 관련된 자료로 볼 수 없다.

④ 〈보기〉의 자료를 통해 선수의 전체적인 능력치를 알 수 없다.

⑤ 〈보기〉는 데이터에 대한 분석과 관련된 자료이지 경기 결과에 운이 작용하는 것과 관련된 자료로 볼 수 없다.

## 09 정보 전달 글쓰기 내용 점검, 조정하기

(마)의 첫 문장은 세이버메트릭스의 한계를 제시하고 있다. 하지만 해당 문장의 내용을 뒷받침하는 근거는 제시되어 있지 않다. 또한 고친 내용의 '숫자화될 수 없는 그날의 상황이 경기 결과에 영향을 미칠 수 있기 때문이다.'와 같은 문장은 앞 문장의 근거나 이유를 제시하는 문장이다.

## 10 정보 전달 글쓰기 표현 전략 사용하기 답 ②

본문은 여러 사회 복지 제도의 종류를 유형에 따라 분류하여 공공 부조와 사회 보험, 사회 수당, 사회 서비스 등으로 제시하는 방법을 취하고 있다.

오답 피하기 ① 통계 수치를 종합하는 내용은 본문을 통해 제시되지 않았다.
③ 공공 부조의 장단점을 분석했다고 볼 수도 있으나, 이를 통해 절충적 방안을 도출했다고 보기는 어렵다.
④ 개인적 경험은 본문을 통해 제시되지 않았다.
⑤ 대상의 변모 과정이 드러나지는 않았다.

### 11 정보 전달 글쓰기 자료, 매체 활용하기 답 ②

㉮는 '사회 복지 통합 관리망'의 도입으로 인해 오히려 공공 부조의 대상이 되어야 할 사람들이 도움을 받지 못하는 상황을 비판하는 자료이다. ㉯는 사회 보험료에 대한 부담이 과도하다는 여론 조사 결과이다. 따라서 ㉮는 공공 부조를 설명하는 (나)에서 활용하여 공공 부조 운영상의 문제점을 지적할 수 있다.

오답 피하기 ① ㉮는 사회 복지 제도의 문제점을 지적하는 기사이다. 따라서 각종 사회적 위험의 구체적 사례를 제시하는 데 활용하기에는 적합하지 않다.
③ ㉮는 공공 부조와 관련된 내용으로, 사회 서비스와는 관련이 없다.
④ ㉯는 사회 보험료 부담에 대한 인식을 보여 주는 자료이다. 이를 통해 사회 보험의 수요가 늘어났다는 것을 알기는 어렵다.
⑤ ㉯는 사회 수당과 관련이 없다.

## [2] 자기를 소개하는 글

내신 기본 UP 본문 88~93쪽

01 ② 02 ② 03 예시답 독일의 작가 파트리크 쥐스킨트는 '콘트라베이스'를 창작했습니다. 04 ③
05 ④ 06 ④ 07 ① 08 ①
09 예시답 의미 있던 경험을 통해 자신이 깨달았던 점

### 01 소개 글쓰기 맥락 분석하기 답 ②

자기소개서를 작성할 때에는 진솔하고 참신한 표현을 활용하는 것이 좋다. 과장의 방법은 자기소개서를 작성할 때 적절하지 않은 표현 방법이다.

오답 피하기 ① 지원한 분야를 위한 노력과 준비 과정은 지원자의 성실한 과거 경험을 드러내는 데 적절하다.
③ 잠재적 능력과 올바른 가치관은 예상 독자의 요구 사항에 어울리는 내용이다.
④ 지원한 분야에 대한 지속적 관심은 지원 동기가 강력하다는 점을 알릴 수 있는 내용이다.
⑤ 지원 동기와 관련 있는 경험은 자기소개서에 적절한 내용이다.

### 02 소개 글쓰기 표현 전략 사용하기 답 ②

[A]에는 선발 이후의 계획이 명확하지 않으며 추상적으로 제시되어 있다. 반면 [B]에는 선발 이후 자신의 계획이 분명하고 구체적으로 제시되어 있다.

오답 피하기 ① [A]와 [B]에는 역경 극복 사례가 제시되어 있지 않다.
③ [B]에는 학생 시절이 아니라 전학 후 계획이 구체적으로 제시되어 있다. [A]에는 자기 주도적 학습 경험이 제시되어 있지 않다.
④ [A]와 [B]에는 자신의 성격에 대한 내용이 제시되어 있지 않다.
⑤ [A]에는 영향을 끼친 인물과 관련된 경험이 제시되어 있지 않다.

### 03 소개 글쓰기 내용 점검, 조정하기

「콘트라베이스」라는 작품을 창작한 작가와 관련된 내용, 콘트라베이스 악기 자체에 대한 설명 내용은 글쓴이의 경험이나 지원 동기와 관련 없는 내용이므로 글 전체의 통일성을 떨어뜨린다.

### 04 소개 글쓰기 맥락 분석하기 답 ③

(가)의 독자 수준은 고려해야 하지만 해당 독자의 전체 수준을 확정할 수 없으므로 전문 용어를 주로 활용하는 것은 적절하지 않다.

오답 피하기 ① (가)의 신청 방법에 '2월 25일까지'라는 기일이 명시되어 있으므로 이 기간을 준수하여 작성해야 한다.
② (가)의 모집 대상에서 '재능을 갖고 있는'과 같은 요건을 고려하여 자기소개서를 작성해야 한다.
④ (가)의 작성 주체는 '○○구 생활 체육 센터'이므로 생활 체육과 관련된 경험을 자기소개서에 제시해야 한다.
⑤ 선발의 목적이 있는 자기소개서를 작성할 때에는 자신의 현재 역량과 잠재적 역량을 모두 드러내는 것이 좋다.

### 05 소개 글쓰기 내용 이해, 평가하기 답 ④

모집 기관에서 추진하는 활동은 (나)에 제시되어 있지 않다. 따라서 이러한 활동의 목록은 글에 반영된 것으로 볼 수 없다.

오답 피하기 ① '스트레칭으로 몸을 풀고 즐거운 음악에 맞춰 댄스를 즐긴다면'과 같은 내용을 통해 재능 나눔 활동으로 어떤 내용을 다루게 될 것인지 제시하고 있음을 알 수 있다.

② 치어리딩 대회에 출전하여 상을 탔던 경험을 통해 친구들과 협력을 통해 성과를 얻어 냈던 경험을 확인할 수 있다.
③ '제 꿈은 생활 체육 지도자'임을 통해 필자의 꿈이 무엇인지 알 수 있으며, 방과후 프로그램 지원을 통해 도전하고 있는 일이 무엇인지 알 수 있다.
⑤ 어린 시절 놀림을 받았지만 굴하지 않고 치어리딩 활동을 했던 경험을 통해 노력을 통해 성과를 얻었던 경험을 알 수 있다.

### 06 소개 글쓰기 내용 점검, 조정하기 답 ④

'시간은 누구에게나 공평합니다.'와 같은 문장의 추가는 해당 문단의 통일성을 떨어뜨리므로 적절한 수정 방안으로 볼 수 없다.

**오답 피하기** ① '모집 대상과 모집 인원'의 내용 중 '○○구에 거주'의 조건이 있으므로 거주 지역을 밝히는 것은 적절하다.
② '활동 기간'의 내용 중 '월, 수, 금 19시~20시'가 포함되어 있다. 하지만 5문단에서 '평일 19시부터 21시까지'의 시간을 고려할 때 해당 날짜 및 시간과 중복되므로 이 일정을 조정하여 조정된 일정을 반영하는 것은 적절하다.
③ 학급 자치회장 역할에 최선을 다하는 모습은 '참가 자격' 요건에 부합하는 내용이다.
⑤ '신청 방법'에서 영상도 제시하고 있으므로 소개 내용과 관련 있는 치어리딩 대회 영상을 제시하는 것은 적절하다.

### 07 소개 글쓰기 내용 이해, 평가하기 답 ①

(가)는 전학 온 뒤 자기를 소개하는 글이다. 반면 (라)는 입학 의지를 드러내는 선발의 목적이 강한 자기를 소개하는 글이다.

**오답 피하기** ② (가)는 필자와 독자 간의 상호 작용을 촉진하려는 목적이 강하다. 하지만 (나)는 그러한 목적과 관련이 없다.
③ (나), (다) 모두 자신에게 의미 있던 경험을 중심으로 내용을 구성하고 있다.
④ (라)에는 책의 내용이 자신의 삶에 어떤 영향을 주었는지 주로 서술되어 있다. 따라서 행동에 대한 반성은 제시되어 있지 않다.
⑤ (나), (라) 모두 의문이 드는 문제를 해결한 절차와 과정은 제시되어 있지 않다.

### 08 소개 글쓰기 내용 이해, 평가하기 답 ①

(가)에는 축구에 흥미 있어 하며 '기술을 익히고 큰 경기를 준비'했던 노력이 제시되어 있다. (다)에는 과학 실험을 좋아하고, '이론 공부를 성실히 해 왔'던 노력이 제시되어 있다.

**오답 피하기** ② 특별한 가정 환경과 관련된 내용은 (가), (다) 모두 관련이 없다.
③ 가치관과 그 성립 계기는 (가), (다) 모두 관련이 없다.
④ 장래 희망을 이루기 위한 계획은 (가)에 제시되어 있지 않다.
⑤ 학교생활 중 일어난 갈등은 (가), (다) 모두 관련이 없다.

### 09 소개 글쓰기 내용 점검, 조정하기

㉠과 ㉡에는 모두 필자의 경험을 통해 필자가 깨달은 내용이 서술되어 있다. 이를 고려할 때 (나)의 글에는 자신의 경험만 제시되어 있고, 그 경험을 통한 깨달음이 서술되어 있지 않으므로 이와 관련된 내용을 서술하는 것이 가장 적절하다.

## [3] 보고하는 글

**내신 기본 UP** 본문 96~101쪽

| | | | | |
|---|---|---|---|---|
| 01 ③ | 02 ② | 03 ④ | 04 ② | 05 ① |
| 06 ⑤ | 07 ④ | 08 ② | 09 ④ | |

### 01 보고 글쓰기 내용 이해, 평가하기 답 ③

본문의 연구 계획에는 실태 조사를 하기 위한 설문 대상이 제시되어 있지 않다.

**오답 피하기** ① 참고할 문헌의 주요 내용은 연구 계획에는 부적절한 내용이다.
② 연구를 진행할 구체적 장소는 도서관 실태 조사에서는 다룰 내용으로 볼 수 없다.
④ 보고서 작성을 위해 참고한 양식은 연구 계획에 부적절한 내용이다.
⑤ 연구에 도움을 줄 수 있는 선생님은 연구 계획의 내용으로 부적절하다.

### 02 보고 글쓰기 자료, 매체 활용하기 답 ②

'은주'의 말을 통해 '과도한 개인 정보 수집'을 지양할 것임을 알 수 있다. 그러나 ㉡에는 이름, 핸드폰 번호, 학년, 반 등 과도한 개인 정보가 포함되어 있다. 따라서 이 부분을 수정해야 한다.

**오답 피하기** ① ㉠에서는 연구에 참여하는 사람들의 신분을 밝히고 있다.
③ ㉢에서는 도서관 이용 실태를 조사하고 있다.
④ ㉣에서는 도서관을 어떤 목적으로 이용하고 있는지 조사하고 있다.
⑤ ㉤에서는 도서관을 이용하지 않는 이유를 조사하고 있다.

## 03 보고 글쓰기 내용 생성하기 답 ④

사서 교사 인원의 확충은 인터뷰한 내용을 통해 유추하기 어렵다. 또한 도서관 활용 수업의 장려 역시 인터뷰 내용과 무관한 내용이다.

**오답 피하기** ① '학생 3'의 발화를 통해 정보를 찾기 위한 시설을 갖출 필요가 있음을 알 수 있다.
② '학생 4'의 발화를 통해 도서관을 정숙하게 유지하기 위한 노력이 필요함을 알 수 있다.
③ '학생 1'의 발화를 통해 학생들의 의견이 반영된 도서 구입이 필요함을 알 수 있다.
⑤ '학생 2'의 발화를 통해 도서 대출 시간의 변경이 필요함을 알 수 있다.

## 04 보고 글쓰기 표현 전략 사용하기 답 ②

'질병 관리 본부'와 같이 인용한 자료의 출처를 명확히 밝히고 있다.

**오답 피하기** ① 시각 자료의 활용은 관련이 없다.
③ 조사의 시기는 제시되어 있지 않다.
④ 조사를 위한 역할 분담은 드러나 있지 않다.
⑤ 조사의 구체적 방법은 제시되어 있지 않다.

## 05 보고 글쓰기 자료, 매체 활용하기 답 ①

100명 중 커피를 마신 학생이 47명이므로 조사 대상의 절반 가량이 커피를 마셨다는 해석은 적절하며 보고서에 반영할 수 있다.

**오답 피하기** ② 커피를 마신 학생은 47명이다. 이 중 35명이 졸음을 쫓기 위해 커피를 마신다고 밝히고 있다. 따라서 35%는 잘못된 해석이다.
③ 커피의 맛 때문에 마시거나 마시지 않은 학생은 모두 합해 20명으로 100명의 학생 중 20% 비율을 차지하고 있다. 따라서 주된 원인으로 판단하여 단정하기 어렵다.
④ 커피를 마시지 않은 학생은 53명이다. 이 중 10명의 학생만 부모님이 마시지 못하게 해서 마시지 않는다고 밝히고 있으므로 부모님 강요라고 결과를 단정하여 해석할 수 없다.
⑤ 몇 잔이나 마시는지 조사에 제시되어 있지 않으므로 일일 섭취 권고량의 초과 섭취 여부는 알 수 없다.

## 06 보고 글쓰기 내용 생성하기 답 ⑤

'문헌 조사'에는 아데노신과 유사한 화학적 구성을 갖고 있는 카페인과 관련된 내용이 제시되어 있다. 따라서 카페인 섭취는 뇌의 활동을 억제하고 졸음을 유도해서 정상적인 생활을 방해할 수 있다는 내용을 '문헌 조사 결과'를 통해 파악할 수 있으며 이 내용을 바탕으로 '조사 결과'를 생성하는 것은 적절하다.

**오답 피하기** ① 카페인에 대한 보완 연구의 필요성은 '문헌 조사'의 내용과 관련이 없다.
② 수면을 유도하는 데 도움이 된다는 내용은 '문헌 조사'의 내용과 일치하지 않는다.
③ 카페인과 아데노신의 화학적 결합은 본문의 내용을 통해 제시되어 있지 않다.
④ 아데노신과 아데노신 수용체의 결합에 카페인이 영향을 준다는 내용은 본문의 내용을 통해 제시되어 있지 않다.

## 07 보고 글쓰기 표현 전략 사용하기 답 ④

[A]에는 답사 준비 과정과 답사 방법이 제시되어 있다. 이 내용을 통해 조사에 참고할 자료와 자료 수집 담당자 등을 명시하여 조사 방법을 구체적으로 드러내고 있다.

**오답 피하기** ① 상위 개념과 하위 개념의 인과 관계는 관련 없는 내용이다.
② 조사 대상의 속성을 부각하기 위해 구성 요소로 나누는 전개 방식을 활용하고 있지 않다.
③ 공간의 이동과 관련 없는 내용 전개이다.
⑤ 다른 답사지에 대한 정보는 제시되어 있지 않다.

## 08 보고 글쓰기 내용 생성하기 답 ②

'재훈'의 발화를 통해 보고서에는 '당일 걷기 코스'만 안내할 것임을 알 수 있다. 따라서 답사지 주변의 숙박 업체의 위치와 연락처는 계획과는 관련 없는 내용이다.

**오답 피하기** ① '재훈'의 발화를 통해 교통편을 제시할 것임을 알 수 있다.
③ '우리'의 발화를 통해 둘레길 구간의 길이와 걷는 데 걸리는 시간을 밝힐 것임을 알 수 있다.
④ '우리'의 발화를 통해 걷기 난도에 따른 시각 자료를 제시할 것임을 알 수 있다.
⑤ '소라'의 발화를 통해 볼거리와 느낄 거리에 대한 정보를 제시할 것임을 알 수 있다.

## 09 보고 글쓰기 표현 전략 사용하기 답 ④

'시작이 반이라는 말처럼'과 같이 비유적 표현이 사용되었으며, '떠나 보는 건 어떨까?'와 같이 의문문의 형식으로 권유하며 글을 마무리하고 있다.

**오답 피하기** ① 비유적 표현은 있으나, 의문문의 형식으로 권유하고 있지 않다.

② 의문문의 형식으로 권유하고 있으나, 중심 내용과 관련이 없다.
③ 의문문의 형식으로 권유하고 있으나, 비유적 표현은 제시되어 있지 않다.
⑤ 비유적 표현은 있으나, 의문문의 형식으로 권유하고 있지 않다.

## 내신 실력 UP

본문 102~113쪽

01 ③ 02 ① 03 ⑤ 04 예시답 30~40대 유권자의 49%가 찬성했다는 사실을 통해 우리 국민 대다수의 인식을 알 수 있다고 결론 내리는 것은 정보를 과장, 왜곡하고 있는 것으로 볼 수 있으므로 적절하지 않은 활용이다.
05 ③ 06 ④ 07 ⑤ 08 ⑤ 09 ③
10 ④ 11 ① 12 ② 13 ④ 14 ④
15 ① 16 ② 17 ③ 18 예시답 인용한 자료의 출처를 정확히 밝혀 서술한다. 19 ③ 20 ④

### 01 정보 전달 글쓰기 맥락 분석하기 답 ③

글을 쓰기 위해 정보를 수집한 후에는 예상 독자의 관심이나 요구, 배경지식과 이해 수준 등을 고려하여 정보를 선별해야 한다. 이 과정에서 작문 상황에 맞지 않는 정보는 제외하는 것이 바람직하다. 〈보기〉의 필자는 정보 수집 후 별도의 선별 과정을 거치지 않고 정보를 배열하고 있으므로 수집한 정보를 선별했다고 볼 수 없다.

**오답 피하기** ① 사전, 과학 잡지, 인터넷 등 다양한 매체를 활용하여 정보를 수집했다.
② 처음, 중간, 끝과 같은 글의 구조에 따라 수집한 정보를 배열했다.
④ '인간의 노화'와 같은 글의 주제와 '정보를 전달'하려는 목적을 구체적으로 설정했다.
⑤ 노화의 과학적 정의와 이론을 묶어 제시했으므로 정보 사이의 연관성을 고려하여 정보를 분류했다고 볼 수 있다.

### 02 정보 전달 글쓰기 내용 점검, 조정하기 답 ①

㉠은 글의 요지와 관련 없는 환경 오염과 관련된 내용으로 볼 수 있다. 또한 ㉡의 계절별 강수량의 차이는 물 부족과 관련 없는 내용이다. 따라서 둘은 삭제하는 것이 적절하다.

### 03 정보 전달 글쓰기 자료, 매체 활용하기 답 ⑤

〈보기〉에서는 인위적 요인에 의한 결과, 사막화가 일어남을 제시하고 있다. 따라서 이러한 자료를 활용하여 사막화의 원인을 다룬 내용을 보완하려면 자연적 요인 외에 인위적 요인도 함께 작용하고 있으며, 인위적 요인에 의해 더욱 심각해지고 있음을 강조하는 것이 적절하다.

**오답 피하기** ① ㉠은 사막화의 원인이지, 그 심각성을 부각하는 부분이 아니다.
② 지구 온난화로 인해 예상되는 결과는 〈보기〉와 관련 없다.
③ 사막화 해결을 위한 우리나라의 노력은 〈보기〉와 ㉠ 모두 관련이 없다.
④ 사막화의 개념 및 실태는 ㉠ 앞부분에 어울리는 내용이다.

### 04 정보 전달 글쓰기 내용 생성하기

'수집한 자료'를 통해 응답한 사람이 30~40대의 유권자임을 알 수 있다. 응답 대상에 맞게 수치를 해석하여 설명하는 것이 타당하다. '우리 국민 대다수'로 확장하는 것은 논리적 오류로 볼 수 있다.

### 05 정보 전달 글쓰기 내용 점검, 조정하기 답 ③

초고와 수정 후의 글에서 사용된 수치는 공통적으로 '4월 잔반량이 전월 대비 32% 감소했다'는 내용이다. 따라서 수정 후의 글에서 수치를 명확히 제시하여 정확성을 제고했다고 보기는 어렵다.

**오답 피하기** ① 초고에는 표제만 제시되어 있으나 수정 후에는 '우리 학교 환경 동아리 ~ 환경 캠페인 실시'와 같이 부제를 사용하였다.
② 초고의 첫 문장이 지나치게 길어 이를 수정 후의 글에서 두 개의 문장으로 구분했다.
④ 초고에는 잔반 제로 캠페인에 참여한 학생의 소감을 간접적으로 전달하고 있으나, 수정 후에는 담화를 직접 인용하고 있다.
⑤ 초고에는 캠페인 결과 잔반이 감소한 현황과 관련한 정보의 출처를 밝히지 않았지만 수정 후에는 '영양 교사'와 같이 구체적으로 밝히고 있다.

### 06 보고 글쓰기 내용 조직하기 답 ④

답사 보고서는 답사의 목적이나 성격에 따라 세부 내용이 결정된다. 이 답사의 목적은 작가와 작품에 대한 이해에 있으므로 자료 수집 역시 이러한 목적에 부합해야 한다. ㉣의 경우, 마을의 관광 현황이나 향후 개발 계획 등은 작가나 작품을 이해하는 데 직접적으로 관련되는 정보라고 보기 어렵다.

**오답 피하기** ① 문학 인명사전을 통해 작가에 관한 배경지식을 쌓을 수 있다.
②, ③ 홈페이지의 설명이나 해설사의 해설을 통해 작품의 배경

이 된 실레 마을과 작가, 작품에 관한 세부 정보를 얻을 수 있다.
⑤ 답사 소감이나 사진 등은 답사 보고서에 활용할 수 있는 자료로서 적절하다.

## 07 정보 전달 글쓰기 표현 전략 사용하기 답 ⑤

학생의 글에서는 '첫째, 둘째, 셋째'와 같이 태풍의 긍정적 측면을 병렬적으로 제시하고 있다.

**오답 피하기** ① 전문가의 견해는 제시되어 있으나, 일반적 통념을 반박하고 있지는 않다.
② 설명 대상인 태풍을 친숙한 대상에 비유하며 글을 시작하고 있지 않다.
③ 질문의 형식은 글에 제시되어 있으나, 이러한 문장을 통해 독자에게 특정 행동을 권유하고 있지는 않다.
④ 태풍에 대처하기 위한 현실적 방안은 제시되어 있지 않다.

## 08 정보 전달 글쓰기 내용 점검, 조정하기 답 ⑤

㉤과 호응 관계를 이루고 있는 이 문장의 주어는 '전문가들은'이다. 따라서 주술 호응을 고려할 때, '예측된다'로 수정하는 것은 적절하지 않다.

**오답 피하기** ① '흥미'는 '흥을 느끼는 재미' 또는 '어떤 대상에 마음이 끌린다는 감정을 수반하는 관심'과 같은 의미의 단어이다. 태풍에 대한 걱정이 많아진다는 문맥적 의미를 고려할 때, '흥미'보다는 '주의나 관심'의 의미를 지닌 '이목'을 사용하는 것이 적절하다.
② 앞서 '무너지고'와 같이 '-고'의 활용이 드러나고 있으므로 중복된 표현을 수정하는 것이 적절하다.
③ 태풍의 위력과 관련된 내용에서 태풍의 긍정적 측면에 대한 내용으로 전환하고 있으므로 '그런데'로 수정하는 것이 적절하다.
④ 여름이 찾아올 시기가 빨라질 것이라는 기상청의 전망은 태풍이 두려움의 대상이라는 앞뒤 문맥과 어울리지 않으며 글 전체의 통일성을 깨뜨리는 부분이므로 삭제하는 것이 적절하다.

## 09 정보 전달 글쓰기 내용 조직하기 답 ③

'중간 2'에 해당하는 3문단에서는 전쟁 수행에 적합한 판옥선의 구조에 대해 설명하고 있다. 판옥선의 단점에 대한 언급은 없으므로 이를 '판옥선의 성능과 한계'라고 보기는 어렵다.

**오답 피하기** ① 제시문은 거북선에 대한 통념을 깨고 거북선의 기원과 실체를 밝히는 설명문이다.
② 2문단에서 '태종실록'의 기록을 인용하여 '유사' 거북선의 기원을 확인하고 있다.
④ 4문단에서 거북선의 장단점과 실제 전쟁 수행 능력을 제시하고 있다.
⑤ 5문단에서 임진왜란 이후 거북선의 건조 현황을 제시하고 있다.

## 10 정보 전달 글쓰기 내용 점검, 조정하기 답 ④

㉣은 거북선의 구조에 관한 설명이므로 거북선의 장단점과 실제 전투 수행 능력을 다루고 있는 4문단에 위치하는 것이 적절하다.

**오답 피하기** ① 거북선은 구체적 물건에 해당하므로 '개발'이라고 하는 것이 적절하다.
② 정보 전달의 글에서는 출처가 명확하고 신빙성 있는 자료를 사용해야 한다. ㉡과 같은 정보는 그 출처를 밝혀 신뢰성과 정확성을 제고할 필요가 있다.
③ ㉢은 모호한 표현이므로 정확한 수치를 제시해야 한다.
⑤ '쓰여지던'은 피동 접미사 '-이-'와 피동 표현 '-어지다'가 함께 사용된 이중 피동이므로 '쓰이던'으로 수정하는 것이 적절하다.

## 11 소개 글쓰기 표현 전략 사용하기 답 ①

필자는 독서 경험, 학교 분리수거 활동 경험 등 구체적인 경험을 드러내고 있으며, 이를 바탕으로 환경 지킴이 활동에 대한 관심을 드러내고 있다.

**오답 피하기** ② 지원 분야와 관련된 통계 자료를 인용하지 않았다.
③ 지원자에 대한 주변의 평가는 드러나지 않았다.
④ 지원 분야에 대한 포부가 변화된 내용은 드러나지 않았다.
⑤ 지원 분야와 관련된 전문가의 견해는 드러나지 않았다.

## 12 소개 글쓰기 내용 생성하기 답 ②

필자는 '△△산의 모습을 다시 만드는 데 제 힘을 보태고자 지원하게 되었습니다.'와 같이 지원 동기를, 학교에서 수행했던 학교 환경 지킴이 활동을 언급하고 있다.

**오답 피하기** ㉡의 가족과 관련된 일화는 일부 제시되어 있으나 그것이 산을 깨끗하게 유지하기 위해 노력했던 내용이라고 볼 수 없다. 한편 ㉣과 같은 구체적인 활동 계획은 제시되어 있지 않다.

## 13 정보 전달 글쓰기 내용 점검, 조정하기 답 ④

1문단의 '접합'은 한데 대어 붙인다는 의미이므로 문맥에 맞지 않는다. 하지만 '접속' 역시 '서로 맞대어 이음'의 뜻으로 문맥에 어울리지 않는다. 이 경우에는 '둘 이상의 다른 현상 따위를 알맞게 조화'시킨다는 의미의 '접목'과 같은 단어를 사용하는 것이 적절하다.

**오답 피하기** ① 글 전체의 중심 화제는 '다원 의학'이므로 이것이 보다 부각되도록 제목을 수정할 필요가 있다.

② 2문단은 진화론의 이론적 내용인 선택과 적응을 다룬 뒤, 이와 관련된 사례로 침팬지에 대한 내용을 제시하고 있다. 따라서 이론과 사례를 각각 한 문단으로 구분하여 문단의 통일성을 높이는 것은 적절한 고쳐쓰기 계획으로 볼 수 있다.
③ 문맥상 사동 표현이 사용되어야 하는 부분이므로 '살아남게 하기'로 수정해야 한다.
⑤ '진화되어진'은 피동을 불필요하게 두 번 사용한 이중 피동에 해당한다. 문맥상 '진화된'으로 수정하는 것이 적절하다.

## 14 정보 전달 글쓰기 내용 생성하기 답 ④

[A]는 다윈 의학의 기본 전제에 대한 설명이다. [A]에 의하면 다윈 의학은 우리가 느끼는 몸의 다양한 증상을 일종의 방어 체계로 간주한다. ④는 오히려 이러한 방어 체계가 하나의 질병으로 발전한 사례이므로 [A]를 뒷받침하기에는 부적절하다.

**오답 피하기** ①, ②, ③, ⑤의 사례는 모두 설사, 발열, 입덧 등의 증상이 몸을 보호하기 위한 방어 체계임을 드러내는 설명으로 [A]를 뒷받침하는 사례라고 볼 수 없다.

## 15 보고 글쓰기 내용 이해, 평가하기 답 ①

[A]는 서론 부분에서 연구의 필요성과 그 목적을 구체적으로 서술하고 있으며, [B]는 결론 부분에서 연구 결과를 요약하고 결과에 따른 제언을 제시하고 있다.

**오답 피하기** ② 연구 대상과 기간은 [A]의 내용에 부합하지 않는다. 한편 [B]에는 연구 설계의 방법과 그 절차가 제시되어 있지 않다.
③ [A]에는 연구자의 역할 분담이 제시되어 있지 않으며, [B]에는 연구에 도움을 준 사람에 대한 감사함이 제시되어 있지 않다.
④ [A]에는 연구 절차가 제시되어 있지 않으며, [B]에는 연구 과정에 대한 소감이 제시되어 있지 않다.
⑤ [A]에는 연구 누락 방지 방법이 제시되어 있지 않으며, [B]에는 연구 결과가 제시되어 있으나 한계는 드러나지 않았다.

## 16 보고 글쓰기 자료, 매체 활용하기 답 ②

설문 조사를 통해 사이버 폭력의 경험 여부, 사이버 폭력 경험 경로 등을 조사했음을 알 수 있다. 그러나 설문 조사 결과에는 사이버 폭력 행위의 방관과 관련된 내용은 드러나 있지 않다.

**오답 피하기** ① 1,000명 중 70%가 유경험자이므로 10명 중 7명이 사이버 폭력을 경험한 것으로 설명할 수 있다.
③ 사이버 폭력 가해 이유에 대해 답한 학생 중 10%는 '이유 없음'으로 응답했다.
④ 사이버 폭력 가해 이후 심리에 대해 답한 학생 중 50%는 미안하고 후회스럽다는 마음을 드러내고 있다.
⑤ 사이버 폭력 경험 경로에 대한 조사를 통해 SNS 메신저, 실시간 채팅, 이메일 등을 통해 사이버 폭력을 경험한 것으로 볼 수 있다.

## 17 정보 전달 글쓰기 내용 생성하기 답 ③

〈보기〉의 인터뷰에서는 사이버 공간을 사용하는 사람들의 자율적 규제가 필요함을 밝히고 있다. 따라서 이와 같은 내용을 반영하여 학생들의 주체적 노력과 인식 전환이 필요하다는 점을 추가하는 것이 가장 적절하다.

**오답 피하기** ① 법적 장치 마련이 시급하다는 내용은 〈보기〉와 본문 모두 관련이 없다.
② 폭력 행위의 구분이 모호하다는 내용은 〈보기〉와 본문 모두 관련이 없다.
④ 전문가들이 모일 기회를 마련해야 한다는 내용은 〈보기〉와 관련이 없다.
⑤ 사이버 폭력 행위가 물리적 폭력으로 이어지는 경우가 많다는 내용은 〈보기〉와 관련이 없다.

## 18 정보 전달 글쓰기 내용 점검, 조정하기

ⓐ에서는 조사 내용을 밝히면서 '한 조사에 따르면'과 같이 조사 주체를 모호하게 밝혔다. 따라서 쓰기 윤리 및 내용의 신뢰성을 고려할 때, 해당 자료의 출처를 정확히 밝혀 서술하는 것이 적절하다.

## 19 정보 전달 글쓰기 내용 조직하기 답 ③

제시문은 조선 시대의 거리 측정 기구인 '기리고차'의 역사적 기록, 구조, 원리 등을 설명하고 있는 글이다. 조선 시대 거리 측정법의 한계나 기리고차의 획기적 기능 등은 제시되어 있지 않다.

**오답 피하기** ① 1문단에서 『세종실록』에 기리고차에 관한 기록이 있음을 소개하고 있다.
② 2문단에서 기리고차의 개념을 소개하면서 기리고차가 지도 작성이나 토목 공사 등에 사용되었음을 제시하고 있다.
④ 3, 4문단에서 기리고차의 구성 요소와 원리를 구체적으로 소개하고 있다.
⑤ 5문단에서 기리고차와 같은 원리로 거리를 측정하는 장치를 소개하고 있다.

## 20 정보 전달 글쓰기 내용 점검, 조정하기 답 ④

㉣은 실학자 홍대용의 업적에 관한 내용으로 글의 주제와 직접

적으로 관련이 없다. 따라서 ㉣은 다음 문단으로 위치를 옮기는 것이 아니라 글에서 삭제하는 것이 더 적절하다.

**오답 피하기** ① ㉠은 『세종실록』의 기록을 풀어 설명하는 문장이므로 문맥상 앞의 문장과 위치를 맞바꾸는 것이 적절하다.
② 새롭게 고친 대상이 '기리고차'와 같은 물건이므로 '개정'이 아니라 '개량'으로 수정하는 것이 적절하다.
③ ㉢의 뒤 문장은 문맥상 앞의 내용에 덧붙여 예외적인 사항이나 조건을 덧붙이는 경우인 것이므로 ㉢에는 '다만'을 적는 것이 적절하다.
⑤ ㉤은 주어인 '아래 바퀴는'과 호응하지 못하므로 '돌게 된다'로 수정한다.

## 2. 설득을 위한 작문

### [1] 설득하는 글

**내신 기본 UP** 본문 116~119쪽

01 ⑤ 02 ④ 03 예시답 속담을 인용하여 주장의 내용을 부각하고 있다. 04 ② 05 ④
06 예시답 논거의 공신력을 판단하고, 논거의 출처를 정확하게 밝힌다.

### 01 설득 글쓰기 내용 조직하기 답 ⑤

3문단에서 고출산 국가나 저출산 문제를 해결한 다른 나라의 사례에 대해 언급하고 있지만, 이와 대조하여 우리나라에서 시행하고 있는 복지 제도의 장점이나 단점을 분석하지는 않았다.

**오답 피하기** ① 1문단에서 통계청 발표 자료를 활용하여 우리나라 저출산 문제의 실태와 심각성을 강조하고 있다.
② 1문단에서 저출산 문제로 인해 생산 인구가 감소하여 경제 전반의 활력이 저하될 수 있으며, 국가의 성장 잠재력을 약화시키는 결과가 초래될 수 있다고 설명하고 있다.
③ 2문단에서 출산을 기피하는 이유(저출산의 요인)를 개인적 요인과 사회적 요인으로 구분하여 설명하고 있다.
④ 5문단에서 저출산 문제를 해결할 수 있는 방안을 제시하면서 국가와 지방 자치 단체, 언론의 역할, 공공 기관과 기업의 역할 등과 같이 문제 해결의 주체를 밝히고 있다.

### 02 설득 글쓰기 자료, 매체 활용하기 답 ④

(가)를 통해 우리나라의 아동·가족 복지 공공 지출 비중이 선진국에 비해 적은 편임을 알 수 있으며, (나)를 통해 여성 직장인과 남성 직장인 모두 육아 휴직 사용 후 승진이나 사내에서 차별을 경험했음을 알 수 있다. 따라서 (나)를 통해서만 남성들의 육아 휴직 제도의 실태를 확인할 수 있다. 또한 (나)에서 남성 육아 휴직 제도에 대한 사회적 인식의 변화가 필요하다는 내용을 이끌어 낼 수는 있어도, 선진국에 비해 복지 혜택이 적다는 정보는 이끌어 낼 수 없다.

**오답 피하기** ① (가)는 출산과 육아 관련 복지비, 신혼부부의 주거 지원비 등 아동·가족 복지에 관한 지출을 확대해야 함을 강조하고 있다. 따라서 이를 활용하여 출산·육아와 관련된 복지 제도의 보완점을 설명할 수 있다.
② (나)를 통해 여성 직장인과 남성 직장인 모두 육아 휴직 사용 후 승진이나 사내에서 차별을 경험했음을 알 수 있으며, 남성에 비해 여성의 차별이 더 심하다는 것을 확인할 수 있다. 따라서 이를 활용하여 육아 휴직을 사용한 여성들이 겪는 차별의 내용을 설명할 수 있다.
③ (다)는 기업에서 일과 육아를 병행하는 직장 여성을 지원하는 정책을 펼치고 있는 사례를 소개하는 자료이다. 따라서 이를 활용하여 근로 환경 개선, 휴가 지원 등의 혜택을 제공해야 한다는 주장을 펼칠 수 있다.
⑤ (나)를 통해 여성 직장인이 육아 휴직 사용 후 승진이나 사내에서 차별을 경험했음을 알 수 있다. 또한 (다)에서는 육아 여성에 대한 차별을 근절하기 위해 관리자 교육을 강화할 필요가 있다는 내용을 이끌어 낼 수 있다. 따라서 이들 자료를 활용하여 육아 여성에 대한 차별을 근절하기 위해 기업의 노력이 필요하다는 주장을 펼칠 수 있다.

### 03 설득 글쓰기 표현 전략 사용하기

'한 아이를 키우기 위해서는 온 마을의 노력이 필요하다'는 인디언 속담을 인용하여 저출산 문제를 해결하기 위해서는 사회 전체의 노력과 동참이 필요하다는 주장을 효과적으로 부각하고 있다.

### 04 설득 글쓰기 자료, 매체 활용하기 답 ②

(나)는 지역에 따른 정보의 차이를 분석하고 있는 자료이다. 따라서 시간에 따른 정보의 변화 양상을 파악할 수 없다.

**오답 피하기** ① (가)는 수치에 대한 정보를 제시하고 있는 도표이다. 따라서 (가)를 활용할 때에는 수치를 변형하거나 수치의 의미를 왜곡하여 해석하지 않도록 유의해야 한다.
③ (가)에서 기대 여명과 건강 기대 여명, (나)에서 표준화 사망률은 그 개념이나 의미를 이해하지 못할 수도 있다. 따라서 용어

의 개념에 대한 설명을 추가할 수 있다.
④ (다)는 건강 불평등을 해결하기 위한 방안을 보여 주는 사례이다. 이처럼 구체적이고 개별적인 사례를 추가적으로 수집하여 그 공통점을 바탕으로 결론을 이끌어 내면 설득력을 높일 수 있다. 이와 같은 논증 방식을 귀납적 논증 방식이라고 한다.
⑤ (라)는 의견 논거에 해당한다. 의견 논거는 해당 분야의 전문가의 의견이나 판단을 내용으로 하는 근거로, 의견의 출처 및 출처의 권위 등을 밝혀야 설득력을 높일 수 있다.

### 05 설득 글쓰기 내용 점검, 조정하기 답 ④

(나)를 통해 도시와 농촌 지역 간 건강 불평등 실태를 확인할 수 있으나, 이로 인해 이농 현상이 발생할 수 있다는 내용을 확인할 수 없다. 또한 (다)는 소득 수준과 건강의 질의 관계, 소득이 낮은 사람들을 위한 복지 정책의 필요성을 보여 주고 있으나, 이로 인해 사회 실업 문제가 발생할 수 있다는 내용은 확인할 수 없다. 따라서 ④는 적절하지 않다.

**오답 피하기** ① (가)를 보면 학력이 높을수록 기대 여명 및 건강 기대 여명의 수치가 높은 것을 확인할 수 있다. 따라서 (가)를 통해 교육 수준의 차이가 개인 건강에 영향을 미치고 있음을 제시할 수 있다. (나)를 보면 표준화 사망률과, 질병을 앓고 있음에도 불구하고 의료 기관에서 치료를 받지 못한 사람들의 비율이 도시에 비해 농촌 지역이 더 높음을 확인할 수 있다. 따라서 (나)를 통해 거주 지역의 차이가 개인 건강에 영향을 미칠 수 있음을 제시할 수 있다.
② (라)에서는 건강 불평등 지수가 '사회의 공정성을 판단하는 기준'이 되기 때문에, '누구나 건강한 복지 선진국'이 되기 위해서는 건강 불평등 문제에 주목해야 함을 제시하고 있다. 따라서 이를 통해 건강 불평등 문제 해결의 필요성을 강조할 수 있다.
③ (나)에서 도시와 농촌 지역 간 표준화 사망률의 격차가 발생하는 것은 '의료 인력이나 시설 및 재정, 즉 보건 의료 자원이 불균형하게 배분되었기 때문'이라고 밝히고 있다. 또한 (라)에서는 사회적 취약 계층은 '건강 기본 소양'이 부족하기 때문에 정부의 의료 혜택을 받지 못하는 경우가 많음을 강조하고 있다. 따라서 이들 자료를 통해 건강 불평등 문제의 원인을 제시할 수 있다.
⑤ (다)는 소득 수준이 낮을수록 건강 위험 지수가 높아질 수 있으므로, 이를 해결하기 위해 소득 수준이 낮은 사람들을 위한 생활 친화형 주택 건물을 제공해 주고 있는 외국의 사례를 소개하고 있다. 또한 (라)에서는 '건강 기본 소양'이 부족한 사회적 취약 계층을 위해 보건 교육, 공공 의료 등을 포함하는 종합적이고 체계적인 사회 복지 대책을 수립해야 함을 강조하고 있다. 따라서 이들 자료를 통해 사회적 취약 계층의 건강 증진을 위해 주거 환경 개선 및 보건 교육 강화 등과 같은 대책이 마련되어야 함을 강조할 수 있다.

### 06 설득 글쓰기 내용 이해, 평가하기

〈보기〉는 논거의 신뢰성을 평가하는 기준이다. 신뢰성을 확보하기 위해서는 논거가 공신력이 있는지, 출처가 정확한 자료를 바탕으로 제시된 것인지 등을 따져 보아야 한다.

## [2] 비평하는 글

**내신 기본 UP** 본문 122~125쪽

01 ③ 02 ⑤ 03 ③ 04 **예시답** 비유적 표현을 사용하고 있다. 필자의 주장이나 견해를 효과적으로 표현할 수 있으나 모호한 표현이 되지 않도록 맥락을 고려하여 적절하게 사용해야 한다. 05 ③ 06 ④
07 **예시답** 자기가 선택하지 않은 관점의 문제점, 약점, 단점을 분석하여 자신이 선택한 관점의 타당성을 높일 수 있다.

### 01 비평 글쓰기 맥락 분석하기 답 ③

비평문은 문화, 예술, 음악, 미술 등 다양한 예술 작품이나 사회 현상을 분석하고 평가하는 글로서 타당한 논거를 통해 비평 대상에 대한 필자의 관점과 의견을 표현하는 글이다.

**오답 피하기** ① 비평문은 비평 대상에 대한 전문적 식견이 없더라도 자신의 생각이나 의견을 논리적으로 표현하는 글이다. 따라서 전문적 식견을 포함한 학문적 글과는 차이를 보인다.
② 비평문은 대상에 대한 소개와 해설, 평가를 주된 내용으로 한다. 따라서 비평문은 대상을 접하게 된 동기, 내용 요약, 감상 등을 제시하는 감상문과는 차이를 보인다.
④ 특정 주제에 대해 연구한 결과나 의견 등을 일정한 형식에 맞추어 체계적으로 쓴 글은 논문에 해당한다.
⑤ 어떤 대상에 대하여 조사하거나 관찰한 내용을 다른 사람에게 알리기 위해 정리하여 쓴 글은 보고서에 해당한다.

### 02 비평 글쓰기 내용 생성하기 답 ⑤

필자는 「꽃보다 남자」라는 드라마 속 신분 상승 판타지를 경계하자는 주장을 펴고 있다. 이러한 주장을 뒷받침하기 위해 드라마 속 신분 상승 판타지를 계속 수용하다 보면 개인의 사고나 가치관이 바뀔 수 있으며, 선택의 여지가 없기 때문에 이러한 환상이 개인의 의사와 상관없이 일방적으로 수용될 수 있음을 근거로 제시하고 있다. 또한 이러한 드라마 속 신분 상승 판타지가 대박을 꿈꾸는 사람들을 늘어나게 하여 사회가 불안정해질 수 있음을 근거로 제시하고 있다.

## 03 비평 글쓰기 표현 전략 사용하기 답 ③

[C]에서 유추의 방식을 이용하여 주장을 펼치고 있다. 유추는 두 개의 사물이 여러 면에서 유사하다는 것을 근거로 하여 다른 속성도 유사할 것이라는 결론을 이끌어 내는 논증 방법이다. [C]에서는 TV를 보는 행위와 식사를 하는 행위를 유사하다고 전제하고, 신분 상승 판타지를 즐기는 것은 편식 행위와 같이 중독을 유발한다는 주장을 펼치고 있다. 구체적이고 개별적인 사례들로부터 일반적 원리를 도출하는 방식은 귀납적 논증이다.

**오답 피하기** ① [A]에서는 '왜 많은 사람들이 「꽃보다 남자」와 같은 현대판 '사랑과 성공 판타지'에 열광할까?'라는 질문을 통해 화제를 제시한 후, 드라마에 대한 필자의 생각, 즉 판타지는 드라마일 뿐이며, 그 속의 판타지를 즐길 뿐이라는 내용을 서술하고 있다.

② [B]에서는 화제인 '신분 상승 판타지'의 문제점을 분석하면서, 쉽게 신분 상승을 할 수 없는 차가운 현실, 이미 부와 지위를 가진 사람들이 성공에 더 유리하다는 구조적 모순이라고 표현하여 사회 현실의 부정적 속성을 비판하고 있다.

④ [D]에서는 이중 부정을 사용하여 주장을 강조하고 있다. '과정보다 결과를 중시하게 되면 정상적인 경쟁이나 합리적인 성공이 어려워지고 누구라도 빠른 길, 지름길을 찾지 않을 수 없게 된다.'라는 표현이 이중 부정에 해당한다.

⑤ [E]에서는 청유문과 의문문을 사용하여 독자의 인식 변화를 유도하고 있다. '냉정하게 생각해 보자.'라는 표현은 청유문이며, '노동은 끝없이 이어지는데 삶의 변화가 오직 행운으로만 가능하다면 미래가 너무 캄캄하지 않을까?' 등과 같은 표현은 의문문에 해당한다.

## 04 비평 글쓰기 표현 전략 사용하기

'불량 식품'은 순간의 쾌락을 추구하게 하여 개인의 사고나 가치관을 바꾸게 만든다는 주장을 강조하기 위해 '신분 상승 판타지'를 빗댄 용어이다. 설득하는 글에서 비유법을 사용하면 글의 내용을 효과적으로 전달할 수 있다. 그러나 비유적 표현을 지나치게 사용하면 장황하거나 모호한 표현이 될 수 있으므로 맥락을 고려하여 적절하게 사용하는 것이 중요하다.

## 05 비평 글쓰기 표현 전략 사용하기 답 ③

3~5문단에서 오디션 프로그램의 문제점을 분석하고 있으나 전문가의 의견을 근거로 제시하지는 않고 있다.

**오답 피하기** ① 1문단에서 언급한 '아이돌 그룹의 멤버, 트로트 신인 가수, 남성 중창단 가수' 등은 최근 TV에서 방영되고 있는 오디션 프로그램의 사례에 해당한다.

② 3문단의 '첫째', 4문단의 '둘째', 5문단의 '셋째'는 순서를 나타내는 표지에 해당하며, 이를 사용하여 내용을 체계적으로 연결하고 있다.

④ 1문단의 '평범한 사람들이 자신의 재능을 인정받고 큰 성공을 거두는 모습에서 대리 만족을 느낄 수 있기 때문이다.'라는 내용은 오디션 프로그램이 시청자에 미치는 긍정적인 영향을 서술한 것이다. 이와 함께 3~5문단에서는 오디션 프로그램의 문제점 및 부작용을 서술하고 있다.

⑤ 4문단에서 '과도한 상업성', 5문단에서 '지나친 경쟁 방식' 등의 내용은 오디션 프로그램의 특징을 언급한 것이다. 또한 '과도한', '지나친'이라는 단어에서 알 수 있듯이, 오디션 프로그램에 대한 부정적 관점을 드러내고 있다.

## 06 비평 글쓰기 자료, 매체 활용하기 답 ④

(다)는 오디션 프로그램이 시청률과 광고와 같은 상업적 요소를 포기하지 않으면서 새로운 방식과 내용으로 시청자들의 호응을 받고 있다는 내용이다. 이는 오디션 프로그램이 정형화된 방식에서 벗어나 다양성을 추구하고 있음을 보여 주는 것이다. 학생의 글에서 과도한 상업성을 비판하였으나 모든 상업적 요소를 포기해야 한다는 의미로는 볼 수 없다. 또한 (다)에서 예술성과 관련된 정보는 확인할 수 있다.

**오답 피하기** ① (가)는 오디션 프로그램에서 시청자의 투표 결과를 조작했음을 고발하고 있는 자료이다. 따라서 이를 바탕으로 오디션 프로그램이 기본적인 윤리를 무시한 채 시청자의 욕구, 즉 평범한 사람들이 자신의 재능을 인정받거나 실력만으로 성공할 수 있다는 믿음을 왜곡하고 있다는 내용을 생성할 수 있다.

② (가)는 오디션 프로그램이 공정성과 신뢰성을 잃고 있음을 보여 주는 자료이다. 따라서 이를 바탕으로 오디션 프로그램이 진정한 예술가를 공정하게 뽑는다는 취지에 충실해야 한다는 내용을 생성할 수 있다.

③ (나)는 오디션 프로그램의 참여자들이 지나친 경쟁 방식으로 인해 좌절감과 압박감을 겪는 경우가 있음을 보여 주는 자료이다. 따라서 이를 바탕으로 오디션 프로그램의 부작용, 참여자들에게 정신적 부담감을 준다는 점을 강조할 수 있다.

⑤ (다)는 오디션 프로그램의 긍정적인 변화, 즉 새로운 내용과 방식으로 시청자들에게 풍성한 볼거리와 즐길 거리를 제공하고 있다는 점을 설명한 자료이다. 따라서 이를 바탕으로 오디션 프로그램이 다양성과 참신함을 추구하기 위해 노력해야 한다는 점을 강조할 수 있다.

## 07 설득 글쓰기 내용 이해, 평가하기

〈보기〉는 오디션 프로그램의 긍정적인 효과를 설명하고 있다. 〈보기〉에 따르면 오디션 프로그램은 대중의 다양한 음악적 취향을 반영할 수 있으며, 대중은 오디션 프로그램을 통해 풍부한 음악적 경험을 쌓을 수 있다. 이는 오디션 프로그램이 대중문화를 획일적으로 만들고 있다는 필자의 관점과 상반되는 것이다. 비평문을 쓸 때 필자는 자신이 선택하지 않은 관점의 근거 자료를 분석해야 하는데, 이는 선택하지 않은 관점의 문제점, 단점, 한계 등을 분석함으로써 자기가 선택한 관점의 타당성을 높일 수 있기 때문이다.

# [3] 건의하는 글

**내신 기본 UP** 본문 128~131쪽

01 ⑤ 02 ⑤ 03 ④ 04 예시답 예의 바르고 공손한 표현을 사용함으로써 필자에 대한 독자의 호감을 높이고, 문제 해결을 위한 독자의 의지를 이끌어 낼 수 있다.
05 ⑤ 06 ② 07 예시답 (1) 내용의 신뢰성을 확보할 수 있으며, 문제 상황에 대한 독자의 이해를 도울 수 있다. (2) 전교생의 80% 이상이라는 진술은 잘못된 내용이다. 학교 축제에 불만족하는 이유를 조사한 자료는 학교 축제에 불만족한다고 응답한 53.7%의 학생들을 대상으로 조사한 것이므로 자료의 수치를 잘못 파악하였다.

## 01 건의 글쓰기 맥락 분석하기 답 ⑤

건의문은 일상생활에서 어떤 문제를 해결하기 위해 특정한 개인이나 기관을 대상으로 공식적으로 문제 해결을 제안하거나 요구하는 글로, 글을 읽는 대상이 상당히 구체적이라는 특징을 지니고 있다.

**오답 피하기** ① 건의문은 문제 해결을 요구하는 글로 설득의 목적을 지니고 있다.
② 건의문은 독자를 설득하기 위해 근거를 들어 주장을 논리적으로 전개하는 글이다. 필자가 자신의 경험과 정서를 구체적이고 진솔하게 표현한 글은 수필에 해당한다.
③ 건의문은 현안에 대한 필자의 관점과 주장을 제시한 글이다. 따라서 현안에 대한 독자의 이해를 목적으로 객관적 정보를 전달하는 글은 설명문에 해당한다.
④ 건의문은 주장을 뒷받침하는 근거를 활용하여 논리적으로 독자를 설득하는 방식을 사용한다. 이런 이성적 설득 전략과 함께 감성적 설득 전략을 사용할 수는 있으나, 감성적 설득 전략을 주로 사용하는 글이라고 볼 수는 없다.

## 02 건의 글쓰기 내용 생성하기 답 ⑤

식재료를 공동 구매하는 학교가 늘어나고 있다는 내용의 신문 기사를 활용하여 건의 내용의 실현 가능성을 강조하고 있다. 또한 식재료를 공동 구매할 경우 질 좋은 재료를 값싸게 공급받을 수 있어 학교 급식의 질이 향상될 수 있다는 기사 내용을 활용하여 건의 내용의 효과를 설명하고 있다. 그리고 급식 만족도 조사 등을 통해 급식에 대한 학생들의 의견을 반영하려는 노력을 언급한 후, 학생들의 불만이 수그러들지 않는다며 아쉬움을 제시하고 있다.

**오답 피하기** ㄱ. 급식 메뉴를 선정하는 방식을 바꾸자는 의견을 제시하고는 있으나, 방식에 따른 장점과 단점을 비교하지는 않았다.
ㄴ. 급식을 개선하기 위해 급식 메뉴를 선정하는 과정에서 학생들을 참여시키는 방안, 인근 학교와 식재료를 공동 구매하는 방안을 제시하고 있으나 인근 학교의 사례를 활용하지는 않았다.

## 03 건의 글쓰기 표현 전략 사용하기 답 ④

'학생들이 신나고 건강하게 학교생활을 할 수 있을 것입니다.'라는 내용은 건의가 받아들여졌을 때 학생들에게 미치는 긍정적 효과를 제시한 것이며, '학생들에게 즐거운 에너지를 주는 비타민'은 비유적 표현에 해당한다.

**오답 피하기** ① 건의가 받아들여졌을 때 학생들에게 미치는 긍정적 효과는 제시하였지만, 비유적 표현을 사용하지 않았다.
② 학생들에게 미치는 긍정적 효과가 아니라 독자인 교장 선생님에게 미치는 효과를 제시하였다. 한편 '큰 산처럼'은 비유적 표현에 해당한다.
③ 건의가 받아들여졌을 때 학생들에게 미치는 긍정적 효과는 제시하였지만, 비유적 표현을 사용하지 않았다.
⑤ 학생들에게 미치는 긍정적 효과가 아니라 독자인 교장 선생님에게 미치는 효과를 제시하였다. 한편 '어머니와 같은 존재'는 비유적 표현에 해당한다.

## 04 건의 글쓰기 표현 전략 사용하기

㉠과 ㉡은 독자를 칭찬하거나 독자에게 이익을 주는 표현, 즉 공손한 표현에 해당한다. 건의문은 다른 글과 달리 예상 독자가 구체적이므로 격식과 예의를 갖추어 써야 한다. 특히 예의 바르고 공손한 표현을 사용할 경우 필자에 대한 독자의 호감을 높일 수 있으며, 문제 해결에 대한 독자의 의지를 자극함으로써 설득의 효과를 높일 수 있다.

## 05 비평 글쓰기 표현 전략 사용하기 답 ⑤

학교 축제의 활동으로 교과 수업 결과물 전시, 동아리 발표회, 공연이 있음을 언급하기는 하였으나 학생 만족도가 낮은 특정 프로그램을 선별하여 개선점을 제시하지는 않았다.

**오답 피하기** ① 4문단에서 인근 고등학교의 사례를 들어 누구나 활동에 참여하는 축제를 만들기 위한 방안을 구체적으로 제시하고 있다.

② 3문단에서 '학생들은 자부심과 주인 의식을 느끼게 될 것입니다.', 4문단에서 '학교 구성원들 전체의 진정한 화합을 도모할 수 있을 것입니다.'라는 내용은 축제 운영 방식의 변화를 통해 얻을 수 있는 기대 효과에 해당한다.

③ 3문단에서 '학교 축제가 형식적인 행사가 되어 버린 것은 축제의 주체인 학생들의 의견을 충분히 반영하지 않았기 때문이라고 생각합니다.'라는 내용은 축제가 형식적인 행사가 된 이유에 대한 개인적 판단에 해당한다.

④ 3문단에서 '학생회는 전체 학우를 대표하는 집단이라는 점에서 학생들의 요구와 의견 등을 적극적으로 반영할 수 있는 노력을 해야 한다고 생각합니다.'라는 내용은 학생회의 성격과 역할을 언급하여 건의하려는 내용의 필요성을 부각하는 것에 해당한다.

## 06 비평 글쓰기 자료, 매체 활용하기 답 ②

마지막 문단에서 '축제와 관련된 학교 예산을 확대 편성하고, 축제 전 2개월은 창의적 체험 활동 전체를 축제 준비 활동으로 운영'하라는 방안은 학생회 차원에서 실천할 수 있는 일들이 아니다. 따라서 글의 예상 독자가 학생회 임원들임을 고려할 때 학생회 차원에서 실천할 수 있는 일이 아닌 것은 삭제한다는 수정 방안은 타당하다고 볼 수 있다.

**오답 피하기** ① 이 글의 예상 독자가 학생회 임원들이고 목적이 축제 운영 방식을 바꿀 것을 요구하는 데 있다는 점을 고려할 때, 학교 예산 집행의 투명한 공개를 요청하는 내용을 추가하는 것은 적절하지 않다.

③ 건의문은 독자를 설득하는 글이므로 예의와 격식을 갖추어 표현하는 것이 중요하다. '학생회 임원들이 받을 수 있는 불이익'을 제시하는 것은 독자를 불편하게 할 수 있으므로 적절하지 않다.

④ 이 글이 축제 운영 방식의 변화를 건의하는 글임을 고려할 때, 축제 이외에 학교생활과 관련하여 학생회 임원들이 해결해 주기를 바라는 점을 제시하는 것은 글의 주제나 목적에서 벗어난 것이다.

⑤ 이 글의 예상 독자는 전교생이 아니라 학생회 임원들이기 때문에 '학생회 임원이 해야 할 일과 학생회 활동을 하지 않은 학생들이 해야 할 일'을 구분하여 제시하는 것은 예상 독자를 고려한 수정 방향으로 볼 수 없다.

## 07 설득 글쓰기 내용 이해, 평가하기

(1) 건의문에서는 통계, 사진, 연구 결과 등의 자료를 제시할 수 있다. 이를 통해 내용의 신뢰성을 확보할 수 있으며 문제 상황에 대한 독자의 이해를 도울 수 있다. 그로 인해 건의문의 설득 효과를 높일 수 있다.

(2) '질문 1'에 대한 응답에서 '불만족'과 '매우 불만족'에 응답한 학생들을 대상으로 '질문 2'를 추가적으로 제시한 것이다. 따라서 축제 프로그램이 다양하지 못하다고 응답한 85.1%, 축제에 참여하는 학생이 제한적이라고 응답한 81.2%는 전교생이 아니라 '질문 1'에 대한 응답 중 '불만족'과 '매우 불만족'에 응답한 학생들 중 해당 비율을 제시한 것이다.

## 내신 실력 UP

본문 132~143쪽

**01** ② **02** ③ **03** ④ **04** 예시답 ㅁ, 〈보기〉에서 예상 독자가 동물 시험이 문제가 되는 이유를 알고 싶어 할 것이라고 분석하였으나, ㅁ은 동물 실험이 지닌 경제적 효용성을 언급하고 있어 독자의 요구에 부합되지 않는다.
**05** ④ **06** ④ **07** ① **08** 예시답 동물에게 감정이 있는가? / 동물원이 동물을 보호하는가? **09** ④
**10** ③ **11** ⑤ **12** 예시답 6문단 / '큰 울림', '따뜻한'과 같은 감성적 어휘를 사용하고 있으며, '자양분', '꽃을 피우는 나무'라는 비유적 표현을 사용하여 독자를 설득하고 있기 때문이다. **13** ⑤ **14** ④ **15** ③ **16** ⑤
**17** ④ **18** 예시답 〈보기〉는 청소년 아르바이트의 장점과 효과에 대해 설명하고 있으므로 청소년 노동자에 대한 부당 처우 문제와 해결 방안을 다루는 글의 주제에 부합되지 않는다.
**19** ①

## 01 비평 글쓰기 표현 전략 사용하기 답 ②

비평문의 1문단에서 그림의 표현상의 특징을 제시하고 있다. 4문단에서 '감정 이입'의 미의식에 관한 화가의 관점과 화가의 삶을 연관 지어 「감자 먹는 사람들」에 대한 감상을 제시하고 있다.

**오답 피하기** ㄴ: 그림의 의의가 글 전체에 걸쳐 서술되고 있지만 다른 작품과의 비교가 이루어지고 있지는 않다.
ㄹ: 화가의 삶을 언급하고 있으며 그림의 의의도 밝히고 있지만, 화가가 미술 발전에 기여한 바를 언급한 부분은 없다.

## 02 비평 글쓰기 내용 이해, 평가하기 답 ③

〈보기〉에서는 비평의 대상이 된 작품명을 분명하게 밝히고, 마지막 문단에 드러난 관점과 의견을 반영하여 제목을 수정하라고 조언하고 있다. 마지막 문단에서는 「감자 먹는 사람들」 속 농민이 순탄치 않은 삶을 살았던 고흐 자신을 그린 것이라는 의견을 제시하고 있다. 따라서 「감자 먹는 사람들」이 된 고흐의 자화상이라는 제목이 가장 적절하다.

**오답 피하기** ① 비평의 대상이 된 작품명을 밝히지 않고 있다.
② 사회상은 마지막 문단의 내용과 관련이 없다.
④ 마지막 문단에서 「감자 먹는 사람들」을 통해 궁핍한 삶으로 인한 고립감이나 소박한 먹을거리를 나누며 위로받고 싶은, 고흐의 감정을 표현한 것이라고 진술하고 있다. 따라서 농민을 위로하기 위해 그린 그림으로 볼 수 없다.
⑤ 4문단에서는 「감자 먹는 사람들」이라는 그림에는 고립감과 위로받고자 하는 감정이 잘 드러난다고 되어 있다. 따라서 소박한 삶에 대한 희망을 표현했다고 볼 수 없다.

## 03 설득 글쓰기 내용 생성하기 답 ④

결혼 이민자들을 대상으로 무료 건강 검진 및 의료 서비스를 확대한다는 '해결 방안'은 이전 단계의 '문제의 원인'에서 제기된 항목들과 어울리지 않는다. '다문화 가정의 소득이 일반 중산층 가정의 소득에 비해 적음.'과 같은 문제를 해결하기 위해서는 결혼 이민자들의 취업 및 경제 활동을 지원하는 방안 마련 등의 내용이 더 적절하다.

**오답 피하기** ① 결혼 이민자 수가 증가한다는 것은 그만큼 다문화 가정이 증가하고 있는 것으로 볼 수 있으므로 실태를 보여 주기에 적절한 자료이다.
② 다문화 가정에 대한 지방 자치 단체의 지원이 적절한지 판단하기 위해 필요한 자료이다.
③ 언어와 문화의 차이 때문에 한국 사회에 적응을 하지 못하고 있음을 문제의 원인으로 제시하고 있으므로 한국어 및 한국 문화 교육 프로그램 운영은 이를 해결하기 위한 적절한 해결 방안이다.
⑤ 결혼 이민자들에게 상담의 기회를 제공할 수 있는 해결 방안이므로 적절한 내용이다.

## 04 설득 글쓰기 맥락 분석하기

ㅁ은 〈보기〉의 예상 독자 분석 중에서 '요구'와 관련된 내용이다. 〈보기〉의 '요구'는 동물 실험이 문제가 되는 구체적인 이유를 알고 싶다고 하는데, ㅁ은 경제적 효용성을 언급했으므로 적절하지 않다.
ㄱ은 〈보기〉의 '주제에 대한 태도'와 관련된다. 설문 조사 결과, 동물 실험에 반대하는 학생들의 절반 정도가 반대의 근거를 제시하지 못한다고 했으므로, '동물 생명의 존엄성과 부작용'을 반대 근거로 제시하는 것은 적절하다.
ㄴ은 〈보기〉의 '사전 지식'과 관련된다. 독자가 동물 실험이 왜 나쁜지에 대해 구체적으로 모른다고 했으므로, 고통받고 있는 동물의 사례를 통해 동물 실험의 문제점을 제시하는 것은 적절하다.
ㄷ은 〈보기〉의 '주제에 대한 관심 정도'와 관련된다. 동물 실험에 관심이 없는 학생들도 있으므로, 일상생활에서 사용하는 화장품과 약품이 동물 실험 결과와 관련된다는 점을 들어 독자의 관심을 유도할 수 있다.
ㄹ은 〈보기〉의 '작문 과제'와 관련된다. 동물 실험을 반대하는 글쓰기가 과제이므로 찬성하는 학생들에게 찬성의 근거 사례와 이에 대한 반박을 제시하는 것은 적절하다.

## 05 설득 글쓰기 내용 점검, 조정하기 답 ④

이동 도서관 문제는 동네 서점의 문제와 관련성이 적으므로 삭제하는 것이 적절하다.

**오답 피하기** ① 'Ⅱ-1-가~다'는 동네 서점이 지역에 미치는 긍정적 효과를 언급한 것이므로 이를 포괄할 수 있도록 소제목을 '동네 서점의 긍정적 역할'로 수정할 수 있다.
② 가격 할인 경쟁은 유명무실한 도서 정가제와 밀접하게 관련된 문제이므로 하나의 항목으로 통합할 수 있다.
③ 상위 항목이 '동네 서점 위축의 원인'이므로 여기에 포함되는 내용이 하위 항목이 되어야 한다.
⑤ 'Ⅱ-2-라'에서 '동네 서점만의 이점을 살리는 전략의 미비'를 원인으로 제시하였다. 따라서 이와 관련한 해결책으로 '주민과 소통하는 문화 공간으로서의 전략 모색'으로 내용을 구체화할 수 있다.

## 06 설득 글쓰기 맥락 분석하기 답 ④

'동네 서점이 좋은 서비스를 제공하려는 노력'은 동네 서점 운영자가 해야 할 일이므로 지역 주민을 대상으로 한 글의 내용으로는 적절하지 않다.

오답 피하기 ① 동네 서점을 소통의 공간으로 만드는 것은 동네 서점 운영자들이 노력할 수 있는 부분이므로 주민의 입장에서 동네 서점 운영자에게 이를 촉구하는 글을 쓸 수 있다.
② 지역 주민에게 동네 서점 보호에 대한 공감대를 형성하기 위해 동네 서점의 중요성을 강조하는 글을 쓸 수 있다.
③ 지역 주민의 입장에서 주민의 도서 접근성을 확대하고 구매의 다양한 통로를 보장받기 위해 정부의 대책 마련을 요구하는 글을 쓸 수 있다.
⑤ 동네 서점 운영자의 입장에서 지역 상권 보호를 위한 정부의 지원을 요청하는 글을 쓸 수 있다.

## 07 비평 글쓰기 표현 전략 사용하기 답 ①

ㄱ: 2문단에서 동물 쇼, 4문단에서 야생 도마뱀의 예를 제시하여 독자의 이해를 돕고 있다.
ㄴ: 1문단에서 대전의 한 동물원에서 퓨마가 탈출한 사건을 소개하며 동물원 존폐를 둘러싼 논의를 시작하고 있다.
ㄷ: 2문단에서 '인위적인 공간에서 인간이 결정해 준 조건대로 살아가는 동물들은 과연 행복할까?'라는 질문을 던진 후, 3문단에서 동물들은 행복하지 않다며 답을 하고 있다.

오답 피하기 ㄹ: 3문단에서 과학자의 의견을 제시하고 있지만 그 출처를 밝히지 않고 있다.
ㅁ: 4문단에서 야생 동물과 동물원 속 동물의 수명을 수치로 비교하고 있지만, 사회가 입는 피해를 부각한 부분은 없다.

## 08 비평 글쓰기의 내용 이해, 평가하기

이 글의 시사적인 현안은 '동물원 존폐 문제'이다. 이에 대해 글쓴이는 동물에게 감정이 있는가라는 쟁점에 대해 동물도 사람과 같이 감정을 가지고 있으며 불행과 고통을 느낀다고 주장하고 있다. 또한 동물원이 동물을 보호하는가라는 쟁점에 대해 동물원은 동물을 보호하는 것이 아니라 고통과 스트레스를 준다고 주장하고 있다.

## 09 비평 글쓰기 내용 이해, 평가하기 답 ④

필자는 2문단에서 동물원이 사람들에게 즐거움을 주기 위한 목적으로 동물을 우리 안에 가두고 전시하고 있다고 주장하며 비판적 관점을 취하고 있다. 2문단에서 필자는 자신이 선택하지 않은 관점인, 동물원의 긍정적 기능에 대해 언급하고는 있으나 각 기능을 나열하거나 그 한계에 대해서는 분석하지 않았다.

오답 피하기 ① 필자는 글의 처음부터 끝까지 동물원이 동물을 억압하는 공간이라는 관점을 일관되게 유지하고 있다.
② 필자는 3문단에서 과학자의 의견을 근거로 활용하여 동물들도 사람과 다름없는 감정을 가지고 있다는 주장을 뒷받침하고 있다.
③ 필자는 4문단에서 동물들이 스트레스를 받을 때 하는 행동, 동물원 속 동물의 수명을 근거로 들어 동물원의 동물이 스트레스를 받고 있다는 주장을 뒷받침하고 있다.
④ 필자는 마지막 문단에서 동물원이 동물을 보호한다는 주장을 언급한 후, 그런 목적이라면 동물원이 아닌 야생 동물 보호 구역을 만드는 것이 적절하다며 비판하고 있다.

## 10 설득 글쓰기 점검, 조정하기 답 ③

'어린이 제품에서 검출된 유해 물질의 문제점'을 제시하고 있는 부분은 2문단이다. 2문단에서는 어린이 제품에서 검출된 유해 물질이 어린이의 건강을 해칠 수 있음을 강조하고 있다. 따라서 어린이 제품에서 검출된 유해 물질의 문제점으로 개인적 차원과 사회적 차원으로 구분하여 제시하겠다는 계획은 글에 반영되지 않았다.

오답 피하기 ① 1문단을 보면 어린이 제품의 안전성 실태가 제시되어 있다. '프탈레이트계 가소제가 기준치의 300배', '카드뮴이 기준치의 9,000배'와 같이 구체적인 수치가 나타난 조사 결과를 인용하여 실태의 심각성을 강조하고 있다.
② 글에서 어린이 안전사고의 유형과 원인을 제시한 부분은 찾을 수 없다. 또한 이 내용은 글의 주제에 부합되지 않는다.
④ 3문단에서는 어린이 제품의 안전성 확보를 위한 정부 차원의 방안, 4문단에서는 업체 차원의 방안, 5문단에서는 소비자 및 시민 단체 차원의 방안을 제시하고 있다. 어린이 제품의 안전성을 확보하기 위해서는 어린이 제품을 제조, 수입, 판매하는 업체들의 노력이 필수적이라는 점에서, 업체 차원의 해결 방안을 추가한 것은 논지의 타당성을 강화하는 데 기여하고 있다.
⑤ 마지막 문단을 보면 '정부, 어린이 제품 관련 업체, 소비자 및 시민 단체의 노력'의 필요성을 강조하고 있다. 또한 '우리나라도 어린이의 건강이 보장되는 안전 국가로 나아갈 수 있을 것'이라는 내용은 전망에 해당한다.

## 11 설득 글쓰기 자료, 매체 활용하기 답 ⑤

(1)은 국가에서 지정한 공통 안전 기준을 충족한 제품만 시장에 유통될 수 있도록 KC 인증 제도가 운영되고 있음에도 불구하고, 일부 업체들이 제도의 허점을 악용하고 있음을 지적하고 있는 자료이다. 따라서 이를 해결할 수 있는 정부의 방안으로 제품 인증 이후 실태 조사 또는 사후 단속 및 점검을 강화해야 한다는 내용이 제시될 수 있다. 또한 (2)에서 전문가는 현재 규정상 유해 물질 관리 대상이 제한적이기 때문에 새로운 유해 물질에 대한

관리가 어렵다는 문제점을 지적하고 있다. 이는 관련 규정을 개정하여 유해 물질 관리 대상을 확대할 필요가 있음을 시사하고 있는 것이다. 또한 새로운 유해 물질의 관리 기준과 시험 방법을 개발하는 시스템을 마련해야 함을 시사하고 있다. 따라서 (1)에서 제시된 문제점을 해결할 수 있는 정부의 방안을 포함하면서 (2)에서 전문가의 의도를 모두 반영하여 ㉮를 구체화한 것으로 ⑤가 가장 적절하다.

**오답 피하기** ① 첫 번째 문장에 제시된 'KC 인증 마크를 부여하는 제도'는 초고에 이미 제시된 내용이며, (1)은 이 제도의 미비점을 지적하고 있다는 점에서 적절하지 않다. 반면 두 번째 문장에 제시된 '새로운 종류의 프탈레이트 물질에 대한 기준을 마련하고 이를 관리할 수 있도록 시험 방법을 마련'이라는 내용은 (2)에서 전문가의 의도를 반영한 것이다.
② 첫 번째 문장에 제시된 '실태 조사를 실시하여 유해 제품에 대해 강력한 조치를 취해야 한다'는 내용은 (1)의 문제점을 해결할 수 있는 정부의 방안으로 적절하다. 그러나 두 번째 문장에 제시된 '현재 시행 중인 법적 제도의 문제점을 분석하여 이를 해결할 수 있는 추가적인 방안을 마련해야 한다'는 방안은 (2)에서 전문가의 의도가 일부 반영되어 있으나, '추가적인 방안'에 대한 정보가 없어 ㉮를 구체화한 진술이라고 볼 수 없다.
③ 첫 번째 문장에 제시된 '업체'의 '양심적 태도'는 (1)의 문제점을 해결할 수 있는 방법이 될 수는 있으나, 정부 차원의 방안으로는 볼 수 없다. 두 번째 문장에 제시된 '새로운 유해 물질에 대한 기준을 마련'이라는 내용은 (2)에서 전문가의 의도를 반영한 것이다.
④ 첫 번째 문장에 제시된 '수시 단속을 실시'라는 내용은 (1)의 문제점을 해결할 수 있는 정부의 방안으로 볼 수 있으나, 두 번째 문장에 제시된 '새로운 유해 물질의 함유량을 평가하여 기준치를 초과한 제품에 대해 제재'를 취해야 한다는 내용은 (2)에서 전문가의 의도 중 일부만 반영한 것이다.

## 12 설득 글쓰기 표현 전략 사용하기

마지막 문단에서 필자는 학생 자치 법정 제도로 인한 기대 효과를 제시하고 있다. 이 과정에서 '큰 울림', '따뜻한 가르침'과 같은 감성적 어휘를 사용하고 있으며, '자양분', '꽃을 피우는 나무'와 같은 비유적 표현을 사용하여 독자의 감정에 호소하고 있다. 이를 통해 독자를 효과적으로 설득할 수 있다.

## 13 건의 글쓰기 내용 조직하기 답 ⑤

ㄴ: 3문단에서 '학생들이 다른 학생들의 잘못된 행동에 대해 판결을 내린다는 것에 대해 우려하실 수도 있습니다.'라고 언급한 후, 다른 학교의 사례를 들어 학생 자치 법정 제도에 대한 신뢰성과 공정성이 높다고 강조하고 있다.
ㄹ: 4문단에서 '학생 교육 및 연수 시간, 자치 법정 운영 시간 등을 확보하는 것이 어렵다고 생각할 수 있겠지만'이라고 언급한 후, 자율 활동 시간을 활용한다면 충분히 가능하다며 실현 가능성을 강조하고 있다.

**오답 피하기** ㄱ: 3문단에서 학생 자치 법정의 개념을 설명하고 있으나 우리나라에 도입된 배경에 대해서는 언급하지 않았다.
ㄷ: 2문단에서 상·벌점 제도에 대해 언급하고 있으나 그 장점과 단점에 대해서는 설명하지 않았다.

## 14 설득 글쓰기 내용 이해, 평가하기 답 ④

5문단에서 생활 지도 측면에서 학생들이 얻을 수 있는 장점을 제시하고 있으나 교과 학업 능력과 관련된 장점은 언급하지 않았다.

**오답 피하기** ① 1문단에서 글을 쓰는 이유가 '학생 자치 법정의 운영을 건의 드리기 위해서'라고 밝히고 있다.
② 2문단에서 현재의 선도 처분 방식은 학생들이 자신의 의견을 개진할 수 있는 기회와 방법이 없다고 지적하고 있다.
③ 3문단에서 학생 생활 지도 방식을 개선하기 위해 학생들이 직접 변호 및 판결의 과정에 참여하여 과벌점 학생에 대한 교육 처분을 결정하는 학생 자치 법정 제도를 운영하는 방안을 제시하고 있다.
⑤ 1문단과 마지막 문단에서 인사말을 하고 있으며, 글 전체적으로 경어체를 사용하여 독자인 교장 선생님을 높이고 있다.

## 15 설득 글쓰기 내용 생성하기 답 ③

3문단에서 청소년 성인병을 예방할 수 있는 방법을 제시하고 있다. 그 구체적인 방법으로 가공식품, 패스트푸드, 육류의 섭취를 줄일 수 있는 식습관, 하루 30분 이상 운동을 하는 습관, 심리적 안정을 취하거나 규칙적으로 생활할 수 있는 생활 습관을 제시하고 있다. '정기적 검진 실시'와 관련된 내용은 제시되어 있지 않으므로, ③은 적절하지 않다.

**오답 피하기** ① 1문단에서 청소년 성인병의 문제점을 제시하고 있다. 그 구체적인 내용으로 '치료가 쉽지 않고 합병증 위험이 높아 개인의 건강을 위협' 한다는 점, '많은 비용이 들고 있어 이에 따른 사회적 비용 부담도 증가'하고 있다는 점을 들고 있다. 따라서 ⓐ를 '개인 건강 위협'과 '사회적 비용 부담 증가'로 구체화하는 것은 적절하다.
② 2문단에서 청소년 성인병의 발병 원인을 제시하고 있다. '식습관 측면과 운동 습관, 생활 습관 측면으로 구분하여 살펴볼 수 있다.'라는 문장으로 볼 때, 〈보기〉의 ⓑ에 제시된 구체적 내용을 세 개로 묶어 체계화하고 있음을 확인할 수 있다.

④ 제시된 글은 '청소년 성인병의 원인과 예방 방안'을 주제로 쓴 글이다. 따라서 성인병 질환별 구체적인 증상을 제시하는 것은 글의 주제와 관련성이 없는 내용이므로, 글을 쓸 때 다루지 않는 것이 적절하다. 또한 글에는 성인병 질환별 증상에 대한 내용이 제시되지 않았다.
⑤ 2문단에서 청소년 성인병의 발병 원인을 설명하면서 자료를 인용하고 있다. 예상 독자가 '청소년'이라는 점에서 인용된 자료는 모두 '우리나라 청소년'을 대상으로 조사된 결과임을 확인할 수 있다. 따라서 예상 독자를 고려하여 '우리나라 청소년의 당류와 나트륨 섭취량'에 대한 자료로 한정한 것은 적절하다.

## 16 설득 글쓰기 표현 전략 사용하기 답 ⑤

'당류와 나트륨의 양은 줄이고, 운동과 여가 시간의 양은 늘리고!'라는 부분은 성인병 예방을 위한 구체적인 방법으로 제시된 글의 정보를 활용한 것이다. 또한 이 부분은 대구를 사용하고 있으며, '최고의 명의'라는 표현은 비유적 표현에 해당한다.

**오답 피하기** ① '당신이 건강해질수록 사회도 건강해집니다.'라는 문장에서 대구를 확인할 수 있으며, '식습관, 운동 습관, 생활 습관을 바꾸면 당신도 건강해질 수 있습니다.'라는 문장은 글에 제시된 정보를 활용한 것으로 볼 수 있다. 그러나 성인병 예방을 위한 구체적 방법이 제시되어 있지 않으며, 비유적 표현도 사용되지 않았다.
② '몸에 나쁜 패스트푸드와 육류 섭취는 줄이고, 몸에 좋은 영양제 섭취는 늘리자!'라는 문장에서 대구를 확인할 수 있다. 또한 '영양제는 늘 당신 곁에 두어야 할 친구'라는 표현에서 비유적 표현을 확인할 수 있다. '영양제 섭취'는 성인병 예방을 위한 구체적 방법에 해당하지만, 글에 제시된 정보를 활용하지는 않았다.
③ '청소년 성인병, 최고의 예방 주사는 아침 식사'라는 문장에서 '예방 주사'는 비유적 표현에 해당한다. 또한 '아침 식사를 규칙적으로 하는 습관'은 글에 제시된 정보를 활용하여 성인병 예방을 위한 구체적 방법을 제시한 것으로 볼 수 있다. 그러나 대구가 사용되지 않았다.
④ '마음이 편안해야 몸도 편안합니다.'라는 문장에서 대구를 확인할 수 있으며, '성인병 예방을 위해 취미 활동을 즐겨 보세요.'라는 문장은 글에 제시된 정보를 활용하여 성인병 예방을 위한 구체적 방법을 제시한 것이다. 그러나 비유적 표현이 사용되지 않았다.

## 17 설득 글쓰기 내용 조직하기 답 ④

(가)를 참고할 때, 필자는 청소년 노동자의 부당 처우 문제와 그 해결 방안에 대한 글을 쓰려고 한다. 따라서 글의 본론에서는 청소년에 대한 부당 처우를 예방 및 근절할 수 있는 방안에 대한 내용을 다루는 것이 적절하다. 아르바이트를 하는 청소년들이 증가하고 있는 원인을 분석하는 것은 글의 주제와 목적에 부합되지 않는다.

**오답 피하기** ① (가)의 '서술 방향' 중 청소년 아르바이트의 현황과 실태를 보여 주기 위해 필요한 자료이다.
② (가)의 '서술 방향' 중 청소년들이 근로관계법에 대한 인식이 부족하다는 점을 밝히기 위해 필요한 자료이다.
③ (가)의 '서술 방향' 중 청소년 아르바이트의 현황과 실태를 분석한다고 하였으므로 적절한 내용이다.
⑤ (가)의 '서술 방향' 중 근로관계법에 대한 인식이 부족한 청소년 노동자들에 대한 부당 처우를 예방할 수 있는 방안을 제시한다고 하였으므로 적절한 내용이다.

## 18 설득 글쓰기 내용 생성하기

〈보기〉는 청소년기에 수행하는 아르바이트의 장점과 효과에 대해 설명하고 있다. (가)를 참고할 때 필자는 아르바이트를 하는 청소년들이 부당 처우를 받는 실태의 문제점을 고발하고 그 대책 마련을 촉구하는 글을 쓰려고 한다. 따라서 〈보기〉는 글의 주제와 목적에 부합되지 않으므로 적절하지 않다.

## 19 설득 글쓰기 자료, 매체 활용하기 답 ①

㉠에서 비율이 낮은 항목은 '부당한 노동 강요'로, ㉡을 참고할 때 이는 근로관계법을 위반한 사항(계약된 내용과는 다른 근무를 강요함.)에 포함된다. 따라서 글의 주제와 관련이 없어서 논의 대상에서 제외해야 한다는 내용은 적절하지 않다.

**오답 피하기** ② 현황을 정확하게 파악하기 위해서는 청소년을 고용한 전체 사업장 중 근로관계법을 위반한 사업장의 비율을 추가하는 것이 필요하다.
③ ㉢에서 청소년들의 대부분이 아르바이트에서 부당한 대우를 받아도 소극적으로 대처하고 있음을 확인할 수는 있지만, 그 이유가 분명하게 제시되어 있지 않으면, 적절한 해결 방안을 이끌어 낼 수 없다.
④ ㉠에서 청소년들이 아르바이트를 할 때 부당한 처우를 받고 있다는 점, ㉡에서 근로관계법을 위반한 청소년 고용 사업장이 존재한다는 점에서 사업장에 대한 관리 감독을 강화해야 한다는 주장을 이끌어 낼 수 있다.
⑤ ㉡은 근로관계법이 있음에도 불구하고 청소년 고용 사업장에서 이를 위반하고 있다는 점, ㉢은 아르바이트를 하는 청소년들이 부당 처우를 겪어도 제대로 대처하지 않고 있다는 점을 확인할 수 있으므로, 근로 환경을 개선할 수 있는 실질적 장치를 마련해야 한다는 주장을 이끌어 낼 수 있다. 그 구체적 내용으로

ⓒ에서는 청소년 아르바이트 친화 가게 인증 제도, 모바일 근로 계약서 작성 서비스 등을 제시하고 있다.

# 3. 자기표현과 사회적 상호 작용을 위한 작문

## [1] 친교를 표현하는 글

### 내신 기본 UP

본문 145~147쪽

01 ② 02 예시답 비유법을 활용하여 '인종'을 '피부색'으로, '막을 수 없다'를 '장벽'으로 비유해야겠다.
03 ⑤ 04 ④ 05 ① 06 예시답 봉사를 통해 따뜻한 정과 할아버지의 사랑을 깨닫게 해 준 너에게 다시 한번 고맙다는 말을 하고 싶다.

### 01 친교 표현 글쓰기 내용 생성하기 답 ②

김구 선생님의 말을 인용하여 우리 문화의 힘을 긍정하면서 우리 문화를 세계에 알리고 싶다는 포부를 드러내고 있다. 하지만 이를 통해 과거의 나의 생각을 비판하고 있지는 않다.

오답 피하기 ① 친구의 편지에 대해 답장을 쓰는 상황임이 편지 서두에서 드러나 있으며, 편지를 보내준 친구에 대한 고마움이 제시되어 있다.
③ 외국에서 다른 나라 사람들과 우리 노래를 함께 불렀던 경험을 통해 우리 문화에 대한 인식이 바뀌게 되었음을 제시하고 있다.
④ 편지 마무리 부분에서 우리 문화에 대해 변화된 가치관을 바탕으로 친구들과 교류하고 싶음을 언급하고 있다.
⑤ 학생은 낯선 외국에서의 경험을 계기로 문화에 대한 가치관이 변하게 되었으며 SNS를 활용하여 이러한 경험을 다른 이들과 공유하게 되었음을 사례로 들고 있다.

### 02 친교 표현 글쓰기 표현 전략 사용하기

필자는 '인종'을 '피부색'으로 바꾸어 표현하는 대유법을 활용하고 있고, '막을 수 없다'라는 의미를 '장벽'에 비유하여 표현하고 있다.

### 03 친교 표현 글쓰기 내용 생성하기 답 ⑤

언론 보도를 통해 들은 정보는 봉사 활동에서 만난 할머니를 지속적으로 찾아뵈어야겠다는 다짐을 하게 된 계기이지, 봉사 활동을 처음 시작하게 된 계기는 아니다.

오답 피하기 ① 편지 서두에 봉사 활동에 함께 해 준 민수에 대한 감사의 마음을 드러내고 있다.
② 할아버지와 연관된 개인적인 추억 때문에 할머니를 돌봐 드린 봉사 활동이 더욱 각별했음을 드러내야겠군.
③ 거동이 불편한 할머니를 도와드린 봉사 활동을 통해 과거에 할아버지 댁에 가는 것을 싫어했던 행동에 대해 반성하게 되었음을 드러내야겠군.
④ 편지 마무리에 자신과 함께 지속적으로 봉사 활동을 할 것을 권유하기 위해 편지를 쓰게 되었음을 드러내고 있다.

### 04 친교 표현 글쓰기 내용 점검, 조정하기 답 ④

할머니의 거동이 불편하신 걸 알게 된 후에 느낀 감정을 진술하여 할머니의 처지에 공감하게 되었음을 강조하고 있다.

오답 피하기 ① 할머니가 불편한 다리로 거동하신다는 객관적 정보에 다른 객관적 정보가 추가되고 있지는 않다.
② 새로 추가된 문장에 비유적 표현이 활용되고 있지는 않다.
③ 할머니에 대해 느낀 감정이 제시되어 있지만, 앞 문장에서 제시된 경험을 통해 느낀 감정이므로 과거에 느끼지 못했던 감정을 제시하여 뒤늦은 후회를 강조하는 것은 아니다.
⑤ 앞 문장에서 진술한 경험에 대해 비슷한 유형의 경험을 추가한 것이 아니라 필자가 느낀 감정을 제시하였으므로 경험이 반복적으로 이루어졌음을 강조하는 것은 아니다.

### 05 친교 표현 글쓰기 맥락 분석하기 답 ①

과거에는 ㉯를 통해 할아버지의 사랑을 제대로 이해하지 못했지만, ㉮를 통해 ㉯의 의미를 되새기고 있다.

오답 피하기 ② ㉮, ㉯ 모두 필자 개인의 체험과 관련된 것으로 관습적 의미보다는 개성적 의미를 가졌다고 볼 수 있다.
③ 할아버지의 사랑을 깨닫지 못했던 것을 문제의 원인이라고 본다면 오히려 ㉯와 연관이 되어 있고, ㉮를 통해 문제점을 성찰하게 되었으므로 해결 방안의 단서는 오히려 ㉮와 대응된다고 볼 수 있다.
④ ㉮, ㉯ 모두 따뜻한 정이라는 정신적 가치를 느끼게 하는 대상으로 물질적 가치와는 관련이 없다.
⑤ ㉮와 연관된 과거의 체험보다 ㉯와 연관된 과거의 체험을 시간적으로 더 과거의 사건으로 볼 수 있다.

### 6 친교 표현 글쓰기 표현 전략 사용하기

필자는 편지 본문에서 봉사 활동을 통해 따뜻한 정을 느끼게 되었고, 할아버지의 사랑을 깨닫게 된 것에 대해 의미를 부여하고 있으므로, 이를 강조하고 계기를 마련해 준 친구에게 고마움을 드러낼 필요가 있다.

## [2] 정서를 표현하는 글

**내신 기본 UP** 본문 149~152쪽

01 ⑤ 02 예시답 문장의 주체를 '꽃들'로 설정하여 꽃들이 능동적으로 이야기하는 것처럼 표현해야겠다. 03 ③ 04 ④ 05 ② 06 예시답 며칠 후에 개학이니, 다시 보게 되면 서로 반갑게 인사하자.

### 01 정서 표현 글쓰기 내용 생성하기 답 ⑤

그동안 무심하게 지나쳐 온 꽃들처럼 일상의 소소한 것들을 되돌아보지 않은 것에 대해 성찰한 것이지, 선생님의 조언을 귀 기울여 듣지 않았던 것에 대해 성찰한 것은 아니다.

**오답 피하기** ① 학생과의 상담에서 선생님은 화려한 표현법이나 미사여구를 사용하여 난해하게 표현한 시보다는 자신의 일상을 자세히 들여다보고 얻은 소소한 의미를 이해하기 쉽게 표현한 시가 낫다고 조언하고 있다.
② 학생은 오솔길을 따라 정자까지 걸어오면서 고민만 하고 있을 뿐 특별한 의미를 깨닫지 못하고 있다.
③ 정자까지 오면서 보지 못했던 꽃들을 정자에 앉아 주위를 둘러보다가 발견하게 되면서 특별한 의미를 얻고 있다.
④ 일상의 큰 사건뿐 아니라 길가에 핀 작은 꽃들처럼 일상의 작은 일들에도 관심을 기울이다 보면 소소한 의미를 발견할 수 있다는 의미를 깨닫게 됨.

### 02 정서 표현 글쓰기 내용 점검, 조정하기

고치기 전의 문장에서는 '꽃들의 작은 목소리'가 '들리는' 것처럼 피동형의 문장으로 표현하고 있었는데, 고친 후의 문장에서는 '작은 꽃들'을 주어로 삼아 '속삭이고 있었다'처럼 능동형의 문장으로 표현하고 있다.

### 03 성찰 글쓰기 내용 조직하기 답 ③

준희는 다른 모둠원들이 발표자로 현수를 추천했는데도 불구하고 자기가 발표를 해서 발표를 망쳤다고 생각하고 있다. 따라서 현수와 모둠원들에게 미안해하고 있을 뿐이지, 현수에 대한 서운한 마음을 갖고 있지는 않다.

**오답 피하기** ① 준희는 국어 모둠 활동 시간에 발표를 양보해 줬던 현수에 대한 미안한 마음에 편지를 쓰고자 한다.
② 준희는 자신이 발표를 맡겠다고 했는데 발표를 제대로 하지 못해서 모둠 평가의 결과가 좋지 않았다고 자책하고 있으며 이러한 상황을 현수와 공유하고자 한다.
④ 모둠 활동에서 자신의 이기심 때문에 욕심을 부린 것에 대해 사과하였으며, 평소 현수에 대해 질투했을 정도로 현수의 능력이 뛰어남을 칭찬하고 있다.
⑤ '소탐대실'이라는 사자성어를 사용하여 자신의 욕심이 과했음을 자책하고 있으며, '청산유수'라는 사자성어를 활용하여 현수의 평소 언변이 훌륭함을 칭찬하고 있다.

### 04 성찰 글쓰기 표현 내용 생성하기 답 ④

'사실 나는 모둠 활동 이후 서먹해졌다고 생각하지 않았는데'라는 표현을 통해 모둠 활동 이후로 서먹해진 것을 눈치채지 못하고 있었음을 드러내고 있다.

**오답 피하기** ① 현수는 '역할을 정할 때 서로 진솔하게 대화를 나누지 못했다는 생각이 들었어.'라는 표현을 통해 이번 일의 원인이 소통이 원활하지 않았던 것임을 언급하고 있다.
② 준희가 목소리와 발음에 대해 칭찬해 준 것에 대해 고마움을 표시하고, 준희가 자신을 질투하고 있었다는 것에 대해서는 몰랐음을 밝히고 있다.
③ 현수는 준희가 리더십도 뛰어나고 컴퓨터 활용하는 능력도 뛰어나다는 점을 들어 모든 면에서 준희보다 뛰어나다고 한 준희의 말에 대해 반박하고 있다.
⑤ 모둠 활동 결과에 대해 준희 탓이라고 생각하는 사람은 아무도 없다라고 하며 모두가 준희를 원망할 거라고 한 것에 대해 반박하고 있다.

### 05 성찰 글쓰기 맥락 분석하기 답 ②

(가)의 마지막 문장인 '예전처럼 다시 사이좋게 지낼 수 있겠지?'라는 질문에 대해 (나)의 마지막에서 '예전보다 너와 더 가까워진 것 같다.'라는 말로 답변하고 있다.

**오답 피하기** ① (가)는 (나)와 달리 '추운 겨울 감기 조심'이라는 계절과 관련된 인사를 하고 있지만 도입부가 아닌 마무리 부분에 제시하고 있다.
③ (가)는 상대의 답장을 기대하며 쓴 편지이지만, (나)는 상대의 편지에 대해 답하기 위해 쓴 편지로 별도의 답장을 요구하고 있지 않다.
④ (가), (나) 모두 상대에 대한 미안함과 칭찬 등 속마음을 진솔하게 드러내고 있다.

⑤ (가), (나) 모두 객관적인 정보를 전달하기보다는 친교를 목적으로 하는 글이다.

## 06 성찰 글쓰기 내용 점검, 조정하기

'몇일 후에 개학이니, 다시 보게 돼면 서로 반갑게 인사하자.'에서 '몇일'은 발음을 고려하여 '며칠'로 표기하는 것이 원칙이며, '돼면'의 '돼'는 어간 '되-'와 어미 '-ㅓ'가 줄어든 표현으로 여기에서는 문맥상 어미 '-ㅓ'가 필요하지 않으므로 '되면'으로 표기하는 것이 옳다.

# [3] 성찰하는 글

**내신 기본 UP** 본문 154~158쪽

01 ④ 02 예시답 결국 며칠 전 제가 그토록 원하던 대학에 최종 합격하였습니다. 03 ⑤ 04 ① 05 ⑤
06 예시답 '다랑쉬 굴'은 토벌대에 의해 11명의 무고한 민간인이 희생된 다랑쉬 동굴을 사실적으로 재현한 곳으로 가장 가슴 아팠던 장소이다.

## 01 성찰 글쓰기 내용 조직하기 답 ④

입시에서 실패한 경험과 고된 재수 생활을 딛고 목표한 대학에 입학하기까지의 과정은 드러나 있지만, 대학 생활의 보람과 즐거움이 제시되어 있지는 않다.

**오답 피하기** ① 심리학과 관련된 책을 읽으며 얻은 정보를 자신의 문제 상황에 적용하여 면접을 성공적으로 준비한 경험을 제시하고 있다.
② 면접에서 실수하여 대학 입시에서 재수를 하게 된 경험을 먼저 제시하고 문제의 원인을 분석하고 대비하여 원하는 대학에 합격하게 된 경험을 나중에 제시하고 있다.
③ 면접 준비 과정에서 자신이 정보를 저장하기만 하고 꺼내는 연습을 하지 않았던 것에서 문제의 원인을 파악하고 모의 면접단을 구성하여 이를 해결한 과정 중심으로 전개하고 있다.
⑤ 예상 독자가 필자의 후배들이지만 교지라는 매체가 여러 학교 구성원들이 읽게 되는 특성이 있으므로 이를 고려하여 경어체를 사용하고 있다.

## 02 성찰 글쓰기 표현 전략 사용하기

〈보기〉에서 불필요한 피동 표현보다는 능동 표현을 사용하여 주체적인 노력을 통해 합격하였음을 강조해야겠다고 하였으므로 '합격 통보를 받게 되었습니다.'의 피동 표현을 수정하여 '최종 합격하였습니다.'로 수정한다.

## 03 정서 표현 글쓰기 맥락 분석하기 답 ⑤

답사지 방문을 계기로 희생자와 유족들의 아픔을 생생하게 느끼게 되었고 여운이 깊에 남는 장소였다는 내용은 제시되어 있지만, 친구들과의 우정을 되새기게 되었다는 내용은 제시되어 있지 않다.

**오답 피하기** ① 독자가 4.3 기념관 입구의 모습을 생생하게 이해할 수 있도록 '화산 동굴을 연상시키는', '중산간 지역의 동굴 안으로 들어가는 듯한', '피란 갔던 용암 동굴은 이보다 작았겠지만' 등의 표현을 통해 공간의 세세한 특징을 묘사하고 있다.
② 독자가 답사지인 4.3 기념관 전체 구조를 쉽게 파악할 수 있도록 1관부터 특별관까지 관람 순서에 따라 정보를 제시하고 있다.
③ 필자에게 4.3 기념관은 방문하기 전에는 가장 기대하지 않던 곳이었지만, 체험을 통해 희생자들의 아픔을 공감하면서 인상 깊은 장소로 기억에 남게 되기까지 생각의 변화 과정을 중심으로 서술하고 있다.
④ 비문이 새겨지지 않은 채 누워 있는 비석에 대해 역사 선생님이 제공한 정보를 제시하고 이를 통해 희생자와 유족들에 대해 느낀 안타까운 심정을 제시하고 있다.

## 04 정서 표현 글쓰기 내용 생성하기 답 ①

'제주 4.3 기념관을 방문하다'라는 표제에는 '4.3 기념관 방문'이라는 개략적인 정보가 담겨 있고, 주관이 드러나지 않은 객관적인 정보로 구성되어 있다. 또한 '4.3 사건 희생자의 아픔에 공감하며'라는 부제에는 4.3 사건으로 인해 억울하게 희생당한 사람들에 대한 필자의 공감하는 마음이 담겨 있다.

**오답 피하기** ② '제주 4.3 사건을 추모하며'라는 표제에는 '추모'라는 주관적 태도가 담겨 있으며, 오히려 '여행 중 제주 4.3 기념관을 답사하다'라는 부제에 개략적이고 객관적인 정보가 담겨 있다.
③ '제주 4.3 기념관에 깃든 예술 혼'이라는 표제는 답사지에 대한 개략적인 정보가 아닌 감상문 말미에 드러난 일부의 정보만 담고 있으며, '역사적 사실과 만난 예술가의 해석'이라는 부제도 답사지에서 얻은 주관적 감상이 담겨 있지 않다.
④ '4.3 사건 피란민의 마음을 간접적으로나마 느낄 수 있어'라는 부제에는 주관적 감상이 드러나 있지만, '제주 4.3 기념관 입구의 동굴 형상'이라는 표제에는 답사지에 대한 개략적인 정보가 드러나 있지 않다.
⑤ '토벌대의 무자비함 그대로 재현한 장소'에는 '무자비함'이라

는 주관적 태도가 어느 정도 드러나 있지만, '4.3 특별전시관 다랑쉬 굴'이라는 표제는 답사지에 대한 개략적 정보가 아닌 일부 특별전시관에 대한 정보만 담겨 있다.

## 05 정서 표현 글쓰기 내용 점검, 조정하기 답 ⑤

고쳐 쓴 문장에는 천정의 빛이 비추는 비석을 동굴 속에 갇혀 답답함을 하소연하고 있는 것처럼 의인화하여 진상 조사가 제대로 이루어지지 않은 것에 대한 안타까움을 드러내고 있다.

**오답 피하기** ① 고쳐 쓴 문장에는 전문가의 견해를 인용하고 있지 않다.
② 고쳐 쓴 문장에는 속담이나 사자성어와 같은 관용적 표현을 사용하고 있지 않다.
③ 고쳐 쓴 문장에는 비석이 동굴 바깥을 바라보고 있는 것처럼 표현하고 있지만, 이는 과장법이 아닌 비유적 표현으로 볼 수 있다.
④ 고쳐 쓴 문장에는 설의적 표현을 활용하고 있지 않다.

## 06 정서 표현 글쓰기 표현 전략 사용하기

㉰에는 '사실적으로 재현'의 의미가 드러나 있지 않아 필자에게 '가장 가슴 아팠던' 장소였던 이유가 제대로 드러나지 않았지만, 〈보기〉의 자료를 활용하여 4.3 항쟁 과정에서 토벌대에 의해 무고한 민간인들이 실제로 희생된 장소라는 역사적 배경을 추가하여 글의 완성도를 높일 수 있다.

## 내신 실력 UP 본문 159~164쪽

01 ③ 02 ② 03 ④ 04 ① 05 ⑤
06 ④ 07 ③ 08 **예시답** ㉮: 얼마 전 친구들과 합창제를 준비하면서 나 자신만 생각했던 태도에 대해 반성한 경험이 있다. / ㉯: 얼마 전 체육 대회 축구 결승전을 통해 자만했던 나 자신을 되돌아보고 친구들의 우정을 확인한 경험이 있다.
09 ④ 10 ② 11 ② 12 ③

## 01 정서 표현 글쓰기 내용 생성하기 답 ③

바쁘게 지내느라 등굣길을 비롯한 자기 주변을 둘러보지 못했던 태도를 반성하며, 좀 더 여유를 갖고 주변을 둘러보며 생활해야겠다는 다짐을 드러내고 있다.

**오답 피하기** ① 자연에 대한 학생의 관찰은 드러나 있지만 지속적인 관찰은 아니며, 주변의 소중한 것을 지키고자 하는 마음보다는 여유를 갖고 살아야겠다는 다짐을 드러내고 있다.
② 방학 중 게을리 지냈던 것을 반성하는 내용이라기보다는 오히려 바쁘게 지냈던 학교생활을 되돌아보며 여유를 갖고 살아야겠다는 다짐을 드러내고 있다.
④ 학생의 글에서는 학교생활에 구속되었던 삶에서 벗어나고 싶은 소망보다는, 평소 여유를 갖지 못했던 생활 태도에 대한 성찰을 바탕으로 개학 이후에도 이러한 여유가 지속되기를 바라는 마음을 드러내고 있다.
⑤ 여유를 갖고 바라보는 자연의 모습이 조화를 이루고 있다고 볼 수도 있지만, 학생의 글에는 주변과 조화를 이루며 살아가고자 하는 소망이 드러나 있지는 않다.

## 02 정서 표현 글쓰기 내용 점검, 조정하기 답 ②

고쳐 쓰기 전에 열거했던 소리들을 도시의 소음과 자연의 소리로 대비하여 표현하고 있다.

**오답 피하기** ① 다양한 소리들을 고치기 전후 모두 직접적으로 표현하고 있으며 비유하여 표현하고 있지 않다.
③ 다양한 소리들을 열거하고 있을 뿐, 반복하여 표현하고 있지 않다.
④ 다양한 소리들을 사실적으로 제시하고 있을 뿐, 과장하여 표현하고 있지 않다.
⑤ 다양한 소리들을 특성에 따라 대비하고 있을 뿐, 점층적으로 표현하고 있지 않다.

## 03 성찰 글쓰기 내용 생성하기 답 ④

2문단에서 필자가 다툰 친구들에게 서운함을 느낀 이유는 자신은 친구들에게 도움을 주고 싶었지만 친구들이 자신을 원망하는 것에 대해 서운한 마음이 들었기 때문이지, 친구들이 다툼의 이유를 자신의 탓으로 돌렸기 때문은 아니다.

**오답 피하기** ① 1문단에서 필자가 말주변이 좋다는 소리를 듣는 이유는 유년 시절부터 말을 논리적으로 잘하기 위해 꾸준히 노력해 온 덕분임을 드러내고 있다.
② 1문단에서 필자가 친구들로부터 인정받고 있다고 생각한 이유는 남들보다 늘 먼저 나서서 말했기 때문임을 드러내고 있다.
③ 1문단에서 필자가 자신의 생각을 논리적으로 분명하게 전달하기 위해 노력한 이유는 '훌륭한 사람은 말을 잘해야 한다.'라는 구절을 인상 깊게 읽었던 유년 시절의 독서 경험과 연관되어 있음을 드러내고 있다.
⑤ 4문단에서 필자가 자신의 생각을 전달하는 것이 중요하다는 기존의 생각에서 상대의 말을 잘 들어 주는 것도 중요하다고 생각이 바뀌게 된 계기는 친구들의 다툼을 중재하는 방법이 자신과 달랐던 진수의 태도와 연관되어 있음을 드러내고 있다.

## 04 성찰 글쓰기 내용 점검, 조정하기 답 ①

'끼어들어'는 모음 'ㅣ'의 영향에 의해 '어'는 [여]로 발음되지만, 발음이 표기에는 반영되지 않으므로 '끼어들어'로 표기하는 것이 옳다.

**오답 피하기** ② '벌리다'는 둘 사이를 넓히거나 멀게 한다는 의미이므로 문맥에 적절하지 않다. 이 경우에는 다툼이 발생하다라는 의미이므로 '전쟁이나 말다툼 따위를 하다.'라는 뜻을 지닌 '벌이다'로 수정하는 것이 적절하다.

③ 문맥을 고려할 때 '풀다'의 주어가 '마음'이므로 능동형인 '풀었는지'보다는 피동형인 '풀렸는지'로 표현하는 것이 자연스럽다.

④ '한창'의 의미는 '어떤 일이 가장 활기 있고 왕성하게 일어나는 때. 또는 어떤 상태가 가장 무르익은 때.'라는 의미로 문맥에 어울리지 않는다. 친구들의 이야기를 오랫동안 듣고 있다는 문맥에 맞게 '시간이 상당히 지나는 동안.'의 의미를 지닌 '한참'으로 수정하는 것이 적절하다.

⑤ '멀쑥하다'의 의미는 '지저분함이 없이 훤하고 깨끗하다.'라는 뜻으로 외모를 가리킬 때 사용하기 때문에 문맥에 어울리지 않는다. 오해가 풀린 뒤 서로 민망해하는 모습을 표현하기 위해 '무안을 당하거나 흥이 꺾여 어색하고 열없다.'라는 의미를 지닌 '머쓱하다'로 수정하는 것이 적절하다.

## 05 성찰 글쓰기 내용 조직하기 답 ⑤

(가)에서는 먼저 필자가 추천한 노래가 합창제 대표곡에 선정되지 않아 기분이 나빴던 경험을 드러내고 있으며, 이를 위로해 주려던 친구에게 퉁명스럽게 대한 경험이 제시되고 있다. 다음으로 담임 선생님과 상담을 통해 선생님으로부터 위로를 받은 경험을 제시하고 있고, 선생님이 추천해 준 영화를 보며 자신을 성찰하게 된 경험이 제시되어 있다. 따라서 ⓓ-ⓒ-ⓑ-ⓐ의 순서대로 필자가 떠올린 경험이 (가)에 반영되고 있다.

**오답 피하기** ① 추천곡이 선정되지 않아 기분 나빴던 경험이 가장 먼저 반영되었고, 합창 대회를 소재로 한 영화를 본 경험이 마지막에 반영되었다.

② 선생님께서 추천해 준 영화를 본 경험이 가장 마지막에 반영되었고, 나머지 경험들이 그보다 앞에 반영되었다.

③ 친구에게 퉁명스럽게 대한 경험보다 필자가 추천한 노래가 대표곡에 선정되지 않아 기분이 나빴던 경험이 더 먼저 반영되었다.

④ 합창 대회를 소재로 한 영화를 본 경험보다 담임 선생님과 상담을 통해 위로를 받은 경험이 더 먼저 반영되었다.

## 06 성찰 글쓰기 내용 생성하기 답 ④

1문단에 따르면, 필자가 축구에 대한 한계를 깨닫고 인문계 고등학교로 진로를 변경한 사실은 드러나 있지만, 인문계 고교 생활에 적응하는 것에 대해 두려웠다는 내용은 드러나 있지 않다.

**오답 피하기** ① 2문단에 따르면, 필자가 실수를 했음에도 불구하고 격려해 주며 헹가래를 쳐 준 친구들의 우정에 대한 고마움을 드러내고 있다.

② 2문단에 따르면, 필자는 결승전 도중 골을 넣지 못한 다른 친구들을 원망하는 마음이 들었고 이로 인해 무리한 행동을 하게 되었음을 드러내고 있다.

③ 1문단에 따르면, 필자는 유년 시절 축구부에서 선수로 활동했던 경험 때문에 축구에 대해 자만하고 있었음을 드러내고 있다.

⑤ 2문단에 따르면, 필자의 실수로 인해 경기에서 패배했을 때 친구들에게 미안한 마음이 들었음이 드러나 있다.

## 07 성찰 글쓰기 맥락 분석하기 답 ③

'학생 1'은 자신의 이기적인 태도를 이해해 준 선생님께 느낀 고마움을, '학생 2'는 자신의 이기적인 행동을 감싸 준 친구들에게 느낀 고마움을 소재로 삼고 있다.

**오답 피하기** ① '학생 2'는 친구에 대한 우정을 확인하며 성찰하고 있지만, '학생 1'은 선생님과의 상담과 영화를 본 경험을 통해 성찰하고 있다.

② '학생 1'은 '내가 우리 반의 단합을 깨고 있었던 것이 아닐까?'라는 질문을 통해 자신을 돌아보고 있지만, '학생 2'는 스스로에 대한 질문을 통해 자신을 돌아보고 있지 않다.

④ '학생 1'은 선생님의 말을 인용하고 있지만 이를 통해 글을 마무리하고 있지 않으며, '학생 2'는 자신을 격려해 준 친구의 말을 인용하며 글을 마무리하고 있다.

⑤ '학생 1'은 영화를 보며 다른 이의 사례를 거울삼아 성찰한 경험을 드러내고 있으며, '학생 2'는 자신의 실패를 딛고 성찰한 경험을 드러내고 있지만, 실패를 딛고 성공한 경험을 드러내고 있지는 않다.

## 08 성찰 글쓰기 표현 전략 사용하기

(다)에서는 각 글의 첫 문장에 필자가 경험을 통해 얻은 깨달음을 요약하여 독자로 하여금 전체 내용을 짐작할 수 있게 해 줄 것을 조언하고 있다. 따라서 ㉮에는 합창제 노래 선정에 대한 경험과 필자 자신만 생각했던 태도에 대한 반성을, ㉯에는 체육 대회 축구 결승전 경험과 자만했던 태도에 대한 반성을 드러낼 수 있다.

## 09 친교 표현 글쓰기 내용 조직하기 답 ④

2문단에서 웹툰을 그려 발표하는 미술 시간 과제 수행을 통해 자신감이 꺾일 정도로 좌절했던 경험을 제시하고 있지만, 진로를 변경하려고 했던 고민이 제시되어 있지는 않다.

**오답 피하기** ① 3문단에서 '웹툰에 대해서만큼은 대한민국 최고인 분들이 모인 곳인 만큼'이라는 말을 통해 웹툰 동호회 회원들을 예상 독자로 설정하였음을 알 수 있다.
② 웹툰 작가 지망생으로서의 고민과 좋은 웹툰을 만들기 위한 방법에 대한 조언을 구하고 있어 구상에서 생각한 목적이 잘 드러나 있다.
③ 1문단에서 자신이 '웹툰 작가를 지망하는 고등학생'임을 밝히고 있다.
⑤ 3문단에서 '사람들에게 인정받는 좋은 웹툰을 만들 수 있을까요?'라는 질문을 통해 좋은 웹툰을 만드는 방법에 대해 조언을 구하고 있음을 알 수 있다.

## 10 친교 표현 글쓰기 표현 전략 사용하기 답 ②

필자는 '웹툰에 대해서만큼은 대한민국 최고'라는 표현을 통해 글을 읽는 독자들을 추켜세우며, 자신의 고민에 대해 적극적으로 조언해 줄 것을 요청하고 있다.

**오답 피하기** ① 필자는 ㉮에서 독자의 이해를 돕기 위한 비유적 표현을 활용하고 있지 않다.
③ 필자는 ㉮에서 진정성을 드러내기 위해 깨달음을 얻게 된 경험을 제시하고 있지 않으며, 앞서 제시한 미술 과제 수행 경험도 필자에게 깨달음을 주고 있지는 않다.
④ 필자는 ㉮에서 독자의 호기심을 자극하기 위해 설의적 표현을 활용하고 있지 않다.
⑤ 필자는 ㉮에서 '대한민국 최고'라는 다소 상투적인 표현을 활용하고 있지만, 이는 관용적 표현이라고 보기 어려우며 앞의 내용을 요약하는 표현도 아니다.

## 11 친교 표현 글쓰기 내용 생성하기 답 ②

1문단과 2문단에서 열정을 다하여 개성 있는 이야기를 만든다면 웹툰 작가로 성공할 수 있음을 강조하고 있지만, (가)를 쓴 학생이 진로를 늦게 정했다는 정보는 (가)를 잘못 이해한 것이며, (나)에 반영되어 있지도 않다.

**오답 피하기** ① 인터넷이라는 공간은 익명을 바탕으로 하는 공간이지만 필자는 1문단에서 실명을 밝혀 글에 대한 신뢰도를 높였다.
③ 필자는 1문단과 2문단에서 웹툰 작가로 인기를 얻기까지 여러 번의 실패와 좌절을 겪었음을 밝히며 성공하기까지 좌절과 인내의 시간이 필요함을 드러내고 있다.
④ 3문단에서 웹툰 작가들이 겉으로 보이는 것처럼 좋은 점만 있는 것이 아니라 다른 직업에 비해 스트레스를 많이 받고, 쉬는 날도 규칙적이지 않다는 고충을 알리고 있다.
⑤ 2문단에서 직접 만든 「로봇왕」이라는 웹툰의 인기 요인을 예로 들어 개성 있는 이야기를 만들어 낼 때 대중으로부터 인정받을 수 있음을 제시하고 있다.

## 12 친교 표현 글쓰기 내용 점검, 조정하기 답 ③

'어떡하면'은 '어떻게 하면'의 준말이므로 수정할 필요가 없다.

**오답 피하기** ① '있구요'는 사투리가 표기에 반영된 것이며 '있고요'가 한글맞춤법에 맞는 적절한 표현이다.
② '한것이었습니다'의 '한'은 용언이며, '것'은 의존명사이므로 조사를 제외한 모든 단어는 띄어쓴다는 규정에 따라 둘을 띄어써야 한다.
④ 한글맞춤법 제51항에 따르면 부사의 끝 음절이 분명히 '이'로만 나는 것은 '-이'로 적고, '히'로만 나거나 '이'나 '히'로 나는 것은 '-히'로 적어야 한다. '부단히'에서 '히'의 경우, '히'로 발음되므로 '부단히'로 적어야 한다.
⑤ 문맥에 따르면 '만들다'의 주체는 '남들'이므로 '남들에 의한'이라는 앞말을 고려하여 '만들어진'이라는 피동 표현으로 수정해야 한다.

# 실전 대비 평가 1회

본문 166~171쪽

| | | | | |
|---|---|---|---|---|
| 01 ④ | 02 ⑤ | 03 ① | 04 ② | 05 ④ |
| 06 ① | 07 ④ | 08 ④ | 09 ③ | 10 ③ |

## 01 발표 표현 전략 사용하기 답 ④

[D]에서 곤충 사육과 가축 사육의 온실 가스 배출량, 물 소비량을 비교하고 있지만, 이는 곤충 사육의 장점을 강조하기 위한 것이다. 곤충 사육의 단점에 대해 설명한 부분은 찾을 수 없다.

**오답 피하기** ① [A]에서 강연자는 청중에게 곤충 요리를 접했을 때의 기분에 대해 묻고 있다. 이에 대해 '징그럽다', '식사할 기분이 나지 않을 것 같다.'라고 말한 청중의 반응을 확인한 후, '미래 식량 자원으로서의 곤충'이라는 화제를 제시하고 있다.
② [B]에서 강연자는 '유엔'과 '국제식량농업기구'의 자료를 근거로 들어 곤충이 앞으로 닥칠 식량 위기를 해결할 수 있는 방안으로 주목 받고 있음을 강조하고 있다.
③ [C]에서 강연자는 '불포화 지방산은 몸에 해로운 거 아니냐'라고 묻는 학생의 질문을 듣고, '계획에는 없지만 잠깐 추가 설명을 해 볼까요?'라고 말하며 포화 지방산과 불포화 지방산에 대해 설

명하고 있다. 이는 청중의 궁금증을 반영하여 강연의 내용을 조정한 것으로 볼 수 있다.
⑤ [E]에서 곤충을 '미래 식량 위기를 구할 영웅'에 빗대어 표현함으로써 식량으로서의 곤충 자원에 대한 긍정적 전망을 드러내고 있다.

## 02 발표에서 자료, 매체 활용하기 답 ⑤

㉤은 우리나라의 곤충 산업 현황을 보여 주기 위한 자료이다. ㉤을 통해 우리나라 곤충 산업의 규모가 매년 커지고 있음을 추론할 수는 있지만, 외국에 비해 그 발전 속도가 더 빠르다는 정보는 확인할 수 없다.

**오답 피하기** ① ㉠은 곤충으로 만든 음식을 보여 주는 자료로, 강연자는 ㉠을 활용하여 곤충이 식품의 재료로 이용될 수 있음을 설명하고 있다.
② ㉡은 국제식량농업기구의 사무총장 인터뷰 자료로, 강연자는 ㉡을 활용하여 곤충이 세계 식량 위기를 극복할 수 있는 대안이 될 수 있음을 설명하고 있다.
③ ㉢은 곤충 사육과 가축 사육의 온실 가스 배출량, 물 소비량을 비교한 자료로, 강연자는 ㉢을 활용하여 곤충이 환경 오염이나 자원 소비 측면에서 장점을 지니고 있음을 설명하고 있다.
④ ㉣은 세계 곤충 산업의 규모가 커지고 있음을 보여 주는 자료로, 강연자는 ㉣을 활용하여 곤충 산업에 대한 세계의 관심과 경쟁이 증가하고 있음을 뒷받침하고 있다. '지금 전 세계는 식용 곤충 산업을 육성하며 총성 없는 전쟁을 치르고 있습니다.'라는 발언에서 이를 확인할 수 있다.

## 03 발표 내용 이해, 평가하기 답 ①

3문단에서 강연자는 곤충의 단백질 함량이 '60%'라고 강조한 후, '불포화 지방산, 미네랄, 비타민, 식이 섬유까지 다량 함유하고 있습니다.'라고 말하고 있다. 따라서 학생의 질문은 강연 내용에 이미 언급되어 있으므로 추가 설명을 요청하는 질문으로는 적절하지 않다.

**오답 피하기** ② 5문단에서 '현재 우리나라도 총 8종의 곤충을 식품 원료로 인정하고 있'다고 언급하고 있지만, 그 구체적 종류에 대해서는 언급하지 않고 있다. 따라서 우리나라에서 식품 원료로 인정하고 있는 곤충의 종류에 대해 묻는 질문은 강연 내용에 대한 이해를 바탕으로 추가 설명을 요청하는 질문으로 적절하다.
③ 2문단에서 식량 위기에 대해 설명하면서 '식량 생산성도 점차 떨어질 것으로 예상됩니다.'라고 말하고 있지만, 그 이유에 대해서는 언급하고 있지 않다. 따라서 식량 생산성이 떨어지는 이유에 대해 묻는 질문은 강연 내용을 바탕으로 추가 설명으로 요청하는 질문으로 적절하다.
④ 4문단에서 '곤충은 성장 과정의 특성으로 인해 가축과 달리 빠른 기간에 대량 생산이 가능하'다고 말하고 있지만, 성장 과정의 특성이 무엇인지에 대해서는 언급하고 있지 않다. 따라서 빠른 기간에 대량 생산을 가능하게 하는 곤충의 성장 과정 특성을 묻는 질문은 강연 내용을 바탕으로 추가 설명으로 요청하는 질문으로 적절하다.
⑤ 5문단에서 '우리나라도 곤충 산업을 육성하기 위해 많은 노력을 하고 있'다고 말하고 있지만, 그 구체적인 내용에 대해서는 언급하고 있지 않다. 따라서 곤충 산업 육성을 위해 국가에서 지원하고 있는 사업의 내용을 묻는 질문은 강연 내용을 바탕으로 추가 설명으로 요청하는 질문으로 적절하다.

## 04 토의 내용 이해, 평가하기 답 ②

'주민 2'는 두 번째 발언에서 불법 주차된 차들로 인해 출동 시간이 지연된 사건을 근거로 활용하고 있으나, 이는 자신이 직접 경험한 교통사고로 볼 수 없다.

**오답 피하기** ① '주민 1'은 첫 번째 발언에서 지역 신문 기사를 활용하여 외부 관광객의 증가로 인해 교통 정체 현상이 발생하고 있다고 추론하고 있다.
③ '주민 3'은 두 번째 발언에서 인근 도시의 △△ 전통 시장의 사례를 들어 공영 주차장 건립의 필요성을 주장하고 있다.
④ '주민 1'은 두 번째 발언에서 방문객들이 불법 주차를 할 수밖에 없는 이유가 대중교통이 거의 없는 데다 주차 시설이 부족하기 때문이라고 밝히고 있으며, '주민 3'은 첫 번째 발언에서 시장 방문객들의 불편을 고려하여 주차 단속에 반대하고 있다.
⑤ '주민 2'는 첫 번째 발언에서 교통 정체 현상이 심각한 이유가 불법으로 주차하는 차량이 많아서라고 진단하고 있으며, '주민 3' 역시 첫 번째 발언에서 불법 주차가 교통 정체 현상의 원인이라는 점에 공감하고 있다.

## 05 토의 표현 전략 사용하기 답 ④

[B]에서 '주민 1'은 불법 주차를 단속하자는 '주민 2'의 방안에 대해 임시 주차장 설치와 마을버스 운영 확대가 이루어진 다음에, 그 방안을 실시하자고 제안하고 있다. 이때 임시 주차장 설치는 자신이 제시한 방안, '마을버스 운영 확대'는 '주민 3'이 제시한 방안이다. 따라서 '주민 1'은 이들 의견을 수용하되, 이를 절충하여 방안들의 우선순위를 조정하자는 제안을 하는 것이다.

**오답 피하기** ① [A]에서 '주민 3'은 불법 주차 차량에 단속을 강화하자는 '주민 2'의 방안에 대해 '마을의 이미지가 나빠지고 전통 시장 방문객들의 불편이 늘어나면서 시장 매출이 감소하는 부작용'이 생길 수 있다며 방안의 문제점을 언급하고 있다. 그러나 이 문제점에 대한 해결 방안을 제시하지는 않았다.

② [A]에서 '주민 3'은 불법 주차 차량으로 인해 교통 정체 현상이 심각하다는 '주민 2'의 문제의식에 대해 '불법 주차가 ~ 공감합니다.'라며 동의를 드러내고 있다.
③ [B]에서 불법 주차를 단속하자는 '주민 2'의 방안을 수용하고 있으나, 방안의 장점을 인정하거나 구체적인 시행 방법에 대한 설명을 요청하는 내용은 찾을 수 없다.
⑤ [A]에서는 '주민 2'의 문제의식에 대해서는 인정하였지만, 주차 단속 방안에 대해서는 반대하고 있다. 또한 [B]에서는 '주민 2'의 방안을 수용하고 있지만, 장점을 더 발전시킬 수 있는 대안에 대해서는 언급하지 않았다.

## 06 건의 글쓰기 표현 전략 사용하기 답 ①

(나)의 1문단에서는 '마을 도로 교통이 심각한 정체 현상을 겪고 있'는 현황을 제시하고, 그 문제점으로 '공영 주차장 시설이 없고, 마을버스 운행이 적'다는 점을 지적하고 있다. 또한 2문단에서 이에 대한 해결 방안으로 공공 주차 시설 건립, 임시 주차장 운영, 마을버스 운행 확대, 불법 주차 차량 단속 등을 제시하고 있다.

오답 피하기 ② (나)에서 방문객 및 불법 주차 차량이 증가한 실태를 다른 전통 시장과 비교한 내용을 찾을 수 없다.
③ (나)에서 시장의 노고에 대해 감사의 말을 전한 부분은 있으나, 시장으로서의 책임과 의무를 언급한 부분은 찾을 수 없다.
④ (나)에서 건의한 내용이 수용되지 않았을 경우에 발생할 수 있는 갈등을 부각한 부분은 찾을 수 없다.
⑤ (나)에서 마을 사람들의 의견을 수렴한 설문 조사를 인용한 부분은 찾을 수 없다.

## 07 건의 글쓰기 내용 점검, 조정하기 답 ④

'안전하고 편리한 생활을 할 수 있으며'라는 내용은 건의가 받아들여졌을 때 주민들에 미치는 긍정적 효과에 해당하며, '방문객을 더 많이 수용할 수 있어 시의 관광 수입이 늘어날 것입니다.'라는 내용은 시청에 미치는 긍정적 효과에 해당한다.

오답 피하기 ① 전통 시장 상인과 시장 방문객에 미치는 긍정적 효과는 언급하였으나, 일반 주민이나 시청에 미치는 긍정적 효과를 직접적으로 제시하지는 않았다.
② '교통사고의 위험을 줄일 수 있으며'라는 내용은 주민에 미치는 긍정적 효과로 볼 수 있으나, 시청에 미치는 긍정적 효과는 제시되지 않았다.
③ '지역 경제를 활성화할 수 있'다는 내용과 '관광 도시로 자리 잡을 수 있을 것'이라는 내용은 시청에 미치는 긍정적 효과를 직접 제시한 것으로 볼 수 있다. 그러나 주민에 미치는 긍정적 효과는 직접 제시되지 않았다.
⑤ 건의문의 내용으로 볼 때, 불법 주차와 교통사고에 대한 경각심을 줄 수 있다는 내용은 관광객에 해당하는 영향으로 볼 수 있으므로 주민들에 미치는 긍정적 효과로 볼 수 없다. 또한 시청에 미치는 효과를 서술하였으나, 건의문에서 추가적인 조치로 주차 단속을 요구하였으므로 주차 단속으로 인한 시의 부담을 덜어낼 수 있다는 내용은 적절하지 않다.

## 08 비평 글쓰기 내용 이해, 평가하기 답 ④

4문단에서 문제 해결 방안을 제시하고 있으며, 각 방안에 대해 문제 해결의 주체를 명시하고 있다. 그러나 구체적 사례를 제시하지는 않았다.

오답 피하기 ① 3문단에서 한국 청소년 정책 연구원에서 실시한 설문 조사의 내용을 바탕으로 학교 밖 청소년과 관련된 문제점을 분석하고 있다.
② 2문단에서 학교 밖 청소년 지원에 관한 법률 제도를 소개한 후, 법률 시행에도 불구하고 여전히 지원의 사각지대에 놓여 있는 청소년들이 많다면서 그 한계를 지적하고 있다.
③ 1문단에서 학교 밖 청소년에 관한 사람들의 통념을 언급한 후, 법률에 제시된 학교 밖 청소년의 개념을 설명하고 있다.
⑤ 1문단에서 정부의 통계 자료를 인용하여 학교 밖 청소년의 수가 41만 명 정도로 추정되며, 그중 절반은 소재조차 파악되지 않는다며 논의의 필요성을 부각하고 있다.

## 09 비평 글쓰기 내용 점검, 조정하기 답 ③

㉠은 학교에서 학업을 중단하는 학생들에게 충분한 정보를 안내해야 한다는 방안을 제시하고 있다. 그러나 3문단의 내용으로 볼 때, 학교 밖 청소년들이 학업을 중단하는 가장 큰 이유가 학교에 다니는 의미를 찾지 못하거나 공부하기가 싫어서임을 알 수 있다. 따라서 ㉠은 문제의 원인에 대응하는 해결 방안으로 볼 수 없다. 그에 비해 〈보기〉는 학업 중단을 예방하고 학교생활 부적응 학생들을 돕기 위한 제도를 운영해야 한다고 서술하고 있는데, 이는 3문단에 제시된 원인에 대한 해결 방안으로 적절하다. 따라서 글의 구조를 고려하여 문제의 원인과 해결 방안을 논리적으로 대응시키기 위해 ㉠을 〈보기〉로 수정했다고 볼 수 있다.

오답 피하기 ① 동일한 내용을 유지하면서 용어를 교체하거나 내용을 쉽게 풀어 설명한 것이 아니라 내용 자체가 달라졌다.
② 정보의 정확성이나 내용의 신뢰성과 관련하여 출처가 분명한 자료를 인용하지 않았다.
④ 동일한 내용을 유지하면서 문장의 길이를 조정한 부분을 찾을 수 없다.
⑤ 일부의 내용을 삭제한 것이 아니라 주장의 내용 자체가 달라졌다. 또한 주장에 대한 근거는 제시하지 않았다.

## 10 비평 글쓰기 자료, 매체 활용하기 답 ③

(다)에서 학교 밖 청소년들은 검정고시 준비 지원, 진학 정보 제공, 진로 탐색 체험 등과 같은 진로·진학 프로그램, 건강 검진 제공이나 질병 치료 등과 같은 건강 서비스를 지원해 주기를 원하고 있음을 확인할 수는 있다. 그러나 이는 학교 밖 청소년을 지원하는 방안과 관련된 내용에 해당하며 학교 밖 청소년의 수를 줄일 수 있는 방안으로는 볼 수 없다.

**오답 피하기** ① (가)를 통해 연령별, 성별, 사회 계층별로 필요로 하는 지원 체계가 다르므로 개별화 또는 맞춤형으로 프로그램을 지원해야 함을 알 수 있다. 따라서 4문단에서 '학교 밖 청소년의 요구를 충족할 수 있는 다양한 프로그램'의 구체적 내용으로 청소년의 발달 특성과 사회적 배경 등을 고려한 맞춤형 프로그램을 추가할 수 있다.

② (나)에서는 학교 밖 청소년의 소재를 파악하고 학교 밖 청소년을 지원하기 위해 꿈 키움 수당을 지급하는 정책을 소개하고 있다. 이 정책은 학교 밖 청소년들이 수당을 받기 위해 지원 센터의 프로그램에 참여하도록 유인하고 있다. 따라서 지원의 사각지대에 놓여 있는 학교 밖 청소년들을 줄이기 위해 이들이 지원 센터의 프로그램에 참여하도록 유인해야 한다는 내용을 추가할 수 있다.

④ (가)에서는 학교 밖 청소년을 대상으로 성장 환경을 점검하고 피드백하는 방안을, (나)에서는 꿈 키움 수당을 지급하는 방안을 제시하고 있다. 이들 정책은 모두 학교 밖 청소년이 청소년으로서의 기본 권리를 누릴 수 있도록 하기 위한 실질적인 정책으로 볼 수 있다.

⑤ (가)에서는 학교 밖 청소년에 대한 지원의 범위가 건강 및 심리 지원으로 확대되어야 함을, (다)에서는 학교 밖 청소년들이 학습, 진로·진학, 건강 진단 및 질병 치료에 대한 지원을 원하고 있음을 확인할 수 있다. 따라서 학교 밖 청소년들 중 일부만 지원 서비스를 받고 있는 문제를 해결하기 위해서는 지원의 범위를 다양하게 확대해야 한다는 한다는 내용을 추가할 수 있다.

# 실전 대비 평가 2회

본문 172~180쪽

| | | | | |
|---|---|---|---|---|
| 01 ⑤ | 02 ④ | 03 ③ | 04 ① | 05 ② |
| 06 ③ | 07 ⑤ | 08 ② | 09 ④ | 10 ③ |

## 01 대화 내용 이해, 평가하기 답 ⑤

'민주'는 자신의 말하기 방식에 영향을 끼쳤던 부정적 경험을 드러내고 있다. 이러한 경험은 '서연'이 겪고 있는 말하기 불안에 대한 해결 방안으로 볼 수 없다.

**오답 피하기** ① 상대방의 '큰일이다'와 같은 발화와 손톱을 물어뜯는 행위를 통해 상대방이 무언가를 걱정하고 있음을 추론하고 있다.

② 상대방의 글에 대해 잘 썼다고 웃으며 칭찬을 하고 있다.

③ 과거의 경험 때문에 말하기 불안 증세를 보이고 있다.

④ 상대방의 감정을 이해하고 상대방의 어려움에 대해 공감하고 격려하며 말하고 있다.

## 02 대화 내용 생성하기 답 ④

어려움을 겪고 있는 '서연'에게 '민주'는 청중과 교감의 중요성을 강조한 뒤 '더 떨리겠지만 청중과 시선을 맞추고 하나씩 풀어 나가다 보면'과 같이 청중과의 교감과 상호 작용을 대안으로 제시하고 있다. 따라서 청중과의 눈 맞춤, 말의 속도와 말소리의 크기 조절 등의 조언 내용이 가장 적절하다.

**오답 피하기** ① 긴장하고 있는 상대방에게 긴장을 강요하는 것은 적절하지 않은 조언이다.

② 발표를 망치고 다른 학생들이 웃었던 경험 때문에 어려움을 겪고 있으므로 그런 경험을 되살려 보라는 조언은 적절하지 않다.

③ 말하기 불안이 모두의 문제임을 강조하는 것은 '민주'의 조언 내용과 관련이 없다.

⑤ 대화 맥락에서 파악할 수 없는 조언이며, 원고를 그대로 읽는 것은 좋은 발표 태도로 볼 수 없다.

## 03 대화에서 자료, 매체 활용하기 답 ③

컨설턴트는 기업 경영에 관한 전문적인 의견이나 조언을 말하여 주는 사람이다. '민주'는 어머니의 직업에 대한 소개를 효과적으로 하기 위해 컨설턴트를 비유적 표현으로 활용하고 있다. 따라서 컨설턴트의 개념과 하는 일은 '민주'가 전하려는 내용과 어울리지 않으므로 그 내용이 담긴 도표를 활용하는 것은 적절한 조언으로 볼 수 없다.

**오답 피하기** ① 네 명의 식구를 한번에 소개하기 위해 함께 찍은 가족사진을 제시하는 것은 효과적인 매체 활용 전략이다.

② 지도에 살았던 과거 거주 지역을 표시해서 청중에게 보여 준다면 전국 곳곳을 누볐다는 설명을 효과적으로 전달할 수 있다.

④ 아버지는 근엄하시면서 동시에 웃음이 많은 분이므로 두 표정을 함께 제시하면 발표 내용을 효과적으로 전달할 수 있다.

⑤ 어머니의 정리를 거친 장소를 정리 전과 후의 비교 사진을 통해 제시한다면 어머니의 전문가로서의 모습을 표현할 수 있다.

## 04 토론 표현 전략 사용하기 답 ①

〈보기〉에서는 상대편의 발언을 경청하여 논리적인 허점을 논박해야 한다는 점, 정중한 어법을 사용하여 분쟁을 피하는 표현을 사용해야 한다는 점을 강조하고 있다. ㉠, ㉡은 논리적 허점을 논박하지 않고 감정적이고 공격적인 표현을 사용하고 있다. ①의 ㉠에서 '제 표현이 분명하지 않았군요.'라는 말은 정중한 어법의 표현이며, '제가 강조하고자 했던 것은 ~ 일상생활에서의 습관적 행위와는 분명 다르다는 점입니다.'라는 말은 상대편의 논리적 허점을 논박하는 것이다. ①의 ㉡에서 '말씀하신 부분에는 공감합니다.'라는 말은 정중한 어법의 표현이며, '그렇지만 인터넷 게임은 역기능뿐만 아니라 ~고려해야 합니다.'라는 말은 상대편의 논리적 허점을 논박하는 것이다.

**오답 피하기** ② ㉠에서 '죄송합니다. 제가 인터넷 게임 중독에 대해 잘못 이해하고 있었던 것 같습니다.'라는 문장은 정중한 어법의 표현이기는 하지만, 상대편의 논리적 허점을 논박하지 못하는 표현이므로 적절하지 않다. 또한 ㉡에서 '제가 이 분야 전문가라서', '전문가의 관점에서 바라봤을 때'와 같은 표현은 상대편을 비하하는 의미가 포함되어 있으므로 분쟁을 일으킬 수 있다.
③ ㉠에서 '정상적인 사람들의 생각과는 너무 다른 의견이네요.'라는 말은 상대편의 의견을 비하하는 의미가 포함되어 있으므로 분쟁을 일으킬 수 있다.
④ ㉡에서 '일리가 있는 말씀이라고 생각합니다. 게다가~연구 결과도 있습니다.'라는 말은 상대편의 논리적 허점을 논박하지 못하는 표현이므로 적절하지 않다.
⑤ ㉠에서 '이상한 발상입니다.', ㉡에서 '이성적인 수준을 넘어섰습니다.'라는 표현은 상대편을 비하하는 표현으로 분쟁을 일으킬 수 있으므로 적절하지 않다.

## 05 토론 내용 생성하기 답 ②

자료 (가)는 인터넷 게임의 과다 이용으로 일상생활에 어려움을 겪고 있는 아동 청소년이 증가하고 있음을 지적하고 있으므로, '청소년들의 인터넷 게임 중독의 위험성'에 대해 지적한 김○○ 연구원의 의견을 뒷받침할 수 있다. 자료 (나)는 '인터넷 게임 중독법'의 문제점을 지적하고 있으므로, '인터넷 게임의 순기능'에 대해 언급한 이□□ 소장의 의견을 뒷받침할 수 있다. 자료 (다)는 인터넷 게임의 부작용으로 정신 건강에 문제가 있는 학생의 사례라는 점에서 김○○ 연구원의 의견을 뒷받침하고 있다. 따라서 (다)를 활용하여 인터넷 게임 중독은 정신 건강을 해칠 수 있다는 주장을 뒷받침한다는 ②가 가장 적절하다.

**오답 피하기** ① (가)에서 인터넷 게임에 중독되는 아동 청소년의 수가 증가하고 있음을 확인할 수는 있지만, 전 연령대에서 청소년층의 중독이 가장 심각하다는 정보는 얻을 수 없다.
③ (라)는 인터넷 게임 중독법에 대한 학부모와 학생의 인식 수준을 보여 주는 자료이다. 인터넷 게임 중독법을 홍보할 필요가 있다는 내용은 김○○ 연구원의 주장과 관련이 없으며, 토론 주제에 적절하지 않은 내용이다.
④ (나)는 인터넷 게임 중독법이 문화 콘텐츠로서 게임 산업을 위축할 수 있음을 뒷받침할 수는 있지만, 인터넷 게임이 대표적인 여가 문화로 정착되었는지에 대한 정보는 얻을 수 없다.
⑤ (라)는 인터넷 게임 중독법에 대한 학부모와 학생의 인식 수준을 알려 줄 뿐, 찬반 여부를 확인할 수는 없다.

## 06 설득 글쓰기 내용 생성하기 답 ③

(가)는 저작권 산업의 중요성을 강조하면서 저작권 침해로 인해 국가의 경제적 손실이 심각하다는 문제를 지적하고 있다. (나)에서는 '콘텐츠 무단 이용'이 10대에서 40대까지 걸쳐 모두 비율이 가장 높다는 점에서, 전 연령대에서 저작권법을 준수하지 않고 저작권을 침해하는 행위가 빈번하게 일어나고 있음을 확인할 수 있다. 따라서 저작권 침해 행위가 주로 학생층에서 발생하고 있다는 것은 논리적 비약이라고 볼 수 있다. 따라서 ③은 적절하지 않다.

**오답 피하기** ① (가)는 저작권 침해로 인해 국가의 경제적 손실이 심각하다는 문제를 지적하고 있으므로, '㉠ 국가 경쟁력 하락'이라는 내용을 이끌어 낼 수 있다.
② (나)에서는 전 연령대에 걸쳐 저작권 침해 행위가 빈번하게 일어나고 있음을 확인할 수 있으며, (다)에서는 저작권법이 있음을 확인할 수 있다. 따라서 저작권법이 있음에도 저작권 침해 행위가 빈번하게 일어나고 있다는 점을 이끌어 낼 수 있다.
④ (나)에서는 저작권 침해 행위의 비율이 전 연령대에 걸쳐 높다는 점을 확인할 수 있으며, (다)-1에서는 대학생이나 성인들의 저작권 인식 향상을 위한 지속적 교육의 필요성을 확인할 수 있다. 따라서 '지속적이고 체계적인 저작권 교육의 실시'라는 내용을 이끌어 낼 수 있다.
⑤ (가)에서는 지적 재산권 보호를 위해 국가적 대책 수립이 필요하다는 점, (다)-2에서는 현재 저작권법의 실효성이 낮다는 점을 지적하고 있으므로, '저작권 침해 행위에 대한 법적 제도 개선'이 필요하다는 내용을 이끌어 낼 수 있다.

## 07 설득 글쓰기 표현 전략 사용하기 답 ⑤

'본론-3-가'는 저작권의 공정한 이용을 강조하는 홍보 캠페인을 실시해야 한다는 방안을 다루고 있다. ⑤는 저작권 준수를 위해 사람들의 인식이 바뀌어야 함(근거), 저작권의 공정한 이용을 강조하는 캠페인의 필요성(주장), 홍보 포스터와 공익 광고의 제작 및 보급(구체적인 실천 방안)의 순서로 내용을 전개하고 있다.

**오답 피하기** ① 근거와 주장이 순서에 맞게 제시되어 있으나, 주장의 내용이 '본론-3-가'와 관련이 없으며, 구체적인 실천 방안이 제시되지 않았다.
② 근거와 주장이 순서에 맞게 제시되어 있으나, 구체적인 실천 방안이 제시되지 않았다.
③ 주장과 근거의 순서가 바뀌었다.
④ '본론-3-가'는 저작권의 공정한 이용을 강조하는 홍보 캠페인의 실시를 내용으로 하고 있다. 따라서 저작권법에 대한 기존의 홍보 캠페인의 문제점을 지적하고 새로운 홍보 방식의 필요성을 강조하는 내용은 '본론-3-가'와 관련이 없다.

## 08 설득 글쓰기 표현 전략 사용하기 답 ②

(가)를 참고할 때 '일회용 컵 보증금제의 효과를 재고'하는 내용을 (나)에 포함하여 서술했음을 알 수 있다. 이는 (나)의 2문단에서 '일회용 컵의 회수율이 ~ 증가했다.'를 통해 드러난다. 따라서 (나)는 글의 목적을 분명히 하기 위해 일회용 컵 보증금제를 실시했을 때의 효과를 제시한 것으로 볼 수 있으며 이와 같은 효과를 구체적인 수치와 함께 제시한 것으로 볼 수 있다.

**오답 피하기** ① 일회용 컵 보증금제의 문제점에 대한 상반된 견해는 (나)에 제시되어 있지 않다.
③ 학교 토론 대회에서 논의되었던 내용은 (나)에 제시되어 있지 않다.
④ 일회용 컵 보증금제의 개념은 제시되어 있으나 이 제도가 구체적으로 활용된 다른 나라의 사례는 제시되어 있지 않다.
⑤ 일회용 컵 보증금제가 필요한 이유는 제시되어 있으나 그 이유를 개인적, 사회적 측면으로 나눠 제시하고 있지 않다.

## 09 설득 글쓰기 내용 이해, 평가하기 답 ④

〈보기〉를 통해 종이컵 내부의 비닐 재질인 폴리에틸렌 코팅을 벗겨 내는 기술을 보유하고 있는 국내 업체가 거의 없음을 알 수 있다. 그러나 (나)의 2문단에서는 일회용 컵을 모아 재활용률을 높이면 이는 곧 경제적 이익으로 직결될 수 있음을 밝히고 있다. 따라서 〈보기〉를 활용하여 일회용 컵의 재활용률을 높이는 것이 현실적으로는 어려운 일임을 (나)에 제시된 내용을 통해 반박할 수 있다.

**오답 피하기** ① 보증금 지급과 일회용 컵의 회수율은 〈보기〉와 관련이 없다.
② 일회용 컵 외에 머그컵 사용을 장려하는 것은 〈보기〉, (나)와 관련이 없다.
③ 일회용 컵을 재활용하는 것이 경제적 이익과 관련됨은 (나)에 제시되어 있는 내용이며 이는 〈보기〉와 관련이 없다.
⑤ 일회용 컵의 코팅을 벗겨 내는 기술 확보가 일회용 컵 수거율을 높이는 데 기여함은 〈보기〉, (나)와 모두 관련이 없다.

## 10 설득 글쓰기 내용 점검, 조정하기 답 ③

〈보기〉의 세 번째 문장에서 언급한 '오염자 부담의 원칙'은 국제단체가 정한 원칙이다. 수정한 글에 제시된 조문은 국내 법규 사항 중 일부이므로 조문을 직접 인용하여 서술하는 것이 좋겠다는 의견은 반영한 것으로 볼 수 없다.

**오답 피하기** ① 첫 번째 문장은 '~ 있는 것이 아니라 ~ 소비자에게도 있다'와 같이 제시되어 있다. 수정된 글에서는 이 문장을 둘로 나눠 제시하고 있다.
② 두 번째 문장인 '소비자의 당연한 의무를 일회용 컵 보증금제는 제도를 통해 보완하는 셈이다.'는 수정된 글을 통해 '일회용 컵 보증금제는 소비자의 당연한 의무를 제도를 통해 ~'와 같이 어구 순서의 조정이 이뤄졌음을 알 수 있다.
④ 세 번째 문장에서 언급한 '국제 단체'는 모호한 표현이므로 'OECD'와 같이 정확한 명칭을 밝혀 수정하여 서술하고 있다.
⑤ 소비자의 의무와 관련된 '자원순환법'을 추가 인용하여 서술하고 있다.

## 실전 대비 평가 3회 본문 181~186쪽

| | | | | |
|---|---|---|---|---|
| 01 ⑤ | 02 ④ | 03 ① | 04 ③ | 05 ③ |
| 06 ① | 07 ③ | 08 ⑤ | 09 ② | 10 ⑤ |

## 01 대화 맥락 분석하기 답 ⑤

학생회장이 제시한 새롭게 바뀌는 체육 한마당 종목에 대한 정보에 대해 개인의 능력보다 협동심이 강한 팀에 유리할 것이라고 분석하고 있지만 보완이 필요한 점을 언급하고 있지는 않다.

**오답 피하기** ① 체육 한마당 행사에 대해 기대해 달라는 상대의 발언에 기대를 드러내고 있으며, 행사 운영 방식에 대해 학생들이 궁금해할 것이라 예상하여 질문하고 있다.
② 새로운 체육 행사 운영 방식에 대해 학생들이 내용을 쉽게 이해할 수 있도록 예를 제시하며 확인하고 있다.
③ 학생회장이 제시한 새로운 체육 행사 방식의 장점을 '집중도를 높이고', '시간적 효율성도 제고하고', '선후배 간의 정도 나눌 수 있다'의 세 가지로 요약하여 정리하고 있다.
④ 뒤풀이 시간에 장기 자랑 및 상품이 준비되어 있다는 학생회장의 발언에 대해 학생들이 좋아할 것이라는 긍정적 측면을 언급하고 있다.

## 02 대화 내용 조직하기 답 ④

새로 바뀌게 된 경기 종목에 대해서는 단체 경기와 개인 경기로 나누어 설명한 것이 아니라 기존 종목 중에 유지하게 된 종목과 새롭게 바뀌게 된 종목으로 나누어 설명하고 있다.

**오답 피하기** ① 학생회장은 체육 행사 운영 방식에 대해 예년에 학년별로 진행되었던 점에서 벗어나 팀을 구성하여 진행된다고 설명하고 있으므로, 운영 방식에 대해 예년과 바뀐 점 위주로 설명하고 있다.
② 체육 행사 운영 방식을 바꾼 첫 번째 이유로 다른 학년이 경기할 때 스마트폰을 만지거나 친구와 장난치는 등 집중하지 않는다는 것을 지적하고 있다.
③ 체육 행사 운영 방식을 바꾼 두 번째 이유로 학년별로 경기가 따로 이루어져 대회 시간이 길게 늘어졌다는 것을 지적하고 있다.
⑤ 마지막으로 청취자 게시판에 학생들이 실시간으로 올린 질문을 소개하고 이에 대한 학생회장의 답변을 듣고 있다.

## 03 대화 내용 점검, 조정하기 답 ①

㉮에 대한 학생회장의 답변에서 '발을 묶고 뛰다 보면 그럴 수 있을 것 같습니다.'를 통해 '발을 묶고 뛰는' 종목에 대한 질문이라는 것을 짐작할 수 있고, 진행자의 '안전에 대한 학생의 걱정'이라는 말을 통해 '안전'과 관련된 질문이었음을 추론할 수 있다. 따라서 '3인 4각 경기'의 '안전성'에 대한 질문이었음을 알 수 있다.

**오답 피하기** ② 학생회장의 답변에서 '발을 묶고 뛰다 보면 그럴 수 있을 것 같습니다.'를 통해 '3인 4각 경기'에 대한 질문임을 알 수 있지만, 진행자의 '안전에 대한 학생의 걱정'이라는 말을 고려할 때, '선후배 사이'의 갈등에 대한 질문이 아님을 알 수 있다.
③ 학생회장의 답변에서 '발을 묶고 뛰다 보면 그럴 수 있을 것 같습니다.'를 통해 '3인 4각 경기'에 대한 질문임을 알 수 있지만, 진행자의 '안전에 대한 학생의 걱정'이라는 말을 고려할 때, '경기 시간의 효율성' 대한 질문이 아님을 알 수 있다.
④, ⑤ 학생회장의 답변에서 '발을 묶고 뛰다 보면 그럴 수 있을 것 같습니다.'를 통해 '축구'와 관련이 없음을 알 수 있다.

## 04 면접 내용 조직하기 답 ③

학생의 일곱 번째 말에 대해 큐레이터는 '찾아오는 미술관'이 학생들과 지역 주민들로부터 호응이 좋다고 답변하고 있지만 이에 대해 그 이유가 무엇인지는 질문하고 있지는 않다.

**오답 피하기** ① 학생의 일곱 번째 말에서 미술관에서 '찾아오는 미술관' 프로그램을 실시하게 된 계기가 무엇인지는 질문하고 있다.
② 학생의 세 번째 말에서 '찾아오는 미술관'을 생소해하는 학생들을 위해 개념에 대해 질문하고 있다.
④ 학생의 네 번째 말에서 '찾아오는 미술관'이 우리 학교에서는 어떤 수업을 진행하는지 질문하고 있다.
⑤ 학생의 다섯 번째 말에서 '찾아오는 미술관' 수업을 신청할 학생들이 무엇을 준비해야 하는지 질문하고 있다.

## 05 면접 표현 전략 사용하기 답 ③

큐레이터는 '미술의 하향 평준화'라는 학생의 표현이 적절하지 않다고 판단하여 '미술의 대중화'라는 적절한 표현을 의문의 형식으로 제안하고 있다.

**오답 피하기** ① 큐레이터는 학생의 말을 듣고 더 알고 싶은 내용을 질문하는 것이 아니라, 학생이 사용한 표현보다 더 적절한 표현을 선택하여 제안하고 있다.
② 큐레이터는 학생의 말을 반복하여 자신의 이해 여부를 확인하고 있는 것이 아니라, 학생이 사용한 표현보다 더 적절한 표현을 선택하여 제안하고 있다.
④ 큐레이터는 학생의 말이 대화 맥락에서 벗어났다고 판단하여 새로운 질문을 하는 것이 아니라, 학생이 사용한 표현보다 더 적절한 표현을 선택하여 제안하고 있다.
⑤ 큐레이터는 학생이 제대로 이해하지 못했다고 판단하여 이를 확인하는 질문을 하는 것이 아니라, 학생이 사용한 표현보다 더 적절한 표현을 선택하여 제안하고 있다.

## 06 소개 글쓰기 표현 전략 사용하기 답 ①

'생활과 접목된 실용적인 미술 체험을 할 수 있다는 생각에 기대가 큽니다.'라는 학생의 말을 인용하여 '찾아오는 미술관'에 대한 기대감을 드러내고 있지만, '기부를 통한 나눔'에 대한 기대감을 드러내고 있지는 않다.

**오답 피하기** ② '평소 미술을 눈으로 보기만 하고 어렵게 생각했던 친구들에게는 이번 미술 체험이 미술과 친근해지게 되는 계기가 될 거예요.'라는 큐레이터의 인터뷰 내용을 인용하여 '찾아오는 미술관'이 학생들에게 어떤 도움이 될지를 제시하고 있다.
③ '버려진 옷을 활용한 에코백 만들기, 폐품을 활용한 미술품 만들기' 등 '찾아오는 미술관'에서 이루어질 수업의 구체적인 사례를 들어 학생들에게 정보를 제공하고 있다.
④ '참고로 '업사이클링'이란 재활용품에 디자인 또는 활용도를 더해 재탄생시키는 것'이라는 '업사이클링'이라는 단어에 대한 해설을 덧붙여 단어의 의미가 생소한 학생들의 이해를 돕고 있다.
⑤ '5월 둘째 주, 셋째 주 금요일 □□미술관이 우리 학교 미술실

을 찾아온다.'라는 표현을 통해 일시와 장소에 대한 정보를 제공하여 '찾아오는 미술관'의 일정을 궁금해하는 학생들에게 정보를 제공하고 있다.

## 07 소개 글쓰기 표현 전략 사용하기 답 ③

(가)에서 큐레이터는 ○○고에서 진행될 수업이 '특별히 다른 곳에서 한 번도 해 보지 않은 환경 교육과 미술 교육의 융합적 성격을 띤 수업'이라고 언급하고 있다. 이러한 특성을 드러낸 부제는 '업사이클링을 주제로 미술과 환경의 융합 교육 실시 예정'이다.

**오답 피하기** ① 〈보기〉에서 '우리 학교에서 실시되는 수업의 특징'이라고 했는데 수업을 통해 만든 작품을 벼룩시장을 통해 판매하는 것은 수업 이후의 별도의 활동이다.

② 체험 중심 활동을 통해 미술에 대한 친근감을 높이는 것은 '찾아오는 미술관' 프로그램의 전반적인 특징으로 ○○고에서 진행될 수업만의 특징으로 보기 어렵다.

④ 학교에서 쉽게 접하기 힘든 체험 중심의 미술 수업을 실시하는 것은 '찾아오는 미술관' 프로그램의 전반적인 특징으로 ○○고에서 진행될 수업만의 특징으로 보기 어렵다.

⑤ 지역 사회의 호응이 큰 미술 대중화 운동의 일환으로 실시된다는 것은 '찾아오는 미술관' 프로그램의 전반적인 특징으로 ○○고에서 진행될 수업만의 특징으로 보기 어렵다.

## 08 정보 전달 글쓰기 내용 생성하기 답 ⑤

3문단에서 조회 수에 따라 수익이 발생하므로 수익을 얻기 위해 선정적이고 사실을 왜곡한 동영상을 생산할 수 있다는 점을 부정적 영향으로 제시하고 있지만, 동영상 생산자로 진로를 정하는 청소년들이 많다는 점을 부정적 영향으로 제시하고 있지는 않다.

**오답 피하기** ① 2문단에서 기존 대중 매체는 정해진 시간에 정해진 방송을 들어야 하는 반면에 인터넷 동영상 서비스는 보고 싶을 때 볼 수 있다는 점을 인기 이유로 제시하고 있다.

② 2문단에서 기존 대중 매체의 경우 콘텐츠를 생산하는 권한이 소수에게만 부여되어 있는 반면에 인터넷 동영상 서비스는 누구나 정보의 공급자가 될 수 있다는 점을 인기 요인으로 제시하고 있다.

③ 2문단에서 기존 대중 매체에 비해 인터넷 동영상 서비스는 다양한 정보를 제공한다는 측면을 인기 이유로 제시하고 있다.

④ 3문단에서 인터넷 동영상 서비스의 개방적 특성 때문에 유해한 요소가 걸러지지 않은 채 미성년자들에게 노출된다는 점과 개인의 사생활이 무분별하게 노출될 수 있다는 점을 청소년들에게 미치는 부정적 영향으로 제시하고 있다.

## 09 정보 전달 글쓰기 내용 점검, 조정하기 답 ②

〈작문 상황〉을 통해 글의 중심 소재가 '인터넷 동영상 서비스'라는 점을 알 수 있으며, 이를 고려할 때 첫 문단에서 '매체 의존성'을 '인터넷 동영상 서비스에 대한 관심'으로 수정하는 것이 적절하다.

**오답 피하기** ① 〈작문 상황〉을 통해 글의 중심 소재가 '인터넷 동영상 서비스'라는 점을 알 수 있으며, 이를 고려할 때 '인터넷 동영상 서비스'를 '인터넷 매체'로 수정하는 것은 적절하지 않다.

③ 〈작문 상황〉에 제시된 글의 주제인 '청소년들에게 인터넷 동영상 서비스가 인기 있는 이유와 그에 따른 부정적 영향'을 고려할 때, 청소년들이 초점임을 알 수 있다. 따라서 '청소년들'을 '대중들'로 수정하는 것은 적절하지 않다.

④ 〈작문 상황〉에 제시된 글의 주제인 '청소년들에게 인터넷 동영상 서비스가 인기 있는 이유와 그에 따른 부정적 영향'을 고려할 때, '그에 따른 영향'을 '그에 따른 부정적 영향'으로 수정할 필요가 있다. '문제점과 그 해결 방안'은 제시되어 있지 않으므로 수정 방안으로 적절하지 않다.

⑤ 〈작문 상황〉에 제시된 글의 주제가 '청소년들에게 인터넷 동영상 서비스가 인기 있는 이유와 그에 따른 부정적 영향'임을 고려할 때, '인터넷 동영상 서비스가 인기를 끄는 이유'가 초점임을 알 수 있다. 따라서 이를 '인터넷 동영상 서비스의 수익이 발생하는 원리'로 수정하는 것은 적절하지 않다.

## 10 정보 전달 글쓰기 내용 생성하기 답 ⑤

'조언 2'에 따라 '유해한 정보 및 개인 사생활 노출', '선정적이거나 사실을 왜곡한 정보를 무분별하게 생산'처럼 3문단에서 제시한 부정적 영향을 요약하여 제시하고 있으므로 적절하다. '인기 요인'은 이미 본문 마지막 문단에 요약하여 서술되어 있으므로 제시할 필요가 없다.

**오답 피하기** ① 인터넷 동영상 서비스의 성공 요인에 대한 설명으로 '조언 2'에서 요구하고 있는 3문단의 '부정적 영향'을 요약하는 것과 연관이 없는 내용이다.

② 3문단의 '부정적 영향'과 연관이 있지만, 유해한 요소에 청소년들이 노출되거나 사생활이 노출되는 내용은 제시되어 있지 않다.

③ '조언 2'에서 언급한 '인기 이유'에 해당하지만 이는 본문에 제시된 내용이 아니다.

④ 인터넷 동영상 서비스의 긍정적 영향에 대한 설명으로 인터넷 동영상 서비스의 '부정적 영향'을 요약하여 제시할 것을 제안한 '조언 2'의 내용과 관련이 없다.

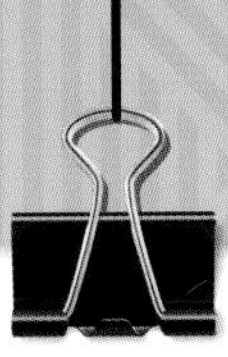

# 고1~2 내신 중점 로드맵

| 과목 | 고교 입문 | | 기초 | | 기본 | 특화 | | 단기 |
|---|---|---|---|---|---|---|---|---|
| 국어 | 고등 예비 과정 | 내 등급은? | 윤혜정의 나비효과 입문편<br>어휘가 독해다! | | 기본서 올림포스 | 국어 특화: 국어 독해의 원리 | 국어 문법의 원리 | 단기 특강 |
| 영어 | | | | | 기본서 올림포스 전국연합 학력평가 기출문제집 | 영어 특화: Grammar POWER / Listening POWER | Reading POWER / Voca POWER | |
| 수학 | | | 기초 50일 수학 | 초급 올림포스 닥터링 | | 고급 올림포스 고난도 | | |
| | | | | | 수학 특화 수학의 왕도 | | | |
| 사회 | | | | | 기본서 개념완성 + 개념완성 문항편 | | | |
| 과학 | | | | | | 인공지능: 수학과 함께하는 AI 기초 | | |

| 과목 | 시리즈명 | 특징 | 수준 | 대상 |
|---|---|---|---|---|
| 전과목 | 고등예비과정 | 예비 고등학생을 위한 과목별 단기 완성 | ● | 예비 고1 |
| 국/영/수 | 내 등급은? | 고1 첫 학력평가 + 반 배치고사 대비 모의고사 | ● | 예비 고1 |
| | 올림포스 | 내신과 수능 대비 EBS 대표 국어 · 수학 · 영어 기본서 | ● | 고1~2 |
| | 올림포스 전국연합학력평가 기출문제집 | 전국연합학력평가 문제 + 개념 기본서 | ● | 고1~2 |
| | 단기 특강 | 단기간에 끝내는 유형별 문항 연습 | ● | 고1~2 |
| 한/사/과 | 개념완성 & 개념완성 문항편 | 개념 한 권 + 문항 한 권으로 끝내는 한국사 · 탐구 기본서 | ● | 고1~2 |
| 국어 | 윤혜정의 나비효과 입문편 | 베스트셀러 '개념의 나비효과', '패턴의 나비효과'의 입문편 | ● | 고1~2 |
| | 어휘가 독해다! | 7개년 학평 · 모평 · 수능 출제 필수 어휘 학습 | ● | 고1~2 |
| | 국어 독해의 원리 | 내신과 수능 대비 문학 · 독서(비문학) 특화서 | ● | 고1~2 |
| | 국어 문법의 원리 | 필수 개념과 필수 문항의 언어(문법) 특화서 | ● | 고1~2 |
| 영어 | Grammar POWER | 구문 분석 트리로 이해하는 영어 문법 특화서 | ● | 고1~2 |
| | Reading POWER | 수준과 학습 목적에 따라 선택하는 영어 독해 특화서 | ● | 고1~2 |
| | Listening POWER | 수준별 수능형 영어듣기 모의고사 | ● | 고1~2 |
| | Voca POWER | 고등학교 영어 교육과정 필수 어휘 단어집 | ● | 고1~2 |
| 수학 | 50일 수학 | 50일 만에 완성하는 중학~고교 수학의 맥 | ● | 고1~2 |
| | 올림포스 닥터링 | 친절한 개념 설명을 통해 쉽게 연습하는 수학 유형 | ● | 고1~2 |
| | 올림포스 고난도 | 1등급을 위한 고난도 유형 집중 연습 | ● | 고1~2 |
| | 수학의 왕도 | EBS가 만든 신개념 수학 특화서 | ● | 고1~2 |
| 기타 | 수학과 함께하는 AI 기초 | 파이선 프로그래밍, AI 알고리즘에 직접 필요한 수학 개념 | ● | 고1~2 |